The Economics of Income-led Growth

소득주도 성장의 경제학

나원준 지음

도서출판 해남

소득 주도 성장의 경제학

초판1쇄 인쇄 2018년 9월 17일
초판1쇄 발행 2018년 9월 21일

지은이 나원준
발행인 노현철
발행처 도서출판 해남

출판등록 1995. 5. 10 제 1-1885호
주 소 서울특별시 서대문구 충정로 38-12(충정로 3가) 우리타워 6F
전 화 739-4822 팩스 720-4823
이 메 일 haenamin30@naver.com
홈페이지 www.hpub.co.kr

ISBN 978-89-6238-127-6 93320

머리말

이 책은 포스트 케인지언 경제학의 대안적 성장 이론이 전통적인 성장 이론과 어떤 점에서 구별되는지 설명하려는 목적으로 계획되었다. 불완전 고용이 만성화된 현대 자본주의 경제의 성장과 변동은, 사회 계급 간 갈등과 교섭의 과정을 수반하면서 실현된다. 이와 같은 현실 인식으로부터 출발한 대안적 성장 이론은 소득 분배의 변화가 경제 성장에 미치는 잠재적 영향에 주목하고 이를 이론적으로 규명하려는 시도라고 할 수 있다.

이 책에서는 또한 이 대안적 성장 이론이라는 것이, 어떤 이상한 경제학이 결코 아니며, 수십 년에 걸쳐 여러 연구자들의 노력으로 정립된 이론으로서 전통적인 성장 이론과 충분히 비교 가능한 것임을 해명하고자 하였다. 이를 위해 해로드 모형으로부터 시작해 솔로 모형, 로머의 내생적 성장 모형, 칼레츠키언 성장 분배 모형 등을, 서로 간의 비교 가능성을 위해 단순화한 형태로 하나씩 차례차례 제시하고 이들 모형의 공통점과 차이점에 대해 논의하였다. 이 책의 제8장까지는 이와 같은 모형 설명이 주된 내용이다.

포스트 케인지언 경제학의 임금 주도 성장론은 문재인 정부 소득 주도 성장 정책의 경제 이론적 근거가 되는 것으로 알려져 있다. 이 책의 제9장부터

제11장까지는 2017년 7월에 그 정책 방향이 천명된 이후 2018년 8월 말까지 이루어진 정부의 소득 주도 성장 정책을 둘러싼 사회적 논의를 되짚어 본다.

저자는 신고전학파 거시 경제학을 배우고 가르쳐 왔지만, 우리 사회가 이제는 성장 그 자체보다도, 어떤 성장을 추구할 것인지에 대해 묻고 고민해야 한다고 생각해 왔다. 그러던 가운데 몇 년 전 우연히, 공동체의 민주적이고 평등한 성장이 정말로 가능하다는 어떤 원로 경제학자의 진지한 주장을 처음 접하였다. 지난 연구년을 맞아 그 글을 쓴 마크 라부아(Marc Lavoie) 교수님을 찾아갔고 설레는 마음으로 다시 대학원생처럼 공부하였다. 이 책은 어떤 의미에서는 그분에게서 배운 공부의 작은 결실이기도 하다.

저자는 이 책의 내용과 관련하여 우리 경제의 소득 주도 성장에 대해 함께 고민하고 의견을 나눠준 선후배, 동료들에게 빚을 졌다. 특히, 일본 리츠메이칸 대학의 이강국 교수님, 경기연구원 김정훈 박사님, 비정규직연대회의 오민규 정책위원님께 감사드린다. 상업성 없는 원고를 선뜻 받아 주신 도서출판 해남의 노현철 사장님께도 감사드린다.

2018년 9월

차례

제2부
신고전학파 성장 모형

03 솔로 성장 모형

04 내생적 성장 모형

05 신고전학파 성장 이론에 있어 분배와 성장의 관계

제3부 대안적 성장 모형

06 신고전학파 성장 모형 비판

07 포스트 케인지언 성장 이론 1

08 포스트 케인지언 성장 이론 2

제4부
소득 주도 성장

09 소득 주도 성장 전략의 등장 배경과 작동 원리

10 지난 1년간 소득 주도 성장 정책의 성과와 평가

11 소득 주도 성장과 노동 시장 도전 과제

제1부

경제 성장 모형의 기초

chapter 01

성장과 분배의 경제학

1. 경제 성장
2. 경제 성장과 소득 분배
3. 이 책의 구성

chapter 01

성장과 분배의 경제학

1. 경제 성장

경제 성장(economic growth)이란 실질 국민 소득이 지속적으로 증가하는 현상이다. 우리가 매스컴에서 흔히 접하는 '경제 성장률'이라는 용어는 실질 국민 소득 내지는 실질 GDP(국내총생산)의 연평균 증가율을 퍼센트 단위로 표현한 것이다. 그런데 거시 경제학에서는 특히 실질 국민 소득을 인구로 나눈 일인당 실질 국민 소득, 즉 일인당 실질 GDP에 관심을 갖는 경우가 많다. 왜냐하면 경제가 성장하는 것의 진정한 의의는 이를 통해 시민 개인의 삶의 여건이 개선되는 데에 있기 때문이다.

경제 성장은 인류의 시간에서 비교적 최근의 현상이라 할 법하다. Maddison(2010)의 연구에 따르면 18세기 전까지는 이렇다 할 뚜렷한 성장의 증거가 발견되지 않는 것으로 보인다. 사이먼 쿠즈네츠가 명명한 이른바 '현대 경제 성장'(modern economic growth)(Kuznets, 1966)은 1750년대 영국에서 개시

[표 1-1] 일인당 실질 국민 소득의 증가 추이

연평균 증가율(%)	선진국	중위 소득 국가	중남미	아시아 국가
1820~2007	1.65	1.53	1.38	1.47
1950~2007	2.10	1.97	1.59	3.78

주: 선진국 – 호주, 오스트리아, 벨기에, 캐나다, 덴마크, 핀란드, 프랑스, 독일, 이탈리아, 일본, 네덜란드, 노르웨이, 스웨덴, 스위스, 영국, 미국.
중위 소득 국가 – 스페인, 포르투갈, 뉴질랜드, 헝가리, 체코슬로바키아, 소련.
중남미 – 멕시코, 브라질, 칠레, 아르헨티나.
아시아 국가 – 한국, 대만, 인도, 인도네시아, 중국, 방글라데시.
자료: Setterfield(2016), p. 215로부터 재인용.

되었고 1950년대에 접어들면 전 세계 인구의 1/3가량이 이 현대적 현상에 포괄되었다. 그럼에도 불구하고 20세기 후반까지도 여러 제3세계 국가들은 경제 성장의 경험으로부터 실질적으로 벗어나 있었다.

경제 성장을 전 세계적인 범위에서 이해할 때 발견되는 뚜렷한 특징은 그것의 불균등성이다. 불균등한 성장의 영향으로 세계 경제는 포머란츠(Pomeranz, 2000)의 용어를 빌리자면 국가 간 격차가 크게 확대된 '대격차'(Great Divergence)의 시대를 살아가게 되었다. 각국이 경험한 성장의 패턴은 크게 달랐다. 어떤 나라들은 앞서 갔으며 또 다른 어떤 나라들은 뒤처졌다. 과감한 따라잡기(catch-up)에 성공하는 나라들도 없지 않았지만 전체적으로 보면 나라들 사이의 성장 격차는 좁혀지기보다는 오히려 확대되어 왔다고 할 수 있다. [표 1-1]은 Maddison(1991, 2010)에 기초하여 선진국, 중위 소득 국가, 중남미, 아시아 국가의 성장 경험을 요약한 결과이다.

[표 1-1]에서 선진국은 이미 1820년대 기준으로 가장 부유한 나라들이었는데 1820년대 이후 최근까지의 성장 속도 또한 다른 그룹과 비교할 때 가장 빠

른 것으로 나타나 있다. 이는 선진국 그룹과 이들 국가를 제외한 나머지 세계 사이의 소득 격차가 오늘날에 들어 과거 1820년대보다 더 커졌음을 뜻한다. 다만 우리나라를 포함한 일부 아시아 국가들은 1950년대 이후 매우 빠른 속도로 성장하면서 선진국 그룹에 대한 따라잡기에 성공한 것으로 평가된다.

이와 같이 경제 성장은 대체로 각국 간에 격차가 줄어들지 않는 불균등한 양상으로 전개되었을 뿐만 아니라, 각국 내부적으로도 산업 간에 그리고 지역 간에 불균형 발전을 수반한 점에서 특징적이었다. 이는 경제 성장이 이루어지는 과정에서 각 나라마다 중요한 구조적 변화를 겪어야 했음을 의미한다. 아울러 각국의 경제 성장은 다양한 경제 변동을 거치면서 이루어진 점에서도 특징적이었다. 안정적이고 꾸준하게 일어나는 성장이란 기대하기 어려웠다. 반대로 경제가 성장하는 과정은 경기 변동으로 인해 일정 기간 중단되거나 때로는 가속되기 일쑤였다.

장기 경제 성장의 특성과 관련된 주요 경험적 발견은 니콜라스 칼도(Nicholas Kaldor, 1908~1986)에 의하여 이루어졌다(Kaldor, 1957, 1961). 그는 1951년에 학술지 *Economic Journal*에 실린 논문을 통해 장기 경제 성장의 여섯 가지 통계적 성질을 최초로 제시하였다. 이후 1961년에 그는 이 여섯 가지 경험적 발견에 대해 '정형화된 사실들'(stylized facts)이라는 이름을 붙였다. 그에 따르면 이 정형화된 사실들은 놀랍게도 역사적으로 변하지 않는 것들이었다. 다만 칼도가 여기에서 거론되는 변수들이 항상 일정하다고 주장한 것은 아니라는 사실에 주의해야 한다. 그의 주장은 장기간에 걸친 데이터에 대해 평균을 구하고 이들을 서로 비교해 보면 이 변수들이 대체로 일정 수준을 크게 벗어나지 않는 경향이 있다는 것이었다. 다음의 K1~K6은 그 내용이다.

K1. 국민 소득 가운데 노동과 자본에 분배되는 소득의 상대적 몫은 장기적으로 대체로 일정하다.

K2. 노동자 일인당 자본 스톡의 증가율은 장기적으로 대체로 일정하다.

K3. 노동자 일인당 산출의 증가율은 장기적으로 대체로 일정하다.

K4. 자본-산출 비율, 즉 자본 계수는 장기적으로 대체로 일정하다.

K5. 투자에 대한 수익률, 즉 자본 수익률은 장기적으로 대체로 일정하다.

K6. 각국 간에는 노동 생산성 증가율과 경제 성장률 측면에서 2~5%에 달하는 상당한 정도의 격차가 존재한다.

이상 여섯 가지 사실은 처음에는 영국과 미국의 데이터에 기초하여 확립되었으나 이후 여러 나라의 경험적 사실과도 부합하는 것으로 확인되었다. 훗날 포스트 케인지언 경제학의 이론적 기초를 닦은 것으로 평가되는 칼도가 이 정형화된 사실들을 확립하려 했던 것은 당대의 주류 신고전학파 경제학을 비판하는 입장에서 비롯된 것이었다. 그는 바로 그런 맥락에서 경제학자의 이론 작업은 다양한 추세적 요인에 주목하면서 경험적 사실을 요약하는 것에서부터 출발해야 한다고 주장했던 것이다.

다만 칼도의 여섯 가지 정형화된 사실들은 서로 완전히 독립적인 관계에 있지는 않다. K2와 K3가 성립하면 K4는 자동적으로 성립하게 된다. K4와 K5가 성립하면 K1 또한 성립하게 된다. 더 나아가 이들 여섯 가지 사실이 실제로 타당한가에 대해서도 의문의 여지가 있는 것으로 보인다. 이를테면 K1의 경우 그 타당성이 의심되어 왔다.

한편, 칼도가 경제 성장의 통계적 특성을 요약한 이후 최근 들어 찰스 존스와 폴 로머(Jones and Romer, 2010)에 의해 추가적인 여섯 가지 정형화된 사실이 제시된 바 있다. 이들이 제안한 내용은 다음의 JR1~JR6과 같다.

JR1. 시장 범위의 확대: 도시화와 세계화를 통해 재화, 아이디어, 금융 및 인력의 이동이 증가하면서 노동자들과 소비자들을 위한 시장의 범위가 확대되었다.

JR2. 성장의 가속화: 과거 수천 년간 인구와 일인당 GDP는, 거의 영(0)으로부터 출발해 지난 세기에 관측된 것과 같은 상대적으로 빠른 증가율로까지 가속적으로 늘었다.

JR3. 성장률의 격차: 일인당 GDP 증가율에 있어서의 격차는 기술 수준에 있어서의 차이를 반영하면서 확대되었다.

JR4. 소득 및 총요소 생산성(total factor productivity: TFP)의 큰 격차: 생산 투입물의 차이로는 일인당 GDP에 있어서의 엄청난 국가 간 차이의 절반도 설명하지 못한다.

JR5. 노동자 일인당 인적 자본의 증가: 노동자 일인당 인적 자본은 전 세계적으로 급격히 증가했다.

JR6. 상대 임금의 장기 안정성: 미숙련 노동과 비교할 때 인적 자본의 양이 증가하였으나 그것의 상대 가격이 하락하는 효과는 크지 않았다.

2. 경제 성장과 소득 분배

경제가 성장해 일인당 실질 국민 소득이 늘어나면, 평균적으로 볼 때 해당 경제 내에 있는 모든 사람들이 좀 더 물질적으로 풍요로운 삶을 누릴 수 있게 된다. 경제 성장의 역사적 과정은 실제로 인류가 절대적인 가난으로부터 벗어나는 과정이었다. 하지만 경제가 성장하면서 모두가 행복해진 것만은 아니다. 누구나 동일한 만큼 풍족해진 것은 아니다. 부자가 된 사람들도 있지만, 여러 가지 이유로 가난을 벗어나지 못하는 사람들도 적지 않다.

경제가 성장하면 누구에게나 소득 증가에 따른 혜택이 골고루 돌아갈 수 있지만, 이는 어디까지나 평균적으로 그럴 수 있다는 것뿐이다. 자본주의 경제에서 국민 소득은 사회 계급과 계층에 따라 상이한 양상으로 분배된다. 분배를 둘러싸고 계급 간에 혹은 서로 다른 소득 그룹 간에 이해관계가 충돌하는 일은 우리에게 익숙하다. 문제는 이 분배란 것이 단지 성장의 결실을 나누는 과정에 그치지 않는다는 사실에 있다.

국민 소득이란 것이 어쨌든 공장에서 만들어지는 것이라고 믿는 사람들에게는 분배가 그저 성장의 결과가 사회적으로 나누어지는 과정일 뿐이다. 그런 사람들에게는 소득 그 자체도 그저 생산 활동의 결과물일 뿐이고 소득을 어떻게 분배하는가는 성장과 무관한 문제이다. 그런데 정말로 그럴까?

대학 1학년이나 2학년 과정의 기초적인 경제학 수업에서 학생들은 국민 소득이 결정되는 원리에 대해 배운다. '소득 순환'이라는 가장 단순한 경제 모형을 통해 학생들은 생산, 분배, 지출이라는 서로 구분되는 경제 활동의 순환적인 연쇄를 거치면서 국민 소득이 창출되는 과정을 이해하게 된다. 이와 같이 분배는 국민 소득이 만들어지는 전체 과정의 한 부분을 차지하는 경제 활동이다. 국민 소득은 그저 생산 활동만의 결과물은 아닌 것이다. 그렇다면 이 대목에서 우리는, 경우에 따라서는 분배가 어떻게 이루어지느냐가 성장의 여건에 의미 있는 영향을 미칠 수도 있을 것임을 어렵지 않게 짐작할 수 있다. 요컨대 경제 성장과 소득 분배라는 경제 문제는 따로 떨어뜨려 놓고 각자를 살펴볼 것이 아니라 가급적이면 함께 이해되어야 하는 성격을 갖고 있는 것이다.

일찍이 리카도(David Ricardo, 1772~1823)는 그의 저서 『정치경제학 및 과세의 원리』의 서두에서 "소득 분배를 규정하는 법칙을 결정하는 것이야말로 정치경제학의 주요 문제"임을 천명한 바 있다. 분배 문제는 사회과학의 한 영역으로서 경제학의 근본적 문제의식 가운데 한 가지였고 본래 그 출발선상에서부터 중요한 연구 대상이었던 것이다. 하지만 거시 경제학에서 분배와 주요 거시 경제 변수 사이의 관련성 문제는 그 중요성에도 불구하고 19세기 고전학파 정치경제학의 시대 이후로는 연구의 관심 밖으로 사라져 갔다. 신고전학파 경제학이 주류 경제학으로서의 위치를 확고히 하면서 그와 같은 경향은 강화되어 왔다.

분배 문제에 대한 실증 연구는 20세기 중반 들어 Kuznets(1955)에 의해 비로소 시작되었다. 쿠즈네츠는 미국 국민소득 통계를 1869년까지 거슬러 올라가 집계했고 국세청 자료를 바탕으로 소득 분포에 관한 최초의 광범위한 자료를 구축했다. 그가 1955년에 제시한 이른바 쿠즈네츠 곡선(Kuznets curve)은 경제 발전 초기에는 불평등이 심화되지만 이후 산업화 과정에서 생산성이 상승하면서 낙수 효과로 인해 불평등이 점차 완화되는 경향이 있다는 가설을 나타내는 곡선이다. 가로축이 일인당 소득, 세로축이 불평등 정도라고 하면 우리는 이를 역U자 곡선으로 나타낼 수 있다. 이와 같은 쿠즈네츠의 가설적 논의가 소득 분배에 대한 정설로 받아들여지면서 이후 경제학계에서 분배의 문제는 중요하지 않은 문제로 치부되며 경제학의 중심으로부터 밀려난 측면이 있다.

그러나 2008년 글로벌 금융 위기와 이후 현재까지 지속되고 있는 글로벌 경기 침체를 경험하면서 경제학의 연구 대상과 방향에는 중요한 변화가 나타나고 있다. 특히, 거시 경제학 분야에서는 소득 및 부의 분배와 경제 성장 및 경제 위기의 관계가 주요 연구 과제로 부상했다. 이러한 경향은 국제기구를 중심으로 한 연구에 의해 주도되고 있는 측면이 있지만, 주류 경제학 내부적으로도 관련 문제의식이 강조되는 추세이다. 분배 문제의 거시 경제적 함의에 대해 오래전부터 주목해 온 포스트 케인지언 경제학에서도 여러 연구 결과들이 최근에 발표되어 이와 같은 경향을 반영하고 있다.

3. 이 책의 구성

이 책에서는 소득 분배가 국민 경제의 성장 과정에 미칠 수 있는 영향이 경제 성장 모형에서 어떻게 구현되어 왔는가에 관심을 갖는다. 이를 위해 우리는 거시 경제학의 시발점이 된 케인스(John Maynard Keynes, 1883~1946)의 『고용, 이자 및 화폐에 관한 일반이론』(이후 『일반이론』이라 한다) 이후, 처음으로 등장한 동학 모형이자 본격적인 성장 모형의 역사적인 시발점이 된 해로드 모형과 도마 모형을 공부하고 이어서 주류 신고전학파 경제학의 성장 모형에 대해 공부할 것이다. 신고전학파 성장 모형이 경제 성장 과정을 이해하는 관점과 이론적 함의에 대해 살펴볼 것이다. 먼저 솔로 모형과 성장 회계에 대해 공부하고 그런 다음 폴 로머(Paul Romer)의 논의를 중심으로 내생적 성장 모형의 주된 흐름을 개관할 것이다.

그런데 해로드 모형부터 내생적 성장 모형에 이르기까지 전통적인 성장 모형들은 대체로 성장과 분배의 관계를 해명하는 데에 큰 관심을 기울이지 않았던 것으로 보인다. 그뿐만 아니라 기존에 우리에게 익숙한 경제학 교과서들 또한 분배 문제가 이들 성장 모형에서 어떻게 다루어지고 있는지 살펴보는 데 있어 매우 불충분한 것이 사실이다. 사실 해로드 모형은 대부분의 교과서에서 아예 누락되어 있거나, 또는 그것에 대한 신고전학파적 해석을 모형 자체에 대한 설명으로 소개하고 있기도 하다.

우리는 주류 경제학의 텍스트를 넘어서면서 어떤 지점에서 신고전학파 성장 모형이 성장과 분배의 동학을 이해하는 데 있어 한계가 있는지를 고민하게 된다. 이를 위해 이 책에서는 신고전학파 모형에 대한 근본적인 비판으로서 케임브리지 자본 논쟁에 대해 간략하게 살펴볼 것이다. 이를 통해 우리는 왜 경제 성장과 소득 분배를 함께 이해해야 하는가 하는 문제에 대해 시사점을 얻고자 한다.

그런 다음, 이 책에서는 전통적인 성장 모형에 이어 본격적으로 성장과 분배를 함께 고민하는 대안적 성장 모형에 대해 소개할 것이다. 케인스 경제학의 흐름 속에서 미하우 칼레츠키(Michal Kalecki)와 요제프 슈타인들(Josef Steindl, 1912~1993)의 연구 작업에 기초해 정립된 이른바 제2세대 포스트 케인지언 모형을 통해 소득 분배와 경제 변동의 관계를 살펴볼 것이다. 이 모형에서 소득 분배는 자본과 노동 사이의 상대적 교섭력 등 다양한 요인을 반영하여 시장 외부에서 외생적으로 결정된다. 이렇게 결정된 소득 분배는 불완전 경쟁 시장에서 기업의 최적 가격 설정에 반영되며 유효 수요의 변동과 함께 자본 축적이 이루어지는 양상에 영향을 미치게 된다. 이 칼레츠키언 모형이 바로 최근 들어 국제 노동 기구(ILO)나 유엔 무역 개발 회의(UNCTAD)와 같은 국제기구에서 정식화한 '임금 주도 성장'(wage-led growth) 논의에 이론적 바탕을 제공하고 있는 새로운 대안적 성장 모형이다.

책의 마지막 부분에서는 우리 경제의 문제로 돌아와 2017년 촛불 항쟁의 결과로 수립된 문재인 정부의 소득 주도 성장 전략에 대해 그 등장 배경과 작동 원리에 대해 살펴볼 것이다. 주지하다시피 소득 주도 성장은 임금 주도 성장을 우리 경제에 적용하고자 하는 시도이다. 우리는 2017년 7월 발표된 새 정부의 경제 정책 방향과 이후 1년간의 정책 실험에 대해 평가하고, 소득 주도 성장이 하나의 일관성을 갖춘 정책 전략이 되기 위해서는, 정책 패키지의 체계와 배열이 구조화되어야 하는 점, 정책의 목표 변수를 명확히 정의해야 하는 점, 그리고 우리 경제의 실정에 맞는 수단 변수를 효과적으로 운용해야 하는 점 등을 주장할 것이다. 소득 주도 성장의 성공적 안착을 위한 다양한 정책적 노력 또한 강조될 것이다.

chapter 02

해로드-도마 모형

1. 성장 모형의 출발: 해로드 성장 모형
2. 도마 성장 모형
3. 해로드-도마 모형에 대한 신고전학파적 해석
4. 해로드-도마 모형의 정책 시사점

chapter 02

해로드-도마 모형

1. 성장 모형의 출발: 해로드 성장 모형

케인스가 제안한 유효 수요 이론의 골자는, 투자는 저축을 전제로 하지 않으며 오히려 투자가 승수 효과를 통해 자신에 상응하는 만큼의 저축을 만들어 낸다는 것이다. 투자는 저축에 대해 독립적이며 투자와 저축의 일치는 저축의 조정에 의해 비로소 가능하다는 것이다. 그런데 『일반이론』에서 케인스의 논의는 주로 자본 스톡의 크기가 주어진 단기를 전제한 것이었다. 이 경우 투자는 유효 수요의 한 구성 부분으로서 그것의 확대가 국민 소득을 창출하는 이른바 '소득 창출 효과'(income effect)가 중요했다. 투자를 비롯해 지출이 독립적으로 증가하면 승수 효과가 작용해 국민 소득이 최초의 지출 증가에 비해 더 크게 증가한다는 생각이 바로 그것이었다. 그렇다면 자본 스톡의 크기가 변화하는 장기, 즉 자본의 축적이 일어나는 동태적인 상황에서는 어떨까?

동학적인 관점에서는 투자의 또 다른 중요한 기능이 문제가 될 수 있다. 그것은 경제 성장을 위해 필요한 생산 능력(productive capacity)의 증대가 투자에 의해서만 비로소 가능한 점과 관련된다. 투자는 수요의 구성 부분이지만, 동시에 공급 측면에 중요한 영향을 미치는 것이다. 이를 우리는 투자의 '생산 능력 증대 효과'(capacity effect)라고 한다. 이 생산 능력 증대 효과는 거시 경제의 단기에 초점을 맞춘 『일반이론』의 논의에서나 독자들에게 익숙한 교육용 IS–LM 모형에서는 고려되지 않았던 측면이다.

케인스 경제학의 관점을 유지하면서 투자의 생산 능력 증대 효과를 최초로 명시적으로 다룬 연구는 케인스의 전기 작가이기도 했던 영국의 경제학자로이 해로드(Roy F. Harrod, 1900~1978)와 러시아 출신 미국 경제학자 엡시 도마(Evsey D. Domar, 1914~1997)에 의해 제시되었다. 이 두 경제학자는 각자 독자적으로 연구를 진행했다(Harrod, 1939; Domar, 1946). 하지만 그 결과에는 공통된 점이 있어 우리는 이들의 연구 결과를 그 공통점을 중심으로 '해로드–도마 성장 모형'으로 부르기도 한다. 여기서는 먼저 시기적으로 선행한 해로드의 성장 모형(Harrodian growth model)부터 살펴본다.

해로드의 성장 모형은 기존의 케인스 경제학이 갖는 정태적 한계를 극복하고 그것을 장기 동학 이론으로 확장하고자 한 첫 번째 시도로 알려져 있다. 그의 문제의식은 투자가 저축으로부터 독립적으로 이루어지는 자본주의 경제에서 안정적인 경제 성장은 어떤 이론적 조건 하에서 가능한지 규명하려는 야심찬 것이었다. 그의 분석 결과는 이론적으로나 실천적으로나 후대에 적지 않은 영향을 미쳤다.

1.1. 장기 균형 성장률로서의 '적정 성장률'

여기에 소개하는 모형은 해외 부문이나 정부 부문이 없는 민간 폐쇄 경제를 대상으로 하며 소비재로도 자본재로도 쓸 수 있는 대표 재화의 존재를 가정한다. 그리고 실질 국민 소득, 즉 실질 총산출 q 가운데 비율 s에 해당하는 만큼이 저축되는 것으로 가정한다. 단, s는 0보다 크고 1보다 작은 상수로서 우리는 이를 저축 성향(propensity to save) 혹은 저축률(rate of saving)이라고 부른다. 자본 스톡 K의 축적인 투자 $I = \Delta K$와 저축이 일치하게 되는 식 (1)의 IS 균형 조건은 거시 경제 균형의 필요조건이라고 할 수 있다. 단, 여기에서는 논의를 간단하게 하고자 자본 스톡의 물리적 · 경제적 가치 하락인 감가상각에 대해서는 별도로 고려하지 않는다.

$$I = \Delta K = sq. \tag{1}$$

동학적인 관심에서는 변수의 절대 수준보다 그것의 증가율에 초점을 맞추게 된다. 이 균형 조건 식 (1)의 양변을 자본 설비 K로 나누어 다음과 같이 표현하는 것이 편리할 수 있다. 다음 식의 좌변은 자본 스톡의 증가율, 즉 자본이 축적되는 정도를 의미하며 우리는 이를 자본 축적률(rate of capital accumulation) 혹은 간단히 축적률이라 부르고 변수 g_K로 쓴다.

$$\frac{\Delta K}{K} \equiv g_K = \frac{sq}{K}.$$

해로드 모형의 핵심적인 통찰은 자본 축적과 산출 증가 사이에 체계적인 연관이 있다는 인식에 있다. 이를 위해 자본 계수, 즉 자본–산출 비율을 다음과 같이 분해해 보자.

$$\frac{K}{q} = \frac{K}{q_{fc}} \frac{q_{fc}}{q} = \frac{\nu}{u}. \tag{2}$$

q_{fc}는 주어진 노동과 생산 설비를 완전히 활용하여 얻을 수 있는 최대 생산량, 즉 생산 능력의 크기를 나타낸다. u는 생산량 q를 생산 능력 q_{fc}로 나눈 것으로서 생산 설비의 활용 정도에 해당한다. 우리는 이 u를 설비 가동률(rate of utilization of capacity), 혹은 줄여서 가동률이라고 부른다. 그렇다면 q_{fc}는 가동률 100%인 완전 가동 상태에서의 생산량이다. 유효 수요의 원리에 따르면 기업은 변동하는 수요에 맞춰 생산량을 조절한다. 즉, 수요 변동 시 가동률 u의 조정이 수반되는 것이다. 아울러 노동 생산성이 주어져 있다는 전제 하에서는 가동률이 변동하면 이와 함께 고용도 따라서 변동하게 된다. 즉, 재화의 생산은 자본의 사용량 uK와 이에 상응하는 노동 고용량이 생산 과정에서 결합됨으로써 이루어진다.

한편, ν는 자본 설비 K를 생산 능력 q_{fc}로 나눈 비율이다. 우리는 이 ν가 생산 기술의 특성에 따라 고정된 크기를 갖는 상수라고 간주한다. ν가 상수라면 생산 능력의 확대는 이에 비례하는 설비의 확장을 필요로 한다. 말하자면, 기술이 진보하더라도 자본의 잠재적인 생산성에는 변화가 없는 것이다. ν가 상수인 경우 기술 진보는 노동의 효율성이 개선되는 형태로 이루어진다. 이와 같이 노동이 절약되는 형태의 기술 진보를 해로드 중립적(Harrod-neutral) 기술 진보라고 한다.

이 해로드 중립적 기술 진보, 즉 노동 절약적 기술 진보는 이 책에서 다루는 성장 모형 모두에 공통된 가정이다. 만약 노동 절약적 기술 진보를 가정하지 않고 반대로 자본 절약적 기술 진보를 가정한다면, 성장하는 경제에서는 자본 스톡을 산출 수준으로 나눈 비율인 자본 계수가 궁극적으로 일정한 양수가 아닌 영(0)으로 수렴하게 된다. 현실 경제에서 자본 계수가 추세적으로 감소하는 현상이 관측되지 않는 한, 자본의 잠재적 생산성이 일정하다고 보고 기술 진보가 노동을 절약하는 형태로 이루어진다고 가정하는 것에는 이런 점에서 이론적으로 문제가 없다고 하겠다.

우리는 해로드 중립적 기술 진보를 가정하고 이에 따라 기술 진보의 과정을 곧 노동 생산성이 향상되는 과정으로 파악할 수 있다는 사실을 충분히 강조해 두고자 한다. 이 책 전체를 관통하여 기술의 진보는 노동 생산성의 향상 과정으로 표현될 것이다.

식 (2)의 자본 계수 분해 결과를 이용하면 $q / K = u / \nu$ 이므로 IS 균형 (g_K^*, u^*)에서 다음 관계가 성립함을 알 수 있다. 다음 식 (3)을 해로드는 '기본 방정식'(fundamental equation)이라고 불렀다.

$$g_K^* = \frac{s}{\nu} u^*. \tag{3}$$

이 IS 균형은 가동률의 조정을 통해 달성된다. 투자가 저축을 초과하면 그 초과분만큼 총수요가 총공급을 초과하게 된다. 케인스 경제학적인 관점에서는 수요가 공급을 초과할 때 재고가 줄어들면서 기업이 산출 수준을 늘리는 방식으로 초과 수요 상황에 대응할 수 있다. 생산 설비가 주어진 가운데 산출 수준이 늘어나면 설비 가동률이 상승한다. 투자가 저축을 초과하면 이렇게 가동률이 상승한다. 그런데 가동률이 오르고 산출 수준이 늘어나면 산출 수준에 저축 성향이 곱해진 크기로 결정되는 저축이 따라서 늘어나게 된다. 부족했던 저축이 늘어나 투자와 같은 크기가 되면 이와 같은 조정 과정이 끝나게 된다.

반대의 경우에 대해서도 생각할 수 있다. 만약 투자가 저축을 하회한다면 수요 부족으로 산출 수준이 줄고 가동률이 하락한다. 이 과정에서는 저축도 함께 줄어든다. 상대적으로 과잉이었던 저축이 투자의 크기에 맞게끔 조정되는 것이다. 이렇게 설비 가동률이 조정되는 과정을 거치면서 생산물 시장은 균형을 찾아간다. 그런 점에서 식 (3)의 IS 균형 조건이 성립하기 위한 조정 과정은 다음과 같이 쓸 수 있다. 단, 가동률 u의 조정 속도와 관련된 상수 $\varnothing_u$는 양수이다.

$$\Delta u = \varnothing_u \left[g_k - \frac{su}{\nu} \right].$$

즉, 다음이 성립하는 것이다.

$$g_K > \frac{su}{\nu} \Rightarrow \Delta u > 0 \Rightarrow \frac{su}{\nu} \uparrow \Rightarrow \Delta u \downarrow,$$

$$g_K < \frac{su}{\nu} \Rightarrow \Delta u < 0 \Rightarrow \frac{su}{\nu} \downarrow \Rightarrow \Delta u \uparrow.$$

IS 균형에서는 $\Delta u = 0$이다. 우리는 IS 균형이 유지되는 가운데 계산된 산출 수준, 즉 IS 균형 소득의 증가율인 $\Delta q/q = g^*$를 '실제 성장률'(actual rate of growth)이라고 하자. 여기에서 '실제'라는 표현에는 우리가 현상적으로 경험하는 성장률은 곧 IS 균형에서의 성장률과 가까운 것이라는 의미가 내포되어 있다.

그런데 해로드는 이와 같은 IS 균형은 기업들의 수요 예상과 이에 따른 투자 계획이 바뀌면 얼마든지 바뀔 수 있다고 보았다. 말하자면, 하나의 수요 예상에 하나의 IS 균형이 대응한다는 것이다. 그렇다면 이와 같은 잠재적인 균형들 (g_K^*, u^*) 가운데 어떤 특별한 균형에서는 기업들의 당초의 수요 예상이 실제와 맞아 떨어져 매출이나 설비 가동률이 기업들의 예상 그대로 실현될 수도 있을 것이다. 그런 경우라면 기업들이 정확한 것으로 판명된 수요 예상을 바꿀 필요도 없고 투자와 관련된 기존의 의사 결정을 변경할 하등의 이유도 없을 것이라고 생각할 수 있다. 이렇게 기업의 예상이 실현되어 더 이상 축적률이 변화하지 않고 일정 수준을 유지할 때 해로드 성장 모형에서는 경제가 '장기 균형'에 도달했다고 말한다.

반대로 경우에 따라서는 균형에서 기업들의 수요에 대한 예상이 틀린 것으로 판명될 수도 있다. 이런 상황에서는 기업들이 각자 자신의 예상을 변경하게 되고 그 과정에서 투자와 관련된 계획 또한 조정하기 마련이다. 이는 균형의 변화로 이어질 것이다. 결과적으로 IS 균형 중에는 '장기 균형'이 되는 것도 있지만 그렇지 않은 것도 있다. 모든 IS 균형이 장기 균형이 되지는 않는다는 의미에서 IS 균형 자체는 장기 균형과 구별하여 '단기 균형'이라고 하겠다.

해로드 성장 모형에서는 기업의 수요 예상이 실현되는 특별한 IS 균형을 장기 균형이라 하고 그때의 경제 성장률을 '적정 성장률'(warranted rate of growth, g_w)이라고 부른다. 이제 기업이 목표로 하거나 예상하는 매출 수준을 q_n이라 하고 이때의 설비 가동률을 목표 가동률 혹은 정상 가동률(normal rate of utilization of capacity) $u_n = q_n/q_{fc}$이라 하면, 앞의 기본 방정식 (3)은 장기 균형 (g_w, u_n)에서 다음과 같이 고쳐진다.

$$g_w = \frac{s}{v} u_n. \tag{4}$$

요컨대 해로드 모형의 장기 균형은 설비 가동률이 정상 수준에 도달할 때, 즉 $u^* = u_n$일 때 달성되는 것이다. 이 정상 가동률 자체는 실제로는 산업의 관행에 의존하는 것일 수 있고 이론적으로는 미래 발생할 사건에 대한 확률적 예측이 불가능한 근본적 불확실성(fundamental uncertainty)의 상황에서 기업가의 판단에 근거한 나름의 최적화 결과일 수도 있다. 이런 점으로 인해 정상 가동률이 일정 기간 주어져 있다고 본다면 결국 적정 성장률은 저축 성향 s의 크기에 달려 있음을 알 수 있다.

한편, 식 (2)의 자본 계수 분해 식을 전미분한 결과로부터 우리는 다음과 같은 근사식을 얻을 수 있다.

$$\frac{\Delta K}{K} \approx \frac{\Delta q}{q} - \frac{\Delta u}{u}. \tag{5}$$

이 식은 한편으로는 설비 확장이 없이 기존 설비를 그대로 유지하는 가운데에도 가동률이 오르면 산출량이 늘어나는 자명한 사실을 보여 준다. 그런데 다른 한편으로는 가동률이 정상 수준을 유지해 $\Delta u = 0$인 장기 균형에서는 K의 증가율, 즉 축적률과 q의 증가율, 즉 경제 성장률이 일치하게 되는 점을 보여 주기도 한다. 이는 해로드 성장 모형의 장기 균형에서는 자본 스톡과 산출 수준이 동일한 비율을 유지하며 성장하는 균형 성장 경로(balanced growth path)가 재현됨을 의미한다. 다만 한 가지 유의할 점은 가동률이 정상 수준에 있지 않은 단기 IS 균형에서는 우변 마지막 항의 분자 Δu가 영(0)이 아닌 값을 가지면서 변할 수 있어 자본 계수 자체가 변동할 수 있다는 사실이다.

1.2. 장기 균형의 수치 예

장기 균형과 단기 균형의 개념적 차이를 수치 예를 들어서 좀 더 분명하게 살펴보자. 이를 위해 먼저 모형 경제에 대해 몇 가지 가정을 도입하자. 가정은 [표 2-1]과 같다.

[표 2-1]의 마지막 두 열은 각각 경제의 최초 기간인 $t = 0$기 말 현재의 자본 설비의 규모와 $t = 0$기 동안의 평균 설비 가동률에 해당한다. $u_0 = u_n$이므로 이 모형 경제는 최초에 장기 균형 상태에 있었다.

[표 2-1]의 가정으로부터 초기 설비 능력 $q_{fc,0}$는 $K_0 = 200$을 $\nu = 1.6$으로 나누어 125로 계산할 수 있다. 그리고 $u_0 = 0.8$로부터 초기 산출량 q_0는 $q_0 =$

[표 2-1] 기본 가정

u_n	s	ν	K_0	u_0
0.8	0.2	1.6	200	0.8

$u_0 q_{fc,0} = 100$으로 계산된다. 초기 자본 계수가 $K_0 / q_0 = 2$인 것이다. 아울러 식 (3)으로부터 최초 상태에서 축적률 $g_{K,0}$는 $s/\nu = 0.125$에 $u_0 = 0.8$을 곱한 10%로 구해진다.

이제 우리는 먼저 기업이 어떤 이유로든 향후 매출 증가율을 9%로 예상하는 경우를 따져 보자. 여기서 주의할 점은 현재 설비 가동률이 이미 정상 수준에 도달해 있다고 가정한 것이다. 정상 가동률 자체가 최적화의 결과이거나 산업의 관행에 의해 뒷받침되는 것이라고 한다면, 이런 경우 기업으로서는 설비 가동률을 정상 수준을 초과하도록 현재 상태보다 올리기보다는 설비를 확장하는 편이 유리할 수 있다. 이와 같이 정상 가동률을 유지하는 편이 바람직하다고 보면 기업으로서는 구체적으로 매출 증가율에 맞추어 설비 능력을 정확히 9%만큼 늘리려고 할 것이다.

따라서 기업이 선택하는 설비 확장 규모는 q_{fc}를 125에서 9%만큼 늘리기 위해 필요한 만큼이 된다. 그런데 ν가 상수이므로 결국 기업은 K를 200에서 9%만큼 늘리려고 한다. 기업의 자본 축적, 즉 투자에 대한 결정은 이렇게 $I = \Delta K = 18$로 결정된다. 새로운 축적률 $g_{K,1}$이 매출 증가율 예상을 반영하여 9%로 결정된 것이다. 자본 설비는 이제 다음 기에 $K_1 = 218$로 늘어날 것이다.

기본 방정식 (3)은 여기서 $g_K = 0.125u$로 주어진다. 그런데 좌변의 새로운 축적률이 $g_{K,1} = 0.09$로 결정되었으므로 우변의 저축 또한 이와 일치하도록 설비 가동률 u가 조정되어야 한다. 좌변과 우변이 일치하는 IS 균형은 가동률이 72%일 때 달성된다. 새로운 IS 균형을 $(g_{K,1}, u_1) = (0.09, 0.72)$로 나타내도록 하자. 이 새로운 균형에서는 $q_{fc,1} = K_1 / \nu = 136.25$이므로 $q_1 = u_1 q_{fc,1} = 98.1$이 된다.

이 경우 '실제 성장률'을 계산해 보자. 우리는 앞에서 $q_0 = 100$임을 확인했다. 그렇다면 q_1 = 98.1이므로 실제 성장률은 $\Delta q / q$ = −0.019이다. 애초에 기업은 매출이 9% 늘어날 것으로 예상하고 투자 계획을 확정했는데, 실제로 실현된 수요 증가율은 −1.9%였다. 매출 증가율에 대한 예상이 잘못되었던 것이다. 이윤을 극대화하는 기업가라면 잘못된 것으로 판명된 예상을 그대로 유지할 리 없다. 자신의 매출 증가 예상에 비해 실제 수요 확대가 턱없이 작았으므로 다음 기에는 매출 증가율 예상치를 9%보다 낮은 크기로 변경한다고 보는 것이 자연스럽다. 물론 이 과정에서는 투자 계획도 잘못된 축적률 9%보다 낮추어 잡을 것이다. 그렇다면 우리가 도달한 IS 균형 ($g_{K,1}$, u_1)은 이후에도 유지될 수 있을까? 아니다. 유지될 수 없다. g_K가 낮아질 것이기 때문이다. 그런 이유로 이 IS 균형은 장기 균형이 아니다.

그렇다면 이번에는 기업의 예상 매출 증가율이 10%라면 어떨까? 이 경우 위에서 밝힌 논리를 적용하면 기업의 투자 계획이 축적률 10%가 될 것임을 독자들은 어렵지 않게 알아차릴 수 있을 것이다. 이번에는 $g_{K,1}$ = 0.1이고 따라서 K_1 = 220인 것이다. 기본 방정식으로 돌아가 10% 매출 증가율 예상에 기초한 투자 계획이 실행된 것을 전제로 IS 균형 가동률을 계산하면 u_1 = 0.8이다. 즉, 새로운 IS 균형은 ($g_{K,1}$, u_1) = (0.1, 0.8)이 된다. 이 균형에서 $q_{fc,1}$은 220을 1.6으로 나눈 137.5로 계산되고 이로부터 q_1 = 0.8 × 137.5 = 110임을 알 수 있다. q_0 = 100이므로 이는 경제 성장률이 10%로 기업의 예상 매출 증가율과 일치하는 것을 의미한다. 이런 경우 기업으로서는 자신의 수요 예상과 이에 기초한 투자 계획을 변경할 이유가 없다. 이렇게 새로운 IS 균형 ($g_{K,1}$, u_1)은 장기 균형이 된다. 기업의 수요 예상에 기초한 IS 균형 가동률이 정상 가동률과 일치할 때 장기 균형이 달성되고 있음을 유의할 필요가 있다.

마지막으로 한 가지 경우만 더 다루어 보자. 이번에는 기업의 매출 신장 예상이 11%라고 하자. 이 경우 축적률은 $g_{K,1} = 0.11$, $u_1 = 0.88$이 된다. 그 밖에 다른 변수들도 값을 쉽게 찾을 수 있다. 특히, $q_1 = 122.1$이므로 경제 성장률이 이번에는 22.1%가 되는 점을 알 수 있다. 이는 기업의 당초 매출 증가율 예상치가 실제보다 낮다는 의미이다. 이 경우 기업 행동에 변경이 초래될 것이므로 이 새로운 IS 균형은 장기 균형이 될 수 없다.

수치 예로 든 현재의 모형 경제에서는 적정 성장률이 식 (4)에 의해 $su_n/\nu = 10\%$로 그 크기가 주어진 가운데 기업의 수요 예상과 이를 반영하여 실행되는 투자 계획에 따라 실제 성장률이 다양한 값을 취할 수 있음을 알 수 있다. 적정 성장률과 비교하여 기업의 예상 매출 증가율이 낮으면 실제 성장률이 적정 성장률을 하회하게 되었다. 이 경우 가동률이 최초의 정상 수준보다 낮아지면서 식 (5)에 의해 축적률이 성장률을 상회하였고 이로 인해 자본 계수는 상승하였다. 반대로 적정 성장률보다 기업의 예상 매출 증가율이 높은 경우에는 실제 성장률이 적정 성장률을 상회하면서 가동률이 상승해 축적률이 성장률을 밑도는 일이 벌어졌고 이로 인해 자본 계수는 하락하였다. 이상의 결과를 [표 2-2]로 요약한다.

[표 2-2] 수치 예

	수요 예상	$g_{K,t}$	K_t	$q_{fc,t}$	u_t	q_t	g_t	자본 계수
$t=0$	-	0.10	200	125	0.80	100	0.10	2.00
$t=1$	0.09	0.09	218	136.25	0.72	98.1	-0.019	2.22
	0.10	0.10	220	137.5	0.80	110	0.10	2.00
	0.11	0.11	222	138.75	0.88	122.1	0.221	1.82

주: $g_t = (q_t - q_{t-1})/q_{t-1}$.

1.3. 칼날 성질과 해로드 불안정성 원리

해로드는 적정 성장률 하의 장기 균형이 실제 성장률에 대해 일종의 기준 역할을 할 것이라고 보았다. 그런데 지금까지의 설명을 보면 적정 성장률의 크기는 식 (4)에 의해 결정되며 실제로는 저축과 투자가 이 적정 성장률 수준에서 실제로 일치하도록 하는 그 어떤 보장도 없다. 실제 성장률과 적정 성장률은 얼마든지 서로 괴리될 수 있는 것이다. 그렇다면 혹시 단기 IS 균형이 조정을 거치면서 결국 장기 균형으로 수렴할 수는 없을까? 장기 균형으로의 수렴을 가능하게 하는 어떤 내생적인 메커니즘은 존재할까? 이 문제에 대한 답을 미리 밝혀 두자면 적어도 해로드 성장 모형 안에는 그런 메커니즘이 없다는 것이다.

경제 성장이 적정 성장률 수준에서 이루어지는 경제에서는 기업들이 투자 계획을 조정할 유인이 없으므로 일정한 축적률이 유지된다. 그리고 이 과정에서 주요 실물 변수의 증가율이 축적률과 동일해진다. 경제가 성장하면서 주요 실물 변수 사이에 일정한 비율이 유지되는 것이다. 우리는 이러한 균형 성장 상태를 '균제 상태'(steady state)라고 한다.

균제 상태란 다시 말해 자본 스톡, 국민 소득, 민간 소비 등이 모두 일정한 증가율로, 그리고 서로 간에 일정한 비율을 유지하면서 변화하는 동태적 균형이다. 거시 경제가 균제 상태를 유지하면 우리는 해당 경제가 균형 성장 경로를 따른다고 말한다. 반면에 우리가 거시 경제의 생산물 시장이나 실물 부문이 균형 상태에 있다고 말할 때에는 저축과 투자가 일치해 수요와 공급이 맞아떨어진다는 의미인 경우가 많다. 이와 같은 IS 균형 상태는 균제 상태와 동일한 개념이 아님에 주의할 필요가 있다. 전자는 후자에게 필요조건이지만 충분조건은 아니다. 즉, 균제 상태는 저축과 투자가 일치한다는 의미에서의 균형을 전제로 하는 개념이지만 저축과 투자가 일치한다고 해서 균제 상태가 되는 것은 아니다.

그렇다면 해로드 모형에서 만약 실제 성장률이 적정 성장률로부터 괴리되면 어떤 일이 벌어질까? 식 (4)로 표현되는 적정 성장률의 정의로부터 알 수 있는 것은, 성장률의 적정 성장률로부터의 괴리는 가동률의 정상 수준, 목표 수준으로부터의 괴리와 함께 일어나는 현상이라는 점이다. 가동률이 최적이라고 간주되는 정상 수준으로부터 벗어났다면 이는 기업들의 수요 예상이 실제 경제 상황을 반영하지 않은 틀린 것으로 판명되었다는 뜻이다. 그런 경우라면 기업들은 자신의 애초의 수요 예상을 변경하고 투자 계획을 조정하는 것이 합리적이라고 하겠다. 이와 같은 변화는 경제 전체적으로 축적률의 변화를 초래한다. 어쨌든 실제 성장률이 적정 성장률로부터 괴리되면 결국 경제는 '적정 성장 경로'를 따라 (g_w, u_n)을 유지하며 성장해 가지 못하고 균제 상태로부터 벗어나 있게 되는 것이다.

이를테면 IS 균형에서의 설비 가동률 u^*가 정상 수준 u_n을 웃돌아 [표 2-2]의 마지막 행과 같은 상황이 되었다고 하자. 이 경우 실제 성장률 g^*는 22.1%로 적정 성장률 g_w 10%를 상회한다. 기업들은 유효 수요가 늘어나는 정도를 11%로 예상했는데, 실제 성장률은 그보다 높았다. 수요 예측이 이렇게 잘못 이루어지는 바람에 설비 가동률이 목표했던 정상 수준을 넘어서 88%까지 오른 것이다. 이제 자연스럽게 설비의 증설이 요구된다. 수요가 기존의 예상을 웃도는 상황에서 가동률을 최적이라고 간주되는 수준까지 낮추려면 예상 수요 증가율을 높이고 투자를 확대해야 하기 때문이다. 이 과정에서 경제 전체적으로 축적률이 상승한다. 이와 같은 내용을 도식화하면 다음과 같다.

$$u^* > u_n, g^* > g_w \Rightarrow g_K^* \uparrow \Rightarrow g^* \uparrow .$$

위의 도식에 따르면 가동률이 정상 수준을 상회하면 이로 인해 축적률이 적정 성장률보다 높은 수준으로 상승한다. 그런데 이렇게 축적률을 올리면 그 결과로 실제 성장률은 더 오르게 된다. 축적률의 상승이 앞에서 언급한 소득 창출 효과 및 생산 능력 증대 효과를 불러오기 때문이다. 독자들은 [표 2-2]에서도 $g_{K,0} = 0.1$이었다가 $g_{K,1} = 0.11$로 상승한 결과, 실제 성장률이 $g_0 = 0.1$에서 $g_1 = 0.221$로 상승한 사실을 확인할 수 있다. 이와 같이 축적률의 상승은 실제 성장률의 상승을, 반대로 축적률의 하락은 실제 성장률의 하락을 수반하게 된다. 문제는 이렇게 실제 성장률이 상승하면 다시 위의 도식에 근거하여 더 한층의 투자 확대로, 즉 축적률의 재차 상승으로 귀결되는 점이다. 이 과정은 계속될 수 있다. 결과적으로 실제 성장률이 적정 성장률을 상회하는 폭이 시간이 흐르면서 점점 더 확대되고 마는 것이다.

동일한 논리는 가동률이 정상 수준을 유지하는 경우에도, 그리고 정상 수준을 밑도는 경우에 대해서도 동일하게 적용될 수 있다. 방향만 다를 뿐이다. 다음의 두 도식은 이를 요약한다.

$$u^* = u_n, g_K^* = g_w \Rightarrow \Delta g_K^* = \Delta g = 0,$$

$$u^* < u_n, g_K^* < g_w \Rightarrow g_K^* \downarrow \Rightarrow g^* \downarrow .$$

실제 성장률이 적정 성장률로부터 아주 조금만 이탈하더라도 시간이 흐르면서 결국 이탈의 폭은 점점 확대된다. 그 차이는 커질 뿐 줄어들지 않는다. 성장률이 적정 성장률로부터 벗어날 때 전자가 다시 후자의 수준으로 돌아올 수 있게 하는 메커니즘은 여기에서 작동하지 않는다. 우리는 이와 같은 해로드 성장 모형의 특성을 '칼날 성질'(knife-edge property)이라고 부른다. 마치 경제가 칼날 위에 서 있는 것과 같다는 비유이다.

해로드 성장 모형에서 경제가 균제 상태에 도달하기 위해서는 반드시 처음부터 균제 상태에서 출발해야 한다. 그런 경우에도 수요 예상과 이에 따른 투자 계획이 적정 성장률로부터 조금만 벗어나면 모형 경제는 균제 상태로부터 쉽게 이탈한다. 만약 모형 경제의 최초 상태가 적정 성장 경로상에 있지 않았다면 시간이 흐를수록 그 괴리는 커질 뿐이다. 장기 균형으로 상정되는 적정 성장 경로로부터 멀어질 뿐이다. 이와 같이 해로드 모형에서 장기 균형은 심각한 불안정성을 내포하고 있다.

장기적으로 경제가 동학적으로 불안정한 경로를 따를 수 있다는 이와 같은 해로드 모형의 결론을 우리는 '해로드 불안정성 원리'(Harrodian instability principle)라고 한다. 이 장기 균형의 동태적 불안정성 문제는 자본주의 경제의 항구적 성장에 대해 회의적인 전망을 제시하는 것으로서, 이 문제를 이론적으로 해결하는 것은 이후 성장 모형 연구에서 한 가지 중요한 이론적 과제로 남게 되었다.

1.4. 장기 균형 성장에서의 불완전 고용

케인스 경제학에서는 저축이 투자로 이어지는 어떤 자동적인 메커니즘이 없고 이에 따라 독립적으로 수행되는 투자가 완전 고용을 달성하는 데 필요한 수준에 미치지 못할 가능성이 상존하는 것으로 이해된다. 유효 수요의 부족이 생산 요소의 불완전 고용을 낳는 것이다. 물론 이와 같은 이야기는 어디까지나 단기적인 경기 변동의 시각에 입각해 있다고 하겠다. 여기서 우리가 가지게 되는 한 가지 의문은, 그렇다면 장기에는 어떻겠는가 하는 것이다. 만약에 경제가 우연하게도 균제 상태에서 적정 성장률로 성장하고 있다면 어떨까? 이런 경우 완전 고용이 달성될 수 있을까?

이 문제와 관련하여 해로드는 실제 성장률이나 적정 성장률과는 엄연히 구분되는 '자연 성장률'(natural rate of growth, g_n)이라는 개념을 제시하였다. 자연 성장률 g_n은 완전 고용을 전제로 하는 개념이다. 노동 인구 L의 증가율이 외생적으로 n으로 주어져 있고, 노동 인구 일인당 생산성 y의 증가율 역시 외생적으로 λ로 주어져 있다고 할 때, 이 g_n의 크기는 다음과 같이 정해진다.

$$g_n = n + \lambda. \tag{6}$$

완전 고용이 달성된 경우 국민소득 q는 전체 노동 인구 L에 노동의 평균 생산성 $y = q/L$을 곱한 것이다. 이는 $q = yL$임을 의미하므로 완전 고용이 유지되는 경우의 경제 성장률이 y의 증가율 λ와 L의 증가율 n을 합한 만큼이 되는 것은 자명한 사실이라고 하겠다.

문제는 자연 성장률을 결정하는 요인인 n이나 λ가 적정 성장률을 결정하는 요인인 s나 ν, 혹은 u_n과 어떤 체계적인 관련이 있겠는가 하는 데에 있다. 우리는 이들 사이에 어떤 관계를 억지로 가정하지는 말도록 하자. 자연 성장률과 적정 성장률은 어디까지나 독립적으로 결정된다고 본다는 의미이다.

그렇다면 모형 경제가 균형 성장 경로인 적정 성장 경로를 따라 g_w의 성장률로 성장하는 경우라 해도 이 g_w는 일반적으로는 g_n과 일치하지 않을 수 있다고 보아야 하지 않을까? 실제 성장률이 적정 성장률과 일치하는 것이 우연인 것처럼, 적정 성장률이 자연 성장률과 일치하는 것 역시 우연이다. 해로드 성장 모형에는 식 (4)의 적정 성장률이 식 (6)의 자연 성장률로 수렴하게끔 하는 어떤 내생적 메커니즘도 실제로 존재하지 않는다.

다만 뒤집어 생각해 볼 필요도 있을 법하다. 이상의 논의는 장기적으로 불완전 고용이 유지되는 가운데에서도 거시 경제의 균형 성장이 지속될 수 있음을 의미하는 것이기도 하기 때문이다. 생산 요소 시장이 완전 경쟁이라는 비현실적인 가정을 버린다면, 거시 경제의 장기 균형에서 완전 고용이 자동적으로 달성된다는 보장은 사실 어디에도 없다. 오히려 장기 균형에서도 불완전 고용이 일반적일 수 있다. 물론 칼날 위에서 말이다.

2. 도마 성장 모형

도마 역시 해로드와 마찬가지로 경제가 장기적으로 성장하는 과정에서 균제 상태에 도달할 수 있는 이론적 조건을 검토하였다. 구체적으로 도마는 균제 상태에서의 '균형 성장률'을 설명하고자 했다. 그는 이를 위해 장기적으로 노동이 완전 고용되고 자본 설비가 완전 가동되어 $u = 100\%$인 상태를 전제로 하였다. 노동의 완전 고용과 설비의 완전 가동을 달성한 경제가 그와 같이 생산 요소를 완전하게 활용하는 상태를 동태적으로 유지하려면 어떤 조건이 충족되어야 하겠는가가 그의 문제였다.

논의의 출발점은 투자의 생산 능력 증대 효과였다. 만약 κ를 자본의 한계 생산성으로서 고정된 상수라 하면 투자의 생산 능력 증대 효과는 다음과 같이 표현될 수 있다.

$$\Delta q_{fc} = \kappa \Delta K = \kappa I. \tag{7}$$

식 (7)의 Δq_{fc}는 투자가 공급 측면에 미치는 영향이라고 할 수 있다. 한편, 저축 성향 s가 상수라고 가정하면 투자가 수요 측면에 미치는 영향인 소득 창출 효과를 다음과 같이 표현할 수 있다. 여기서 $(1/s)$는 승수(multiplier)에 해당한다.

$$\Delta q = \frac{1}{s} \Delta I. \tag{8}$$

거시 경제가 균제 상태에서 노동의 완전 고용과 자본 설비의 완전 가동 상태를 유지하기 위해서는 공급 측면에서 생산 능력이 확대되는 것과 동일한 크기만큼 수요 측면에서도 소득이 증가해야 한다. 즉, 자본 축적에 따른 설비 확장으로 늘어나는 산출 수준이 투자의 승수 효과로 인해 늘어난 소득에 의해 흡수될 수 있어야 한다. 그래야만 확대되는 생산 능력이 균형 산출 수준으로서 지탱될 수 있을 것이다. 따라서 균제 상태에서 제반 생산 요소의 완전 고용이 유지되기 위해서는 식 (7)과 식 (8)이 일치하는 다음 조건이 성립해야 한다.

$$\Delta q_{fc} = \Delta q \Rightarrow \frac{\Delta I}{I} = \kappa s.$$

균제 상태가 성장하는 경제의 균형 상태로서 유지되려면 투자가 특정 비율, 정확하게는 κs의 비율로 증가해야 한다는 점이 도마 모형의 중요한 결론이다. 그런데 s가 상수라면 $I = sq$이므로 경제 성장률이 투자의 증가율과 동일한 크기가 된다. 마찬가지로 κ가 상수로서 동시에 자본의 평균 생산성을 나타내기도 한다면 $q = \kappa K$이므로 우변의 증가율인 축적률은 좌변의 증가율인 경제 성장률과 동일한 크기가 된다. 즉, 생산 요소의 완전 고용이 유지되는 균제 상태가 지속되려면 다음이 성립해야 한다.

$$\frac{\Delta q}{q} = g = \kappa s.$$

그런데 이와 같은 도마 성장 모형의 결론은 실제로는 새롭지 않으며 앞에서 공부한 해로드 성장 모형으로부터도 도출될 수 있다. 이 점을 살펴보기 위해 해로드 모형에서 설비 가동률이 100%라고, 즉 $u = 1$이라고 가정해 보자. 이 경우 $q = q_{fc}$이므로 자본의 생산성 κ는 다음과 같이 계산될 수 있다.

$$\nu = \frac{K}{q_{fc}} \Rightarrow \kappa = \frac{q_{fc}}{K} = \frac{1}{\nu}.$$

그렇다면 해로드의 기본 방정식은 다음과 같이 바뀐다.

$$g = \frac{s}{\nu} u \Rightarrow g = \kappa s. \tag{9}$$

이와 같이 도마 모형은 해로드 모형의 특수한 경우일 뿐이다. 그런 이유로 이후 이 두 모형은 공통점이 강조되면서 '해로드-도마 성장 모형'으로 불려졌다. 그 과정에서는 대개 해로드 모형이 던지는 불편한 시사점들이 가려졌다.

3. 해로드-도마 모형에 대한 신고전학파적 해석

해로드 성장 모형은 이후 경제 성장론 분야의 최고의 거장으로 신고전학파 성장 모형의 기본 형태를 완성한 로버트 솔로(Robert Solow, 1924~)에 의해 신고전학파적으로 해석(Solow, 1956)되었다. 이 해석은 훗날 주류 거시 경제학 교과서에서 해로드 모형을 설명하는 방식의 표준이 되었다.

솔로의 해석에 있어서는, 해로드 동학의 특징인 적정 성장 경로의 불안정성은 논의되지 않았으며 이를 대신하여 적정 성장률과 자연 성장률 사이의 괴리에 초점이 맞추어졌다고 할 수 있다. 솔로는 적정 성장률의 자연 성장률로의 수렴을 가능하게 하는 메커니즘이 해로드의 모형에는 누락되어 있는데,

그 원인은 모형에서 생산 기술 특성을 자본과 노동이 특정 비율로만 결합하는 '고정 계수 생산 기술'로 가정한 점에서 찾을 수 있다고 주장하였다. 생산 기술과 관련된 가정을 바꾸면 얼마든지 적정 성장률이 자연 성장률로 수렴하는 일이 가능해진다는 것이다.

솔로에 따르면 구체적으로 다음과 같은 레온티에프 생산 함수가 해로드 모형에서 가정되고 있다. 여기서 v와 y는 상수이며 생산 설비는 완전 가동된 것으로 가정된다.

$$q = \min\left[\frac{K}{v}, yL\right]. \tag{10}$$

잘 알려져 있는 바와 같이 이 레온티에프 생산 함수는 [그림 2-1]과 같은 등량곡선을 가지며 등비용선의 기울기인 요소 가격 비율이 어떻게 변하든 원점을 통과하는 직선 $K = vyL$ 상에서 요소 결합이 이루어진다.

이 경우 자본, 노동, 산출 사이에는 다음과 같은 관계가 성립한다.

$$q = \frac{K}{v} = yL.$$

그런데 이렇게 되면 자본 계수, 즉 자본과 산출의 비율이 일정한 크기로 고정된다. 식 (10)의 생산 함수 가정은 해로드 모형에서 실제 성장률이 항상 적정 성장률과 일치해 균제 상태가 유지된다는 암묵적인 전제를 도입하는 효과가 있는 것이다.

[그림 2-1]

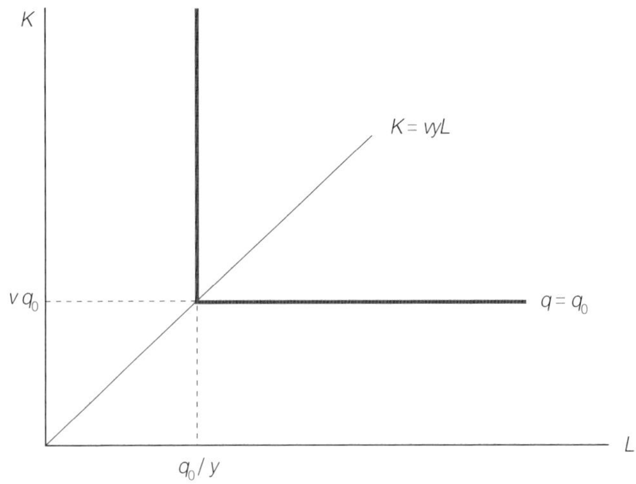

$$\frac{K}{q} = v.$$

자본과 노동의 고정 투입 비율은 확장 경로상에서 결정되며 다음과 같다.

$$\frac{K}{L} = vy.$$

이제 IS 균형 조건이 유지된다는 조건 하에서($I = sq$) 균제 상태에서의 경제 성장률, 즉 적정 성장률은 다음과 같이 도출된다.

$$\frac{\Delta K}{K} = \frac{s}{v} = g_w.$$

한편, y가 상수이므로 기술 진보가 없어 $\lambda = 0$인 조건 하에서는 완전 고용을 유지하기 위해 요구되는 자연 성장률 g_n은 전체 노동 인구의 증가율로 정해진다.

$$g_n = n\,.$$

이 두 성장률 g_w와 g_n은 일치하지 않을 수 있다. 만약 $g_w > g_n$이라면 어떨까? 이 경우에는 자본 축적이 실제로 진행되는 정도를 나타내는 g_w가 노동 인구의 증가율 n보다 크다. 자본 축적은 빠르게 이루어지는데 노동 인구는 그보다 더디게 늘어나는 것이다. 그렇다면 자본과 노동이 고정된 비율로만 결합되는 현재의 모형에서는 점점 더 큰 규모의 자본 설비가 노동과 결합되지 못하는 일이 벌어지게 된다. 그렇다면 반대로 $g_w < g_n$이라면 어떨까? 이 경우에는 성장률이 자연 성장률에 미치지 못하므로 실업 인구가 지속적으로 늘어나게 된다.

솔로는 생산 함수를 신고전학파 생산 함수로 바꾸어 요소 간 대체를 허용하면, 즉 요소 결합 비율 vy가 고정되지 않고 v가 변동할 수 있게 되면 이런 문제가 해결된다고 보았다. 말하자면, 상수 v로 인해 요소 결합 비율과 자본 계수가 고정되는 제약으로 인해 적정 성장률이 자연 성장률로부터 괴리되는 일이 벌어졌을 뿐이며, 그와 같은 자의적인 제약을 제거하고 나면 모형 경제는 균제 상태에서 완전 고용이 보장된다는 것이다.

그의 추론은 다음과 같다. 먼저 $g_w > g_n$이라면 자본 축적이 노동 증가보다 상대적으로 빠르게 이루어짐에 따라 자본에 대한 노동의 상대 가격이 상승하게 된다. 이 경우 기업들은 요소 간 대체를 통해 상대적으로 저렴해진 자본의 투입을 늘리고 상대적으로 비싸진 노동의 투입을 줄일 수 있다. 이렇게 되면 요소 결합 비율이 변한다. K/L이 상승하는 것이다. y가 일정하다면 이는 v의 상승을 의미한다. 그런데 이렇게 v가 상승하면 $g_w = s/v$가 자동적으로 하락하게 된다. 이와 같은 과정은 g_w의 하락으로 $g_w = g_n$이 될 때 멈출 것이다.

반대로 $g_w < g_n$인 경우는 어떨까? 이 경우에는 노동 증가가 자본 증가보다 상대적으로 빠르다. 따라서 자본에 대한 노동의 상대 가격은 하락하게 된다. 이제 기업들은 상대적으로 노동 투입을 늘리고 자본 투입을 줄이려 하므로 K/L이 하락하고 이로 인해 v가 하락한다. 그 귀결은 $g_w = s/v$의 상승이다. 이상 두 가지 경우 각각에 대해 v의 내생적 조정에 따라 적정 성장률 g_w가 자연 성장률 g_n으로 수렴하는 과정을 도식화하면 다음과 같다.

$$g_w > g_n \Rightarrow \frac{w}{r}\uparrow \Rightarrow \frac{K}{L}\uparrow \Rightarrow v\uparrow \Rightarrow g_w\downarrow,$$

$$g_w < g_n \Rightarrow \frac{w}{r}\downarrow \Rightarrow \frac{K}{L}\downarrow \Rightarrow v\downarrow \Rightarrow g_w\uparrow.$$

단, 이 도식에서 w/r은 요소 가격 비율로서 분모는 자본의 가격, 분자는 노동의 가격에 해당한다. 즉, 이 비율은 자본에 대한 노동의 상대 가격을 나타낸다.

솔로는 균제 상태에 있는 경제 내에는 이와 같이 적정 성장률이 자연 성장률로 수렴하도록 이끄는 내재적 힘이 작용한다고 보았다. 적정 성장률이 자연 성장률로 수렴하면 경제는 완전 고용을 달성하게 되므로 결국 장기적으로 보면 경제는 완전 고용 상태를 안정적으로 유지하게 된다. 솔로는 이와 같은 완전 고용의 달성이 어디까지나 요소 가격의 신축적 조정과 이에 따른 요소 결합 비율의 신축적 변화에 의해 가능하다고 보았다.

해로드-도마 모형에 대한 솔로의 해석은 신고전학파 성장 모형의 출발점을 형성하는 하나의 계기가 되었다. 해로드 모형은 경제 성장 과정을 기본적으로 자본 축적이 이루어지는 동학적 과정으로 파악한 점에서 솔로 성장 모형의 기본 틀을 형성한 것으로 평가된다. 그러나 솔로의 이와 같은 해석은 해로드 모형에 고유한 실제 성장률과 적정 성장률 사이의 괴리 가능성, 그리고 이로 인한 적정 성장 경로의 불안정성 문제에 대한 적절한 이론적 해결이라고 보기에는 한계가 있어 보인다.

사실은 솔로가 비판하고 극복했다고 여겨지는, 신고전학파적으로 해석된 해로드-도마 모형은 실제로 해로드가 제기한 이론적 문제들을 담아내고 있지 않은 것으로 보인다. 비슷해 보이지만 다른 모형이 비판되고 극복된 측면이 있다. 우리는 이와 관련하여 해로드 성장 모형에 대한 설명에서 $\nu = K/q_{fc}$로 정의된 바 있음을 상기할 필요가 있다. 원래의 모형에서의 ν와 솔로의 해석에서의 $v = K/q$는 비슷해 보이지만 엄연히 다른 것들이다. 해로드 모형에서 암묵적으로 가정된 생산 함수는 정확하게는 다음의 형태인 것으로 보인다.

$$q = \min\left[\frac{uK}{\nu}, yL\right]. \tag{11}$$

식 (10)과 식 (11)은 분명히 다르다. 생산 함수가 식 (11)과 같다면 더 이상 K와 L은 고정 비율로 결합되지 않으며 자본 계수 역시 일반적으로는 고정된 상수가 아니게 된다. 왜냐하면 가동률 u가 유효 수요의 변동에 따라 가변적이기 때문이다. u/ν는 변수이지만 v는 상수임에 유의할 필요가 있다.

솔로의 비판에 내재된 보다 근본적인 지점에 대해서도 주목이 필요하다. 무엇보다도 해로드의 문제의식에는 장기 경제 성장에 있어 유효 수요가 어떤 역할을 하는가에 대한 고려가 포함되어 있다. 해로드 모형에서 실제 성장률은 유효 수요의 크기에 의해 IS 균형에서 결정된다. 총수요 변동을 반영해 설비 가동률이 변동하면 이는 실제 성장률에 영향을 미친다. 이와 같이 해로드와 도마의 모형에서는 경제 성장 과정에서 유효 수요의 변동에 의미 있는 역할이 부여되었다. 그런데 솔로의 논의에서는 실제 성장률의 적정 성장률로부터의 괴리 가능성 자체가 문제가 되지 않았다. 경제 성장에 있어 유효 수요의 역할이 부인되기 시작한 것이다.

4. 해로드-도마 모형의 정책 시사점

신고전학파적으로 해석된 해로드-도마 모형의 핵심적인 정책적 시사점은 경제 성장률에 영향을 미치는 가장 중요한 요인은 자본 축적이며 저축 성향이 높을수록 성장률도 상승한다는 것이었다. 투자를 늘리는 것이 경제 성장을 도모하는 최선의 정책인 것으로 받아들여졌다. 식 (9)에 따라 경제 성장률이 저축 성향에 자본 생산성을 곱한 크기로 표현되었기 때문이다. 해로드-

도마 모형의 이와 같은 실천적 결론은 20세기의 3분기에, 특히 개발 도상 국가들의 경제 개발 계획과 국제기구들의 원조 계획 수립에 활용되었다.

예를 들어, 어떤 개발 도상 국가의 경제 성장률 목표가 4%라 하자. 그리고 이 나라의 평균적인 실질 이자율과 감가상각률의 합에 기초한 자본의 한계생산성에 대한 추정치가 16%라 하자. 이런 경우 해로드-도마 모형에 따르면 정책 당국은 국민 소득의 25%가 저축되도록 정책적 노력을 기울일 필요가 있다. 그리고 만약 실제 평균 저축 성향이 20%로 목표치 25%에 미치지 못하면 그 차이인 5%p의 '저축 격차'(savings gap)를 줄여 가는 대책을 수립하는 것이 바람직하다는 것이었다.

국민 소득 가운데 저축되는 비율이 높을수록 경제 성장률이 높게 나오므로 개발 도상 국가가 자체 역량으로 선진국 단계로 도약하려면 저축을 늘려야 했다. 이를 위해 민간 저축을 장려하는 정책과 제도가 권장되었고 정부는 흑자 재정을 유지하기 위해 노력했다. 국제기구들에서는 개발 도상 국가가 자체 저축으로 성장률을 끌어올리지 못하는 경우 국제 원조를 통해 저축 재원을 늘려 주는 방안이 강구되기도 했다. 필요한 원조의 규모는 저축 격차로 계산되었다. 하지만 그렇게 저축이 늘어나더라도 실제 성장률은 목표하는 만큼 늘어나지 못했다는 것이 대체적인 평가이다. 저축된 재원에 기초한 투자가 실제로는 성장을 충분히 끌어올리지 못했다. 낮은 자본 생산성은 원조나 저축 증대로 해결될 문제가 아니었다.

제2부
신고전학파 성장 모형

chapter 03

솔로 성장 모형

1. 경제 성장과 경기 순환
2. 솔로 성장 모형의 정립
3. 솔로 모형의 기본 형태
4. 솔로 모형의 확장된 형태: 기술 진보의 역할
5. 성장 회계

chapter 03

솔로 성장 모형

1. 경제 성장과 경기 순환

우리 경제의 실질 GDP가 변화해 가는 과정을 그린 그래프를 살펴보면 두 가지 특징이 두드러진다. 먼저 장기 추세를 중심으로 그래프를 보면 우리 경제는 일종의 추세선을 따라 꾸준히 성장하는 것으로 보인다. 하지만 성장의 속도는 끊임없이 달라지기 마련이다. 어떤 해에는 성장의 속도가 빠른 반면 다른 해에는 완만하고 경우에 따라서는 마이너스 성장을 경험할 수도 있다. 즉, 단기적으로는 총산출인 실질 GDP가 장기 추세선 주위를 상하로 순환 변동하고 있는 것이다.

여기서 추세선이 중요하다. 신고전학파 경제학을 배우고 가르치고 연구하는 오늘날 다수의 경제학자들은 이 추세선상에서 경제가 완전 고용을 달성한다고 보며 이때의 실질 GDP를 잠재 산출이라고 부른다. 장기 추세선상에서 실업률은 완전 고용 실업률, 즉 마찰적 실업만 남아 있는 자연 실업률과 같은 크기가 된다. 잠재 산출이란 아마도 생산 요소가 비생산적으로 낭비되는 일이 없는 가운데, 즉 노동이 완전 고용되고 생산 설비가 완전 가동되는 가운데 특정 기간 동안 한 국민 경제가 주어진 기술 수준으로 효율적으로 그리고 인플레이션과 같은 부작용을 유발하지 않으면서 생산할 수 있는 총산출의 최대 크기라고 이해하면 충분할 것이다. 추세선상에서 산출 수준은 잠재 산출의 증가를 반영하면서 안정적으로 그리고 지속적으로 늘어난다. 이 추세선 위에서의 산출의 증가율은 곧 잠재 산출이 한 해 동안 몇 퍼센트나 증가하는가를 나타낸다. 우리는 이를 잠재 성장률이라고 부른다.

장기적으로 보면 거시 경제는 추세선을 따라 움직여 간다. 단기적으로 보면 거시 경제는 추세선을 이탈했다가 다시 돌아오는 과정을 반복한다. 신고전학파 거시 경제학에서는 실질 GDP라는 하나의 데이터 시계열로부터 추세 성분과 순환 변동 성분을 추출한 다음, 장기 추세 성분은 경제 성장론의 연구 대상으로, 그리고 단기 순환 변동 성분은 경기 순환론의 연구 대상으로 분리한다.

신고전학파적 관점에서 경제 성장론은 말하자면, 원래의 실질 GDP 시계열을 어떤 필터로 걸러 내고 남은 확정적 추세 성분에 대한 연구이다. 이 추세 성분에 집중함으로써 국민 경제 내에서 어떤 동력이 경제의 성장을 가져오는지, 빈곤으로부터 벗어나려면 무엇을 어떻게 해야 하는지, 왜 어떤 나라는 가난하고 어떤 나라는 부유한지를 설명하는 것이 경제 성장론의 핵심 과제가 된다.

2. 솔로 성장 모형의 정립

케인스 경제학의 영향 하에서 1940년대에 해로드-도마 성장 모형이 확립한 이후, 이에 대한 대응으로 신고전학파 종합의 관점에서 1950년대에 개발된 성장 모형이 솔로 모형이었다. 솔로 모형은 경제 성장론 분야에서 가장 중요한 이론적 성과물로서, 오늘날까지도 경제 성장을 이해하는 기본적인 패러다임을 제공하는 것으로 평가되고 있다.

솔로 모형은 경제 성장을 자본이 축적되는 과정으로부터 설명하려 한 점에서 해로드 모형이나 도마 모형 내지는 그 이전의 고전학파 경제학자들의 관점을 계승하고 있다. 모형은 [그림 3-1]의 도식을 따라 순환이 반복될 때마다 자본 축적으로 자본의 규모가 점점 더 커지면서($K_1 > K_0$) 국민 소득이 늘어나고($q_1 > q_0$) 그렇게 경제가 성장해 간다는 생각을 담고 있다. 단, 여기에서 F는 곧 소개할 신고전학파 집계 생산 함수이고, s는 해로드 모형이나 도마 모형에서와 마찬가지로 저축률을 의미한다.

그런데 솔로 모형과 같은 신고전학파 모형에서는 생산 함수가 수확 체감, 더 정확하게는 자본의 한계 생산이 체감하는 성질을 가지므로, [그림 3-1]의 과정을 거쳐 경제가 성장할 때 국민 소득의 증가 폭이 점차 줄어드는 문제가 나타나게 된다. 즉, 그림의 도식을 반복하면서 국민 소득이 계속 늘어나기는 하지만 그 증가 폭 자체는 지속적으로 줄어든다는 것이다. 바로 이런 이유로 모형에서 함수 F, 즉 신고전학파 집계 생산 함수가 어떤 성질을 갖는 것으로 가정되는지가 우리에게는 중요해진다.

솔로 성장 모형에서 집계 생산 함수가 중요한 이유는 또 있다. 오늘날 주

[그림 3-1] 경제 성장과 자본 축적

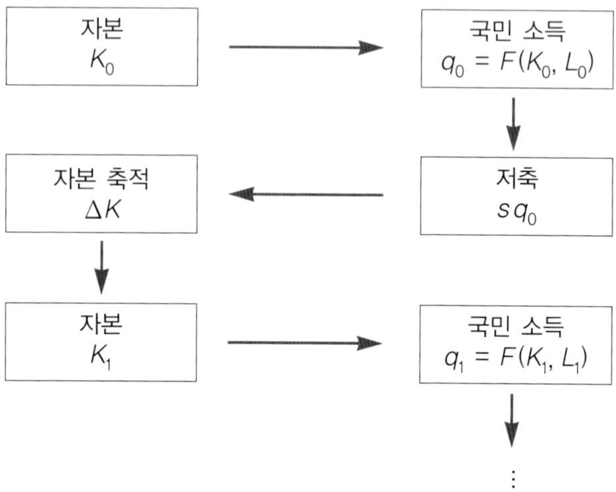

류 거시 경제학에서는 추세선에 해당하는 잠재 산출의 크기가 거시 경제 총수요 요인보다는 기본적으로 총공급 요인에 의해 결정되는 것으로 본다. 수요 측 요인은 잠재 산출의 크기가 결정되는 과정에서는 큰 의미가 있는 역할을 하지 않는다고 생각한다. 같은 맥락으로 잠재 산출의 크기가 시간이 흐르면서 변화하는 과정에서도 총수요 요인의 역할은 제한적이라고 여겨진다. 이러한 이유로 인해 신고전학파 경제학자들은 장기 경제 성장을 이론적으로 논의함에 있어 대개 총수요 측면에서 발생하는 경제 변동 요인의 역할은 언급하는 일이 없다.

신고전학파 거시 경제학의 입장에서 장기 경제 성장은 국민 경제의 공급 능력이 확대되면서 자신의 한계를 극복해 가는 과정이다. 그리고 이를 통해 상품 공간에서 정의된 생산 가능 영역과 소비 가능 영역이 확장되어 가는 과정이다. 따라서 신고전학파 성장 모형에서 경제 성장에 대한 논의는 국민 경제의 총공급 측면을 나타내는 집계 생산 함수로부터 출발하게 된다. 다음 절에서 우리는 경제 성장을 일인당 실질 GDP의 추세적 증가 현상으로 파악하는 관점에서 생산 함수를 간단히 변형해 노동자 일인당 생산 함수를 도출하고, 이 노동자 일인당 생산 함수로부터 솔로 모형에 대한 이야기를 시작하고자 한다.

3. 솔로 모형의 기본 형태

3.1. 신고전학파 집계 생산 함수

신고전학파 경제학에서는 국민 경제 전체의 노동 L과 자본 K를 투입 요소로 하는 다음과 같은 집계 생산 함수를 가정함으로써 한 국민 경제의 기술적 생산 능력을 표현한다.

$$q = F(K, L).$$

이 생산 함수에는 신고전학파 생산 이론의 제반 가정이 적용되는 것으로 전제된다. 즉, 노동과 자본 각각의 생산 요소에 대하여 그 한계 생산인 MPL과 MPK가 모두 양(+)이면서 체감하는 특징을 갖는다. 즉, 다음이 성립한다.

$$MPL = \frac{\partial q}{\partial L} > 0, \ \frac{\partial}{\partial L} MPL < 0,$$

$$MPK = \frac{\partial q}{\partial K} > 0, \ \frac{\partial}{\partial K} MPK < 0.$$

아울러 대개 다음의 조건도 함께 가정된다. 이는 각 요소의 한계 생산은 다른 요소의 크기가 늘어날 때 증가한다는 의미이다.

$$\frac{\partial}{\partial K} MPL > 0, \ \frac{\partial}{\partial L} MPK > 0.$$

한계 생산이 체감하는 특성 외에 성장 모형에서 가정되는 중요한 생산 함수 특성은 규모 수익이 불변이라는 점이다. 규모 수익이 불변이라는 것은, 생산에 투입되는 요소 전체를 임의의 양수 배만큼 늘려 그 규모를 키운다고 할 때 이로 인해 산출 수준도 마찬가지로 그 동일한 양수 배로 늘어나는 것을 의미한다. 예를 들어, 노동과 자본의 투입량을 x배($x > 0$)만큼 늘리면 산출량도 x배만큼 늘어난다는 것이다.

$$xq = F(xK, xL).$$

위의 식은 임의의 양수 x에 대하여 성립하므로 $x = 1/L$인 경우를 고려하면 위의 생산 함수는 다음과 같이 쓸 수 있다.

$$\frac{q}{L} = F\left(\frac{K}{L}, 1\right).$$

여기서 1은 상수이므로 이를 생략하고 고쳐 쓰면 우리는 다음과 같은 노동자 일인당 생산 함수, 줄여서 노동 단위당 생산 함수를 얻게 된다. 물론 실제로는 '일인당'은 인구 수로 나눈 것이고 '노동 단위당'은 노동 시간으로 나눈 것이므로 이 둘은 엄연히 다른 개념이지만, 일정한 가정 하에서 이 둘 사이에는 의미 있는 관련이 존재하게 된다. 이런 점을 고려하여 이 책에서는 '일인당'과 '노동 단위당'의 개념을 구분하지 않으려고 한다. 다음 노동 단위당 생산 함수에서 $y \equiv q/L$는 노동 단위당 총산출, 즉 노동 생산성을 의미하고 $k \equiv K/L$는 노동 단위당 자본량, 즉 자본 장비율을 의미한다.

$$y = f(k).$$

앞에서 우리는 신고전학파 집계 생산 함수는 자본의 한계 생산이 체감한다고 하였다. K가 늘어날 때 q가 증가하되 그 증가 폭인 자본의 한계 생산 자체는 감소한다면, k가 늘어날 때에도 y가 증가하되 그 증가 폭 자체는 감소할 것이라고 보는 것이 자연스럽다. 이 점은 규모 수익 불변이라는 성질을 활용하고 합성 함수의 미분법을 적용함으로써 다음과 같이 간단히 증명할 수 있다.

$$q = F(K, L) = Lf(k)$$

$$\Rightarrow MPK = \frac{\partial q}{\partial K} = \frac{\partial q}{\partial k} \times \frac{\partial k}{\partial K} = L\frac{\partial f(k)}{\partial k} \times \frac{1}{L} = \frac{\partial y}{\partial k}.$$

[그림 3-2] 노동 단위당 생산 함수

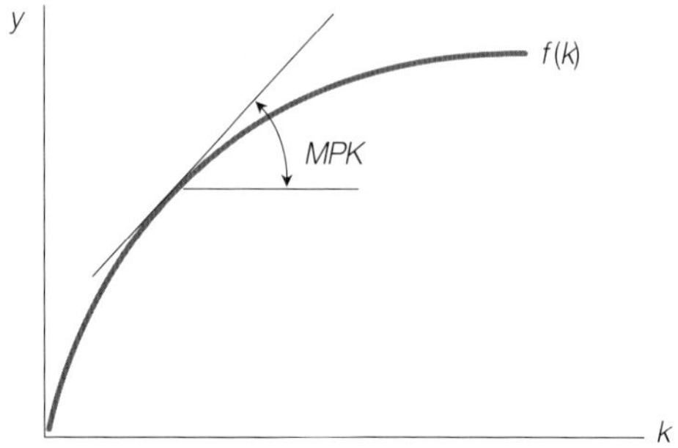

이에 따라 노동 단위당 생산 함수를 [그림 3-2]와 같이 그래프로 표현할 수 있다.

한편, 우리는 시간의 흐름을 감안하여 경제 변수에 기간 혹은 시점을 명시하는 것이 바람직할 것이다. 이 점을 고려하여 노동 단위당 생산 함수를 다음과 같이 나타낸다. 다음 표현은 t기 초 시점에 노동 단위당 자본량이 k_t로 주어진 경우 t기 한 기간에 걸쳐 총산출이 노동 단위당 y_t만큼 생산된다는 의미를 담고 있다.

$$y_t = f(k_t).$$

신고전학파 집계 생산 함수에서는 추가로 다음 성질을 가정한다. 이는 균제 상태가 존재하기 위한 조건에 해당하는데 이 점은 나중에 다시 설명할 것이다.

$$\lim_{k \to \infty} MPK = 0, \lim_{k \to 0} MPK = \infty.$$

예를 들어, 신고전학파 생산 함수로 자주 소개되는 콥-더글러스(Cobb-Douglas) 함수의 경우 규모 수익이 불변이 되기 위해서는 다음 식에서 $\alpha + \beta = 1$이 되어야 함을 쉽게 알아차릴 수 있다. 단, $0 < \alpha < 1$이고 $0 < \beta < 1$이다.

$$q = K^{\alpha}L^{\beta} \Rightarrow xK^{\alpha}L^{\beta} = (xK)^{\alpha}(xL)^{\beta} = x^{\alpha+\beta}K^{\alpha}L^{\beta}.$$

아울러 노동 단위당 생산 함수와 자본의 한계 생산은 각각 다음과 같이 구할 수 있다.

$$q = K^{\alpha}L^{1-\alpha} \Rightarrow \frac{q}{L} = \left(\frac{K}{L}\right)^{\alpha} \Leftrightarrow y = f(k) = k^{\alpha},$$

$$MPK = \frac{\partial q}{\partial K} = \alpha K^{\alpha-1}L^{1-\alpha} = \alpha\left(\frac{K}{L}\right)^{\alpha-1} = \alpha k^{\alpha-1} = \frac{\partial y}{\partial k}.$$

$\alpha < 1$이므로 MPK는 체감한다.

$$\frac{\partial}{\partial K}MPK = -\alpha(1-\alpha)K^{\alpha-2}L^{1-\alpha} < 0,$$

$$\frac{\partial}{\partial k}MPK = -\alpha(1-\alpha)k^{\alpha-2} < 0.$$

3.2. 자본 축적의 과정

우리는 성장하는 모형 경제에서 인구 증가율과 총노동 시간의 증가율이 모두 상수 n으로 일정하다고 가정한다. 즉, 다음이 성립한다.

$$\frac{L_{t+1}-L_t}{L_t}=\frac{\Delta L_t}{L_t}=n \Leftrightarrow L_{t+1}=(1+n)L_t.$$

투자는 단위 기간 내에는 소비와 마찬가지로 생산물에 대한 구매로서 지출 활동의 한 유형이다. 하지만 해로드와 도마가 강조했던 것처럼 결국 투자가 수행된 바로 그 크기만큼 생산 설비, 즉 자본의 크기가 증가되는 점에서 투자는 소비와는 본질적으로 다른 것이다. 어떤 국민 경제에 있어 자본 스톡의 크기는 투자에 의해 증가하는 것이다.

한편, 자본 스톡은 물리적인 이유로든 혹은 경제적인 이유로든 그 가치가 감소할 수 있는데 이러한 현상을 '감가상각'(depreciation)이라고 한다. 감가상각이 된 만큼은 자본 스톡이 줄어든다. 우리는 단위 기간 동안 상수 δ의 일정한 비율($0 < \delta < 1$)로 그 가치가 감소한다고 가정한다. 이 δ를 감가상각률(rate of depreciation)이라고 부른다. 예를 들어, t기 초 자본 스톡의 크기가 K_t였다면, t기 중에 투자가 없었다는 가정 하에서 t기 말 자본 스톡의 크기는 $(1-\delta)K_t$와 같게 된다. δK_t만큼은 감가상각되었기 때문이다.

그런데 투자가 이루어져 실제로 자본이 생산 요소로서 활용되기까지는 보통 일정한 시공 기간이 소요되는 경우가 많다. 이런 점을 감안하여 경제 이론에서는 보통 t기에 투자가 I_t만큼 이루어지면 이로 인해 자본 스톡의 크기가 t기 기간 중에 바로 늘어나지 않고 그 다음 기인 $(t+1)$기에 자본 스톡에 더해져 비로소 생산 요소로 활용될 수 있는 것으로 가정한다.

이제 이상과 같은 가정 하에서 t기 초 자본 K_t와 $(t+1)$기 초 내지는 t기 말 시점의 자본 K_{t+1} 사이에는 다음 관계가 성립하게 된다.

$$\Delta K_t = K_{t+1} - K_t = I_t - \delta K_t$$
$$\Leftrightarrow K_{t+1} = I_t + (1-\delta)K_t . \tag{1}$$

우리는 식 (1)과 같은 K_t와 K_{t+1} 사이의 관계를 자본 축적 경로라고 한다. 식 (1)은 양변을 L_t로 나눔으로써 노동 단위당 표현으로도 나타낼 수 있다. 단, 다음 식 (2)에서 i는 노동 단위당 투자로서 $i \equiv I/L$이다.

$$\frac{K_{t+1}}{L_t} = \frac{I_t}{L_t} + (1-\delta)\frac{K_t}{L_t}$$
$$\Leftrightarrow \frac{K_{t+1}}{L_{t+1}} \times \frac{L_{t+1}}{L_t} = i_t + (1-\delta)k_t$$
$$\Leftrightarrow k_{t+1}(1+n) = i_t + (1-\delta)k_t . \tag{2}$$

식 (2)는 노동 단위당 자본의 축적 경로라고 부르도록 한다.

3.3. 균형 자본 축적 경로

대표적인 신고전학파 성장 모형인 솔로 모형에서는 성장하는 국민 경제가 모든 기간에 있어 그 생산물 시장이 반드시 균형을 달성하는 것으로 가정한다. 즉, 투자와 저축이 항상 일치하는 것으로 전제하는 것이다. 여기에서는 투자가 저축에 대해 독립적이고 저축이 투자에 따라 조정되는 것과 같은 케인스 경제학에서의 관계는 나타나지 않는다. 이런 점에서 솔로 모형은 해로드 모형과 크게 다르다고 볼 수 있다.

앞 장에서처럼 국민 소득에서 저축이 차지하는 비중인 저축률이 매 기간 s로 일정하다고 가정할 때 생산물 시장의 균형 조건은 다음과 같다.

$$I_t = s\,q_t.$$

우리는 이 균형 조건 역시 L_t로 나누어 노동 단위당 균형 조건으로 표현할 수 있다.

$$i_t = s\,y_t = s\,f(k_t).$$

한편, 정부 부문이나 해외 부문을 고려하지 않을 때 노동 단위당 소비 $c_t = C_t / L_t$는 다음과 같이 나타낼 수 있다. 단, C는 총소비이다.

$$c_t = y_t - i_t = (1 - s)\,f(k_t).$$

[그림 3-3] 노동 단위당 소비와 투자

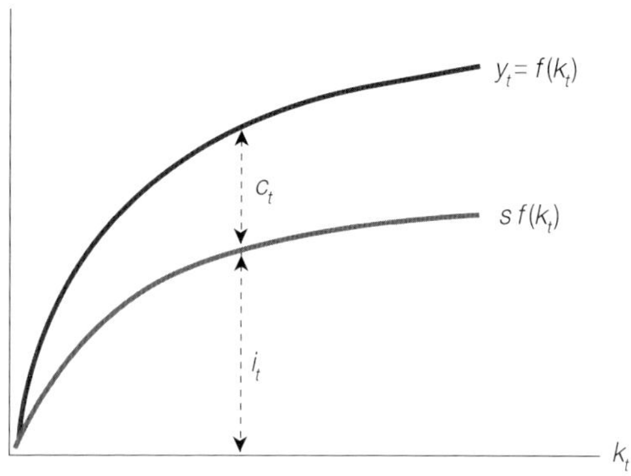

[그림 3-3]에서는 i가 y에서 차지하는 비중이 저축률 s로 일정하게끔 노동 단위당 생산 함수 $y = f(k)$를 아래쪽으로 줄여 줌으로써 노동 단위당 투자 함수 혹은 노동 단위당 저축 함수 i의 그래프를 나타내고 있다. 이때 노동 단위당 소비 c는 다름 아닌 y와 i 사이의 수직 거리에 해당한다.

이제 생산물 시장 균형 조건을 식 (2)에 대입하면 다음을 얻는다.

$$k_{t+1}(1+n) = sf(k_t) + (1 - \delta)k_t. \tag{3}$$

식 (3)은 생산물 시장이 항상 균형 상태를 유지하는 가운데 노동 단위당 자본이 어떻게 축적되어 가는가를 나타내는 표현이다. 우리는 이 식을 '노동 단위당 균형 자본 축적 경로'라고 부르도록 하자. 이 방정식이 앞으로 보게 될 모형의 성장 동학에 있어 핵심이 될 것이다.

[그림 3-4] 함수 $\chi(k_t)$

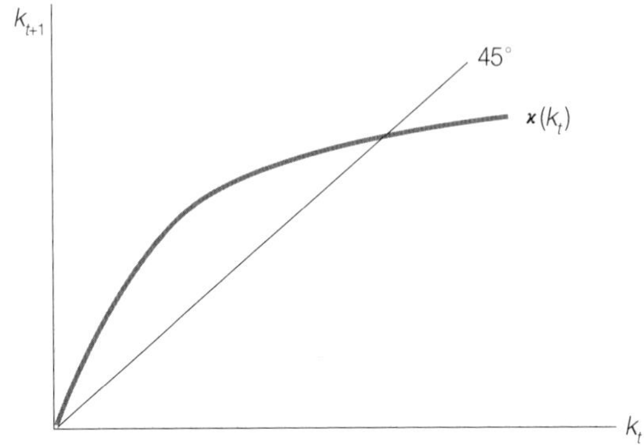

방정식 (3)에서 눈에 띄는 점은 우변이 k_t만의 함수라는 사실이다. 이 점에 착안하면 k_{t+1}을 k_t의 함수로 쓸 수 있다.

$$k_{t+1} = \chi(k_t),$$

$$\chi(k_t) = \frac{sf(k_t) + (1-\delta)k_t}{1+n}.$$

세로축에 k_{t+1}을, 그리고 가로축에 k_t를 놓고 이 함수 $k_{t+1} = \chi(k_t)$를 그리면 [그림 3-4]와 같다. [그림 3-4]에서 k_t의 초기 값, 즉 $t = 0$에서의 값인 k_0의 크기가 알려져 있다면 우리는 이 그래프로부터 다음 기 값 k_1이 얼마가 될지 쉽게 알 수 있다. 그런데 그렇게 k_1을 알게 되면 이번에는 k_2의 값 역시 [그림 3-5]로부터 쉽게 읽어 낼 수 있다. 이와 같은 과정은 무한히 반복될 수 있다. 즉, 함수

[그림 3-5] 함수 $x(k_t)$의 활용

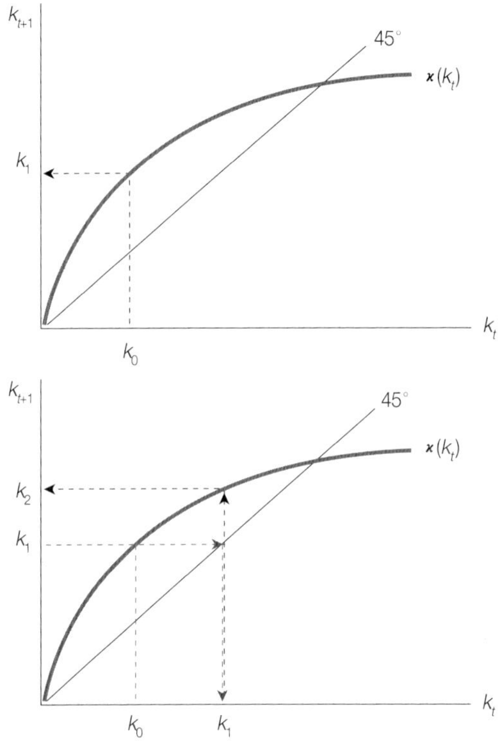

$x(k_t)$가 알려져 있다면 특정 시점의 k 값 하나만 알아도 그것의 전체 과정 $\{k_0, k_1, k_2, \cdots\}$ 모두를 알 수 있는 것이다.

우리는 앞에서 노동 단위당 소비 c_t와 노동 단위당 투자 i_t도 노동 단위당 자본 k_t만의 함수로 표현된 점에 유의할 필요가 있다. 이는 k가 시간의 흐름에 따라 어떻게 변화해 가는지 그 동태적 변화 과정을 우리가 파악할 수 있다면, 즉 함수 $\chi(k_t)$를 안다면, 이로부터 y, c 및 i의 동태적 변화 과정 전체 $\{c_0, c_1, c_2, \cdots; i_0, i_1, i_2, \cdots; y_0, y_1, y_2, \cdots\}$ 또한 파악할 수 있음을 의미한다.

3.4. 균제 상태

함수 $\chi(k_t)$의 그래프로부터 우리는 만약 어떤 시점엔가 k가 45도선과 함수 $\chi(k_t)$가 교차하는 점에 도달하면 그 이후부터는 영원히 [그림 3-6]의 좌측 그림에 있는 k_{ss}와 같이 k가 일정한 값으로 유지되는 상태에 도달할 것임을 알 수 있다. 우리는 이와 같은 모형 경제의 상태가 앞 장에서 공부한 '균제 상태'(steady-state)에 해당하는 것임을 보게 될 것이다.

[그림 3-6]의 우측 그림은 일정한 가정 하에서는 k가 어떤 값에서 출발하든 결국 언젠가는 이 균제 상태 k_{ss}에 도달할 수밖에 없음을 보여 준다. 말하자면 균제 상태라는 것은 도달할 수도 있고 못할 수도 있는 우연한 성격의 것이 아니라, 해당 국민 경제가 장기적으로 반드시 수렴하게 되는 상태인 것이다.

그렇다면 이 균제 상태의 k, 즉 k_{ss}는 어떤 크기가 될까? 자본 축적이 진행되는 가운데 모형 경제가 균제 상태로 접근해 가는 과정을 살펴보기 위해 균형 자본 축적 경로 식 (3)을 다음과 같이 함수 $\chi(k_t)$를 이용하여 변형한다.

$$\Delta k_t = k_{t+1} - k_t = \chi(k_t) - k_t$$

$$\Leftrightarrow \Delta k_t = \frac{1}{1+n}\left[sf(k_t) - (n+\delta)k_t\right]. \tag{4}$$

[그림 3-6] 함수 $x(k_t)$와 균제 상태

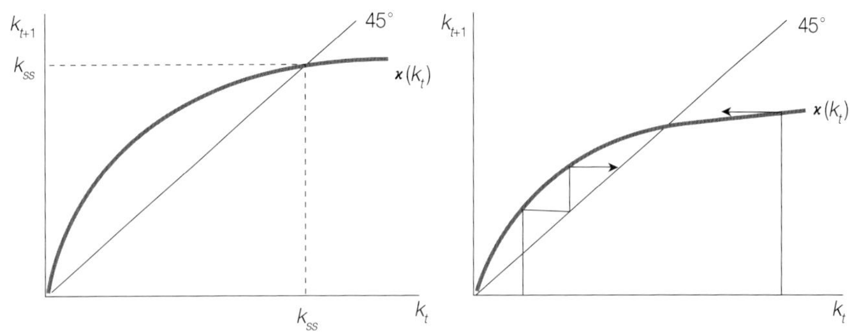

식 (4)는 t기에 $sf(k)$가 $(n+\delta)k$를 초과하면 k가 증가하고 반대로 $sf(k)$가 $(n+\delta)k$에 미치지 못하면 k가 감소할 것을 시사한다. 즉, 다음이 성립한다.

$$\Delta k_t > 0 \Leftrightarrow sf(k_t) > (n+\delta)k_t,$$
$$\Delta k_t = 0 \Leftrightarrow sf(k_t) = (n+\delta)k_t,$$
$$\Delta k_t < 0 \Leftrightarrow sf(k_t) < (n+\delta)k_t.$$

앞에서 이미 보았듯이 $sf(k) = i$이므로 $sf(k)$는 노동 단위당 투자이다. 투자가 충분히 큰 규모로 이루어지면 노동 단위당 자본이 증가하지만, 반대로 그렇지 않은 경우에는 노동 단위당 자본은 오히려 감소할 수 있다. 그렇다면 노동 단위당 자본을 증가하거나 감소하게 만드는 투자의 기준 크기는 어떤 것인가? 우리는 식 (4)를 활용함으로써 t기 초 노동 단위당 자본의 크기 k_t가 t

[그림 3-7] 균제 상태로의 조정

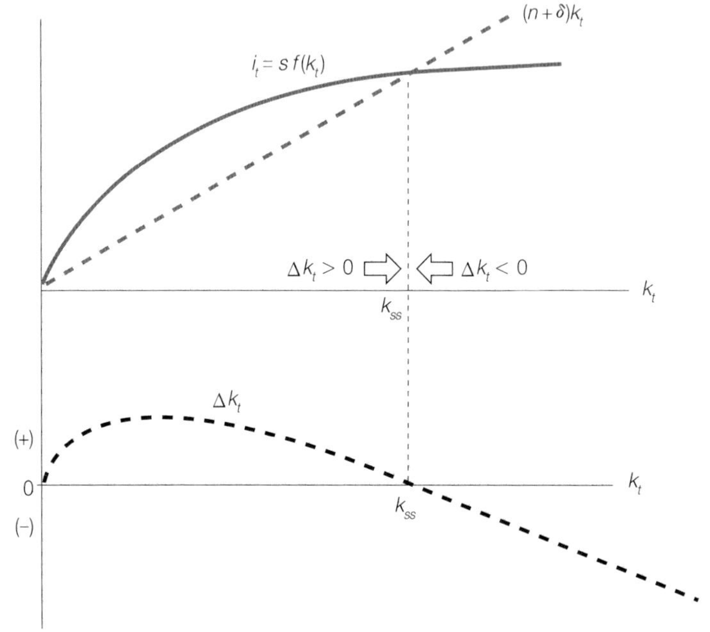

기 말까지, 즉 $(t+1)$기 초까지 감소되지 않고 적어도 유지되기 위해서는 노동 단위당 투자가 t기 중에 최소한 $(n+\delta)k_t$ 만큼은 이루어져야 함을 알 수 있다.

왜 $(n+\delta)k_t$일까? 노동 인구 증가와 감가상각은 노동 단위당 자본의 크기를 줄이는 요인이다. 따라서 적어도 노동 인구가 증가하는 만큼, 그리고 동시에 감가상각이 일어나는 만큼은 투자를 해주어야 노동 단위당 자본의 크기를 유지할 수 있는 것이다.

지금까지 살펴본 생각을 그래프로는 [그림 3-7]과 같이 그릴 수 있다. [그림 3-7]의 상단에서 점선으로 그린 직선 $(n + \delta)k_t$는 노동 단위당 자본이 t기 초 k_t의 크기를 그대로 유지하기 위해 요구되는 최소한의 투자이므로 '자본 유지선'이라 부른다.

그래프에서 $sf(k_t)$가 $(n + \delta)k_t$를 초과하는 것은 $k_t < k_{ss}$인 경우로서 이때 $\Delta k_t > 0$이므로 k가 증가한다. 반대로 $sf(k_t)$가 $(n + \delta)k_t$에 미치지 못하는 것은 $k_t > k_{ss}$인 경우로서 이때 $\Delta k_t < 0$이므로 k가 감소한다. 어떤 경우든 k는 균제 상태 k_{ss}를 향해 움직인다. 그리고 $k_t = k_{ss}$가 되면 $\Delta k_t = 0$이므로 $k_t = k_{t+1} = k_{t+2} = \cdots = k_{ss}$로서 이후 k의 크기에 더 이상 변화가 없게 된다. 이 균제 상태에서는 다음이 성립한다.

$$\chi(k_{ss}) = k_{ss} \Leftrightarrow sf(k_{ss}) = (n + \delta)k_{ss}.$$

다음의 [그림 3-8]은 균제 상태에서 노동 단위당 소비 c_{ss}, 투자 및 저축 i_{ss}, 그리고 산출 및 소득 y_{ss}의 크기가 어떻게 결정되는지 보여 준다. [그림 3-8]에서 균제 상태는 자본 유지선과 노동 단위당 투자 함수가 만나는 점에서 달성되는 점을 알 수 있다. 단, 우리는 $k = 0$으로 자본이 전혀 존재하지 않는 경우는 별도로 고려하지 않는다. 그런데 정말로 자본 유지선과 노동 단위당 투자 함수가 $k > 0$인 범위에서 한 번만 만날까? 만나지 않거나, 여러 번 만날 가능성은 없을까?

결론부터 이야기하자면 자본 유지선과 노동 단위당 투자 함수는 $k > 0$인 범위에서 딱 한 번만 만난다. 생산 함수와 관련된 가정 가운데 $MPK > 0$라는 가정은 노동 단위당 투자 함수가 항상 증가하는 함수임을 의미한다. 즉, 이 함

[그림 3-8] 균제 상태

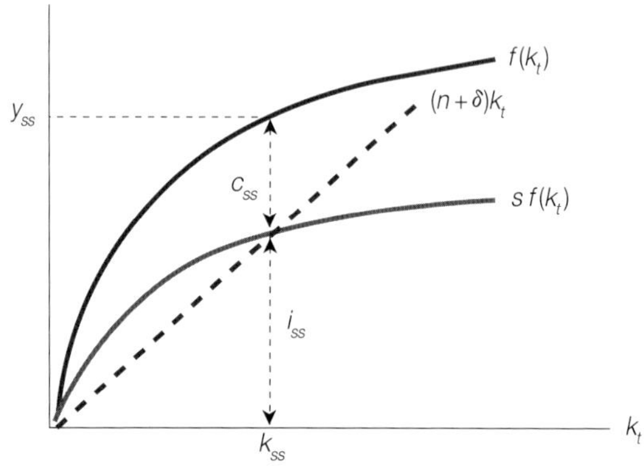

수 $sf(k)$의 그래프는 k가 커질수록 아주 조금씩이라도 반드시 증가하게끔 그려진다. 그리고 MPK가 체감한다는 가정은 k가 커질수록 그래프 $sf(k)$의 기울기가 항상 조금씩이라도 더 완만해진다는 뜻이다. 이제 k가 충분히 0에 가까울 때 MPK, 즉 $sf(k)$의 기울기가 무한대에 가깝고 k가 충분히 크면 $sf(k)$가 수평선에 상당히 가까워지기 때문에, 노동 단위당 투자 함수는 결국 언젠가는 $k > 0$인 범위에서 자본 유지선과 교차할 수밖에 없다. 그리고 한 번 교차한 다음에는 다시 MPK 체감의 가정으로 인해 노동 단위당 투자 함수의 기울기가 줄어들기 때문에 자본 유지선과 다시 교차하는 일은 없게 된다.

지금까지 우리는 인구가 증가하는 가운데 균형 자본 축적 경로를 거치면서 노동 단위당 자본이 점차 균제 상태에 도달하는 과정을 살펴보았다. 모형 경제가 이 균제 상태에 도달하고 나면 $k = k_{ss}$에서의 생산 함수 $f(k)$의 기울기가 더 이상 변하지 않고 일정하게 된다. 이는 곧 MPK가 일정하다는 의미로서, 칼도의 정형화된 사실 여섯 가지 중에 자본에 대한 수익률이 장기적으로 대체로 일정하다는 K5에 부합한다. 아울러 $k = k_{ss}$ 에 도달하고 나면 노동 단위당 소득과 자본이 각각 y_{ss} 와 k_{ss} 로 일정하므로 이 둘 사이의 비율인 자본–산출 비율 역시 일정한데 이는 K4에 해당한다. K5와 K4가 성립하면 K1도 성립하므로 결과적으로 현재까지 살펴본 솔로 모형의 기본 형태로는 칼도가 제시한 여섯 가지 사실 가운데 세 가지를 설명할 수 있는 셈이다.

K6은 서로 다른 나라 사이의 비교에 해당하므로 우리는 이에 대해서는 이 장에서 별도로 논의하지 않을 것이다. 하지만 현재 상태의 모형으로는 결정적으로 K2와 K3, 즉 장기적으로 일인당 자본과 소득이 지속적으로 증가하는 현상을 재현할 수 없다. 이와 같은 문제는 모형의 확장된 형태에서 기술 진보가 도입되면서 해결될 것이다.

이제 마지막으로 생산 함수가 $q = K^{\alpha}L^{1-\alpha}$ 의 콥–더글러스 형태를 취할 때 균제 상태를 구해 보자. 이 경우 $f(k) = k^{\alpha}$ 이므로 균제 상태를 위한 조건 식은 다음과 같게 된다.

$$s k^{\alpha} = (n + \delta)k.$$

이로부터 균제 상태의 자본과 소득, k_{ss} 와 y_{ss} 를 풀어낼 수 있다.

$$k_{ss} = \left[\frac{s}{n+\delta}\right]^{1/(1-\alpha)},\quad y_{ss} = \left[\frac{s}{n+\delta}\right]^{\alpha/(1-\alpha)}.$$

3.5. 균제 상태의 비교: 저축률과 인구 증가율의 영향

모형의 시사점으로서 저축률 s 및 노동 인구 증가율 n의 변화가 균제 상태에 미치는 영향을 분석할 수 있다. 먼저 저축률이 [그림 3-9]에서 s_0로부터 s_1으로 상승하면 균제 상태의 노동 단위당 자본이 k^0_{ss}에서 k^1_{ss}으로 증가하면서 노동 단위당 소득 역시 함께 증가하게 된다.

저축률이 상승하면 새로운 균제 상태에 도달하기 전까지는 경제가 성장해 갈 것이다. 하지만 일단 새로운 균제 상태에 도달한 다음에는 노동 단위당 소득이 더 이상 증가하지 않는다. 요컨대 저축률 상승은 균제 상태의 노동 단위당 소득 수준을 개선시킬 수 있고 일정 기간 동안 경제 성장을 이끌어 갈 수 있지만, 결과적으로는 노동 단위당 소득 수준의 지속적 개선을 설명할 수는 없다. 우리는 이와 같은 저축률 변화의 영향에 대해 '수준 효과'(level effect)

[그림 3-9] 저축률 상승과 균제 상태의 변화

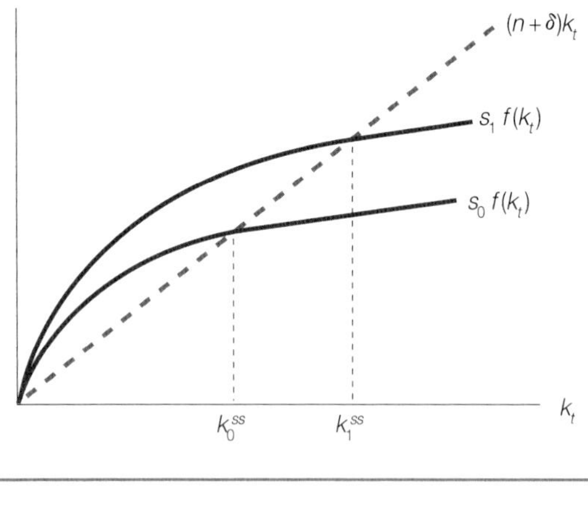

[그림 3-10] 인구 증가율 상승과 균제 상태의 변화

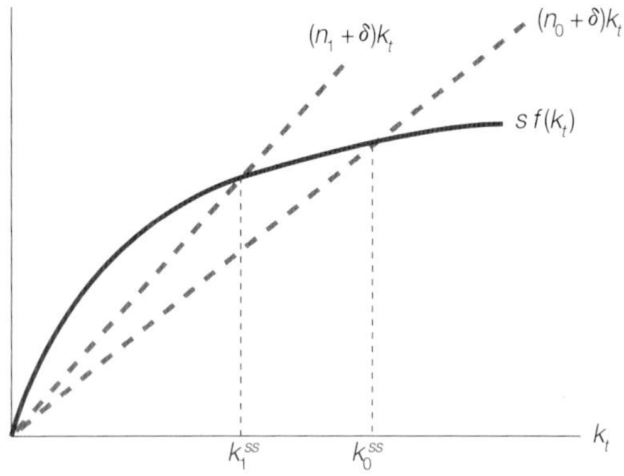

는 존재하지만, '성장률 효과'(growth rate effect)는 없다고 이야기한다.

한편, 모형은 노동 인구 증가율이 n_0에서 n_1으로 상승할 때 균제 상태의 노동 단위당 소득이 감소할 것으로 예측하고 있다. [그림 3-10]은 이와 같은 모형의 특성을 보여 준다.

3.6. 절대적 수렴과 조건부 수렴

모형에 의하면 한 경제가 성장하는 과정에서 균제 상태에 점차 접근해 갈수록, 즉 노동 단위당 소득 수준이 오를수록 그 성장 속도는 둔화되는 것으로 나타난다. 이는 자본의 한계 생산이 체감해 생산 함수가 오목한 모양으로 그려지기 때문이다. 이로 인해 성장의 초기 단계에서는 경제 성장률이 비교적 높게 나타나더라도 이후 수확 체감이 작용하면서 점차 성장률이 하락하는 것

이다.

이와 같이 소득 수준이 낮은 단계에서 성장률이 상대적으로 높고 소득 수준이 높은 단계에서 성장률이 상대적으로 낮다면, 서로 다른 나라들을 비교하는 경우에도 후진국의 성장 속도가 상대적으로 빠르고 선진국의 그것은 상대적으로 더딜 것이라고 유추할 수 있다. 만약 그것이 사실이라면 노동 단위당, 즉 일인당 소득의 국가 간 격차는 시간이 가면서 점차 줄어들게 되는데, 이를 절대적 수렴(absolute convergence)이라고 한다. 다만 이 책의 제1장에서 밝힌 바와 같이 각국의 성장 격차는 오히려 확대되어 온 측면이 있으며 절대적 수렴은 실제로는 관측되지 않는다.

솔로 모형을 통해서도 한 경제의 성장 속도가 점차 둔화될 것이라고 해서, 후진국의 성장률이 선진국의 그것보다 반드시 더 클 것이라고 보기는 어려운 측면이 있음을 알 수 있다. 왜냐하면 각국은 생산 함수로 표현되는 생산 기술이 비록 동일하더라도, 인구 증가율, 저축률, 감가상각률 등 성장의 기초 여건이 다를 수 있기 때문이다. 각국의 성장 여건이 서로 다르다면, 후진국의 성장 속도가 더 빠르다고 섣불리 단정할 수 없을 것이다. 그뿐만 아니라 각국의 성장 여건이 서로 다르다면 궁극적으로 각국의 균제 상태 자체에도 차이가 있을 것이므로 국가 간 일인당 소득 격차는 끝내 좁혀지지 않을 수도 있다.

다만 모형에 따르면 성장 여건이 충분히 비슷한 나라들은 결국 비슷한 균제 상태에 도달하게 된다. 이는 성장 여건이 비슷한 나라들에 국한해서 보면 성장 격차가 줄어드는 일종의 수렴 현상이 나타날 것임을 시사한다. 이와 같이 성장 여건이 유사한 나라들 간에 일인당 소득 수준에 있어서의 차이가 줄어드는 현상을 조건부 수렴(conditional convergence)이라고 한다. 실제 자료를 분석한 결과로도 절대적 수렴 가설은 기각되는 반면 조건부 수렴가설은 기각되지 않는 것으로 알려져 있다.

3.7. 자본의 황금률 수준

모형에 의하면 균제 상태의 노동 단위당 소득 수준을 결정하는 것은 궁극적으로 생산 함수로 표현되는 생산 기술이며 그 다음으로 저축률과 같은 해당 경제의 기초적인 성장 여건을 들 수 있다. 그런데 어떤 이유로든 저축률과 같은 성장 여건이 변하면 균제 상태 역시 이에 따라서 함께 변할 것이다. 그렇다면 생산 기술이 일정하게 주어져 있다고 전제할 때, 경제적 후생의 측면에서 어떤 균제 상태가 가장 바람직하다고 할 수 있을까? 즉, 균제 상태에서의 노동 단위당 자본량이 어느 수준에 있을 때 경제 주체들에게 후생이라는 측면에서 가장 적절한, 이른바 황금률 수준이 달성된다고 할 수 있을까?

일단 떠오르는 생각은 노동 단위당 소득이 클수록 좋지 않을까 하는 것이다. 그 생각이 정말로 맞다면 노동 단위당 소득은 노동 단위당 자본과 함께 늘어나므로 결국 자본의 황금률 수준은 가능한 최대치가 되어야 한다. 하지만 *MPK*가 체감하는 상황에서 정말 자본을 무작정 크게 키울수록 후생의 측면에서 바람직하다고 할 수 있을까? 편의상 감가상각률과 인구 증가율은 변함이 없다고 가정하고 저축률 s 의 크기만 변화시키면서 자본을 최대한 늘리는 경우를 고려해 보자.

[그림 3-11]에서 점선은 자본 유지선이다. 자본 유지선은 말하자면 해당 k가 균제 상태 k가 되도록 하는 투자 수준을 뜻한다. 그래프는 저축률이 각각

[그림 3-11] 저축률이 50%인 경우와 100%인 경우

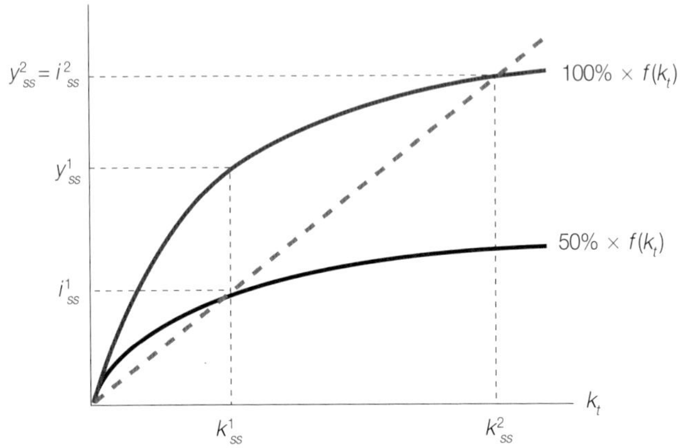

100%($s = 1$)인 경우와 50%($s = 0.5$)인 경우를 예시하고 있다. 저축률은 1을 초과할 수 없으므로 생산 함수가 주어져 있다면 모형 경제에서 가능한 최대한의 균제 상태 자본은 k^2_{ss}이다. 그런데 $s = 1$인 경우에는 생산 함수 그래프의 높이와 자본 유지선의 높이가 일치한다. 즉, $y^2_{ss} = i^2_{ss}$이다. 이는 해당 경제의 자본 규모 k^2_{ss}가 지나치게 커서 총산출 모두를 투자에 할애해야만 현 상태의 자본 규모 k^2_{ss}를 겨우 유지할 수 있음을 뜻한다.

물론 가능한 균제 상태 가운데 노동 단위당 소득이 y^2_{ss}로 가장 큰 것도 $s =$ 1인 경우이지만, 이와 같이 소비를 전혀 할 수 없는 상태에서 소득 수준만 높다고 해서 과연 경제 주체들이 행복할까? 후생 수준이 극대화된다고 할 수 있을까? 반대로 $s = 0.5$인 경우는 균제 상태 자본이나 균제 상태 소득은 상대적으로 작지만, 경제 주체들이 매기 $y^1_{ss} - i^1_{ss}$만큼 소비할 수 있으므로 $s = 1$인 경

[그림 3-12] 자본의 황금률 수준

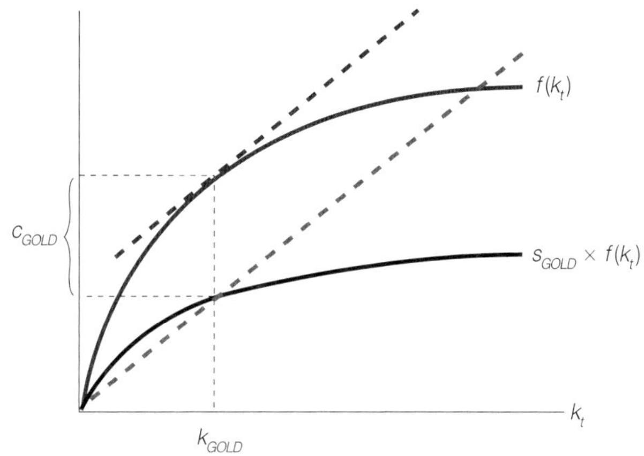

우보다 오히려 낫다고 볼 수 있지 않을까?

결국 경제 주체들이 누리는 후생 수준을 따진다면 중요한 기준은 경제 주체들이 항구적으로 누릴 수 있는 일인당 소비의 수준이 얼마인가라고 할 수 있을 것이다. 그렇다면 가능한 여러 균제 상태들 가운데 어떤 균제 상태가 가장 바람직하겠는가 하는 물음은 결과적으로 언제 균제 상태에서의 노동 단위당 소비 c_{ss}가 가장 크겠는가 하는 물음으로 바뀌게 된다.

[그림 3-12]는 균제 상태의 노동 단위당 소비 수준을 극대화하는 저축률 s_{GOLD}와 그때의 노동 단위당 자본 k_{GOLD} 및 소비 c_{GOLD}를 보여 준다. 직관적으로는 자본 유지선을 그대로 상방으로 평행 이동시켜서 생산 함수 $f(k_t)$와 접하는 점을 찾아 주면 이때 자본 유지선과 생산 함수 사이의 거리가 극대화되므로 노동 단위당 소비 역시 극대화될 것임을 알 수 있다. 바로 이 상태가 균제

상태가 될 수 있도록 저축률을 정해 주면 되는 것이다. 우리는 이와 같이 균제 상태에서 노동 단위당 소비를 극대화하는 노동 단위당 자본의 크기를 자본의 황금률 수준(golden rule level of capital)이라고 부른다.

그렇다면 구체적으로 자본의 황금률 수준은 어떻게 구할 수 있을까? 방금 살펴본 직관적 설명에 따르면, 생산 함수 $f(k_t)$의 기울기가 자본 유지선의 기울기와 일치하는 접점에서 황금률을 찾을 수 있다. 여기서 생산 함수의 기울기가 MPK이고 자본 유지선의 기울기는 $(n+\delta)$임을 감안하면 황금률의 조건은 다음과 같다.

$$MPK = n + \delta.$$

당연한 이야기이지만, 이 황금률 조건은 균제 상태에서의 노동 단위당 소비, 즉 생산 함수와 자본 유지선 사이의 수직 거리를 나타내는 다음 식을 k에 대하여 일계 미분하여 극대화하는 방법으로도 쉽게 찾을 수 있다.

$$c_{ss} = f(k) - (n+\delta)k \Rightarrow f'(k_{GOLD}) = n + \delta.$$

우리가 가정하고 있는 생산 함수에서 접선의 기울기가 $(n+\delta)$인 점은 하나밖에 없다. 바로 그 접점에서 황금률 조건이 달성된다.

구체적으로 생산 함수가 $q = K^{\alpha}L^{1-\alpha}$라면, $MPK = \alpha k^{\alpha-1}$이므로 황금률 조건은 다음과 같이 나타낼 수 있다.

$$\alpha k^{\alpha-1} = n + \delta.$$

위 식으로부터 자본의 황금률 수준을 풀어낼 수 있다.

$$k_{GOLD} = \left[\frac{\alpha}{n+\delta}\right]^{1/(1-\alpha)}.$$

3.8. 황금률로의 이행: 과잉 저축의 경우

솔로 모형에서는 저축률 s가 외생적으로 주어져 있다. 따라서 균제 상태에서 황금률이 달성되는 경우는 오히려 예외적이라고 하겠다. 이를테면 현재 저축률이 높아($s_0 > s_{GOLD}$) 자본이 황금률 수준을 상회하고 있다면($k_0 > k_{GOLD}$) 노동 단위당 소비 수준은 [그림 3-13]에서 선분 H_0J_0의 길이와 같으며 이는 c_{GOLD}보다 작은 크기이다. 저축의 크기가 황금률에서보다 크다는 점에서 이와 같은 상황은 '과잉 저축' 상황인 것이다.

이런 가운데 만약 정부가 정책적으로 민간의 저축률을 s_{GOLD}로 유도할 수 있다면 장기적으로 소비는 c_{GOLD}로 늘어날 것이다. 다만 저축률이 막 변동하는 시점에는 단기적으로 소비가 선분 H_0Q_0의 길이만큼으로 늘어날 텐데 이는 오히려 c_{GOLD}보다 더 크다. 유의할 점은 저축률이 s_{GOLD}로 일단 조정되었다고 하면 k_0는 더 이상 균제 상태 자본량이 아니라는 사실이다. 즉, 저축률 조정에 수반하여 해당 경제의 균제 상태 자체가 바뀌므로 선분 H_0Q_0만큼의 소비 수준은 지속될 수 없다는 것이다. 실제로는 소비는 k_t가 k_{GOLD}로 접근하면서 점차 c_{GOLD}만큼으로 하락한다.

[그림 3-13] 과잉 저축의 균제 상태

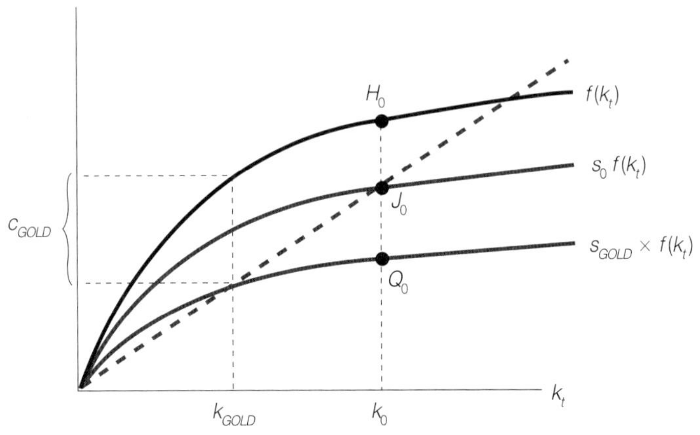

여기서 개념적으로 혼동해서는 안 되는 것 한 가지를 짚고 넘어가고자 한다. 황금률은 어디까지나 균제 상태 중에서 가장 소비 수준이 높은 상태이다. [그림 3-13]에서 저축률이 s_{GOLD} 일 때 자본이 k_0라면 이는 균제 상태가 아니다. 따라서 그때의 소비가 c_{GOLD} 보다 크더라도 황금률의 정의가 문제되는 것은 아니다.

결론적으로 과잉 저축 상황에서 저축률이 황금률 수준으로 조정되면 노동 단위당 소비, 소득 및 투자는 시간이 경과하면서 각각 [그림 3-14]와 같이 변해 갈 것이다. 과잉 저축 상황에서는 저축을 줄이면서 현재 소비와 미래 소비를 모두 기존 균제 상태에 비해 증가시킬 수 있다. 현재 소비를 현 세대가, 그리고 미래 소비를 미래 세대가 누릴 것이라고 보면 과잉 저축 상황에서의

[그림 3-14] 황금률로의 이행: 과잉 저축의 경우

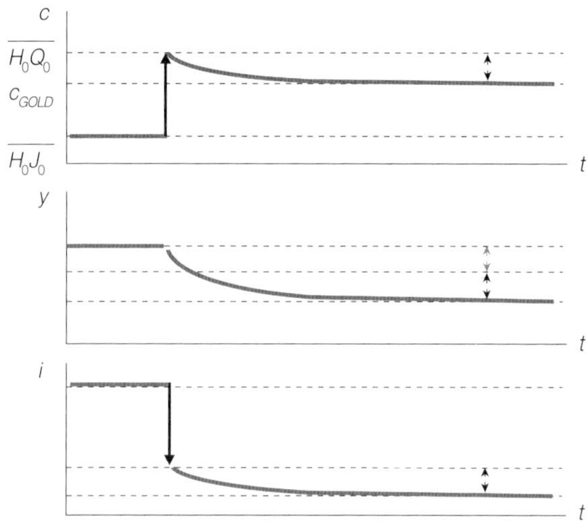

저축률 하락은 모두에게 유리한 파레토 개선이라고 할 수 있다. 이는 거꾸로 보면 과잉 저축 자체가 파레토 비효율적인 상태임을 뜻하는 것이기도 하다.

3.9. 황금률로의 이행: 과소 저축의 경우

반면에 현재 저축률이 낮아($s_1 < s_{GOLD}$) 자본이 황금률 수준보다 작다면($k_1 < k_{GOLD}$), 노동 단위당 소비는 [그림 3-15]에서 선분 H_1J_1의 길이와 같으며 이는 c_{GOLD}보다 작다. 저축이 황금률에서보다 작으므로 이와 같은 상황은 '과소 저축' 상황에 해당한다.

[그림 3-15] 과소 저축의 균제 상태

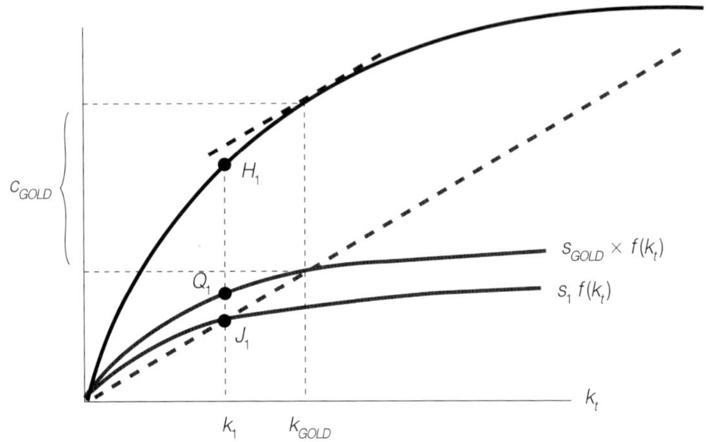

이제 만약 정부가 정책적으로 민간의 저축률을 s_{GOLD}로 유도할 수 있다면 장기적으로 소비는 역시 c_{GOLD}로 늘어난다. 다만 저축률의 상승으로 인해 단기적으로는 소비가 기존보다 오히려 줄어든 선분 H_1Q_1의 길이만큼으로 위축될 것이다. 노동 단위당 소비는 이후 k_t가 새로운 균제 상태 k_{GOLD}로 수렴하면서 점차 c_{GOLD}만큼으로 증가하게 된다.

결론적으로 과소 저축 상황에서 저축률이 황금률 수준으로 조정되면 노동 단위당 소비, 소득 및 투자는 시간이 경과하면서 각각 [그림 3-16]과 같이 변해 갈 것이다.

과소 저축 상황에서는 황금률로 이행해 가기 위해 저축을 늘려야 한다. 이로 인해 결과적으로 도달하게 되는 미래 황금률 균제 상태에서의 소비는

[그림 3-16] 황금률로의 이행: 과소 저축의 경우

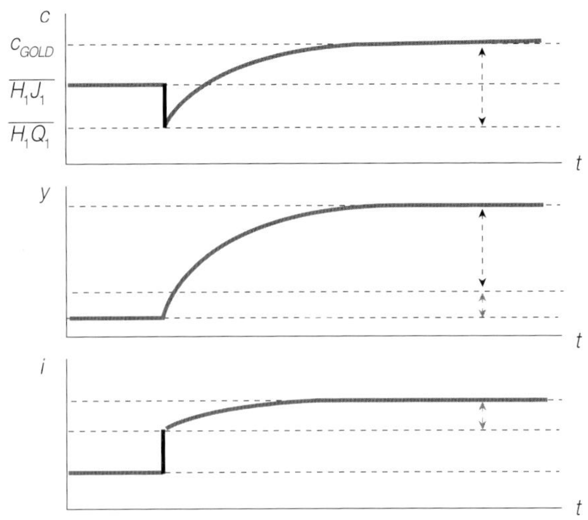

기존 균제 상태에서의 소비에 비해 늘어나게 된다. 그런데 그와 같은 과정에서는 저축률 조정 직후의 현재 소비가 오히려 기존 균제 상태에서의 소비보다도 줄어들게 된다. 먼 미래 세대의 경제적 후생 증진을 위해 현 세대가 희생을 감수해야 하는 것이다. 따라서 과소 저축 상황에서 황금률로의 이행은 파레토 개선은 아니게 된다. 같은 논리로 과소 저축은 파레토 효율적인 상황이 된다.

4. 솔로 모형의 확장된 형태: 기술 진보의 역할

4.1. 노동 증대형 기술 진보

우리는 솔로 모형의 기본 형태에서 일인당 소득의 지속적인 증가, 즉 경제 성장의 지속성이 설명되지 않았음을 염두에 둘 필요가 있다. 이 점은 경제 성장을 자본 축적만으로는 온전히 설명할 수 없음을 뜻한다. 성장 모형에는 자본 축적 이외에 별도로 성장의 지속성을 설명할 수 있는 메커니즘이 필요한 것이다. 이제 우리는 이 문제를 해결하기 위해 솔로 모형에 기술 진보를 도입한다.

생산 기술의 수준은 공급 능력과 직접 관련되므로 모형 경제에 기술 진보를 도입하기 위해 우리는 다시 신고전학파 집계 생산 함수로부터 논의를 시작한다. 기술 수준을 생산 함수에 반영하는 방식에는 적어도 다음의 두 가지 방식이 있을 수 있다. 단, 여기서 X_t는 t기의 기술 수준을 나타내는 새로운 변수이다. 기술 진보는 이제 시간이 흐르면서 X_t가 커지는 현상이 된다.

$$q_t = F(K_tX_t,\ L_t)\text{: 자본 증대형 기술 진보,}$$

$$q_t = F(K_t,\ L_tX_t)\text{: 노동 증대형 기술 진보.}$$

규모 수익이 불변인 가운데 자본 증대형 기술 진보를 가정하는 균제 상태에서는 K_tX_t와 L_t 그리고 q_t가 동일한 비율로 증가한다. 따라서 K가 일정하다고 하면 X가 커지면서 X와 L, q가 같은 속도로 커진다. 일정한 K에 점점 더 많은 L이 결합되는 것이다. 반면에 노동 증대형 기술 진보의 경우 L이 일정할 때 X가 커지면서 X, K, q가 같은 속도로 증가한다. 일정한 L에 점점 더 많은 K가 결합되는 것이다.

칼도의 경제 성장과 관련된 여섯 가지 정형화된 사실 가운데 K4를 감안하면 모형 경제의 균제 상태에서는 q와 K가 동일한 비율을 유지하면서 증가해 자본 계수가 일정한 편이 바람직하다. 따라서 자본 증대형 기술 진보보다는 노동 증대형 기술 진보를 가정하는 것이 실제 경험적 사실에 보다 부합하는 것이라고 하겠다. 이런 점을 감안하여 솔로 모형의 확장된 형태에서 우리는 기술 진보가 노동 증대형으로 이루어진다고 가정한다. 이 경우 변수 X_t는 노동의 효율성으로 그 의미를 해석할 수 있게 된다.

노동 증대형 기술 진보는 우리가 해로드 모형을 공부하면서 접했던 해로드 중립적 기술 진보와 동일한 것이다. 그 직관적 의미는 자명하다. 같은 노동 시간 L이 투입되더라도 기술 수준이자 노동의 효율성을 나타내는 X가 두 배가 되면 이는 마치 투입 노동 시간 자체를 두 배만큼 늘린 것이나 마찬가지라는 것이다. 그렇다면 L_t에 X_t를 곱한 L_tX_t는 노동의 효율성을 감안한 노동 시간이라는 의미를 가지므로 이를 유효 노동(effective labor)이라고 부르는 것이 적절할 수 있다.

확장된 솔로 성장 모형에서 기술 진보는 순수하게 외생적인 과정으로 가정된다. 즉, X가 매 기간마다 일정한 비율 λ로 증가한다고 가정하는 것이다.

$$\frac{X_{t+1}-X_t}{X_t}=\frac{\Delta X_t}{X_t}=\lambda \Leftrightarrow X_{t+1}=X_t(1+\lambda).$$

어떤 변수 A와 B가 곱해진 변수 AB의 증가율은 다름 아닌 A의 증가율에 B의 증가율을 더한 것과 같은 것으로 알려져 있다. 그렇다면 유효 노동은 L_t에 X_t가 곱해진 것이므로 그것의 매 기간 증가율은 다름 아닌 L_t의 증가율 n에 X_t의 증가율 λ를 더한 $(n+\lambda)$와 같아야 한다. 즉, 다음이 성립하게 된다.

$$\frac{L_{t+1}X_{t+1} - L_tX_t}{L_tX_t} = \frac{\Delta(L_tX_t)}{L_tX_t} = n + \lambda$$

$$\Leftrightarrow L_{t+1}X_{t+1} = L_tX_t(1 + n + \lambda).$$

4.2. 기술 진보와 균형 자본 축적 경로

기술 진보가 없는 기본 형태의 솔로 모형에서 균형 자본 축적 경로를 식 (3)과 같이 나타낸 바 있다. 이제 기술 진보가 고려되면 균형 자본 축적 경로의 표현에도 변화가 생긴다. 우리는 먼저 집계 생산 함수로 다시 돌아가도록 하자.

확장 모형에서 생산 함수는 규모 수익 불변의 성질을 이용하면 다음과 같이 L_tX_t로 양변을 나누어 유효 노동 단위당 생산 함수로 바꿔 쓸 수 있다. 변수를 유효 노동 단위당으로 표현하기 위해 하첨자 X를 추가해 구분하였다. 이를테면 k가 노동 단위당 자본인 반면에 k_X는 유효 노동 단위당 자본이다.

$$q_t = F(K_t, L_tX_t)$$

$$\Rightarrow \frac{q_t}{L_tX_t} = F\left(\frac{K_t}{L_tX_t}, 1\right)$$

$$\Rightarrow y_{X,t} = f(k_{X,t}).$$

단, 변수의 의미는 다음과 같다.

$$y_{X,t} \equiv \frac{q_t}{L_t X_t} = \frac{y_t}{X_t},\ k_{X,t} \equiv \frac{K_t}{L_t X_t} = \frac{k_t}{X_t}.$$

자본의 축적 과정 역시 다음과 같은 유효 노동 단위당 표현으로 바꿔 쓸 수 있다. 생산 함수를 유효 노동 단위당으로 나타내었다면 일관성을 유지하기 위해 자본 축적 경로 역시 유효 노동 단위당으로 나타내어야 한다.

$$K_{t+1} = I_t + (1-\delta)K_t$$

$$\Rightarrow \frac{K_{t+1}}{L_{t+1}X_{t+1}} \times \frac{L_{t+1}X_{t+1}}{L_t X_t} = \frac{I_t}{L_t X_t} + (1-\delta)\frac{K_t}{L_t X_t}$$

$$\Rightarrow k_{X,t+1} \times (1+n+\lambda) = i_{X,t} + (1-\delta)k_{X,t}.$$

단, 유효 노동 단위당 소비와 투자는 각각 다음과 같이 쓰기로 한다.

$$c_{X,t} \equiv \frac{C_t}{L_t X_t} = \frac{c_t}{X_t},\ i_{X,t} \equiv \frac{I_t}{L_t X_t} = \frac{i_t}{X_t}.$$

솔로 모형에서는 거시 경제의 생산물 시장이 항상 균형 상태를 유지하는 것으로 가정된다. 즉, 다음이 성립한다.

$$i_{X,t} = sf(k_{X,t}).$$

이에 따라 기본 형태 모형의 식 (3)에서 본 것과 같은 균형 자본 축적 경로는 확장된 형태의 모형에서는 다음의 식 (5)와 같이 나타낼 수 있다.

$$k_{X,t+1} \times (1 + n + \lambda) = sf(k_{X,t}) + (1 - \delta)k_{X,t}. \tag{5}$$

식 (5)는 $\Delta k_{X,t} \equiv k_{X,t+1} - k_{X,t}$라고 할 때 다음과 같이 바꿔 쓸 수 있다.

$$\begin{aligned} &(k_{X,t} + \Delta k_{X,t})(1 + n + \lambda) = sf(k_{X,t}) + (1 - \delta)k_{X,t} \\ &\Rightarrow \Delta k_{X,t}(1 + n + \lambda) = sf(k_{X,t}) - (n + \lambda + \delta)k_{X,t}. \end{aligned} \tag{6}$$

모형의 확장된 형태에서 식 (6)은 모형의 기본 형태에서의 식 (4)에 대응한다. 식 (6)에 따르면 다음 관계가 성립하게 된다.

$$\begin{aligned} \Delta k_{X,t} > 0 &\Leftrightarrow sf(k_{X,t}) > (n + \lambda + \delta)k_{X,t}, \\ \Delta k_{X,t} = 0 &\Leftrightarrow sf(k_{X,t}) = (n + \lambda + \delta)k_{X,t}, \\ \Delta k_{X,t} < 0 &\Leftrightarrow sf(k_{X,t}) < (n + \lambda + \delta)k_{X,t}. \end{aligned}$$

이는 유효 노동 단위당 투자 $sf(k_X)$가 $(n + \lambda + \delta)k_X$ 보다 크면 $\Delta k_X > 0$이므로 k_X가 증가하고 반대로 $sf(k_X)$가 $(n + \lambda + \delta)k_X$ 보다 작으면 $\Delta k_X > 0$이므로 k_X가 감소한다는 의미이다.

4.3. 기술 진보와 균제 상태

k_X는 $sf(k_X)$와 $(n+\lambda+\delta)k_X$가 일치할 때 $\dot{k}_X=0$이므로 더 이상 증가하거나 감소하지 않고 일정한 수준을 유지한다. 모형 경제의 균제 상태는 이렇게 $sf(k_X)$와 $(n+\lambda+\delta)k_X$가 일치할 때 성립한다. 우리는 여기에서 $(n+\lambda+\delta)k_X$를 기술 진보가 반영된 확장된 솔로 모형에서의 새로운 자본 유지선으로 정의할 수 있다. 다음의 [그림 3-17]에서 $k_{X,t} < k_{X,ss}$인 경우에 k_X는 증가하고 반대로 $k_{X,t} > k_{X,ss}$인 경우 k_X는 감소한다. 따라서 모형 경제는 $k_{X,t} = k_{X,ss}$일 때 균제 상태에 있게 된다.

균제 상태에서는 [그림 3-17]에 점선으로 그려진 새로운 자본 유지선과 유효 노동 단위당 투자 함수가 교차한다. 즉, 다음 관계가 성립하는 것이다.

[그림 3-17] 기술 진보와 균제 상태

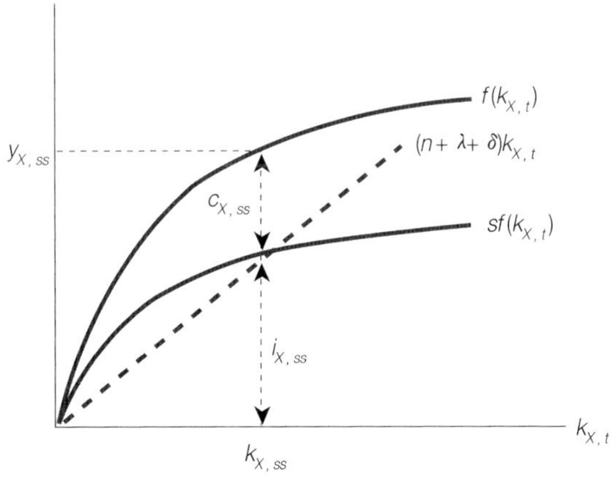

$$sf(k_{X,ss}) = (n + \lambda + \delta)k_{X,ss}.$$

기술 진보가 포함된 솔로 모형에서 자본 유지선은 유효 노동 단위당 자본 k_X의 크기가 그대로 유지되기 위해서는 유효 노동 단위당 투자가 최소한 얼마만큼 이루어져야 하는지를 보여 준다. 그런데 여기에서는 인구 증가나 감가상각뿐만 아니라 기술 진보 또한 유효 노동 단위당 자본을 감소시키는 요인임을 감안해야 한다. 기술이 진보하면, 즉 노동의 효율성이 개선되면 그런 만큼 분모에 있는 유효 노동의 크기 자체가 증가하기 때문이다. 이렇게 줄어드는 유효 노동 단위당 자본을 보충하기 위한 추가적인 투자가 없으면 k_X는 줄어들 수밖에 없는 것이다. 이런 이유로 인해 새로운 자본 유지선에는 λk_X라는 항이 추가된 것이다.

그런데 기술 진보를 도입하는 경우에 변수를 앞에서처럼 노동 단위당으로 표현하지 않고 유효 노동 단위당으로 표현하는 이유는 뭘까? 그 이유는 사실 그냥 노동 단위당으로 표현하면 기술 수준이 매기 개선되면서 노동 단위당 생산 함수 자체가 매기 상방 이동하기 때문이다. 생산 함수 자체가 계속 움직인다면 균제 상태를 분석하는 것이 까다로운 일이 될 수 있기 때문이다.

[그림 3-18]에서 유효 노동 단위에 대해서가 아니라 노동 단위에 대해서 정의된 생산 함수는 기술 수준의 지속적 개선으로 인해 $q_t = F(k_t, X_1)$으로부터 출발하여 $q_t = F(k_t, X_2)$로 상방 이동한다. 매기 이와 같이 생산 함수가 위쪽으로 움직여 가는 일이 벌어진다. 이런 가운데 균제 상태를 노동 단위당 자본 k가 일정한 상태로 정의한다면, 말하자면 균제 상태 자체가 k^1_{ss}에서 k^2_{ss}로, 그리고 그 이후로도 매기 변하므로 분석이 곤란한 측면이 있는 것이다.

[그림 3-18] 노동 단위당 변수와 기술 진보의 효과

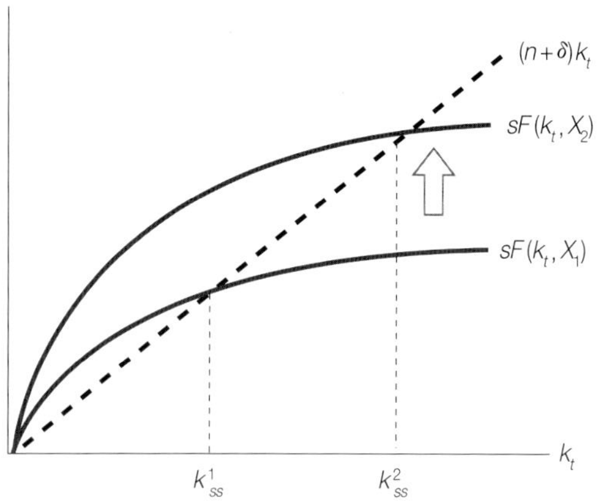

우리가 살아가는 현실에서는 기술 수준, 즉 노동의 효율성이 지속적으로 진보하는 자체가 정상이라고 할 법하다. 즉, 노동 단위당 자본량 k는 장기적으로 일정하기보다는, 일정한 비율로 증가하는 것이라고 보는 것이 합당하다. 그런데 기술 진보로 노동 단위당 자본량이 일정 속도로 증가하는 상태란 곧 유효 노동 단위당 자본량이 일정한 상태와 다르지 않다. 이와 같이 균제 상태를 유효 노동 단위당 자본량이 일정한 상태로 정의하면, 분석이 용이할 뿐만 아니라 모형 경제의 균제 상태의 의미가 보다 분명해지고 현실 경제의 특성과도 부합하는 장점이 있다.

이제 기술 진보가 존재하는 모형 경제의 균제 상태에서 발견되는 특징을 살펴보도록 하자. 먼저 기술 진보가 없었던 모형의 기본 형태에서와 마찬가지로 기술 진보가 반영된 모형의 확장된 형태에서도 칼도의 정형화된 사실

가운데 K5는 잘 설명된다. 왜냐하면 유효 노동 단위당 집계 생산 함수 $y_X = f(k_X)$에 접하는 접선의 기울기가 바로 *MPK*와 같기 때문이다. 이 점은 다음과 같이 간단히 증명할 수 있다.

$$q = F(K, LX) = LXF(k_X, 1) = LXf(k_X)$$

$$\Rightarrow \frac{\partial q}{\partial K} = \frac{\partial q}{\partial k_X} \times \frac{\partial k_X}{\partial K} = LX\frac{\partial f(k_X)}{\partial k_X} \times \frac{1}{LX} = \frac{\partial y_X}{\partial k_X}.$$

말하자면 다음이 성립하는 것이다.

$$MPK = \frac{\partial q}{\partial K} = \frac{\partial y}{\partial k} = \frac{\partial y_X}{\partial k_X}.$$

이제 균제 상태 $k_{X,t} = k_{X,ss}$에서 생산 함수 $y_X = f(k_X)$의 기울기, 즉 *MPK*가 변하지 않고 일정할 것이므로 우리는 기술 진보를 고려하더라도 솔로 모형은 K5를 여전히 잘 설명할 수 있음을 알 수 있다.

한편, 현재의 모형은 기본 모형이 설명할 수 없었던 K2와 K3, 즉 장기에 걸쳐 일인당 자본과 소득이 지속적으로 증가해 온 역사적 사실 또한 설명할 수 있는 것으로 알려져 있다. 이 점은 변수들의 정의를 상기하는 것으로도 충분히 쉽게 이해할 수 있다. 유효 노동 단위당 소득 y_X과 자본 k_X의 정의는 각각 다음과 같다.

$$y_X = \frac{q}{LX},\ k_X = \frac{K}{LX}.$$

모형 경제가 균제 상태에 있을 때 y_X와 k_X는 크기가 변하지 않고 일정하다. 그런데 앞에서 우리는 분모 LX가 매기 $(n+\lambda)$의 증가율로 증가함을 보았다. 그렇다면 위와 같이 분수로 정의된 y_X와 k_X가 매기 변하지 않고 일정하기 위해서는 분자인 q와 K가 매기 어떤 증가율로 증가해야 하겠는가? 자명하게도 이를 위해서는 균제 상태에서 q와 K의 매기 증가율은 다름 아닌 인구 증가율과 기술 진보율을 더한 $(n+\lambda)$와 같아야만 할 것이다. 주목할 점은 q의 증가율, 즉 경제 성장률이 $(n+\lambda)$라는 사실이다.

그런데 이는 노동 단위당 소득 y와 자본 k 또한 균제 상태에서 매기 기술 진보율 λ의 증가율로 증가할 것임을 의미하기도 한다. 왜냐하면 다음 식이 성립하고 여기서 y_X와 k_X는 일정한 반면 분모 X의 증가율은 λ이기 때문이다.

$$y_X = \frac{y}{X},\ k_X = \frac{K}{X}.$$

결과적으로 기술 진보가 반영된 균제 상태에서 일인당 소득과 자본은 기술 진보와 동일한 속도로 지속적으로 증가한다. 이는 K2와 K3이 기술 진보를 포함하는 솔로 모형에서 성공적으로 재현될 수 있음을 시사한다.

그렇다면 K4는 어떤가? y_X와 k_X가 일정한 균제 상태에서는 다음 관계가 성립하게 되므로 K4 역시 현재의 모형에서 잘 설명된다고 할 수 있다.

$$\frac{k_X}{y_X} = \frac{k}{y} = \frac{K}{q}.$$

이와 같이 K4와 K5가 설명된다면 생산 함수의 규모 수익이 불변이라는 특성을 활용하여 다음 식으로부터 K1 역시 모형 경제의 균제 상태에서 성립하게 됨을 확인할 수 있다. 식의 좌변에 있는 항의 분자는 노동에 귀속되는 소득 총액에 해당한다. 이는 신고전학파 경제학의 한계 원칙에 따르면 완전 경쟁 시장에서 임금은 곧 노동의 한계 생산물 가치와 같기 때문이다. 이에 따라 식의 좌변은 국민 소득 가운데 노동에 분배되는 몫에 해당한다. 다시 신고전학파 경제학의 한계 원칙에 따르면 국민 소득은 생산 요소에 대한 보수가 지급되면 소진되는 것으로 알려져 있다. 식으로 쓰자면 $MPL \times L + MPK \times K = q$라는 관계가 성립하는 것이다.

$$\frac{MPL \times L}{q} = 1 - MPK \times \frac{K}{q}.$$

위 식의 우변에서 MPK, 그리고 자본 계수 K/q는 모형 경제의 균제 상태에서 상수가 된다. 이는 곧 국민 소득 가운데 노동에 분배되는 몫 자체가, 그리고 따라서 국민 소득 가운데 자본에 분배되는 몫 또한 균제 상태에서 변하지 않고 일정하게 될 것임을 의미한다.

요컨대 기술 진보가 반영된 솔로 성장 모형은 칼도가 제시한 경제 성장의 정형화된 사실 여섯 가지 가운데 국가 간 비교가 필요하지 않은 다섯 가지 사실을 균제 상태, 즉 균형 성장 경로를 기준으로 하여 설명할 수 있다. 기술 진보가 없는 기본 모형에서 일인당 소득의 지속적인 증가가 설명되지 못했음을 감안하면, 결론적으로 기술 진보를 포함하는 확장된 모형은 일인당 소득의 지속적인 증가를 가능하게 하는 요인이 오직 기술 수준의 항구적인 개선에 의한 것임을 보여 주는 것이다.

4.4. 기술 진보와 자본의 황금률 수준

기본 모형에서의 논의를 기초로 한다면, 기술 진보가 반영된 솔로 모형에서도 자본의 황금률 수준은 균제 상태에서 유효 노동 단위당 소비를 극대화하는 유효 노동 단위당 자본으로 정의하는 것이 자연스럽다. 이 경우에도 황금률은 자본 유지선과 생산 함수 간 수직 거리가 가장 먼 경우에 달성되며 그 조건은 다음과 같다.

$$MPK = n + \lambda + \delta \Leftrightarrow MPK - \delta = n + \lambda.$$

우리는 MPK에서 감가상각률을 뺀 것을 자본의 '순한계 생산'(net marginal product)이라고 한다.

한편, 가장 오른쪽에 있는 $(n + \lambda)$, 즉 인구 증가율에 기술 진보율을 더한 것은 앞에서도 보았듯이 모형 경제의 균제 상태에서의 경제 성장률에 해당한다. 균제 상태의 경제 성장률이란 곧 현실적으로는 경제 성장률의 장기 평균과 가까운 것으로서, 신고전학파적으로 이해한다면 이는 개념상 우리가 잠재 성장률이라고 부르는 것과 차이가 크지 않다고 할 수 있다. 요컨대 황금률은 자본의 순한계 생산이 잠재 성장률과 일치할 때 달성된다고 할 수 있는 것이다.

만약 어떤 장기적으로 안정된 경제에서 자본의 순한계 생산이 장기 평균 경제 성장률, 혹은 잠재 성장률보다 크다면, 즉 $MPK-\delta > n+\lambda$라면, 이는 이 경제의 자본의 크기가 황금률 수준에 미치지 못하는 과소 저축 상태임을 의미한다. 자본의 크기가 작을수록 MPK가 클 것이기 때문이다. 솔로 모형에서 저축률의 상승은 자본 축적을 촉진하므로, 이 경우 저축률이 오르면 균제 상태를 황금률 수준에 보다 가깝게 할 것이다. 반대로 $MPK-\delta < n+\lambda$라면, 거꾸로 과잉 저축 상태에 있음을 의미한다. 이 경우에는 저축률을 낮춤으로써 균제 상태를 황금률 수준으로 접근시킬 수 있다.

우리는 실제 현실 경제의 데이터를 활용해 이와 같은 분석을 얼마든지 수행할 수 있다. 예를 들어, 어떤 가상의 국민 경제에 대하여 과거 데이터로부터 장기 평균을 구해 보면, 대체로 자본 스톡이 연간 GDP의 약 2.5배, 감가상각은 연간 GDP의 약 10%, 국민 소득 가운데 노동에 귀속되는 몫을 나타내는 노동 소득 분배율이 약 70%, 연간 경제 성장률은 평균 3% 정도인 것으로 알려져 있다고 하자. 이와 같은 기초적인 자료로부터 우리는 이 나라의 감가상각률을 연간 약 4%, MPK를 연간 약 12% 정도로 추산할 수 있는데, 그렇다면 이 나라에서는 자본의 순한계 생산이 연간 약 8%가 된다. 이는 장기 평균 경제 성장률 3%를 크게 웃도는 것이므로 결국 이 나라는 과소 저축 상태임을 추론할 수 있는 것이다.

4.5. 솔로 모형의 한계: 성장 동력의 외생성

지금까지 우리는 대표적인 신고전학파 성장 모형인 솔로 모형을 공부했다. 모형은 물적 생산 요소인 자본의 축적이 경제 성장 과정에서 어떤 역할을 하는지 그리고 이에는 어떤 한계가 수반되는지를 명확히 하면서 지속적인 성장의 유일한 원동력은 기술 진보에 있음을 드러낸다. 다만 유일하다는 이 성장 동력이 모형에서 실제로는 외생 변수로서 단순히 일정 속도로 증가하는 것으로 가정되고 있는 것은 중요한 한계인 것으로 여겨진다. 그 성장 동력 자체에 대한 설명, 즉 기술 진보가 어떻게 이루어지는지에 대한 설명이 막상 아무 것도 없기 때문이다. 결국 경제 성장은 모형이 설명하지 않은 요인에 의해 이루어진다는 것 이상도 이하도 아니기 때문이다.

이에 따라 솔로 성장 모형 이후 경제 성장론에서는 기술 진보가 경제 성장 과정에서 어떻게 내생적으로 결정되는지, 그리고 이 기술 진보가 다시 어떻게 경제 성장을 촉진하게 되는지 하는 복잡한 연관성을 해명하는 방향으로 연구가 진행되었다. 1980년대 들어 등장한 이와 같은 연구 경향을 내생적 성장 이론(endogenous growth theory)이라고 부른다. 우리는 몇 가지 주요 내생적 성장 모형들을 다음 장에서 살펴볼 것이다.

5. 성장 회계

5.1. 성장 회계의 의미

성장 회계(growth accounting)란 한 국민 경제의 성장 과정을 실증적으로 분석하여 성장을 가능하게 한 개별 요인의 기여도를 비교하는 작업을 의미한다. 대개 성장 회계에서는 다음과 같은 규모 수익 불변의 콥-더글러스 집계 생산 함수를 상정한다. 단, 여기에서 변수 z는 외생 변수로서 '총요소 생산성'(total factor productivity: TFP)을 의미한다.

$$q_t = z_t K_t^{\alpha} L_t^{1-\alpha}.$$

위 식을 각 변수의 증가율 표현으로 바꾸어 다음과 같은 성장 회계 방정식을 얻는다.

$$\frac{\Delta q_t}{q_t} = \frac{\Delta z_t}{z_t} + \alpha \times \frac{\Delta K_t}{K_t} + (1-\alpha) \times \frac{\Delta L_t}{L_t}.$$

성장 회계 방정식을 한 문장의 말로 간단히 풀이하자면, 실질 GDP의 증가율에 해당하는 경제 성장률은 총요소 생산성의 증가율(우변 첫 번째 항)과 투입 요소의 가중 평균 증가율(우변 두 번째과 세 번째 항을 합한 것)의 합계와 같다는 것이다. 이때 투입 요소 증가율은 자본 스톡의 증가율, 즉 축적률과 노동 증가율의 가중 평균이다. 자본에 대한 가중치는 국민 소득 가운데 자본에 분배되는 소득 몫인 자본 소득 분배율에 해당하는 α이다. 그리고 노동에 대한 가중치는 노동 소득 분배율에 해당하는 $(1-\alpha)$이다.

그렇다면 구체적으로 성장 회계 방정식이 어떻게 도출되었는지 살펴보자. 우리는 시간 하첨자를 활용하여 위의 t기 생산 함수 이외에 별도로 $(t+1)$기 생산 함수를 다음과 같이 쓸 수 있다.

$$q_{t+1} = z_{t+1} K_{t+1}^{\alpha} L_{t+1}^{1-\alpha}.$$

t기 생산 함수와 $(t+1)$기 생산 함수에 자연 로그를 취하면 각각 아래와 같이 쓸 수 있다.

$$\ln q_t = \ln z_t + \alpha \ln K_t + (1-\alpha) \ln L_t,$$
$$\ln q_{t+1} = \ln z_{t+1} + \alpha \ln K_{t+1} + (1-\alpha) \ln L_{t+1}.$$

아래쪽 식, 즉 $(t+1)$기 생산 함수의 로그 표현에서 위쪽 식, 즉 t기 생산 함수의 로그 표현을 빼 주면 다음 식을 얻게 된다.

$$\ln\left[\frac{q_{t+1}}{q_t}\right] = \ln\left[\frac{z_{t+1}}{z_t}\right] + \alpha \ln\left[\frac{K_{t+1}}{K_t}\right] + (1-\alpha) \ln\left[\frac{L_{t+1}}{L_t}\right].$$

그런데 만약 어떤 수 ξ이 0에 충분히 가까운 값이라면 근사적으로 $\xi \approx \ln(1+\xi)$의 관계가 성립하는 것으로 알려져 있다. 이 사실을 이용하면 $(q_{t+1}/q_t) - 1$ 등을 ξ로 치환함으로써 위 식을 앞에서 본 성장 회계 방정식으로 변형할 수 있다.

$$\frac{q_{t+1}-q_t}{q_t}=\frac{z_{t+1}-z_t}{z_t}+\alpha\times\frac{K_{t+1}-K_t}{K_t}+(1-\alpha)\times\frac{L_{t+1}-L_t}{L_t}.$$

5.2. 총요소 생산성과 솔로 잔차

콥-더글러스 생산 함수에서 z는 기술 수준을 나타낸다. z가 커지면 특정 생산 요소의 생산성만 개선되는 것이 아니라 노동과 자본, 두 생산 요소 모두 그 한계 생산성이 상승한다. 그것의 크기가 모든 생산 요소의 생산성에 영향을 미친다는 의미에서 여기에서의 z를 '총' 요소 생산성이라고 부른다.

그렇다면 이 z와 앞의 노동 증대형 기술 진보에서 노동의 효율성을 나타낸 변수 X 사이에는 어떤 관계가 있을까? 이 점은 콥-더글러스 생산함수를 노동 증대형 기술 진보 형태로 다음과 같이 변형하면 쉽게 알 수 있다.

$$q_t=K_t^{\alpha}[z_t^{1/(1-\alpha)}L_t]^{1-\alpha}\Rightarrow X_t=z_t^{1/(1-\alpha)}.$$

아울러 이와 같은 관계로부터 우리는 X의 증가율이 앞에서처럼 λ로 일정하다면 z의 증가율은 $\lambda(1-\alpha)$로 일정함을 보일 수 있다.

그렇다면 실제로 성장 회계는 실증적으로 어떻게 수행될까? 성장 회계 방정식에서 q는 실질 GDP로, K는 연초의 실질 자본 스톡으로, 그리고 L은 총노동 시간으로 각각 실측할 수 있다. 실제로 이 데이터들은 많은 나라들에서 매 분기 혹은 매년마다 자료를 공표하고 있어 이를 활용하면 된다. 아울러 자본 소득 분배율 α 역시 많은 나라들이 발표하는 국민 소득 통계로부터 쉽게 그 실측치를 구할 수 있다.

하지만 총요소 생산성은 실증적으로 그 크기를 직접적으로 측정할 수 없다. 다만 방금 언급된 활용 가능한 데이터들에 기초하여 다음과 같은 관계식으로부터 그 증가율을 간접적으로 추산할 수는 있다.

$$\frac{\Delta z_t}{z_t} = \frac{\Delta q_t}{q_t} - \alpha \times \frac{\Delta K_t}{K_t} + (1-\alpha) \times \frac{\Delta L_t}{L_t}.$$

이처럼 총요소 생산성의 증가율이 경제 성장률로부터 투입 요소들의 가중 평균 증가율을 차감하고 남은 나머지로부터 계산된다는 뜻에서, 우리는 총요소 생산성의 증가율을 솔로 잔차(Solow residual)라고도 부른다. 총요소 생산성은 결국 경제 성장률 가운데 투입 요소의 증가로 설명되지 않는 부분에 해당한다. 이 총요소 생산성에 대해 사실 우리는 그것이 어떤 이유로 변동하는지 잘 모른다고 볼 수 있는 것이다('our ignorance').

5.3. 성장 회계의 결과

이제 구체적으로 성장 회계를 수행하기 위해서는 성장 회계 방정식의 각 항을 데이터로부터 실측한 후, 다음과 같이 성장 요인별로 그 기여율을 계산하면 된다. 다음의 세 기여율을 모두 합하면 1, 즉 100%가 되는 점을 독자들은 쉽게 확인할 수 있을 것이다.

$$\text{자본 투입의 기여율} = \left[\alpha \times \frac{\Delta K_t}{K_t}\right] \div \left[\frac{\Delta q_t}{q_t}\right],$$

$$\text{노동 투입의 기여율} = \left[(1-\alpha) \times \frac{\Delta L_t}{L_t}\right] \div \left[\frac{\Delta q_t}{q_t}\right],$$

$$\text{총요소 생산성의 기여율} = \left[\frac{\Delta z_t}{z_t}\right] \div \left[\frac{\Delta q_t}{q_t}\right].$$

실제로 각국에 대해 성장 회계를 수행한 결과를 보면, 구미 선진국들의 경우 대개 총요소 생산성의 기여율이 상대적으로 높은 대신에 노동 투입의 기여율은 미미한 것으로 나타난다. 물론 예외도 있다. 하지만 대조적으로 우리나라를 포함한 동아시아 국가들의 경우에는 상대적으로 요소 투입의 기여율이 매우 높고 총요소 생산성의 기여율은 높지 않게 나타난다. 이는 나라마다 성장의 패턴이 상이함을 알 수 있다. 이중 전자와 같이 생산성 개선에 따른 성장 패턴을 질적 성장, 혹은 내연적 성장이라 부르고 후자와 같이 생산 요소의 투입 증가에 따른 성장 패턴은 양적 성장, 혹은 외연적 성장이라고 불러 구분하기도 한다.

chapter 04

내생적 성장 모형

1. 내생적 성장 모형
2. 경험을 통한 학습과 경제 성장
3. 연구 개발과 경제 성장
4. 지식 축적 모형은 국가 간 소득 격차를 설명할 수 있는가?
5. 인적 자본과 경제 성장

chapter 04

내생적 성장 모형

1. 내생적 성장 모형

솔로 성장 모형은 경제 성장의 가장 중요한 요인으로 기술 진보의 역할을 들면서도 이를 외생 변수로 간주하며 모형 자체 내에서 설명하지 못하는 약점을 가지고 있었다. 노동의 효율성을 의미하는 변수 X 자체는 오히려 신비로운 존재가 되었다. 그 의미도 명시되지 않았고 어떻게 변화하는지도 설명되지 않았다.

솔로 성장 모형에서는 기술이 진보하는 과정에서 궁극적으로 어떤 나라든지 누구나 아무런 비용을 지불하지 않고도 그 혜택을 누릴 수 있는 것으로 간주되었다. 기술은 공공재[1]였다. 장기적으로 각국의 노동 생산성 상승률, 즉

1 공공재는 비경합성(non-rivalry)과 비배제성(non-excludability)을 특징으로 한다. 비경합성이란 그 재화의 소비에 나지 않아 소비하는 사람이 늘더라도 각자 소비할 수 있는 양은 줄어들지 않는 성질이다. 비배제성경합이 일어 이란 그 재화의 소비에 있어 대가를 치르지 않는 소비자를 배제할 수 없는 성질이다.

노동 단위당 국민 소득의 증가율이 수렴할 것이라는 이론적 예측은 이런 가정 하에서 가능했던 것이다.

경제 성장 과정에서 국가 간 차이가 줄어드는 현상인 '수렴'에 대한 현대적인 논의는 폴 로머(Romer, 1986)의 문제 제기 이후 1980년대 중반부터 연구자들 사이에서 관심의 대상이 되었다. 다양한 실증 분석이 이루어지면서 솔로 모형의 이론적 예측이 경험적 사실에 부합하지 못하는 측면이 있다는 인식은 점점 더 힘을 얻어 갔다. 모형에 따르면 각국의 일인당 소득의 증가율 사이에는 장기적으로 수렴 현상이 관측되어야 하는데 실제로는 작지 않은 격차가 지속되는 것으로 나타났다. 주의할 점은 솔로 모형에서도 각국의 일인당 소득의 수준 자체는 장기적으로 다를 수 있다는 사실이다. 노동 인구당 국민 소득, 즉 노동 생산성도 각국 사이에 수렴 현상이 관측되지 않았는데, 이 점 자체는 모형의 시사점과 모순되는 것은 아니었다. 하지만 실제로 관측되는 국가 간 소득 격차를 자본 축적의 정도에 있어서의 차이로 설명하려는 시도는 절망적인 것이었다. 예를 들어, 유효 노동 단위당 생산 함수가 콥-더글러스 형태로서 다음과 같이 주어진다고 하자. 앞에서처럼 q는 산출량, K는 자본 스톡, L은 노동, X는 기술 수준이라고 하자.

$$\frac{q}{LX} = \left[\frac{K}{LX} \right]^{1/3}.$$

이 경우 공공재인 생산 기술의 수준이 두 나라에서 공통된 크기 X_0로 주어져 있을 때 두 나라의 일인당 국민 소득이 10배만큼 차이가 나기 위해서는 일인당 자본량이 1,000배만큼 차이가 나야 한다.

$$10 \times \frac{q}{LX_0} = \left[1{,}000 \times \frac{K}{LX_0} \right]^{1/3}.$$

실제로는 이보다도 더 큰 문제가 있었다. 일인당 소득의 수준이 아니라 일인당 소득의 증가율에 있어서는 모형의 예측과는 정반대로 수렴 현상이 관측되지 않는 것이었다.

솔로 모형의 또 다른 결정적인 가정은 장기에 있어 생산성 개선은 자본 축적과는 무관하게 독립적으로 이루어진다는 생각이었다. 기술 진보와 자본 축적을 분리해서 사고하는 것이었다. 하지만 데이터상으로는 국민 소득 가운데 투자되는 비율이 높을수록, 그리고 노동 시간당 자본 스톡의 증가율이 클수록, 생산성 상승률도 높은 것으로 관측되었다. 경제 성장에 대한 전통적인 신고전학파적 인식 속에는 이러한 현실이 반영되어 있지 않았다. 투자와 생산성 향상 사이의 관계가 모형에 누락됨에 따라 자본 축적의 성장 과정에서의 역할은 제대로 규명될 수 없었다. 자본 축적은 솔로 모형이 생각하는 것보다 더 중요할 수 있다는 인식이 가능했다.

그뿐만이 아니었다. 교육이나 훈련의 결과로 인적 자본의 수준이 높은 나라에서, 그리고 연구 개발 투자 규모가 큰 나라에서 생산성 상승이 빠르게 일어나는 경향이 있다는 사실 또한 모형에는 고려되지 않았다. 생산 잠재력을 일정 부분 교육 투자 혹은 연구 개발 투자에 배분하는 경제적 의사 결정은 현대 경제에 있어 중요한 문제로 간주되고 있다. 그런데 이런 요인이 경제 성장에 미칠 수 있는 영향과, 이에 수반될 수밖에 없는 각국의 잠재적인 성장 격차가 모형에서는 전혀 고려되지 않는 것이었다.

폴 로머의 1986년 논문은 솔로 모형으로 표현되는, 경제 성장에 대한 전통적인 신고전학파적 인식에 대해 근본적인 의문을 던지는 것이었다. 역사적 사실에 부합하는 새로운 성장 모형이 필요했다. 자본의 한계 생산이 체감한다는 믿음에 근거하는 신고전학파적 관점은 수정되어야 했다. 국가 간 소득 격차가 해소되지 않는 원인을 설명하는 성장 모형이 요구되었다. 1980년대 들어 새로운 신고전학파 성장 모형의 등장은 바로 이와 같은 이론적 상황을 배경으로 한 것이었다.

새 성장 이론, 이른바 '내생적 성장 모형'(endogenous growth model)의 목표는 자연스럽게 제시된 것과 같은 솔로 모형의 약점을 극복하고 새롭게 밝혀진 경험적 사실을 설명하는 것이 되었다. 이를 위해서는 무엇보다도 기술 진보를 더 이상 설명되지 않는 외생 변수로 남겨 두지 말고 내생 변수로서 모형 내에 통합할 필요가 있었다. 궁극적으로는 기술 진보를 경제 주체들의 합리적 의사 결정의 산물로 설명함으로써 장기 성장이 경제의 진화 과정 속에서 결정되도록, 즉 내생적인 것이 되도록 하는 것이 새 성장 모형의 핵심적인 과제였다.

다음으로 새 성장 모형은 자본의 한계 생산 체감으로 인해 자본 축적에 따른 수익이 줄어드는 것을 탈피하는 방향으로 발전이 이루어졌다. 성장률이 떨어지지 않는 지속적 성장을 모형을 통해 재현해 내기 위해서는 자본의 개념 자체를 물적 자본을 넘어서는 넓은 의미로 새롭게 정의하거나 자본 축적 과정에서 생산성의 개선, 즉 기술의 진보가 수반되도록 하는 이론적 장치를 성장 모형에 도입할 필요가 있었다.

우리는 여기서 이 기술 진보를 모형 내에 포함시키는 방법을 기준으로 내생적 성장 모형을 크게 세 개의 흐름으로 분류한다. 첫 번째와 두 번째는 공통적으로 노동의 효율성을 명시적으로 '지식'(knowledge)으로 해석하고 자본 축적의 과정에서 지식의 동시적 축적이 가져오는 효과에 주목한다. 그런 점에서 이 두 접근법은 공통적으로 '지식 축적 모형'이라는 이름으로 분류할 수 있다. 그중 첫 번째에 해당하는 것은 폴 로머가 제안한 최초의 내생적 성장 모형으로서 '경험을 통한 학습'(learning by doing)이 가져오는 효과를 강조한다. 즉, 생산성의 개선은 이윤 극대화를 위해 생산을 수행하고 자본을 축적하는 과정에서 만들어지는 부산물이며, 긍정적인 외부 효과라는 형태로 발현될 것이라는 생각이다.

지식의 축적 과정을 모형화하는 두 번째 접근법 역시 로머에 의해 비롯되었다. 이 접근법에서는 모형 경제를 재화 생산 부문과 지식 생산 부문, 즉 연구 개발 부문의 두 부문으로 나누어 이 두 부문의 상호 작용, 그리고 연구 개발 투자의 효과에 주목하는 점이 특징적이다. 여기서는 첫 번째 접근법과는 달리 지식의 축적이 의사 결정을 통해 의도적으로 이루어진다. 마지막으로 세 번째 흐름은 Lucas(1988)의 영향 하에서 인적 자본 형성의 효과에 초점을 맞추는 '인적 자본 모형'이다.

2. 경험을 통한 학습과 경제 성장

생산성 향상은 지식의 축적에 수반되며 이 지식의 축적은 그것 자체를 목적으로 한 행동의 의도된 결과일 수도 있지만, 경제적 생산의 과정에서 자연스럽게 그 의도와 상관없이 이루어지는 경우도 있다. 이를테면 숙련이 바로 그 한 가지 예라고 할 수 있다. 노동의 경험이 노동 생산성을 개선시키는 것이다. 이와 같이 기술 진보는 경제 활동 과정에서 부수적으로 '경험을 통한 학습'의 효과로 일어나기도 한다.

Romer(1986)는 개별 기업이 생산 활동이나 자본 축적을 실행하는 과정에서 지식이 축적되는데 이는 경제 전체로 확산되는 파급 효과가 있을 것이라고 보았다. 개별 기업의 투자가 경제 내 기업들에게 활용 가능한 전반적인 지식의 수준을 개선시킨다는 것이다. 이에 따라 개별 기업에 있어 축적된 지식의 수준 자체는 경제 전체적으로 이루어진 자본 축적의 결과물이 된다. 이런 방식의 접근에서 기술 진보는 개별 기업 입장에서는 외생적인 과정이지만, 경제 전체로 보면 어디까지나 내생적인 과정이 된다. 이제 구체적으로 최초의 본격적인 내생적 성장 모형인, 경험을 통한 학습의 효과가 반영된 로머 성장 모형의 내용을 공부하자.

2.1. 모형의 기본 가정

모형 경제의 개별 기업 i는 다음과 같은 생산 함수를 가지고 있다고 하자. 단, $0 < \alpha < 1$이라고 하자.

$$q_{i,t} = K_{i,t}^{\alpha}(L_{i,t}X_t)^{1-\alpha}. \tag{1}$$

식 (1)에서 개별 기업의 생산량 q_i는 자신이 고용한 생산 요소인 노동 L_i와 자본 K_i의 양에 의존함과 동시에 모든 개별 기업에게 공통으로 주어지는 지식의 총량 X에도 의존하는 것을 볼 수 있다. X에는 하첨자 i가 붙어 있지 않은 점에 유의해야 한다.

학습이라는 것이 자본을 새롭게 생산하는 과정에서 이루어진다고 가정하면 지식의 총량은 자본의 총량에 의존하게 된다. 이에 따라 X에 대하여 다음의 관계를 가정할 수 있다. 단, $B > 0$이고 $\varnothing > 0$이다.

$$X_t = BK_t^{\varnothing}. \tag{2}$$

식 (2)를 식 (1)에 대입하면 식 (1-1)을 얻는다.

$$q_{i,t} = B^{1-\alpha}K_t^{\varnothing(1-\alpha)}K_{i,t}^{\alpha}L_{i,t}^{1-\alpha}. \tag{1-1}$$

우리는 생산 요소 시장이 완전 경쟁 시장이라고 가정하자. 완전 경쟁 시장에서 생산 요소에 대한 보수는 그 한계 생산과 크기가 일치한다. 이제 임의의 서로 다른 두 기업 i와 j에 대하여, 자본의 한계 생산 MPK는 다음과 같다.

$$\begin{aligned} MPK_{i,t} &= \frac{\partial q_{i,t}}{\partial K_{i,t}} = \alpha B^{1-\alpha}K_t^{\varnothing(1-\alpha)}\left[\frac{K_{i,t}}{L_{i,t}}\right]^{-(1-\alpha)}, \\ MPK_{j,t} &= \frac{\partial q_{j,t}}{\partial K_{j,t}} = \alpha B^{1-\alpha}K_t^{\varnothing(1-\alpha)}\left[\frac{K_{j,t}}{L_{j,t}}\right]^{-(1-\alpha)}. \end{aligned} \tag{3}$$

그런데 완전 경쟁 시장에서 두 개별 기업의 MPK가 서로 다를 수는 없다. 왜냐하면 완전 경쟁 시장에서 기업들은 동일한 요소 가격에 직면하며 주어진 요소 가격이 해당 요소의 한계 생산과 일치하는 수준에서 요소 고용량을 결정하기 때문이다. 즉, 임의의 서로 다른 i 와 j 에 대하여 $MPK_{i,t} = MPK_{j,t}$ 이다. 이를 위 식에 대입해 보면, 일정 시점에 있어 자본과 노동의 결합 비율이 모든 기업에서 동일하게 나타나는 점을 알 수 있다.

$$\frac{K_{i,t}}{L_{i,t}} = \frac{K_{j,t}}{L_{j,t}} . \tag{4}$$

경제 전체의 생산 함수는 개별 기업의 생산 함수를 집계하는 방식으로 구할 수 있다. 이를 위해 먼저 생산 요소가 완전 고용된다는 전제 하에서 집계 생산량, 집계 자본, 집계 노동의 크기를 각각 다음과 같이 쓰도록 하자.

$$\Sigma_i q_{i,t} = q_t , \tag{5}$$

$$\Sigma_i K_{i,t} = K_t , \tag{6}$$

$$\Sigma_i L_{i,t} = L_t . \tag{7}$$

식 (6)과 (7)로부터 식 (4)를 식 (4-1)로 바꿔 쓸 수 있다.

$$\frac{K_{i,t}}{L_{i,t}} = \frac{K_t}{L_t}, \ \forall i. \tag{4-1}$$

노동과 자본의 완전 고용을 가정하면, 최적화의 결과로 기업 수준에서 동일해진 자본과 노동의 결합 비율은 곧 경제 전체에서 집계 자본과 집계 노동 사이의 비율과 다를 수 없게 된다. 식 (1-1)을 모든 i에 대하여 더한 다음 여기에 식 (5), (7)과 식 (4-1)을 적용하면 다음과 같이 집계 생산 함수 표현을 얻을 수 있다.

$$\begin{aligned}
&\Sigma_i q_{i,t} = B^{1-\alpha} K_t^{\phi(1-\alpha)} \ \Sigma_i \left[\left(\frac{K_{i,t}}{L_{i,t}} \right)^{\alpha} L_{i,t} \right] \\
&\Rightarrow \Sigma_i q_{i,t} = B^{1-\alpha} K_t^{\phi(1-\alpha)} \left[\frac{K_t}{L_t} \right]^{\alpha} \Sigma_i L_{i,t} \\
&\Rightarrow q_t = K_t^{\alpha} (B K_t^{\phi})^{1-\alpha} L_t^{1-\alpha} \\
&\Rightarrow q_t = K_t^{\alpha} (L_t X_t)^{1-\alpha}. \qquad (1\text{-}2)
\end{aligned}$$

모형 경제에서 저축률은 상수 s, 노동 인구의 증가율은 상수 n으로 일정하며 감가상각은 일어나지 않는다고 가정한다.

$$\Delta K_t = s q_t, \qquad (8)$$

$$\Delta L_t = n L_t. \qquad (9)$$

식 (8)은 식 (1-2)를 이용하여 다시 다음과 같이 바꿔 쓸 수 있다.

$$\begin{aligned}
&q_t = B^{1-\alpha} K_t^{\alpha+\phi(1-\alpha)} L_t^{1-\alpha} \\
&\Rightarrow \Delta K_t = s B^{1-\alpha} K_t^{\alpha+\phi(1-\alpha)} L_t^{1-\alpha}. \qquad (8\text{-}1)
\end{aligned}$$

식 (8-1)을 활용하여 우리는 t기의 축적률 $g_{K,t} = \Delta K_t / K_t$를 다음과 같이 유

도하게 된다.

$$g_{K,t} = sB^{1-\alpha}K_t^{(\phi-1)(1-\alpha)}L_t^{1-\alpha}. \tag{10}$$

2.2. 모형의 균제 상태

모형에서 축적률은 매기 변동하고 있다. 그렇다면 장기적으로 축적률이 일정한 균제 상태에서 모형 경제는 어떤 특징을 갖게 될까? 이 점을 살펴보기 위해 식 (10)의 양변에 자연 로그를 취한 다음, 이를 시간 t로 미분하면 우리는 시간 변화에 따른 축적률의 변화 $\Delta g_{K,t}$가 어떤 요인에 의해 결정되는지 분석할 수 있다.

$$\begin{aligned}
&\ln g_{K,t} = \ln sB^{1-\alpha} + (\phi - 1)(1-\alpha)\ln K_t + (1-\alpha)\ln L_t \\
&\Rightarrow \frac{d}{dt}\ln g_{K,t} = (\phi - 1)(1-\alpha)\frac{d}{dt}\ln K_t + (1-\alpha)\frac{d}{dt}\ln L_t \\
&\Rightarrow \Delta g_{K,t} = \frac{dg_{K,t}}{dt} = (\phi - 1)(1-\alpha)g_{K,t}^2 + (1-\alpha)ng_{K,t}.
\end{aligned} \tag{11}$$

식 (11)은 다음의 관계들로부터 유도되었다.

$$\frac{d}{dt}\ln g_{K,t} = \frac{\Delta g_{K,t}}{g_{K,t}},$$

$$\frac{d}{dt}\ln K_t = \frac{\Delta K_t}{K_t} = g_{K,t},$$

$$\frac{d}{dt}\ln L_t = \frac{\Delta L_t}{L_t} = n.$$

식 (11)에 따르면 축적률은 축적률 수준 그 자체와 인구 증가율의 영향을 받으며 변동한다. 그런데 $\Delta g_{K,t}$가 $g_{K,t}$의 이차 함수로 나타나고 있으므로 시간에 따른 축적률의 변화는 단조적으로 증가하거나 감소하지 않을 수 있다.

여기서는 우리의 관심을 장기 균제 상태로 국한할 필요가 있다. 균제 상태에서는 $\Delta g_{K,t} = 0$이다. 그렇다면 어떤 조건에서 $\Delta g_{K,t} = 0$이 될 수 있을까? 우리가 생각할 수 있는, $\Delta g_{K,t} = 0$이 성립하는 가장 간단한 경우는 다음의 경우라고 할 수 있다.

$$\varnothing = 1,\ n = 0. \tag{12}$$

식 (12)가 성립하면, 임의의 t에 대하여 $\Delta g_{K,t} = 0$이므로 축적률이 변동하지 않는다. 식 (12)를 식 (1-2)와 식 (8-1)에 대입하면 이로부터 경제 성장률과 자본 축적률이 모두 상수 $sB^{1-\alpha}$로 일정하게 되는 점을 확인할 수 있다. 단, 여기서는 인구 증가가 없으므로 임의의 t에 대하여 $L_t = 1$이라고 하자. 노동자가 한 명이라고 생각하는 것이 영 불편하다면 천만 명이라고 생각해도 좋다. 아울러 $X \equiv B^{1-\alpha}$라 하자.

$$q_t = K_t X, \tag{1-3}$$

$$\Delta K_t = sK_t X. \tag{8-2}$$

이제 모형 경제의 균제 상태에서 경제 성장률과 자본 축적률을 g^*로 쓰면 다음이 성립한다.

$$g^* = sX. \qquad (10\text{-}1)$$

우리는 집계 생산 함수가 결론적으로 식 (1-3)과 같은 형태로 나타나는 성장 모형을 'AK 모형'이라고 부른다. 국민 소득 q가 자본 K의 선형 함수가 되므로 자본의 한계 생산이 체감하지 않는 것이 이 AK 모형의 특징이다. 여기서는 무엇보다도 성장률과 축적률이 sX라는 크기로 모형 내에서, 즉 내생적으로 결정되는 점에 주목할 필요가 있다. 이 AK 모형이 '내생적' 성장 모형의 출발점이다. 한 가지 특이한 점은 식 (10-1)의 결론이 해로드–도마 모형의 그것과 가깝다는 것이다. 저축률이 장기에 있어 경제 성장률을 결정하는 점에서 그렇다.

그런데 식 (1-3)을 원래의 집계 생산 함수 식 (1-2)와 비교해 보면, 독자들은 혼란을 느낄 수 있다. 식 (1-2)에서는 $\alpha < 1$이므로 자본의 한계 생산이 체감하는 형태가 가정되고 있는데, 식 (1-3)에서는 그렇지 않기 때문이다. 도대체 어떤 일이 벌어진 것인가? 이 점은 식 (12)의 가정 하에서 식 (1-2)가 실제로는 다음과 같은 형태가 되는 점을 고려하면 이해될 수 있다.

$$q_t = \underbrace{K_t^{\alpha}}_{①}\ \underbrace{K_t^{1-\alpha}}_{②}\ X.$$

여기서 ①은 자본 생산에의 직접적인 기여에 해당한다. 우리가 신고전학파 생산 함수에서 항상 보았던 이 부분에서는 한계 생산이 체감하고 있다. 그렇다면 ②는 무엇인가? 이는 식 (2)에 근거하여 자본이 새로운 지식의 생산에 기여하고 이를 통해 간접적으로 생산에 기여하는 부분이라고 할 수 있다. 바로 이 추가적인 간접 기여 ②, 즉 자본이 축적되는 과정에서 지식이 함께 생산되는 점으로 인해 자본이 간접적으로도 생산에 기여하는 부분이 존재하기 때문에, 생산 함수는 식 (1-4)와 같은 선형의 형태로 파악되는 것이다.

그런데 식 (12)가 성립하면 실제로는 모형 경제가 처음부터 항상 균제 상태에 있게 된다. 균제 상태로의 장기적 수렴 과정 같은 것은 전혀 문제가 되지 않는다. 식 (12)라는 조건 하에서는 모형이 너무 단순한 것이다. 그렇다면 장기적으로 균제 상태로의 수렴 가능성을 확보하면서 이런 점을 개선할 수는 없을까?

다시 식 (11)로 돌아가 시간에 따른 축적률의 변화 과정을 살펴보자. 식 (11)의 이차 함수는 다음과 같이 쓸 수 있다.

$$\Delta g_{K,t} = (1-\alpha)(\phi - 1)\, g_{K,t}\left[g_{K,t} - \frac{n}{1-\phi}\right].$$

따라서 ϕ의 크기에 따라 다음에 제시하는 [그림 4-1]의 ⓐ~ⓓ 가운데 한 가지 형태로 그려진다.

[그림 4-1] 로머 성장 모형의 균제 상태 조건

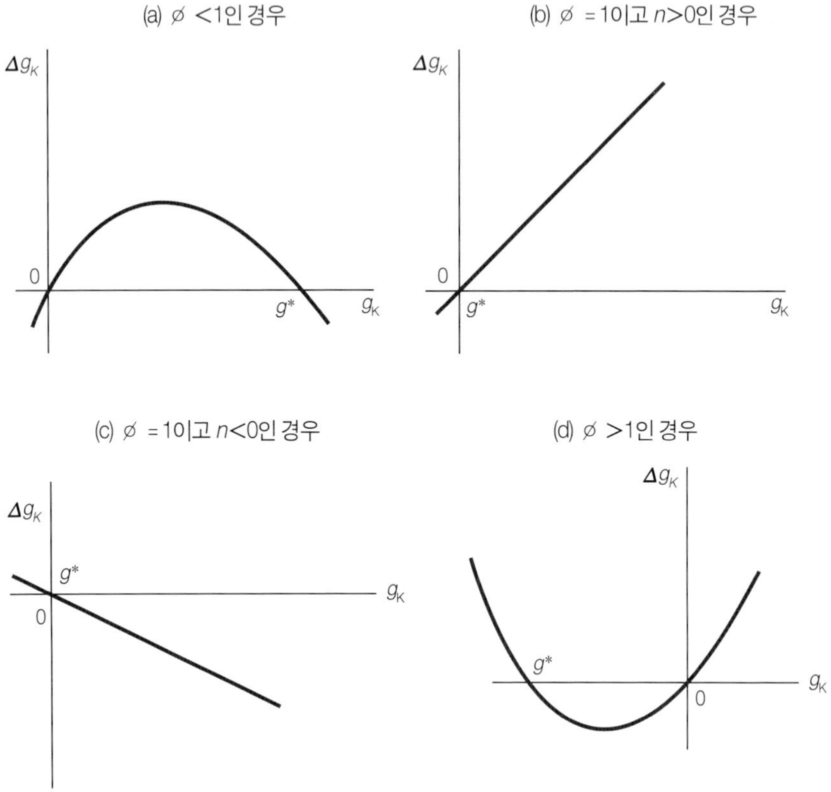

여기서 $\Delta g_{K,t} = 0$이 되는 g_K의 크기는 0이 아니면 g^*가 되는데, $g^* > 0$이기 위해서는 반드시 다음 조건이 성립해야 한다.

$$\varnothing < 1. \tag{13}$$

이는 [그림 4-1]의 ⓐ~ⓓ 가운데 오직 ⓐ의 경우만 우리의 관심에 적합하다는 것을 의미한다. 이제 식 (13)의 조건 하에서 균제 상태의 경제 성장률 및 자본 축적률의 크기는 다음과 같이 구해진다.

$$g^* = \frac{n}{1-\phi}. \tag{10-2}$$

식 (13)의 조건이 성립하지 않아 만약 $\phi \geq 1$이라면, 식 (12)가 성립하는 경우를 예외로 하면, $\Delta g_K = 0$이 되도록 하는 축적률 g^*가 영이나 음(-)의 값을 갖게 된다. 이 점은 그림 ⓑ~ⓓ에서 쉽게 확인할 수 있다.

식 (2)로부터 $\phi = \partial \ln X_t / \partial \ln K_t$이므로 파라미터 ϕ는 자본 스톡의 1% 증가가 지식 스톡의 몇 퍼센트 증가를 가져오는가 하는 탄력성의 의미로 해석할 수 있다. 모형이 균제 상태에서 양(+)의 성장률을 갖기 위한 조건은 이 탄력성이 1보다 작아야 한다는 것이다. 다만 식 (10-2)에 따르면 ϕ의 크기는 균제 상태의 경제 성장률에 영향을 미치는 요인이며 ϕ가 클수록 g^*도 커짐을 알 수 있다. ϕ가 클수록 지식 축적이 더 빠르게 이루어지므로 균제 상태에서 성장률이 빠른 것이다.

한편, 식 (10-2)는 노동 인구의 증가율 n이 클수록 균제 상태 성장률 g^*가 함께 커지는 것을 보여 준다. 인구 증가가 빠를수록 성장률이 큰 이유는 무엇일까? 그 이유는 지식의 축적이 성장에 미치는 효과가 식 (1-2)의 집계 생산 함수에서 L_tX_t와 같이 노동 인구에 곱해진 형태로 반영되어 있기 때문이다. 임의의 시점 t에 있어 인구 증가의 속도가 빨라지면, X_t가 동일한 크기라 해도 L_tX_t가 더 커지면서 국민 소득 q_t가 더 빠른 속도로 늘어나므로 경제 성장률이 오르게 된다.

식 (10-2)와 같이 구해진 모형 경제의 균제 상태 축적률 g^*는 안정적이다. 왜냐하면 ⓐ의 그림을 보면 알 수 있듯이 g_K가 g^*보다 작으면 $\Delta g_K > 0$이므로 g_K가 증가하고, 반대로 g_K가 g^*보다 크면 $\Delta g_K < 0$이 되어 g_K가 감소하기 때문이다. 이를 도식화하면 다음과 같다.

$$g_K < g^* \Rightarrow \Delta g_K > 0 \Rightarrow g_K \uparrow,$$
$$g_K > g^* \Rightarrow \Delta g_K < 0 \Rightarrow g_K \downarrow.$$

식 (10-2)의 축적률을 이용하면 균제 상태에서 일인당 국민 소득의 증가율을 구할 수 있다. 다음 표현에서 일인당 국민 소득의 증가율은 $(g^* - n)$에 해당하며 이 역시 n이나 $\varnothing$와 함께 커지는 점을 확인할 수 있다.

$$g^* - n = \frac{\varnothing}{1 - \varnothing} n > 0.$$

경험을 통한 학습의 과정에서 기술이 내생적으로 진보한다는 아이디어를 담고 있는 로머의 이 첫 번째 성장 모형에서 가장 중요한 인식은 무엇보다도 자본 축적이 가져오는 외부 효과(externality)에 있다고 할 것이다. 개별 기업의 투자는 의도치 않게 경제 전체로 지식의 확산(knowledge spillover)을 가져오며 이에 따라 다른 기업의 생산성 향상을 초래할 수 있다는 것이다. 자본 축적의 파급 효과로 인해 경제 전체적으로 긍정적인 외부성이 발현되는 것이다. 이런 경우 개별 기업에 있어서는 자본의 한계 생산이 체감하더라도 경제 전체로 보면 이 외부 효과로 인해 자본의 한계 생산이 체감하지 않을 수 있다. 식 (12) 혹은 식 (13)의 가정 하에서 구해진 모형 경제의 균제 상태에서는 일인당 국민 소득이 지속적으로 증가하는 현상이 관측되었다. 결국 자본 축적만으로도 지속적인 경제 성장이 가능하다는 것이다.

2.3. 자본의 사적 한계 생산과 사회적 한계 생산

그런데 우리는 이 긍정적인 외부 효과가 경우에 따라서는 충분히 발현되기 어려울 수 있음도 고려할 필요가 있다. 왜냐하면 자본주의 경제에서 개별 기업은 어디까지나 자신의 사적 이윤을 극대화하는 것을 목표로 할 수 있으며, 따라서 경제적 의사 결정에 있어서도 자신이 사적으로 직면하는 자본의 한계 생산을 근거로 하지, 사회적 파급 효과를 모두 고려한 자본의 한계 생산을 근거로 하지는 않을 것이기 때문이다.

개별 기업의 생산 함수는 식 (1-1)로 주어져 있다. 식 (1-1)로부터 우리는 개별 기업 입장에서 자본의 한계 생산을 다음과 같이 구할 수 있다.

$$MPK_{i,t} = \frac{\partial q_{i,t}}{\partial K_{i,t}} = \alpha B^{1-\alpha} K_t^{\phi(1-\alpha)} \left[\frac{K_{i,t}}{L_{i,t}} \right]^{-(1-\alpha)}.$$

이 자본의 한계 생산 표현에는 다음 가정이 전제되어 있다. 이는 생산 요소 시장이 완전 경쟁 시장인 관계로 개별 기업의 자본 증가가 전체 자본 총계에 미치는 영향이 제한적이라는 인식을 반영한다.

$$\frac{\partial K_t}{\partial K_{i,t}} = 0.$$

그리고 우리는 이로부터 개별 기업으로서는 자본의 한계 생산이 체감하는 것을 확인할 수 있다. 다음 부등식이 성립하기 때문이다.

$$\frac{\partial}{\partial K_{i,t}} MPK_{i,t} < 0.$$

그런데 균형에서 식 (4-1)의 조건이 성립하는 점을 감안하면, 개별 기업이 사적으로 직면하는 자본의 한계 생산은 다음과 같은 형태로도 표현할 수 있다.

$$MPK_{i,t} = \alpha B^{1-\alpha} K_t^{(1-\alpha)(\phi-1)} L_t^{1-\alpha}. \tag{14}$$

식 (14)에는 $K_{i,t}$항이 숨겨져 있다. 그런 점으로 인해 마치 개별 기업의 자본의 한계 생산이 체감하지 않는 것처럼, 즉 $\partial MPK_{i,t} / \partial K_{i,t} = 0$인 것처럼 보이지만, $K_{i,t}$항을 복원하고 보면 사실은 그렇지 않고 개별 기업의 자본의 한계 생산은 체감한다. $\phi = 1$, $n = 0$이라는 특수한 조건 하에서도 $MPK_{i,t} = \alpha B^{1-\alpha}$로서, $\partial MPK_{i,t} / \partial K_{i,t} = 0$으로 보이지만 이는 균형 조건 때문에 $K_{i,t}$항이 숨겨진 것 때문에 이렇게 된 것뿐이다. 만약 $n = 0$이어서 $L_{i,t}$의 크기에 변화가 없다면 실제로는 $\phi = 1$ 일 때 다음 관계가 성립한다.

$$MPK_{i,t} = \alpha B^{1-\alpha} K_t^{1-\alpha} K_{i,t}^{\alpha-1} \Rightarrow \frac{\partial}{\partial K_{i,t}} MPK_{i,t} < 0.$$

이제 자본을 집계하면 집계 생산 함수를 $q_t = B^{1-\alpha} K_t^{\alpha+\phi(1-\alpha)} L_t^{1-\alpha}$와 같이 쓸 수 있다. 개별 기업의 자본이 아니라, 집계된 자본의 한계 생산은 집계 생산 함수로부터 구해야 할 것이다. 집계된 자본의 한계 생산, 즉 자본의 사회적 한계 생산은 다음과 같다.

$$MPK_t = [\alpha + \phi(1-\alpha)] B^{1-\alpha} K_t^{(1-\alpha)(\phi-1)} L_t^{1-\alpha}. \quad (15)$$

이 자본의 사회적 한계 생산에는 앞에서 언급한 외부 효과가 모두 고려되어 있다.

식 (14)와 (15)는 앞부분에 곱해진 파라미터에만 차이가 있다. $\phi > 0$이고 $\alpha < 1$이므로 다음이 성립하고, 따라서 식 (15)가 식 (14)보다 크다.

$$\alpha < \alpha + \phi(1-\alpha).$$

이는 식 (15)에 제시된 자본의 사회적 한계 생산이, 식 (14)에 제시된 자본의 사적 한계 생산보다 크다는 것을 의미한다.

특별히 식 (14)에 식 (12)의 가정을 적용하면 자본의 사적 한계 생산과 사회적 한계 생산이 각각 다음과 같이 간단히 정리된다.

$$MPK_{i,t} = \alpha B^{1-\alpha},$$
$$MPK_t = B^{1-\alpha}.$$

이 경우에는 $\alpha < 1$이라는 가정은 곧 자본의 사적 한계 생산이 자본의 사회적 한계 생산에 미치지 못함을 의미하게 된다.

한편, 자본의 사적 한계 생산은 체감하는 성질을 갖지만, 자본의 사회적 한계 생산은 체감하지 않을 수 있다. 식 (13)의 조건 하에서는 다음이 성립하므로 자본의 사회적 한계 생산이 체감한다.

$$\frac{\partial}{\partial K_t} MPK_t = [\alpha + \phi(1-\alpha)](1-\alpha)(\phi - 1)B^{1-\alpha}K_t^{(1-\alpha)(\phi-1)-1}L_t^{1-\alpha} < 0.$$

하지만 식 (12)의 조건 하에서는 자본의 사회적 한계 생산이 일정하게 된다.

$$MPK_t = B^{1-\alpha} \Rightarrow \frac{\partial}{\partial K_t} MPK_t = 0.$$

요컨대 자본의 사적 한계 생산보다 사회적 한계 생산이 더 크며, 전자는 $K_{i,t}$ 증가 시 체감하지만, 후자는 K_t 증가 시 체감하지 않을 수 있는 것이다. 이렇게 자본의 사회적 한계 생산이 체감하지 않도록 하면, 수확 체감을 가정하는 솔로 모형의 한 가지 약점을 극복하면서 각국의 잠재적인 성장 격차와 그 지속성에 대한 설명력이 개선되는 효과가 있다.

자본의 사적 한계 생산이 사회적 한계 생산보다 작다는 분석 결과는 그 시사점이 크다. 자본주의 경제에서 개별 기업은 자신의 자본 축적이 사회적으로 가져오는 긍정적 외부 효과에 대해 별도로 보상 받지 못하는 한에 있어서는, 사회적으로 최적인 것보다 낮은 수준에서 자본을 축적하고 말 수 있다. 이에 따라 경제 성장률도 사회적으로 최적인 수준을 밑돌게 되고 말 수 있다. 앞의 식 (8)에서 주어진 것으로 간주한 저축률 s가 사실은 경제 주체들의 최적화 행동에 기초한 선택 변수라고 한다면, 이는 저축률 또한 사회적으로 최적인 수준보다 낮은 수준에서 결정되고 말 수 있음을 뜻한다. 외부 효과의 존재로 인해 시장 실패가 일어나는 것이다. 자본주의 경제에서 정부는 이와 같은 문제를 시정하기 위해 개입할 필요가 있을 것이다. 원리적으로는 투자가 가져오는 잠재적인 지식 확산의 효과에 대해 보상이 이루어질 수 있도록 인센티브를 제공하는 것이 한 가지 방법일 수 있다.

3. 연구 개발과 경제 성장

생산성, 즉 노동의 효율성이 장기적으로 향상되는 과정을 지식의 축적 과정으로 모형화하는 또 다른 방법은 Romer(1990)와 Grossman and Helpman(1991)에 의해 최초로 제안되었다. 앞의 '경험을 통한 학습' 모형에서처럼 여기에서도 기술 진보란 새로운 지식의 생산에 다름 아니다. 그런데 앞에서는 지식의 생산이 자본 축적 과정에 수반되는 것이었던 반면에 이제 우리가 살펴볼 이른바 '연구 개발 모형'에서는 새로운 지식의 개발을 맡는 생산 부문이 모형 경제 내에 도입되는 점에서 차이가 있다. 의식적으로 지식을 축적하고 이를 통해 재화 생산에 있어서의 생산성을 개선하는 데에 기여하려는 연구 개발 부문(R&D sector)이 따로 존재하는 것이다.

그렇다면 연구 개발 부문은 성장 모형의 한 구성 요소로서 어떻게 표현될 수 있을까? 신고전학파 경제학자들은 이를 위해 연구 개발 부문을 위한 별도의 생산 함수를 정의하였다. 바로 '지식 생산 함수'(knowledge production function)가 그것이다. 지식 생산 함수는 노동과 자본, 그리고 지식이 투입 요소가 되며, 요소의 투입량이 늘어날수록 새로운 지식의 생산량 또한 늘어나는 것으로 가정된다. 다만 여기서 한 가지 주의할 점은 경제 내에 생산적인 자원이 희소하므로 가용한 생산 요소 가운데 얼마만큼을 연구 개발 부문에 배분하고 얼마만큼을 전통적인 재화 생산 부문에 배분하는 것이 최적인가 하는 자원 배분의 문제가 등장한다는 사실이다. 구체적으로 연구 개발 모형의 내용을 살펴보도록 하자.

3.1. 모형의 기본 가정

모형 경제는 두 개의 부문으로 나누어진다. 하나는 재화 생산 부문, 즉 제조업이고 다른 하나는 연구 개발 부문, 즉 연구소이다. 이 두 부문 모두 콥–더글러스 형태의 생산 함수를 갖는다고 가정한다. 먼저 제조업의 생산 함수는 다음과 같다.

$$q_t = K_t^{\alpha} [\, zL_t X_t \,]^{1-\alpha}. \qquad (16)$$

여기서 $0 < \alpha < 1$이라고 하면, 이 생산 함수가 노동 L과 자본 K에 대하여 규

모 수익 불변의 특성을 갖게 되는 점을 쉽게 확인할 수 있다. 그런데 노동은 전체 가운데 z 비율만큼은 제조업에 배분되고 나머지 $(1-z)$ 비율만큼은 연구 개발 부문에 배분된다고 한다. 앞 장의 솔로 모형을 활용한 성장 회계에서 도입된 변수 z와 여기서의 z는 그 정의가 다른 점에 주의해야 한다.

연구 개발 부문의 생산 함수, 즉 지식 생산 함수는 다음과 같은 형태로 정의할 수 있다. 여기서 t기에 생산된 새로운 지식의 양을 지식 스톡의 t기 변화량인 $\Delta X_t = X_{t+1} - X_t$로 나타낼 수 있는 점에 유의할 필요가 있다.

$$\Delta X_t = BX_t^{\theta}[(1-z)L_t]^{\gamma}. \tag{17}$$

단, $\gamma > 0$이고 B는 양의 상수로서 노동 투입량 이외에 연구 개발의 성과에 영향을 미칠 수 있는 다른 요인을 포괄한다.

여기서 한 가지 강조해 둘 점은 제조업 부문과 지식 생산 부문, 양 쪽 모두에서 지식 총량 X_t의 전체가 사용되는 점이다. 어떤 지식이 한 부문에서 사용되고 있다 하더라도, 그렇다고 해서 다른 부문에서 사용될 수 없는 것은 아니다. 지식이 비경합성을 갖기 때문이다.

그 밖에 추가적인 가정으로서 우리는 모형 경제에서 저축률은 상수 s로 주어지고 노동 인구의 증가율은 상수 n으로 주어진다고 가정한다. 앞에서처럼 여기에서도 감가상각은 고려하지 않으며 지식, 자본, 노동의 초기 값은 모두 양수라고 한다.

$$\Delta K_t = sY_t, \tag{18}$$

$$\Delta L_t = nL_t . \tag{19}$$

3.2. 모형의 균제 상태

이제 본격적으로 모형의 특성을 분석하자. 먼저 식 (16)과 식 (18)을 결합하면 다음 표현을 얻는다.

$$\Delta K_t = sz^{1-\alpha} K_t^{\alpha} (L_t X_t)^{1-\alpha}$$

$$\Rightarrow g_{K,t} = \frac{\Delta K_t}{K_t} = sz^{1-\alpha} \left[\frac{L_t X_t}{K_t}\right]^{1-\alpha} .$$

앞에 제시된 가정을 감안하면 임의의 t에 대하여 $g_{K,t} > 0$이므로 위 식은 로그 변환이 가능하다. 식의 양변에 자연 로그를 취하고 이를 시간 t에 대해 미분하면 우리는 $g_{K,t}$의 시간 경과에 따른 크기 변화 과정을 분석할 수 있다.

$$\ln g_{K,t} = \ln [sz^{1-\alpha}] + (1-\alpha)(\ln X_t + \ln L_t - \ln K_t)$$

$$\Rightarrow \frac{\Delta g_{K,t}}{g_{K,t}} = (1-\alpha)(\lambda_t + n - g_{K,t}). \tag{20}$$

식 (20)이 도출되는 과정에서는 다음의 관계가 활용되었다.

$$\frac{d}{dt} \ln X_t = \frac{\Delta X_t}{X_t} = \lambda_t .$$

우리는 식 (20)으로부터 t 기의 축적률 $g_{K,t}$가 어떤 조건 하에서 증가하거나 감소하는지, 그리고 어떤 조건 하에서 $g_{K,t}$가 일정한 크기를 갖게 되는지 파악할 수 있다. 만약 축적률 $g_{K,t}$가 지식 스톡의 증가율 λ_t와 인구 증가율의 합보다 크면 $g_{K,t}$는 감소하게 된다. 반대로 $g_{K,t}$가 λ_t와 n의 합보다 크면 $g_{K,t}$는 증가한다. 균제 상태의 한 가지 필요조건은 축적률이 λ_t와 n의 합과 일치하는 것이다. 그런 경우에만 축적률이 일정하기 때문이다.

$$g_{K,t} > \lambda_t + n \Rightarrow \Delta g_{K,t} < 0,$$
$$g_{K,t} = \lambda_t + n \Rightarrow \Delta g_{K,t} = 0,$$
$$g_{K,t} < \lambda_t + n \Rightarrow \Delta g_{K,t} > 0.$$

균제 상태가 달성되기 위해서는 축적률과 함께 지식 증가율 또한 일정해야만 한다. 지식 증가율이 일정한 조건을 구하기 위해 식 (17)의 지식 생산 함수로 돌아가 보자. 이 식의 양변을 X_t로 나누면 지식 증가율이 어떤 요인에 의해 결정되는지 분석할 수 있다.

$$\lambda_t = \frac{\Delta X_t}{X_t} = B(1-z)^{\gamma} L_t^{\gamma} X_t^{\theta-1}.$$

여기서도 위 식의 양변에 자연 로그를 취하고 시간 t 에 대해 미분하면 λ_t의 시간에 따른 변화 과정을 살펴볼 수 있다.

$$\ln \lambda_t = \ln B(1-z)^{\gamma} + (\theta-1) \ln X_t + \gamma \ln L_t$$

$$\Rightarrow \frac{\Delta\lambda_t}{\lambda_t} = (\theta - 1)\lambda_t + \gamma n. \tag{21}$$

$\Delta\lambda_t = 0$이 성립하기 위해서는, 즉 t 기에 지식 증가율이 증가하거나 감소하지 않고 일정한 크기를 유지하기 위해서는 어떤 조건이 필요한지 식 (21)을 통해 알 수 있다.

모형 경제가 균제 상태에 도달하기 위해서는 반드시 다음 조건이 성립해야 한다.

$$\Delta g_{K,t} = \Delta\lambda_t = 0. \tag{22}$$

식 (20)과 식 (21)의 분석 결과로부터 우리는 식 (22)가 성립하도록 하는 해 (g_K^*, λ^*)를 구할 수 있다.

$$\lambda^* = \frac{\gamma}{1-\theta} n, \tag{23}$$

$$g_K^* = \frac{\gamma - \theta + 1}{1-\theta} n. \tag{24}$$

식 (23)과 식 (24)에서 구한 해가 양(+)의 값을 갖기 위해서는 다음의 조건이 필요하다.

$$\theta < 1. \tag{25}$$

[그림 4-2] 균제 상태

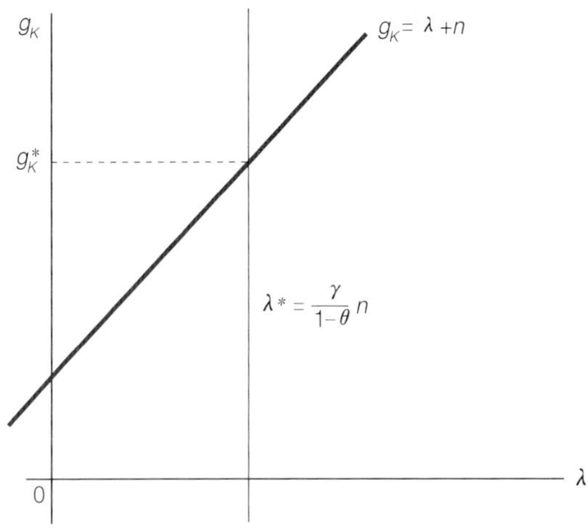

식 (17)에 따르면 새로운 지식의 생산량 ΔX_t는 기존에 축적되어 있는 지식의 양 X_t 자체에 의존한다. 그런데 ΔX_t와 X_t의 관계는 θ의 부호에 달려 있다. 만약 θ가 1보다 작다면, X_t가 증가할 때 ΔX_t는 이에 비례하여 늘어나지 못한다. 우리의 모형 경제는 이런 조건 하에서만 균제 상태 축적률이 양의 값을 갖는 것이다.

그렇다면 이 균제 상태 (g_K^*, λ^*)에서 경제 성장률의 크기는 어떻게 결정되겠는가? 다시 생산 함수 식 (16)으로 돌아가 자연 로그를 취하고 시간 t에 대해 미분하면 우리는 t기 경제 성장률을 결정하는 요인들을 분석할 수 있다.

$$\ln q_t = \alpha \ln K_t + (1-\alpha)[\ln X_t + \ln z + \ln L_t]$$

$$\Rightarrow g_{q,t} = \frac{d}{dt} \ln q_t = \alpha g_{K,t} + (1-\alpha)(\lambda_t + n).$$

균제 상태에서는 $\lambda^* + n = g_K^*$이므로 위 식에 $g_{K,t} = g_K^*$, $\lambda_t = \lambda^*$, $g_{q,t} = g_q^*$를 대입하면 다음 관계를 얻는다.

$$g_q^* = g_K^* = \lambda^* + n.$$

즉, 모형 경제의 균제 상태에서는 축적률과 경제 성장률이 일치하는 점이 확인된다. 아울러 이로부터 일인당 국민 소득 내지는 노동 단위당 국민 소득의 증가율이 $(g_K^* - n)$, 즉 λ^*로 결정되는 점 또한 알 수 있다.

우리는 연구 개발 부문이 별도로 존재하는 경제를 대상으로 식 (25)의 가정 하에서 균제 상태를 풀어냈다. 식 (23)과 식 (24)는 균제 상태에서 경제 성장률과 자본 축적률, 기술 진보율(= λ^*), 일인당 소득의 증가율이 모두 내생적으로 결정되는 점을 보여 준다. 흥미로운 사실은 균제 상태 성장률이 인구 증가율에 의존하는 점이다. 인구 증가가 없다면 경제 성장도 없는 것으로 나타난다. 왜 성장률이 이렇게 인구 증가율에 의존하게 되는 것일까? 그 이유는 인구가 증가해야만 연구 개발 부문으로 배분되는 노동 공급을 늘릴 수 있기 때문이라고 하겠다.

한편, 현재의 모형에서는 저축률 s나 연구 개발 부문에 배분되는 노동의 비율 $(1-z)$ 가운데 어떤 것도 경제의 장기 성장률에 영향을 미치지 못하는 것으로 나타나는 점 또한 주목된다. 실제로는 z는 모형에서 $g_{K,t}$나 λ_t, 그리고

$g_{q,t}$의 크기에 영향을 미칠 수 있지만 균제 상태에 해당하는 식 (23)과 식 (24)의 표현에는 나타나지 않는다.

3.3. 인구 증가가 없는 경우

그렇다면 인구 증가가 없다면 어떨까? 여기서는 $n = 0$이고 $\theta = \gamma = 1$인 것으로 가정한다. 이러한 가정 하에서 식 (16)과 식 (17)은 각각 다음의 식 (16-1)과 식 (17-1)로 바뀐다. 단, 인구 증가가 없다고 가정했으므로 인구의 크기를 앞에서처럼 편의상 1로 쓰도록 하자.

$$Y_t = K_t^{\alpha} [zX_t]^{1-\alpha}, \tag{16-1}$$

$$\Delta X_t = B(1 - z)X_t. \tag{17-1}$$

식 (17-1)로부터 λ의 크기를 곧바로 구할 수 있다.

$$\lambda_t = B(1 - z), \ \forall t.$$

$g_{K,t}$의 크기 변화는 $\Delta K_t = sY_t$라는 식의 양변을 K_t로 나누고 여기에 다시 자연 로그를 취해 시간 t에 대해 미분하는 과정을 거침으로써 다음과 같이 나타낼 수 있다.

$$g_{K,t} = sz^{1-\alpha} \left[\frac{X_t}{K_t} \right]^{1-\alpha}$$

$$\Rightarrow \ln g_{K,t} = \ln s + (1-\alpha)[\ln z + \ln X_t - \ln K_t]$$

$$\Rightarrow \frac{\Delta g_{K,t}}{g_{K,t}} = (1-\alpha)(\lambda - g_{K,t}).$$

축적률이 양(+)의 값을 가지면서 $\Delta g_{K,t} = 0$으로 균제 상태에 도달하려면 다음이 성립해야 한다.

$$g_K^* = \lambda = B(1-z).$$

한편, 식 (16-1)로부터 $g_{q,t} = \alpha g_{K,t} + (1-\alpha)\lambda$이므로 균제 상태에서 경제 성장률이 축적률 g_K^*와 일치하는 점도 확인된다. 여기에서는 저축률 s 자체는 여전히 균제 상태 성장률에 아무런 영향이 없지만, 보다 많은 노동을 연구 개발 부문에 배분할수록, 즉 z가 작아질수록 균제 상태 성장률이 오른다는 사실은 주목된다.

4. 지식 축적 모형은 국가 간 소득 격차를 설명할 수 있는가?

우리가 공부한 두 가지 유형의 로머 성장 모형에서는 공통적으로 노동의 효율성이 개선되는 과정을 지식이 축적되는 과정으로 이해하고 있다. 그리고 장기 경제 성장의 근본적인 동력은 결국 이 지식 축적의 과정에 의해 설명될 수 있다고 본다. 다만 이 두 모형은 지식 축적의 구체적인 과정에 있어 차이점이 있었다. 로머의 첫 번째 모형에서는 지식의 축적이 자본 축적에 부수적으로 수반되는 현상으로서 '경험에 의한 학습'을 통해 이루어졌다. 로머의 두 번째 모형에서는 지식의 축적이 별도로 정의된 연구 개발 부문에의 생산 요소 배분을 통해 의식적으로, 그리고 의도적으로 이루어졌다.

그렇다면 이들 모형의 성과는 어떻다고 볼 수 있을까? 이를테면 지식 축적의 성장 모형은 국가 간 소득 격차를 충분히 설명할 수 있다는 평가가 가능할까? 이 문제에 대한 답이 확정적이라고 보기는 어려울 것이다. 다만 이들 모형에서 국가 간 소득 격차는 결국 지식 생산에 있어서의 국가 간 차이로 귀결될 것임은 분명하다.

근본적으로는 지식이라는 것의 성격 자체가 논의의 초점이 되었다. 로머는 먼저 지식이 비경합적이라고 보았다. 어떤 생산자가 특정한 지식을 사용한다고 해서 이로 인해 다른 생산자가 동일한 지식을 사용할 수 없는 일은 벌어지지 않는다는 것이었다. 아울러 로머는 지식에는 불완전한 배제성이 있다고 보았다. 비용을 지불하지 않은 누군가가 이 지식을 생산에 사용하지 못하게 하는 데에는 한계가 있다는 것이다. 지식의 배제성은 특허나 저작권과 같은 법적 수단을 통해 확보될 수 있고 이를 통해 배제성이 부분적으로 확보된다면 새로운 지식의 생산자는 일정 정도의 배타적인 이익을 누릴 수 있게 된다. 다만 배제성이 완전하지 않다면 지식 생산의 편익은 시차를 두고 다른 생산자들에게도 파급될 것이며 따라서 결과적으로 외부 효과가 발생하게 된다.

그렇다면 지식의 이와 같은 특성은 각국의 소득 격차와는 어떤 관련이 있을까? 지식이 비경합적이면서 비배제적이라면, 즉 지식이 공공재라면, 어떤 나라든 축적된 지식을 사용할 수 있게 되므로 결국 우리가 관측하는 것과 같은 엄청난 국가 간 소득 격차는 적어도 지식 축적 과정의 차이만으로는 설명이 곤란할 것이다. 결국 지식이 얼마나 배제적인가가 국가 간 소득 격차를 설명함에 있어 중요할 수 있다. 로머는 지식을 순수한 공공재로 볼 수는 없다고 생각하였다. 국가 간 소득 격차의 큰 부분은 이 지식에 있어서의 격차에서 온다고 본 것이다.

다만 지식에 대한 접근성에 있어 국가 간에 어느 정도 차이가 있을 수밖에 없다고 하더라도 그 차이를 과장해서는 안 될 것이다. 왜냐하면 이를테면 후진국이 외국 기업의 재산권을 침해하지 않는다는 신뢰할 만한 제도적 기반을 확보하는 방식으로 이런 문제를 우회하는 것이 가능하기 때문이다. 그 경우 결과적으로는 선진적인 지식의 성과물이 확산되는 과정을 통해 후진국도 성장의 기회에 참여할 수 있게 된다. 그런 점에서는 특허 등의 제도 자체는, 그리고 그로 인해 지식의 확산에 소요되는 시차 자체는 궁극적으로 국가 간의 심각한 소득 격차를 설명하는 요인으로서 충분하지 못하다고 볼 수도 있다. 실제로 관측되는 국가 간의 소득 격차는 지식 격차만으로 설명하기에는 너무 큰 측면이 있는 것으로 알려져 있다.

5. 인적 자본과 경제 성장

폴 로머의 지식 축적 모형에서는 지식 총량이 비경합적이면서 동시에 그 배제 가능성은 불완전했다. 이에 따라 국가 간 소득 격차를 지식 격차만으로 설명하는 데에는 어려움이 있었다. 루카스의 '인적 자본 모형'은 이와는 달리 노동의 효율성을 '인적 자본'(human capital)이라는 개념으로 나타내는 성장 모형이다.

인적 자본은 교육과 훈련을 통해 습득되어 노동자에게 체화된 자본이다. 이 인적 자본은 인적 속성으로부터 분리되지 않는다. 따라서 선진국이 갖춘 인적 자본을 후진국이 원한다고 해서 곧바로 채택하거나 공유할 수는 없다. 지식 축적 모형에서의 지식에 비해 경합성과 배제성이 보다 강한 것이다. 이런 특성으로 인해 인적 자본 모형에서는 국가 간에 수렴이 일어나지 않는 현상을 설명하는 데 있어 로머의 지식 축적 모형보다 효과적일 수 있다. 이제 모형의 구체적인 내용을 살펴보자.

5.1. 모형의 기본 가정

모형 경제에서 노동자는 가용 시간의 일정 부분을 재화 생산에 배분하고 남은 시간을 교육 훈련에 할애한다. 제3절의 연구 개발 모형에서처럼 가용 시간 전체를 1로 표준화하고 이중에 재화 생산에 배분되는 시간을 z로 쓰면, 교육 훈련 시간은 $(1 - z)$가 된다. 노동자 입장에서는 t기에 재화 생산에 보다 많은 시간을 배분할수록 그만큼 산출량이 늘어나므로 당장의 소비를 늘릴 수 있다. 하지만 그렇다고 해서 전체 시간을 재화 생산에 배분하는 것이 최선은 아니다. 왜냐하면 t기에 있어 교육 훈련에 시간을 얼마나 투입하는가에 따라 인적 자본이 확충되는 정도가 달라지며 축적된 인적 자본은 미래, 즉 $(t+1)$기 및 그 이후의 재화 생산에 기여하기 때문이다. 말하자면, 현재 소비가 미래 소비보다 훨씬 더 중요하다고 생각하는 노동자에게는 최적의 z가 1에 가깝지만 현재 소비에 비해 미래 소비를 중요시하는 노동자에게는 최적의 z가 0에 가깝게 된다. 우리는 z를 0보다 크고 1보다 작은 상수로 가정한다.

t기의 산출량 q_t는 두 가지 요인에 의해 결정된다. 첫 번째는 t기 초 물적 자본의 총량 K_t이다. 그리고 두 번째는 t기 초 인적 자본 H_t 가운데 재화 생산에 투입되는 부분, 즉 zH_t 이다. 전체 가용 시간 가운데 z 비율만큼의 시간을 재화 생산에 배분하는 것은 전체 인적 자본 가운데 z 비율만큼을 재화 생산에 배분하는 것과 마찬가지라고 생각하면 된다. 재화 생산 함수는 콥-더글러스 형태이며 앞에서와 마찬가지로 $0 < \alpha < 1$이다.

$$q_t = K_t^{\alpha} (zH_t)^{1-\alpha}. \tag{26}$$

t기에 가용 시간 가운데 교육 훈련에 투입되는 $(1 - z)$만큼의 시간은 t기 말, 즉 $(t+1)$기 초 인적 자본의 크기를 증가시키는 데 기여한다. t기 동안에 이루어지는 인적 자본의 축적 과정을 우리는 간단히 다음의 식 (27)로 가정하고자 한다. 단, B는 인적 자본 축적 과정의 효율성을 나타내는 양의 상수이다. 주의할 점이 있다. 우리는 여기서 논의를 좀 더 쉽게 하기 위해 노동 인구 자체는 일정한 것으로 가정한다.

$$\Delta H_t = B(1 - z) H_t. \tag{27}$$

식 (27)에서는 t기 중에 새롭게 형성되는 인적 자본 ΔH_t가 t기 초 인적 자본 H_t의 크기에 의존하고 있다. 인구 증가가 없으므로 기간 중에 축적되는 인적 자본의 양은 오로지 기초 시점의 인적 자본 가운데 교육 훈련에 배분되는 부분의 크기와 인적 자본 축적의 효율성에 의해서만 결정된다.

저축률 s가 상수로 주어지고 감가상각을 고려하지 않는다고 하자. 이 경우 저축과 투자가 일치하는 조건을 활용하면 물적 자본의 축적 과정을 다음 식으로 표현할 수 있다.

$$\Delta K_t = s q_t = s K_t^{\alpha} (zH_t)^{1-\alpha}. \tag{28}$$

5.2. 모형의 균제 상태

우리는 모형 경제의 균제 상태에 관심을 갖는다. 균제 상태에서는 물적 자본과 인적 자본이 모두 일정한 증가율로 증가할 수 있다. 실제로 식 (27)에 따르면 인적 자본의 증가율 g_H는 임의의 t에 대하여 일정한 값을 갖게 된다.

$$g_H = B(1 - z). \tag{27-1}$$

이를 감안하면 우리한테는 산출량과 물적 자본을 인적 자본 단위당으로 다음과 같이 표현하는 것이 편리할 수 있다.

$$k_t \equiv \frac{K_t}{H_t}, \tag{29}$$

$$y_t \equiv \frac{q_t}{H_t}. \tag{30}$$

식 (30)은 다음과 같이 다시 쓸 수 있다.

$$y_t = \frac{z^{1-\alpha}K_t^{\alpha}}{H_t^{\alpha}} = z^{1-\alpha}k_t^{\alpha}. \tag{30-1}$$

구체적으로 균제 상태를 풀어내기 위해 시간의 흐름에 따른 k_t의 변화 과정을 식으로 나타내어 보자. 식 (29)를 시간 t에 대해 미분하면 우리는 다음 식을 얻을 수 있다.

$$dk_t = \frac{1}{H_t}dK_t + K_t d\left(\frac{1}{H_t}\right)$$

$$\Rightarrow dk_t = \frac{1}{H_t}s\,q_t - \frac{K_t}{H_t}\frac{dH_t}{H_t}$$

$$\Rightarrow dk_t = s\,z^{1-\alpha}k_t^{\alpha} - k_t B(1-z). \tag{29-1}$$

그리고 이로부터 $dk_t = 0$인 균제 상태에서의 k^*와 y^*의 크기를 구할 수 있다.

$$k^* = z\left[\frac{s}{B(1-z)}\right]^{1/(1-\alpha)},$$

$$y^* = z\left[\frac{s}{B(1-z)}\right]^{\alpha/(1-\alpha)}.$$

이와 같이 균제 상태에서는 k와 y의 크기가 일정하다. 따라서 균제 상태에서의 K의 증가율 g_K^*와 q의 증가율 g_q^*는 모두 식 (27-1)로 주어진 H의 증가율 g_H와 일치하게 된다.

$$g_K^* = g_q^* = g_H = B(1-z).$$

인적 자본의 축적 과정에 관여하는 계수 B와 함께 균제 상태에서 자본 스톡과 국민 소득의 증가율을 결정하는 중요한 한 가지 요인은 교육 훈련에 배분되는 인적 자본의 비중이다. z가 작을수록, 즉 교육 훈련에 보다 많은 시간과 인적 자본을 할애할수록 균제 상태의 경제 성장률은 오른다. 여기에서는 B와 z가 균제 상태 성장률과 축적률뿐만 아니라 그와 동시에 균제 상태에서의 k^*와 y^*의 크기 자체에도 직접적으로 영향을 미치는 점이 주목된다. 교육 훈련에 보다 많은 인적 자본을 배분하면 균제 상태에서의 일인당 국민 소득, 노동 생산성, 경제 성장률, 자본 축적률이 모두 증가한다. 반면에 물적 자본의 축적을 결정하는 저축률 s는 k^*와 y^*의 크기를 증가시키지만, 균제 상태 성장률이나 축적률에는 아무런 영향을 미치지 못한다. 솔로 모형에서처럼 여기에서 저축률은 '수준 효과'는 있지만, '성장률 효과'는 없는 셈이다.

g_K^*와 g_q^*의 크기는 다른 방식으로도 확인할 수 있다. 식 (28)의 양변을 K_t로 나누면, t기에 있어 K의 증가율인 $g_{K,t}$에 대하여 다음 식을 얻게 된다.

$$g_{K,t} = \frac{dK_t}{K_t} = s\,z^{1-\alpha}\left[\frac{K_t}{H_t}\right]^{\alpha-1}.$$

위 식의 양변에 자연 로그를 취하고 이를 시간 t에 대해 미분한 결과는 다음과 같다.

$$\frac{dg_{K,t}}{g_{K,t}} = -(1-\alpha)[g_{K,t} - B(1-z)].$$

그렇다면 균제 상태에서 $g_{K,t}$가 일정한 크기를 갖기 위해서는, 즉 $\Delta g_{K,t}=0$이 되기 위해서는 $\alpha \neq 1$이므로 반드시 다음의 관계가 성립해야 한다.

$$g_K^* = B(1-z).$$

그런데 식 (26)의 양변에 자연 로그를 취하고 이를 시간에 대해 미분하면 $g_{q,t}$를 다음과 같이 구할 수 있으므로, 결과적으로 균제 상태에서 경제 성장률 g_q^*는 축적률 g_K^*, 그리고 인적 자본의 증가율 g_H와 일치하게 된다.

$$g_{q,t} = \alpha g_{K,t} + (1-\alpha) B(1-z)$$
$$\Rightarrow g_q^* = g_K^* = g_H = B(1-z).$$

아울러 균제 상태에서의 자본-산출 비율, 즉 자본 계수의 크기는 다음과 같이 구할 수 있다.

$$\frac{k^*}{y^*} = \frac{s}{B(1-z)}.$$

결론적인 시사점은 분명해 보인다. 장기적으로 모형 경제의 성장률과 축적률은 교육 훈련에 배분되는 인적 자본의 비중 $(1-z)$가 결정한다. 지속적인 경제 성장을 위해서는 교육 훈련에 대한 투자를 통해 인적 자본을 축적하는 것이 필요하며, 각국의 성장 격차 가운데 일정한 부분은 바로 이 인적 자본 축적에 있어서의 차이로부터 설명될 수 있다.

chapter 05

신고전학파 성장 이론에 있어 분배와 성장의 관계

1. 서론
2. 소득 분배의 한계 생산성 이론
3. 솔로 모형과 AK 모형에 있어 성장과 분배의 관계
4. 쿠즈네츠 가설과 낙수 효과의 논리
5. 1990년대 이후의 인식 변화
6. 피케티의 논의
7. 포용적 성장
8. 내생적 성장 모형의 발전

chapter 05

신고전학파 성장 이론에 있어 분배와 성장의 관계

1. 서론

주류 경제학에서 성장과 분배 사이의 관계를 바라보는 전통적인 시각은 이른바 '자본 근본주의'(capital fundamentalism)라는 이름으로 불리던 것이라고 할 수 있다. 이는 경제 성장이란 자본이 축적되는 과정이므로 성장을 도모하기 위해서는 보다 큰 규모로 그리고 보다 빠른 속도로 자본을 축적할 수 있어야 하는데, 이를 위해서는 저축률을 높은 수준에서 유지해야 하므로 결과적으로는 분배의 악화를 감수할 수밖에 없다는 시각이었다.

그 이유로는 고소득층의 저축 성향은 상대적으로 높은 반면, 저소득층의 그것은 낮을 수밖에 없다는 점이 제시되었다. 특히, 금융 시장의 발전이 더딘 후발 국가의 경우에는 산업 발전을 위해 요구되는 대규모의 초기 투자를 부담하기 위해서라도 부의 집중은 불가피한 것으로 받아들여졌다. 투자 지출의 속성으로서 연속적으로 이루어지거나 나눠서 시행되기보다는 간헐적으로 지출이 한 번에 집중되는 특성(indivisibility)이 강조되었다.

불평등은 또 다른 이유로도 성장에 도움이 된다고 여겨졌다. 소득 불평등은 경제 주체들의 노동 의지를 제고하기 위한 일종의 규율(discipline) 기제 혹은 유인(incentive) 장치로서 역할을 할 수 있다는 인식이 팽배했다. 성과에 따라 보상에 차등을 두어야 열심히 일을 할 유인이 생기기 때문에 불평등의 심화는 성장을 촉진하기 위해 불가피한 조건이라고 보았다. Mirrlees(1971) 이래로 정보의 비대칭성과 도덕적 해이의 문제에 주목하게 된 경제학자들은 이와 같은 불평등의 유인 효과로 인해 효율성과 형평성 사이에는 상충 관계가 초래될 수밖에 없다고 보았다. 지대가 성공적인 혁신의 산물로 발생했을 때 이를 재분배하려는 시도는 혁신의 동기를 꺾어 성장을 가로막을 것이라고 간주되었다. 소득 재분배는 성장에 부정적이라는 믿음이 자리를 잡았다. 요컨대 경제 성장과 평등한 분배 사이에는 불가피하게 일종의 상충 관계가 존재한다는 것이었다(Rebelo, 1991).

하지만 본격적인 신고전학파 성장 이론인 솔로 모형에서는 이와 같은 전통적인 견해가 조금은 다른 양상으로 드러났다. 우리는 여기에서 신고전학파 경제 이론에서 소득 분배가 어떻게 설명되는지 간략하게 짚고 넘어가려고 한다. 이른바 소득 분배의 한계 생산성 이론으로부터 논의를 시작한다.

2. 소득 분배의 한계 생산성 이론

고전학파나 마르크스의 경제 이론에서는 기본적으로 임금이 생계비에 의해, 혹은 계급투쟁에 의해 논리적으로 먼저 결정된 다음, 국민소득, 즉 총산출 가운데 임금을 제외하고 남는 잉여(surplus)에 해당하는 부분이 이윤, 지대, 이자로 귀속된다고 본다. 즉, 고전학파나 마르크스의 경제학에서는 노동 소득과 자본 소득의 결정 원리가 비대칭적인 특징이 있다.

이에 비해 기능적 소득 분배를 설명하는 신고전학파 경제학에서는 노동 소득과 자본 소득의 결정 원리가 완벽히 대칭적이다. 모든 유형의 소득이 궁극적으로 생산 요소 시장에서의 수요와 공급이라는 동질적인 원리에 따라 그 크기가 결정된다고 보는 것이다. 신고전학파의 분배 이론은 한마디로 집계된 노동과 집계된 자본이라는 두 생산 요소에 대한 보수는 각각의 한계 생산성에 의존한다는 생각이다.

여기에서 각 생산 요소의 한계 생산성은 해당 요소에 대한 수요와 관련된다. 완전 경쟁 시장에서 개별 기업은 요소 가격을 자신이 영향을 미칠 수 없는 것으로, 즉 주어진 것으로 받아들이며 요소 가격이 얼마로 주어지느냐에 따라 요소 수요량을 바꾼다. 이 요소 수요 결정 과정에서 생산 요소의 한계 생산성이 중요한 역할을 한다. 각각의 요소 가격에 대해 요소 가격과 한계 생산물의 가치가 일치하도록 생산 요소에 대한 수요량을 정할 때 이윤을 극대화할 수 있기 때문이다.

이제 해당 생산 요소에 대한 공급 곡선이 주어져 있다고 하면 요소에 대한 수요량과 요소 공급량이 일치하는 상태에서 그 생산 요소에 대한 균형 보수가 결정된다. 예를 들어, 시간당 임금은 노동 수요와 노동 공급이 일치하는 상태에서 결정되며, 이 둘이 일치할 때의 노동 고용량에 대응하는 노동의 한계 생산물의 가치가 곧 시간당 임금이 된다.

이 신고전학파적 논의는 결국 신고전학파 생산 함수를 전제로 한다. 거시경제의 문제를 다루는 우리의 경우에 이는 집계된 자본과 집계된 노동, 집계된 산출 사이의 관계를 표현하는 집계 생산 함수(aggregate production function)가 될 것이다. 흔히 가정되는 대표적인 신고전학파 생산 함수는 잘 알려진 바와 같이 경제학자 더글러스와 수학자 콥의 합작품인 콥-더글러스 함수이다. 그 형태는 우리가 이미 제3장과 제4장에서 신고전학파 성장 모형을 공부하면서 본 그대로 다음과 같다.

$$q = F(K, L) = K^{\alpha} L^{\beta}.$$

이 생산 함수로부터 자본과 노동의 한계 생산, 그리고 평균 생산을 각각 다음과 같이 구할 수 있다.

$$MPL = \beta K^{\alpha} L^{\beta-1},$$

$$MPK = \alpha K^{\alpha-1} L^{\beta},$$

$$APL = K^{\alpha} L^{\beta-1},$$

$$APK = K^{\alpha-1} L^{\beta}.$$

그런데 생산 함수에 포함된 파라미터 α와 β에 대하여 다음의 관계가 성립한다.

$$\alpha = \frac{MPK}{APK} = \frac{\partial q / q}{\partial K / K},$$

$$\beta = \frac{MPL}{APL} = \frac{\partial q / q}{\partial L / L}.$$

이는 양(+)의 상수로 간주되는 α와 β가 각각 자본에 대한, 그리고 노동에 대한, 산출의 탄력성이라는 경제적 의미를 갖게 됨을 의미한다. 예를 들어, 노동 투입이 일정한 가운데 자본의 투입량이 1% 증가하면 산출량은 α %만큼 증가하고, 반대로 자본 투입이 일정한 가운데 노동의 투입량이 1% 증가하면 산출량은 β %만큼 증가하는 것이다.

대개 콥-더글러스 생산 함수에서는 $\alpha + \beta = 1$이라고 가정한다. 이는 규모 수익이 불변이 되도록 하는 것이다. 규모 수익이 불변이면 요소 투입을 임의의 양수 배로 늘릴 때 산출 수준도 같은 비율로 늘어난다. 여기서는 α와 β가 모두 1보다 작으므로 한계 생산이 평균 생산보다 작게 될 것임을 알 수 있다.

앞에서 이미 설명한 바와 같이 완전 경쟁 시장에서 기업은 이윤 극대화를 위해 주어진 생산 요소의 가격이 그 한계 생산물의 가치와 일치하도록 하므로 노동과 자본에 대하여 다음 관계가 성립한다.

$$w = MPL,$$

$$r = MPK.$$

노동의 한계 생산 가치가 주어진 시간당 임금에 일치하도록, 해당 임금에 대한 노동 수요의 크기를 정한다. 마찬가지로 자본의 한계 생산 가치가 주어진 단위 자본에 대한 보수와 일치하도록 자본 수요의 크기를 정한다.

이상의 관계들로부터 다음 식을 도출할 수 있다.

$$\alpha = \frac{r}{q/K} = \frac{rK}{q},$$

$$\beta = \frac{w}{q/L} = \frac{wL}{q}.$$

여기서 α와 β는 산출 탄력성으로서 어디까지나 생산 기술의 특성을 나타낸다고 하겠다. 그런데 이 기술 특성을 나타내는 파라미터 α가 국민 소득 가운데 자본 소득의 비중인 자본 소득 분배율, 즉 이윤 몫(profit share)에 해당하고, 그리고 β가 국민 소득 가운데 노동 소득의 비중인 노동 소득 분배율, 즉 임금 몫(wage share)에 해당하는 것이다. 이는 곧 기능적 소득 분배가 집계 생산 함수로 표현되는 기술적인 가정에 의해 전적으로 결정된다는 뜻이다. 요컨대 생산 기술 자체가 소득 분배를 결정한다는 것이다.

이와 같은 생각은 중요한 의미를 갖는다. 소득 분배가 전적으로 기술 특성에 의해 결정되므로 이를테면 생산 요소의 상대 가격 비율이 달라지더라도 이로 인해 소득 분배가 영향 받게 되는 일은 없다. 예를 들어, 실질 임금이 상대적으로 오르거나 떨어지더라도 이로 인해 이윤 몫이나 임금 몫이 달라지지는 않는다. 임금이 상대적으로 오르면 고용이 줄어들어 결과적으로 국민 소득 가운데 노동에 귀속되는 소득의 몫, 즉 임금 몫에는 아무런 변화가 없는 것이다. 왜냐하면 요소 가격 비율이 변화하면 이로 인한 효과를 요소 결합 비율의 변화가 정확히 상쇄하기 때문이다. 이 점을 확인하기 위해서는 일정한 산출량을 얻기 위한 최소 비용 요소 결합이 등비용선의 기울기와 등량곡선의 기울기가 일치할 때 달성된다는 사실을 상기하는 것으로 충분하다.

$$\frac{w}{r} = \frac{\beta}{\alpha}\frac{K}{L}.$$

위 식을 보자. 식의 좌변은 등비용선의 기울기에 해당하고 식의 우변은 등량곡선의 접선의 기울기에 해당한다. 요소 간 대체가 완전하게 이루어질 수 있다는 전제 하에서는, 좌변에서 임금이 상대적으로 올라 요소 가격 비율이 상승할 때 이윤을 극대화하는 기업은 우변에 있는 노동과 자본의 결합 비율을 변화시킨다. 상대적으로 비싸진 노동의 투입을 줄이고 이를 상대적으로 저렴해진 자본으로 대체(substitution)하므로 우변 역시 상승한다. 그런데 이 과정에서 주어진 생산 기술에 의해 α와 β가 일정한 크기를 유지하는 한 임금 몫과 자본 몫에는 아무 변화도 없는 것이다.

$$\frac{wL}{rK} = \frac{\beta}{\alpha}.$$

노동자들의 분배 개선 요구는 무위로 돌아가게 된다. 실질 임금의 상승은 고용 감소로 상쇄되므로 이 과정에서 실업만 늘어날 뿐이다. 기능적 소득 분배의 양상에는 아무런 변화도 없게 된다.

3. 솔로 모형과 AK 모형에 있어 성장과 분배의 관계

솔로 성장 모형에서 성장과 분배의 관계는 두 가지 측면에서 파악할 수 있다. 첫 번째는 성장률 효과와 관련된다. 감가상각을 고려하지 않는다면 기술 진보 하에서 모형의 균제 상태는 노동 인구의 증가율 n과 노동의 효율성 X의 증가율인 기술 진보율 λ, 그리고 저축률 s의 크기에 의해 결정된다. 이 세 요인은 모두 모형에서 외생 변수로 주어지는데, 균제 상태에서 일인당 국민 소득의 증가율은 λ가 된다. 이는 솔로 모형에서는 장기에 있어 경제 성장률 자체가 $(n + \lambda)$로 외생적으로 주어지는 것을 의미한다. 반면에 이윤율은 균제 상태에서의 유효 노동 단위당 자본량에 대응하는 집계 생산 함수의 기울기, 즉 MPK의 크기로 내생적으로 결정된다.

그렇다면 우리는 이와 같은 사실을, 성장률은 외생적으로 주어지고 이 주어진 성장률의 수준에 따라 이윤율, 즉 소득 분배가 결정되는 것으로 해석할 수 있다. 이윤율이 성장률을 결정하는 것이 아니다. 요컨대 일인당 국민 소득의 증가율과 경제 성장률을 중심으로 보면 성장이 분배를 결정하는 것이지 그 역은 아니게 된다. 물론 논리적으로는 이와 같이 성장률이 이윤율을 결정하지만, 그렇다고 해서 성장률의 변화가 임금 몫과 이윤 몫, 즉 기능적 소득 분배에 변화를 가져 오지는 못한다. 이 점은 신고전학파 생산 함수의 특성을 설명하면서 이미 살펴본 바와 같다.

하지만 이른바 수준 효과를 중심으로 놓고 보면 솔로 모형은 성장과 분배 사이의 관계에 대해 이와는 조금 다른 시사점을 제공하는 것으로 보인다. 경제가 균제 상태에 도달하면 일정한 증가율 λ로 일인당 국민 소득이 증가한다.

그런데 일인당 국민 소득의 증가율이 동일하더라도 일인당 국민 소득의 수준 자체는 경제마다 다를 수 있다.

예를 들어, 저축률 s가 낮은 나라가 있고 높은 나라가 있다고 하자. 다른 모든 조건이 동일하다면, 균제 상태의 유효 노동 단위당 자본량에는 차이가 있을 것이다. s가 낮은 나라에 비해 높은 나라에서 유효 노동 단위당 자본량이 클 것이다. 이제 두 나라의 노동의 효율성 수준이 X_0로 동일하다고 하면, 결국 균제 상태에서 저축률이 서로 다른 두 나라의 일인당 국민 소득의 수준에도 항구적인 차이가 남게 된다.

이와 같이 일인당 국민 소득의 증가율 대신에 일인당 국민 소득의 수준에 초점을 맞추면 솔로 모형에서는 저축률이 높은 나라에서 일인당 국민 소득의 수준이 높게 된다. 그렇다면 어떤 나라에서 저축률이 상대적으로 높겠는가? 부유한 소득 그룹과 가난한 소득 그룹의 소비 성향은 차이가 있으며 전자의 소비 성향이 후자의 소비 성향보다 작은 것으로 알려져 있다. 즉, 경제 전체적으로 보면 소득이 주로 부유한 소득 그룹에 분배되어 있을수록 평균 저축률이 보다 높다고 하겠다.

결론적으로 솔로 모형은 성장률을 중심으로 보면 소득 분배가 성장에 영향을 미칠 수 있는 채널은 존재하지 않고, 이 둘 사이의 논리적 관계에만 주목한다면 오히려 반대로 성장이 이윤율과 같은 분배 변수의 크기를 결정하는 것으로 보인다. 하지만 서로 다른 저축률이 국민 소득의 수준에 미치는 수준 효과를 고려하면 모형은 불평등한 분배가 성장에 긍정적인 영향을 미칠 수 있다는 시사점을 제공하는 것이다.

불평등을 성장의 요건으로 보는 시각은 내생적 성장 모형에서 부분적으로 강화된 측면이 있다. 예를 들어, 우리가 앞에서 공부한 AK 모형에서는 다음과 같은 관계가 성립한다.

$$q_t = AK_t.$$

AK 모형에서는 솔로 모형에서와는 반대로 소득 분배와 관련된 변수인 이윤율 r은 생산 기술 특성 등에 의해 외생적으로 주어지는 A의 크기로 결정된다.

$$\frac{\partial q_t}{\partial K_t} = A = r_t.$$

아울러 다음 식이 성립하므로 장기에 있어 경제 성장률은 이윤율에 의존하게 된다.

$$g_{q,t} = sA = s\,r_t.$$

이는 수준 효과뿐만 아니라 성장률 효과를 고려하더라도 소득 분배가 경제 성장을 결정한다는 생각이다. 여기에서는 성장률이 저축 성향에 비례하는 점에서 국민 소득 가운데 상대적으로 임금 소득보다는 이윤이나 이자 소득의 몫이 클수록, 그리고 저소득층보다는 고소득층의 소득 몫이 클수록 성장률이 높다고 볼 수 있을 것이다. 결국 AK 모형에서는 성장과 분배가 상충 관계에 있다는 인식이 강화된다.

4. 쿠즈네츠 가설과 낙수 효과의 논리

신고전학파의 한계 생산성 이론이 소득 분배에 대한 주류 이론으로서 위상을 확고히 하는 가운데 Kuznets(1955)의 실증 연구에 기초한 가설적 논의가 일종의 정설로 자리 잡으면서 분배의 문제는 경제 이론의 중심으로부터 밀려나게 되었다.

경제 성장의 초기에는 불가피하게 불평등이 확대되지만 이후 경제가 어느 정도 성장한 이후부터는 점차 불평등이 완화되는 경향이 있다는 쿠즈네츠의 '역U자(inverted U curve) 가설'은 분배로부터 성장으로의 인과 관계가 아니라, 반대로 성장으로부터 분배로 향하는 관계를 따지는 것이므로 논리의 방향 자체는 반대라고 할 수 있다. 하지만 이 가설은 성장과 분배를 상충 관계로 보는 전통적 이해 방식을 한편으로는 지지하면서 다른 한편으로는 보완하는 역할을 했다. 이 가설이 정설로 받아들여지면서, 성장을 위해서는 당장은 어쩔 수 없이 불평등을 감수해야 하지만, 결국 미래에는 성장의 결실로 불평등이 완화될 것이라는 긍정적 전망이 지배하게 되었다.

Stuart(2011) 등에 따르면 1950년대부터 1970년대에 이르기까지의 기간 동안에는 성장과 분배 간 상충 관계가 강조되면서 정부 개입에 따른 불평등 완화가 성장에 부정적 영향을 미칠 가능성이 주목되는 경향이 있었다. 빈곤 감소는 성장을 해치지 않는 범위 내에서 소득 재분배를 통해 추구되었다는 것이다. 하지만 실제로는 이 자본주의의 황금기(golden age of capitalism) 기간은 역사상 소득 분배가 가장 균등하게 이루어진 시기였다는 사실을 간과해서는 안 될 것으로 보인다. 복지 국가는 세계 대공황과 전쟁의 유산이었다. 전후 자본주의의 황금기는 정부의 정책 목표가 완전 고용을 우선시했고 노동조합의 협상력이 강했으며 임금의 하방 경직성이 뚜렷했던 특징이 있다. 정부의 정책 목표에서 완전 고용의 중요성이 감소하고 노동조합의 협상력이 약화된 것은 황금기가 지나면서부터였다.

쿠즈네츠 가설이 가져온 '낙수 효과'에 대한 믿음은 오히려 1980년대 들어 신자유주의가 득세하면서 힘을 얻은 것으로 보인다. 낙수 효과에 대한 믿음은 이후에도 오래 지속되었다. 최근에도 힘을 잃지 않았다. 예를 들어, Barro(2000)와 Barro(2008)는 1960년대 중반부터 1990년대 중반 및 2000년대까지의 여러 나라를 포괄하는 패널 자료를 분석하면서 큰 틀에서는 쿠즈네츠 곡선의 가설이 실증적으로 타당하다는 주장을 굽히지 않았다. 다만 이 연구에서는 경제 성장의 차이로부터 소득 분배의 차이를 설명하는 것에는 어느 정도 한계가 있음이 인정되었다. 그보다는 소득 분배가 경제 성장에 미치는 반대 방향의 효과에 주목할 필요성이 강조되었다. 분석 결과는, 불평등이 저소득국에서는 성장을 지체시키는 요인일 수 있지만 고소득국에서는 반대로 성장을 견인하는 요인이 될 수 있다는 것이었다. Forbes(2000)는 더 나아가 소득 불평등이 경제 성장에 선행하며 이 둘 사이에는 밀접한 양(+)의 상관관계가 있다고 주장하였다. 불평등을 감내한 결실이 경제 성장이라는 익숙한 결론이었다.

5. 1990년대 이후의 인식 변화

하지만 20세기 후반 세계 각국의 경제 성장 경험은 우리에게 새로운 많은 사실을 알려 주었다. 무엇보다도 소득 불평등이 극히 심화되면서 성장이 지체된 중남미 국가와, 급속도로 성장하면서도 소득 불평등의 진행은 상대적으로 더디었던 동아시아 국가들의 모습은 확연하게 대비되었다. 성장과 분배의 관계에 대한 전통적인 믿음은 특히 1990년대 이후 실증 분석에서 밝혀진 새로운 사실들 앞에서 설득력을 점차 잃어 갔다. 경제학자들의 생각에 변화가 뒤따랐다. Aghion, Caroli, and Garcia-Penalosa(1999)에 따르면 소득 재분배가 성장에 부정적이라는 믿음이나 부의 집중이 자본 축적에 필요하다는 믿음은 더 이상 경험적 증거에 부합하지 않는 것이었다.

경제 성장론 분야에서도 1990년대 들어 낙수 효과가 확인되지 않는다는 인식이 대두하면서 인적 자본의 형성 과정에 대한 이론적 관심을 포함하여 새로운 개념들이 등장하였다. 이 시기에 세계은행(World Bank)과 같은 국제기구에서는 이른바 '공유 성장'(shared growth), '가난한 자들을 위한 성장'(pro-poor growth)과 같은 어젠다를 제시하기도 했다. 이와 같은 흐름은 국제기구들을 중심으로 2000년대 글로벌 금융 위기 이후 '지속 가능한 성장'(sustainable growth), '포용적 성장'(inclusive growth), 그리고 더 나아가 '임금 주도 성장' (UNCTAD, ILO) 개념으로 이어졌다.

특히, 2008년 글로벌 금융 위기 이후 분배와 경제 성장 및 경제 위기의 관계가 주요 연구 과제로 부상하는 등 거시 경제학의 연구 대상과 방향에는 일정한 변화가 나타나고 있다. 이러한 경향은 주류 경제학 내부적으로는 Berg et al.(2008), Kumhof and Rancière(2010), Berg and Ostry(2011), Kumhof et al.(2012), Ostry et al.(2014) 등 국제기구를 중심으로 한 연구에 의해 주도되었다.

적어도 주류 경제학을 중심으로 지금까지 관심 밖에 있던 분배 문제가 최근 들어 중요한 관심사가 된 원인 가운데 하나는 관련 자료에 대한 접근성 측면에서 진전이 있었기 때문이다. 기존에는 임금 몫과 이윤 몫의 기능적 소득분배 자료의 경우 국민 계정으로부터 곧바로 구할 수 있으나 개인 소득 혹은 가계 소득의 경우 대개 별도의 가계 조사에 의지해야 하는 등 신뢰할 수 있는 자료의 확보가 쉽지 않았다. 하지만 Atkinson and Piketty(2007, 2010), Atkinson et al.(2011), 그리고 특히 피케티(2014) 등과 같은 조세 자료를 활용한 최상위 소득 계층의 소득 몫에 대한 최근 연구가 세계적인 이슈로 주목되면서 각광을 받게 된 측면이 있는 것이다.

6. 피케티의 논의

이중에서도, 특히 피케티(2014)의 논의는 주류 경제학자들 사이에서 소득과 부의 분배라는 경제학의 오랜 주제를 환기시킨 측면에서 그 의의가 크다고 하겠다. 피케티는 『21세기 자본』에서 쿠즈네츠의 가설이 더 이상 유효하지 않고 오히려 정반대로 불평등의 추세는 역U자 곡선이 아닌 U자 곡선에 의해 설명되는 점을 발견했다. 쿠즈네츠의 시계열을 앞뒤로 확장해 유럽과 미국 등 주요 선진국에 대해 300년에 걸친 자료를 구축한 분석 결과였다. 그의 설명에 따르면 18세기와 19세기는 상당한 불평등의 시대였던 반면에 1910년에서 1950년 사이는 불평등이 점차 해소되는 모습이 나타났고 이후 20세기 후반부터 다시 불평등이 심화되는 추세가 오늘까지 이어지고 있다.

그렇다면 어떻게 해서 20세기 중반에 불평등이 완화될 수 있었는가? 피케티에 따르면 그 원인은 대공황과 세계 대전을 거치면서 일어난 자본의 가치 하락과 파괴에 있었다. 불평등 정도의 변화에 있어 자본이 지배적인 역할을 했다는 생각이다. 기존의 경제학에서는, 특히 신고전학파 경제학에서는 자본을 산출로 나눈 자본 계수(K / q)가 장기적으로 안정적이라고 보며 이를 경제 성장의 정형화된 사실의 한 가지로 받아들이지만 실제로 장기 시계열을 보면 U자 모양으로 그려진다는 발견이 바로 그와 같은 생각으로 이어졌다. 자본 계수의 변화 추이를 보면 불평등이 심했던 19세기 말에 높았고 20세기 중반에 낮아졌다가 20세기 후반 들어 다시 높아졌기 때문이다.

말하자면 그는 장기적으로 볼 때 자본 계수의 변화 패턴이 불평등 정도의 변화 패턴과 유사하다는 점으로부터 전자가 후자의 원인이 되지 않을까 하는 아이디어를 얻은 것이다. 소득에 비해 더 빠른 속도로 축적되는 물적 자본이 불평등을 심화시키는 원인은 아니었을까 하는 것이 그의 주된 문제의식이었다. 피케티는 이와 같이 불평등을 자본과 연결시켜 이해했다. 우리는 피케티의 논의를 그가 제시한 자본주의의 두 가지 기본 법칙과 자본주의의 중심 모순을 중심으로 간략하게 살펴보고자 한다.

6.1. 자본주의의 제1 기본 법칙

먼저 자본주의의 제1 기본 법칙은 자본 소득 분배율, 즉 이윤 몫 π가 자본 수익률, 즉 이윤율 r과 자본 계수의 곱과 일치한다는 것이다. 이는 사실은 항등식이다.

$$\pi \equiv r \times \frac{K}{q}.$$

자본 계수는 현재까지 축적한 자본의 양이 한 해 동안 국민들이 벌어들이는 소득 합계, 즉 국민 소득의 몇 배인가를 나타낸다. 피케티에 따르면 자본 계수가 주요 선진국의 경우 20세기 초에 6~7배 정도였으나 두 차례 세계 대전을 거치면서 2~3배로 하락했고 이후 다시 증가세에 있다. 자본 계수는 지난 100여 년 동안 뚜렷한 U자형 곡선을 그린 것이다. 이와 같은 변화 추이에 나타난 뚜렷한 U자의 영향은 π의 변화에도 반영되었다. π 또한 자본 계수만큼은 아니지만 역시 U자형 곡선을 그리고 있고 지난 30~40년간 상승 추세에 있었던 것이다. 반면에 r은 4~5% 수준에서 비교적 안정적인 추이를 보여 왔다.

피케티는 자본 소득은 노동 소득에 비해 일반적으로 더 불평등하게 분포해 있으므로 이윤 몫이 상승하는 과정에서는 개인별 소득 분배 또한 악화될 것이라고 보았다. 이윤율이 크게 하락하지 않는 이상 자본 계수의 상승은 이윤 몫의 상승을 수반하고 이 과정에서 거시 경제의 소득 분배가 악화된다는 것이다.

6.2. 자본주의의 제2 기본 법칙

자본주의의 두 번째 기본 법칙은 자본 계수가 저축률 s를 경제 성장률 g

로 나눈 비율로 장기적으로 수렴한다는 것이다. 단, 여기에서 저축률은 총저축을 국민 소득으로 나눈 평균 저축 성향이다.

$$\frac{K}{q} \rightarrow \frac{s}{g}.$$

IS 균형 조건을 적용하면 자본 스톡의 증가율인 자본 축적률 g_K의 정의로부터 다음과 같은 관계를 유도할 수 있으므로

$$g_K = \frac{\Delta K}{K} = \frac{s\,q}{K}$$

$$\Rightarrow \frac{K}{q} = \frac{s}{g_K}.$$

이 제2 기본 법칙은 곧 장기적으로 경제가 성장률과 축적률이 일치하는 균제 상태로 수렴한다는 생각에 다름 아니라고 할 수 있다.

피케티에 따르면 저축률은 주요 선진국에서 상당히 오랜 기간 동안 10% 내외를 유지했고, 경제 성장률은 전 세계를 기준으로 19세기~20세기 초반에 걸쳐 1~2% 정도였다가 20세기 중반 이후 4~5%, 이후 20세기 후반 들어 3% 내외 수준으로 하락했다. 전체적으로 g는 역U자 형태로 변해 왔다고 할 수 있는데, 이는 자본 계수가 U자 형태로 변해 온 사실과 관련이 있다는 것이 바로 이 제2 법칙에 담긴 생각이다.

제2 법칙에 따르면 자본 계수의 장기에 걸친 추세적 상승은 경제 성장률의 추세적 하락과 밀접하게 연관되어 있다. 이와 같이 장기적으로 경제가 정

체되면서 제2 법칙에 의해 자본 계수가 상승하면, 이는 다시 제1 법칙에 의해 이윤 몫의 상승으로 이어져 소득 분배의 악화를 낳는다는 것이다.

6.3. 자본주의의 중심 모순: $r > g$

만약 자본 수익률이 경제 성장률을 상회하지 않고 그 반대라면, 즉 자본 수익률 r보다 경제 성장률 g가 크다면, 누군가는 자본 수익률에 해당하는 만큼을 대가로 지불하고 자금을 조달해 실물 경제에 투자하는 일종의 차익 거래를 통해 이득을 볼 수 있다는 뜻이 된다. 그러나 이와 같은 차익 거래 기회는 오래 유지될 수 없다. 자금을 조달하면서 지불해야 하는 비용인 자본 수익률이 결국 오를 것이기 때문이다. 실제로 $r < g$인 상황에서는 자본 축적이 지나치게 큰 규모로 이루어지면서 소비가 희생되는 비효율이 일어날 수 있다. 이처럼 부등식 $r > g$는 신고전학파 경제학의 논리에서 보면 어쩌면 상당히 자연스럽고 반드시 성립해야만 하는 관계라고도 하겠다.

하지만 피케티는 이 부등식 $r > g$가 역사적으로 줄곧 성립되어 온 사실을 강조하면서 r과 g 사이의 상대적 크기는 실제로는 정치적 환경 등 다양한 요인에 따라 달라질 수 있으며 역사적으로 반드시 r이 g보다 컸던 것도 아니라고 주장했다. 그리고 더 나아가 이 부등식을 자본주의의 중심 모순으로 인식하였다.

어떤 의미에서 $r > g$가 자본주의의 중심 모순이 될 수 있을까? r이 g보다 충분히 큰 경우 자본 소유자는 자본 소득으로 충분한 소비를 하면서도 동시에 저축을 늘려 갈 수 있고 이에 따라 소유하는 자본의 크기를 더욱 키워

갈 수 있다. 하지만 자본을 소유하고 있지 않아 노동 소득에만 의존하는 사람으로서는 노동 소득의 증가율이란 결국 경제 성장률의 수준에 그칠 것이다. 이에 따라 결국 자본 소유자와 노동 소득에만 의존하는 사람들 간의 경제적 격차는 시간이 갈수록 더욱 확대될 수밖에 없게 된다. 바로 이런 맥락에서 피케티는 이 부등식을 자본주의의 중심 모순이라고 한 것이다.

피케티의 논리에서는 $r > g$ 라는 부등식 자체보다는 r과 g의 차이와 그것의 역사적 변동이 중요했다. 이는 제1 기본 법칙과 제2 기본 법칙을 연결한 다음 식에서 볼 수 있듯이 장기적으로 이윤 몫의 증가는 r과 g의 차이가 시간이 가면서 확대되는 것과 연관되기 때문이다.

$$\pi = r \times \frac{K}{q} \rightarrow \frac{r}{g} \times s.$$

피케티에 따르면 이윤 몫이나 자본 계수뿐만 아니라 $r-g$ 역시 U자 형태로 변해 왔다. 20세기 중반에 낮아졌다가 20세기 후반에 들어 다시 상승하고 있다는 것이다. 이윤 몫, 자본 계수, 그리고 r과 g의 차이가 커질수록 역사적으로 분배는 악화되었다. $r-g$가 클수록 상위 소득자들이 차지하는 소득 점유율이 높아지며 경제 전체의 자본에서 상속된 자본이 차지하는 비중이 늘어났다. 자본이 자본을 낳고 과거(r)가 미래(g)를 잡아먹는 세습 자본주의가 바로 그런 것이었다.

데이터상으로 r은 상대적으로 안정적이었던 반면 g는 변화가 뚜렷했다. 20세기 들어 두 차례의 세계 대전과 대공황을 겪으면서 큰 규모로 자본의 파괴와 가치 하락이 있었고 이를 배경으로 한 정치적 변화에 따라 고율의 누진

소득세와 함께 자본에 대한 과세가 본격화되면서 r은 세후 수익률을 기준으로 할 때 하락하였다. 반면에 전후 황금기로 접어들면서 g는 상승했다. 이른바 자본주의의 황금기에 불평등은 현저하게 감소했던 것이다. 지금 돌아보면 어쩌면 그 시기야말로 다시 맞기 힘든 예외적인 시기였는지도 모르겠다. 1980년대 이후 각국이 경쟁적으로 자본에 대한 과세를 줄이면서 세후 자본 수익률은 다시 상승했고 불평등은 다시 확대되었던 것이다.

6.4. 피케티 논의의 요약

피케티는 신고전학파 경제 이론의 기본 틀을 활용하면서도, 이윤율과 성장률의 관계에서 나타나는 장기적인 구조적 전환과 같은 웅대한 동학에 주목한 점에서 오히려 마르크스나 고전학파 경제학자들과 비슷한 측면이 있다. 잘 알려진 바와 같이 지난 수십 년간에 걸친 이 구조적 전환의 과정에서 국민소득 가운데 자산 소득 취득자에게 귀속되는 상대적인 몫이 점차 증가해 왔고, 이는 실물 경제에 부정적인 영향을 미쳤다는 것이 그의 핵심적인 분석 결과 가운데 한 가지였다.

다만 그의 논의에 대해서는 다양한 관점에서 여러 비판이 있었다. 특히, 그의 논의가 기초해 있는 한계 생산성 이론에 내재된 논리적 문제점들에 대해 비판이 있었고(Moseley, 2015), 그의 자본 개념(Galbraith, 2014) 또한 문제가 되기도 했다. 피케티에게 있어 자본이란 시장에서 소유하고 교환할 수 있는 비인적 자산의 총계로서 개인이나 법인, 정부가 가지고 있는 금융 자산은 물론 생산에 활용되지 않는 주거용 토지까지도 포함하는 폭넓은 개념이었다. 즉,

어떤 형태로든 수익을 얻을 수 있는 모든 자산, 부(wealth)가 곧 자본이었다. 마찬가지로 그에게는 이윤율 역시 모든 형태의 자본 소득을 포괄하는 개념이었다.

7. 포용적 성장

지금까지의 경제 성장의 역사적 과정은 곧 절대적인 가난으로부터 인류가 해방되어 가는 과정이었다고 할 법하다. 경제의 성장은 빈곤의 감소를 위한 전제 조건에 해당했다. 하지만 절대적 빈곤이 줄어든다고 해서 소득이나 부의 불평등이 개선되는 것은 아니었다. 피케티가 지적한 것과 같은 맥락에서, OECD와 같은 국제기구들은 지니 계수를 기준으로 1980년대 중반부터 2000년대 중반까지 세계적으로 불평등 정도가 10% 정도 심화된 것으로 보고한 바 있다. 특히, 과거 30여 년을 되돌아보면 성장의 혜택이 상당 부분 최상위 계층에게 집중되었던 측면이 있었다. 미국이나 영국, 캐나다의 경우 상위 10%가 늘어난 소득의 50% 이상을, 그리고 상위 1%가 늘어난 소득의 20% 이상을 차지했다는 보고가 있다.

1990년대와 그 이후의 실증 분석에서 낙수 효과의 경험적 증거를 발견하는 데 실패하면서 이제는 주류 신고전학파 경제학자들 사이에서도 불평등 문제에 대한 전통적인 관점은 설득력을 점차 잃어 가는 것으로 보인다. 최근 들어 Berg et al.(2008)은 1950년대 초반부터 2000년대 초반까지 140개국을 대상으로 한 실증 연구에서 경제 성장의 지속 기간(growth spell)에 긍정적인 영향을 미치는 요인들로 평등한 소득 분배, 민주적 제도, 수출 지향성과 개방도, 거시 경제의 안정성 등을 꼽은 바 있다. 평등한 분배가 성장을 촉진한다는 결과는 전통적인 관점에 배치되는 것이 아닐 수 없었다.

Berg and Ostry(2011)는 더 나아가 성장이 오래 지속되는 국가의 표본에서 지니 계수로 측정한 소득 불평등 정도가 낮게 나타나는 상관관계를 발견하였다. 회귀 분석을 통해서는 소득 분배가 다른 어떤 변수보다도 더 강하고 일관되게 성장의 지속 기간을 설명할 수 있는 것으로 보고하였다. 구체적으로는 불평등 정도가 10% 감소할 때 성장의 지속 기간이 평균적으로 50% 늘어나는 것으로 추정되었다. 무역 개방도, 정치 제도, FDI, 환율 경쟁력, 대외 부채 등도 역시 성장에 영향을 미치는 요인일 수 있지만 그 중요성만큼은 불평등 정도에 미치지 못하는 것으로 나타났다.

Ostry et al.(2014)는 소득 불평등을 시정하려는 재분배 정책의 결과로 조세와 보조금이 커지면 이로 인해 경제 주체들의 노동 공급이나 투자에 대한 의사 결정에 왜곡이 초래될 수 있는 점에서 재분배 정책 자체는 경제 성장에 친화적이지 않다고 보았다. 단, 그와 같은 재분배 정책의 결과로 실제로 소득 불평등이 줄어들면 이는 경제 성장에 긍정적일 것이라고 주장하였다. 이들은 그 이유로 불평등의 완화가 정치 사회적 불안을 줄임으로써 투자에 긍정적인 영향을 미칠 수 있는 점, 그리고 저소득층에 대한 지원에는 시장 실패를 보완하는 측면이 있다는 점을 제시하였다.

불평등이 경제 성장에 부정적인 영향을 미칠 수 있다는 이와 같은 인식은 주류 신고전학파 경제학에서도 이제는 상당한 동의의 기반을 확보한 것으로 보인다. 이를 증명하는 대표적인 사례가 아시아 개발 은행(ADB)을 비롯하여

IMF, OECD와 같은 국제기구들이 천명하고 있는 이른바 '포용적 성장' 개념이다.

경제 성장과 불평등의 관계에 대한 전통적인 관점을 대신하여 주류 경제학자들이 이 문제와 관련해 새롭게 초점을 맞추고 있는 개념은 '기회의 불균등'이다. 기회의 불균등은 소득 불평등을 낳는 원인이자 동시에 소득 불평등의 결과로서 말하자면 불평등의 덫이 존재한다는 것이 이들의 인식이다. 한편으로는 소득 불평등으로 인한 저소득층의 저조한 인적 자본 투자가 기회의 불균등으로 이어지고, 다른 한편으로는 소득 불평등 자체가 기회의 불균등을 고착화시킨다는 것이다. 문제는 이렇게 소득 불평등이 경제 주체들의 시장 참여 기회를 축소시킴으로써 경제 성장에 부정적인 영향을 미칠 수 있다는 사실이었다.

바로 이와 같은 기회 균등에 대한 새로운 관점이 최근 들어 대두된 포용적 성장의 개념적 기초의 한 부분인 것으로 보인다. 포용적 성장의 기본적인 관점은, 경제 성장에 기여할 수 있는 기회, 그리고 경제 성장으로부터 누리는 혜택의 두 가지 측면에서 모든 경제 주체들이 배제되는 경우 없이 공평해야 한다는 것이다. 포용적 성장은 먼저 모든 경제 주체들에게 경제 성장에 기여할 수 있는 기회가 공평하게 주어져야 한다는 입장을 제시하고 있다. 그리고 이를 위해 소득 재분배, 교육, 보건 의료, 노동 시장, 환경 정책 등 다양한 분야에 정부가 정책적으로 개입하여 고용을 창출하고 성장을 지원해야 한다고 주장한다.

아울러 포용적 성장은 모든 경제 주체들에게 경제 성장의 혜택이 공평하게 분배되어야 하며 이를 위해 빈곤층에 대한 사회 안전망을 강화해야 한다는 입장을 제시하고 있다. 이러한 입장은 경제 성장의 결실이 다시 새로운 성장을 위한 동력이 될 수 있도록 유도해야 한다는 관점에 기초한 것이다. 경제 성장의 과정에서 분배가 어떻게든 영향을 받을 수 있지만, 그 역으로도 분배가 보다 평등한 것일수록 경제 성장에 잠재적으로 긍정적인 영향을 미칠 수 있다는 인식이 이러한 주장의 밑바탕에 깔려 있다고 하겠다.

무엇보다도 포용적 성장 개념의 핵심적인 가치는 기회 균등을 통한 지속 가능한 성장에 있다고 하겠다. 그런데 기회가 무조건적으로 균등해야 하는 것은 아니다. 이를테면 경제 주체 개인별로 볼 때에는 각자의 노력 여하에 따라 성장에 기여할 수 있는 기회가 차등화되도록 하는 편이 오히려 경제 성장을 위한 혁신의 여건 조성에 있어 더 긍정적이라는 것이다. 결국 경제 주체들의 행동에 영향을 미칠 수 있는 인센티브가 중요하고 그런 차원에서는 어느 정도의 불평등이 여전히 바람직하다는 인식이다.

다만 포용적 성장에서는 출신 지역이나 종교, 상속 재산과 같이 경제 주체 개인의 행동 양식과 무관하게 그를 둘러싼 환경적 요인으로 인해 야기되는 기회 불균등은 경제 성장에 부정적인 요인이 될 것이라고 지적하였다. 이와 같은 요인들로 인해 경제적으로 우세해진 계층이 자원 배분을 주도적으로 결정하게 되면 기회의 불균등이 고착화되기 쉽고 이로 인해 불평등이 심화될 수 있다는 주장이다.

하지만 주류 신고전학파 경제학의 포용적 성장 개념이 완전한 것은 결코 아니다. 여기에는 또 다른 문제점이 존재한다. 먼저 이 개념 자체가 갖는 이론적 모호성이다. 국제기구의 미래 정책 과제로서 제시되었고 다양한 실증 분석을 통해 실천적인 의미에서 정당성을 확보하기는 하였지만, 기존의 주류 경제 이론에 의해 포용적 성장 개념이 어떻게 설명되고 정당화될 수 있는지에 대해서는 여전히 불명확한 측면이 있어 보인다.

보다 근본적으로 포용적 성장 개념은 기능적 소득 분배, 즉 노동 시장에서 노동과 자본 사이의 1차적 소득 분배에 대해서는 그 입장이 전혀 분명하지 않다. 신고전학파 경제 이론에서 기능적 소득 분배는 기본적으로 경제 성장 과정에서 영향을 받지도 않고 경제 성장 과정에 영향을 주지도 않는 중립적인 현상인 것처럼 인식된다. 보다 정확하게는 생산 기술에 의해 결정된다는 것이다.

포용적 성장 개념에서 사회 계급 간의 갈등과 대립, 이들 사이의 1차적 소득 분배가 중요하게 다루어지지 않고 초점이 2차적 재분배를 통한 빈곤 감소에 맞추어져 있는 것은, 정책이라는 측면에서 이 포용적 성장 개념이 갖는 한 가지 약점이 될 수 있다. 오늘날 소득과 부의 불평등은 2차적 재분배만으로는 시정이 어려운 수준에 도달해 있다고 보는 시각이 있다. 자본주의 사회의 불평등은 근본적으로 사회 계급 사이의 문제에서 발생하는 측면이 있다. 그런 점에서 정책적 노력이 재분배 정책에 국한하는 것에서는, 빈곤의 감소는 도모할 수 있을지 몰라도 적극적으로 소득 불평등 자체를 개선함에 있어서는 한계가 있을 수 있는 것이다.

현실 경제에서 2차적 재분배를 위한 조세, 보조금 등의 배분은 어디까지나 정치적으로 결정된다. 그 정치적 결정의 과정에서는 자본에 의한 포섭이 광범위하게 일어날 수 있다. 지대 생활자와 자본가 계급의 이해관계가 얼마든지 관철될 수 있는 것이다. 경우에 따라서는 포용적 성장의 취지대로 복지가 확대되기도 하지만, 그와 같은 시혜적인 복지는 정치적, 경제적 상황에 따라 얼마든지 변동하기 마련이다. 반대로 노동의 교섭력과 정치적 영향력이 강화되면서 본원적 소득 분배 자체가 평등한 방향으로 개선되는 경우에 비로소 우리는 소득 불평등의 보다 지속적이고 보다 근본적인 시정을 기대할 수 있을 것이다.

8. 내생적 성장 모형의 발전

어쨌든 이제 내생적 성장 모형은 다른 조건이 비슷하다면 소득 분배가 상대적으로 덜 나쁜 나라에서 성장이 더 빠르게 일어나는 관측 결과를 설명해야 하는 어려운 문제에 봉착하였다. 이와 같은 이론적 상황을 배경으로 하여 1990년대 이후 신고전학파 성장 이론, 특히 내생적 성장 모형의 연구에 있어서는 이 문제와 관련하여 기존과는 다른 연구 흐름이 형성되기에 이르렀다. 불평등한 소득 분배가 어떤 이유로 성장을 저해할 수 있는가 하는 방향으로 논의가 이루어지기 시작한 것이다. 불평등이 지나치면 이로 인해 투자 기회가 감소하고 아울러 유인 효과도 오히려 줄어들므로, 결과적으로 성장이 좌절될 수 있다는 주장에는 분명한 근거가 있는 것으로 받아들여지기 시작했다.

대표적인 한 가지 연구 결과는 Galor and Zeira(1993), Benabou(1996) 등에 의해 비롯된 것으로서 이들 연구에서는 금융 시장의 불완전성과 소득 불평등이 경제 성장에 미치는 영향에 주목하였다. 1980년대 이후 내생적 성장 모형이 각광을 받으면서 경제 성장의 근본 동력 가운데 하나로 받아들여진 인적 자본의 형성 과정이 문제가 되었다.

인적 자본은 교육과 경험을 통해 인간에 체화되는 생산적 자원이다. 그런데 교육이라는 활동의 특성상 인적 자본에 대한 투자의 기회가 경제 내 소수에 편중되기보다는 다수에게 확산될수록 경제 전체적으로 인적 자본의 형성은 더 원활하게 이루어질 수 있다. 왜냐하면 교육 투자라는 투입물과 이로 인해 축적되는 인적 자본이라는 산출물 간 관계에서는 교육 투자의 한계 수익이 체감할 수 있기 때문이다. 이를 기초로 이들 연구에서는 분배가 불평등할수록 빈곤층의 인적 자본 투자가 제한됨에 따라 경제 전체적으로도 인적 자본의 축적이 저해될 수 있다고 주장되었다. 금융 시장이 불완전해 경제 주체들이 자금을 조달하는 데에 제약이 존재하면, 빈곤층의 경우 인적 자본의 형성을 위해 필요한 교육 투자를 수행하기 어렵기 때문이다. 특히, 교육 투자가 상당한 고정 비용 부담을 수반하는 경우 문제는 심각할 수 있다는 것이었다.

간단한 예를 통해 이 점을 살펴보자. 가상의 국민 경제가 네 명으로 구성되어 있고 이들의 소득을 가난한 사람부터 나열하면 (1, 2, 8, 9)와 같이 분포되어 있다고 하자. 인적 자본에 투자하기 위해서는 각자 3만큼의 고정된 비용을 부담해야 하는데, 빈곤층은 금융 활동을 통해 재원을 조달할 수 없다고 하자. 그러면 국민 경제 전체의 인적 자본에 대한 투자는 6을 넘어설 수 없다. 그런데 이제 국민 소득은 20으로 동일한 가운데 소득 분배가 (2, 4, 6, 8)과 같이 더욱 평등하게 바뀌면 인적 자본에 대한 총투자는 9까지 늘어날 수 있게 된다. 이와 같이 불평등의 완화는 분배 정의의 실현뿐만 아니라 인적 자본 투자의 확대를 통해 경제 성장에도 기여할 수 있다는 것이다.

제3부
대안적 성장 모형

chapter 06

신고전학파 성장 모형 비판

1. 배경적 논의
2. 자본 논쟁
3. 자본 역전
4. 기술 재전환
5. 자본 논쟁의 시사점
6. 신고전학파 집계 생산 함수의 실증적 적절성 검토

chapter 06

신고전학파 성장 모형 비판

1. 배경적 논의

신고전학파 성장 모형에 대한 비판은 다양한 관점에서 이루어졌다. 그중에서도 우리는 케인스 경제학의 관점에 입각한 비판에 주목하고자 한다. 이는 근본적으로는 신고전학파 모형이 가정하는 바와는 달리 현실 경제에서는 세이의 법칙이 성립하지 않으며 노동의 완전 고용이나 생산 설비의 완전 가동이 안정적으로 달성된다는 보장이 없다는 비판이었다. 이는 자본 축적에 따른 생산 능력 증가와 생산성의 향상 등을 설명하려면 유효 수요의 장기적 동학에 대한 고려가 필수적이라는 시각으로 이어진다. 우리는 이와 관련하여 해로드 성장 모형에서는 독립적인 위상을 가진 것으로서 중요하게 다루어진 수요 측면이 신고전학파 성장 모형에서는 사실상 누락되었음을 이미 확인한 바 있다.

이러한 비판은 사실은 이론적으로 보다 어려운 문제들과 연결된다. 저축과 투자의 일치가 보장되는 물물 교환 경제와는 구별되는 '화폐 생산 경제'의 특징, 기업의 투자 결정 행동, 경제 주체들을 둘러싼 근본적 불확실성의 역할, 요소 가격 변화에 따르는 요소 투입 비율의 신축적인 대체를 불가능하게 할 수 있는 '역사적 시간'의 비가역성 등의 문제가 바로 그런 것들이다.

신고전학파 경제학의 한계주의 접근법과 집계 생산 함수의 이론적 가능성이라는 문제를 둘러싸고는 역사적으로 보다 직접적인 논쟁이 있었다. 우리가 이 장에서 공부할 '자본 논쟁'(capital controversies)이 바로 그것이다.

신고전학파 경제학의 한계주의 접근법에서는 자본을 노동이나 토지와 다를 바 없는, 또 하나의 희소한 생산 요소로 이해한다. 이 이론에서는 생산 요소의 가격은 해당 생산 요소의 한계 생산에 의해 그 크기가 결정된다. 자본의 한계 생산이 이윤율 r을 결정하고 이윤율은 곧 자본의 단위당 보수로서 그것의 임대 가격(rental price)에 해당한다.

여기서 자본의 한계 생산을 측정하려면 먼저 자본의 수량적 크기를 측정할 수 있어야 한다. 그래야만 자본의 '한 단위 증가'라는 개념이 비로소 가능하기 때문이다. 그런데 자본은 그 자체로 개별 자본의 집합적 표현이다. 생산 요소로서의 자본에는 밀링 머신과 컨베이어 벨트 등이 포괄된다. 자본은 이질적인 상품들이 모여서 구성된다. 그렇다면 서로 물리적 특성이 다른 개별 상품을 어떻게 더해서 자본의 크기를 구할 수 있을까?

'집계'(aggregation)를 위해서는 더해지는 상품들의 단위가 일치해야 하는 것은 물론이다. 1m와 1kg을 그대로 더할 수는 없기 때문이다. 결국 자본을 구성하는 개별 상품의 가격에 수량을 곱한 다음 이를 더하는 방식으로 집계하는 것이 자연스럽다고 하겠다. 경제학자들은 자본을 구성하는 개별 상품의 물질적인 수량에 해당 상품의 가격을 곱한 다음 이를 모두 더하면 일종의 집합 상품으로서 자본의 수량 표현을 얻을 수 있다고 보았다. 자본의 수량을 개별 상품 수량의 가중 평균으로 측정하면 하나의 동질적인 크기로 표현이 가능하고 이 과정에서 개별 상품 수량에 대한 적절한 가중치는 해당 상품의 가격이 될 것이라는 생각이다. 즉, 자본은 상품의 가치량을 더하는 방식으로 집계되는 것이다.

자본의 수량을 정의한 다음 신고전학파 경제학에서는 다른 여느 상품과 마찬가지로 자본에 대해서도 수요 함수와 공급 함수를 정의하였다. 그리고 수요 함수와 공급 함수가 만나는 균형 상태에서 자본의 가격과 수량이 동시에 결정된다고 보았다. 상품 가격 일반의 결정 논리가 자본에도, 그리고 노동에도 그대로 적용된다는 것이었다. 노동 한 단위의 가격은 시간당 임금인 임금률로, 요소 시장에서 자본 한 단위를 임차하는 가격은 이윤율 내지는 실질 이자율로 이해되었다. 이들 생산 요소에 대한 가격은 곧 이들 생산 요소에 대한 단위당 보수에 해당하므로, 이를 통해 기능적 소득 분배가 설명된다는 것이었다.

이와 같이 신고전학파 이론에서는 자본에 대한 수요 곡선이나 자본의 공급 곡선이 논리적으로 선행하고 이에 뒤따라 수요 곡선과 공급 곡선이 교차하는 균형 상태에서 이윤율이 도출된다고 본다. 구체적으로 자본에 대한 수요 곡선은 자본의 한계 생산에 의해 결정된다고 생각되었다. 따라서 자본의 공급 곡선이 주어져 있다고 하면, 단위 자본에 대한 보수라고 할 수 있는 이윤율은 자본의 한계 생산이 결정하게 된다.

여기에서 주의할 점은 논리적으로 자본의 한계 생산 자체는 이윤율의 크기에 따라 달라져서는 안 된다는 사실이다. 이윤율을 결정하는 자본의 수량 자체가 이윤율에 따라 다른 크기를 가져서는 안 된다는 의미이다.

자본에 대해 수요 곡선과 공급 곡선을 이야기하기 위해서는 자본의 수량이 자본의 임대 가격인 이윤율로부터 독립된 실체를 가지고 있어야 한다. 예를 들어, 사과의 가격이 500원이든 1,000원이든 사과 1개는 1개여야 한다. 사과 가격이 달라진다고 해서 사과 1개가 2개가 되는 일이 벌어져서는 안 된다. 이와 마찬가지로 자본의 수량 표현은 이윤율의 변화에 따라 변해서는 안 된다. 자본의 수량은 자본의 가격으로부터 독립된 기술적 단위로 측정되어야 하는 것이다.

그런데 이 과정에서 한 가지 문제가 발생한다. 우리가 지금 하고 있는 일은 자본의 가격을 결정하려는 것이다. 이를 위해서는 자본의 수요 곡선이 필요하고 자본의 수요 곡선은 자본의 한계 생산을 측정할 수 있어야만 정의될 수 있다. 자본의 한계 생산을 측정하려면 자본의 수량 변화를 나타낼 수 있어야 한다. 자본의 수량 변화를 나타낼 수 있으려면 먼저 자본을 구성하는 개별 자본을 집계하여, 집계된 자본의 크기를 나타내어야 한다. 문제는 이 집계를 위해서는 다시 개별 자본의 가격을 알아야 하는 점에 있다. 왜냐하면 자본을 구성하는 상품들의 가치량을 더해야 하기 때문이다.

이는 집계된 자본의 단위 가격을 결정하기 위해서는 개별 자본의 가격을 미리 알고 있어야 한다는 의미이다. 하지만 자본을 구성하는 개별 상품의 가격을 알고 있다면, 자본의 가격을 파악하기 위해 자본의 한계 생산이라는 어려운 개념을 다시 거칠 필요가 어디에 있겠는가? 자본의 한계 생산으로부터 자본의 가격을 설명하려는 이론은 이렇게 일종의 순환 논리가 되고 만다.

사실은 우리가 만약 옥수수만 생산되는 단일 상품 경제를 고려한다고 하면 문제될 것이 없다. 이런 경제에서는 인간의 노동 외에 옥수수가 곧 투입물로서 자본이며 동시에 옥수수가 곧 생산물이다. 올해 수확한 옥수수 가운데 일정 부분을 내년에도 옥수수를 수확하기 위해 소비하지 않고 아껴 두는 행위는 그 자체로 저축이자 투자이다. 저축한 만큼 투자가 이루어지는 세이의 법칙은 이런 옥수수 경제에서 성립한다.

그뿐만이 아니다. 이 단일 상품 경제에서는 자본재 사이에 어떤 질적 차이가 없으므로 자본의 수량을 그 물리적 단위로 표현하는 데에 어려움이 없다. 투입물과 산출물이 동일하므로 자본 투입을 한 단위 늘릴 때 이로 인해 늘어나는 산출물의 수량 또한 물리적 단위로 얼마든지 표현된다. 자본의 한계 생산은 순수한 수량 단위로 표현된다.

신고전학파 경제 이론의 집계 생산 함수를 둘러싼 논의는 이와 같은 단일 상품 경제에서는 문제가 없다. 노동에 비해 자본의 상대 가격이 상승하면 이윤을 극대화하려는 기업은 자본을 노동으로 대체하면서 노동 집약도가 높은 생산 공정을 채택할 수 있다. 생산물을 얻기 위한 기술이 다양해 요소 투입 비율이 고정되어 있지 않다고 전제하면, 특정 생산 요소의 상대 가격이 오를 때 해당 생산 요소의 투입 비중을 줄이는 것은 얼마든지 자연스러운 반응일 수 있다. 생산 기술이 허락한다면 옥수수로 표현된 임금이 하락할 때 옥수수 투입량을 줄이는 대신에 밭에서 작업하는 시간을 늘림으로써 옥수수 씨알을 굵게 하면 결국 동일한 양의 옥수수를 수확할 수 있을지도 모른다. 요소 가격 비율과 요소 투입 비율 간의 단조적인(monotonic) 대체 관계가 등장한다. 그렇다면 단일 상품 경제를 벗어나더라도 이와 같은 관계가 그대로 성립할까? 집계 생산 함수를 둘러싼 신고전학파 경제 이론은 그런 경우에도 논리적으로 문제 없이 유지될 수 있을까?

2. 자본 논쟁

이 문제는 신고전학파 경제 이론의 가정과 방법론을 둘러싸고 1950년대와 1960년대에 걸쳐 당대 최고의 경제학자들 사이에서 벌어진 역사적 논쟁인 이른바 '자본 논쟁'에서 쟁점이 되었다. 이 논쟁은 케인스 경제학의 관점에서 신고전학파 성장 모형에 대한 비판이 구체적으로 표출된 계기였다. 논쟁의 한 쪽 당사자는 당대의 주류인 이른바 '신고전학파 종합'의 입장에 선 경제학자들이었다. 신고전학파 종합은 기존의 한계주의 신고전학파의 관점에서 케인스 경제학을 단기 경기 변동에 대한 특수한 이론으로 해석하여 왈라스 일반 균형의 틀로 흡수하려는 이론적 입장이었다. 이에 맞서 논쟁의 다른 편에는 케인스 경제학의 보다 근본주의적인 관점에 충실한 경제학자들이 자리를 잡았다. 이른바 포스트 케인지언(post-Keynesian) 경제학자들의 등장이다.

1951년에 이탈리아 출신인 영국 케임브리지 대학의 피에로 스라파(Piero Sraffa, 1898~1983)가 리카도 전집을 편찬하면서 쓴 서문에 이어 1953년에 같은 대학의 조앤 로빈슨(Joan Robinson, 1903~1983)이 신고전학파 경제학의 집계 생산 함수 가정을 비판하는 논문을 발표한 것이 논쟁의 시발점이었다. 신고전학파 접근에 대한 옹호는 솔로와 폴 사무엘슨(Paul Samuelson, 1915~2009)으로 대표되는 미국 매사추세츠 공과 대학(MIT)의 경제학자들이 주도했다. 이들의 비공식적인 첫 번째 반응은 당혹감으로서 이는 솔로가 친구이자 시카고 대학의 경제학자였던 해리 존슨(Harry G. Johnson, 1923~1977)과 주고받은 서신을 통해 드러난 바 있다. 공식적인 첫 번째 반응은 1955년에 솔로가 발표한 논문이었다. 사실은 로빈슨의 논문이 발표되기 전인 1952년에 이미 사무엘슨이 영국 케임브리지 대학에 방문해 있던 기간 중에 자본 개념에 대한 비밀 토론이 있었고, 이 토론이 자본 논쟁의 실제 시작이었다고 한다. 어쨌든 논쟁의 주역들이 대서양 서쪽의 미국 케임브리지(MIT 대학의 소재지)와 대서양 동쪽의 영국 케임브리지에서 활동한 학자들이었던 관계로 이 논쟁은 '케임브리지 대(對) 케임브리지 논쟁'으로도 알려지게 되었다.

집계 생산 함수 표현에서는 투입물과 산출물이 각각 하나의 집계된 양으로 나타난다. 그런데 이렇게 하나의 양으로 나타낼 수 있으려면 투입물과 산출물을 구성하는 상품들 사이의 상대 가격이 주어진 것으로 전제되어야 한다. 문제는 상품들의 상대 가격이 결정되는 과정에서는 이윤율과 임금률이라는 소득 분배 관련 변수가 개입되는 데에 있다. 경제학의 역사에서 이와 같은 사실은 리카도를 거치면서 인식되어 온 것이라고 하겠다. 예를 들어, 리카도는 노동 가치론의 입장에서 생산에 투하된 자본재의 가치는 과거 노동으로 환원될 수 있다고 주장하였는데, 그와 같은 방식으로 상품 가치가 결정되는 원리를 설명하는 과정에서 이번에는 투하 노동량이 일정하더라도 분배 변수의 변동만으로도 상품들 사이의 상대 가격에 변동이 초래되는 점이 드러나게 된다. 분배 변수의 변동에도 불구하고 생산에 투하된 노동에 의해 가치가 온전하게 결정되는 이른바 '불변의 가치 척도'에 대한 리카도의 추구는 바로 이런 문제에 대한 인식에 기초한 것이었다.

스라파는 상품들 간의 상대 가격이 소득 분배에 의존하는 점을 엄밀하게 증명하였다. 그의 논의에서는 하나의 이윤율에 대해 하나의 상대 가격 체계가 대응한다. 따라서 자본을 집계함에 있어서도 이윤율이 달라지면 자본을 구성하는 상품들의 가격이 바뀌고 이로 인해 그 집계량으로서의 자본의 가치 자체가 달라지게 된다. 이윤율이 바뀌면 자본의 가치량이 달라진다. 이윤율이 자본의 가치량을 결정하며 그 역은 성립하지 않는다. 따라서 자본의 가치량의 증분으로부터 이윤율이 도출될 수는 없는 것이다. 우리가 어떤 산업을 자본 집약적이다 혹은 노동 집약적이다 이야기하는 경우에도, 이는 사실 어떤 특정한 이윤율 수준을 전제로 하는 개념이라고 할 수 있다. 비록 우리는 그와 같은 사실을 인식하지 않은 채로도 쉽게 그런 표현을 하고 있지만 말이다.

단일 상품 경제가 아닌 한에서는, 집계된 자본의 한계 생산으로부터 이윤율이 결정된다는 신고전학파의 논리는 실제로는 불가능한 논리라고 할 수 있다. 오히려 반대이다. 논쟁의 직접적인 결말은 사무엘슨이 학술지 *Quarterly Journal of Economics*에 1966년에 게재한 논문 "Summing up"을 통해 공식적인 패배 선언을 한 것이었다(Samuelson, 1966). 신고전학파 경제학의 한계 생산 이론에 기초한 소득 분배 이론, 그리고 집계 생산 함수에 대한 이론은 단일 상품 경제를 염두에 둔 일종의 우화(parable)로서만 인정되었다. 신고전학파 성장 모형에 대해서도 단일 상품 경제를 전제로 하는 '비현실적인(imaginary) 경제에 대한 이야기'라는 자기 인정(Solow, 2000)이 있었다. 적어도 논쟁이 결말을 맺는 시기에 출판된 사무엘슨의 교과서 *Economics*의 개정판에서는 집계 생산 함수에 대한 논의가 자제되었다. 그것이 바로 역사적 사실이었다.

우리는 보통 집계 생산 함수를 투입물과 산출물 사이의 수량적 관계로서 순수하게 기술적인 것으로 받아들이기 쉬운데, 실제로는 그런 것이 아닌 셈이다. 투입물이든 산출물이든 집계 생산 함수 표현에 들어갈 때에는 가치를 단위로 해서만 측정될 수 있기 때문이다. 근본적인 문제는 자본의 수량이 실제로는 물질적인 양이 아닌 가치량에 의해서만 측정될 수 있다는 사실에 있다. 이로 인해 이윤율이 변화하면 자본을 구성하는 개별 상품의 가격이 달라지고 그 결과로 자본의 가치량 자체가 변화하게 된다. 신고전학파 경제학자들은 이윤율은 자본이라는 생산 요소가 거래되는 시장에서 수요 곡선과 공급 곡선이 만나는 점에서 결정된다고 주장하지만, 사실은 자본의 가치량 표현 자체가 특정한 이윤율을 전제로 해서만 가능하다. 자본에 대한 수요 곡선이나 공급 곡선이 그려지기 위해서는 특정한 이윤율이 미리 전제되어 있어야 했다. 이런 점에서 신고전학파 경제학의 자본에 대한 이론은 순환 논리에 갇히게 된 것이다.

신고전학파 경제학의 생산 이론과 성장 모형은 이와 같이 자본의 가치량이 이윤율과 독립적으로 주어진다는 잘못된 가정에 기초하며, 그와 같은 잘못된 가정에 기초한 이론을 집계 생산 함수라는 잘못된 개념 틀에 입각하여 전개한다. 우리는 여기에서 이로 인해 초래되는 두 가지 이론적 문제를 소개하고자 한다. 그것은 자본 역전(reverse capital deepening)과 기술 재전환(re-switching)이라는 이름으로 알려진 것들이다.

3. 자본 역전

다음의 식 (1)과 (2)로 표현되는 선형 생산 모형을 고려해 보자. 모형은 신고전학파 생산 함수에 반영되는 제반 가정으로부터 자유롭다. 여기서는 간단하게 재화가 2개만 있고 이들이 고정된 생산량만큼 생산되는 경우를 고려한다. 모형 경제에는 자본재를 생산하는 1부문과 소비재를 생산하는 2부문이 존재한다. 재화 1은 자본재, 재화 2는 소비재이다.

여기서 우리는 독자들이 이해를 쉽게 할 수 있도록 자본재를 단일 상품으로 가정한다. 자본재가 단일 상품이건 아니건, 중요한 것은 자본재의 가격 p가 이윤율에 따라 달라질 수 있다는 사실을 명확히 고려하는 것이다. 아울러 우리는 여기에서 자본을 구성하는 상품에 감가상각이 일어나지 않는다고 가정한다.[1)] 이 역시 설명의 편의 때문이며 결정적인 가정은 아니다.

자본재 한 단위의 생산에는 a_{11}만큼의 자본재와 a_{01}시간만큼의 노동이 필요하고 소비재 한 단위의 생산에는 a_{12}만큼의 자본재와 a_{02}시간만큼의 노동이 필요하다고 가정한다. 생산 부문마다 (a_{11}, a_{01}, a_{12}, a_{02})로 표현되는 수량적인 요소 투입 비율은 일정하다. 소비재의 가격을 1로 표준화한다고 할 때 자본재

1 감가상각률이 δ라고 하면 식 (1)과 (2)는 각각 다음과 같이 수정되어야 한다.

$$a_{11}p(r+\delta) + a_{01}w = p,$$
$$a_{12}p(r+\delta) + a_{02}w = 1.$$

이와 함께 식 (9) 또한 다음과 같이 수정되어야 한다.

$$q = (r+\delta)K + wL.$$

예를 들어, 자본재가 한 해 생산으로 모두 소진된다고 하면 $\delta = 1$이다.

의 상대 가격 p는 다음 방정식을 만족시킨다. 단, r과 w는 각각 이윤율과 임금률이다.

$$a_{11}pr + a_{01}w = p, \tag{1}$$

$$a_{12}pr + a_{02}w = 1. \tag{2}$$

우리는 이 연립 방정식을 만족시키는 r과 w 사이에 어떤 관계가 나타날 수 있는지에 주목하고자 하는데, 이를 '임금 이윤 곡선'(wage-profit curve)이라고 부를 것이다. 구체적으로 우리는 p를 소거함으로써 임금 이윤 곡선을 도출하려고 한다. 먼저 식 (1)과 (2)로부터 각각 식 (3)과 (4)를 얻을 수 있다.

$$p = \frac{a_{01}w}{1 - a_{11}r}, \tag{3}$$

$$p = \frac{1 - a_{02}w}{a_{12}r}. \tag{4}$$

상품 가격은 양수이어야 하므로 $p > 0$이라는 조건으로부터 다음 부등식을 가정하자.

$$r < 1 / a_{11}, \tag{3-1}$$

$$w < 1 / a_{02}. \tag{4-1}$$

식 (3)과 (4)가 일치한다고 놓으면 p가 소거된다.

$$\frac{a_{01}w}{1 - a_{11}r} = \frac{1 - a_{02}w}{a_{12}r} \; .$$

위 식을 w로 풀어내면 w는 r의 함수로 나타난다. 임금 이윤 곡선의 함수 표현이 이렇게 도출된다.

$$w = \frac{1 - a_{11}r}{a_{02} + r(a_{01}a_{12} - a_{02}a_{11})} \; . \tag{5}$$

식 (3-1)에 의해 식 (5)의 분자가 양수이므로 분모 또한 양수이어야 한다. 즉, 다음이 성립해야 한다.

$$a_{02} + r(a_{01}a_{12} - a_{02}a_{11}) > 0. \tag{5-1}$$

식 (5)를 식 (3)에 대입하면 p를 풀어낼 수 있다. 다음 식 (6)에서 분명히 드러나듯이 자본재의 가격 p는 이윤율의 함수가 된다. 이윤율 r이 변하면 p가 변한다. 상대 가격 체계가 바뀌고 자본재의 가치량이 달라진다. 이 과정에서는 집계된 총산출, 즉 국민 소득의 크기 또한 함께 변하게 된다.

$$p = \frac{a_{01}}{a_{02} + r(a_{01}a_{12} - a_{02}a_{11})} \; . \tag{6}$$

식 (6)으로부터 다음 부등식을 얻는다.

$$a_{01}a_{12} - a_{02}a_{11} > 0 \Rightarrow \partial p / \partial r < 0, \qquad (7\text{-}1)$$

$$a_{01}a_{12} - a_{02}a_{11} = 0 \Rightarrow \partial p / \partial r = 0, \qquad (7\text{-}2)$$

$$a_{01}a_{12} - a_{02}a_{11} < 0 \Rightarrow \partial p / \partial r > 0. \qquad (7\text{-}3)$$

우리는 먼저 $a_{01}a_{12} - a_{02}a_{11} = 0$인 식 (7-2)의 경우를 고려한다. 이 경우 p는 다음과 같다.

$$p = \frac{a_{01}}{a_{02}} = \frac{a_{11}}{a_{12}}. \qquad (6\text{-}1)$$

임금 이윤 곡선은 이 경우 선형으로 그려진다.

$$w = \frac{1}{a_{02}} - \frac{a_{11}}{a_{02}}r. \qquad (8)$$

$a_{01}a_{12} - a_{02}a_{11} = 0$이라는 조건은 자본재 생산 부문(1부문)과 소비재 생산 부문(2부문)에서 물리적 수량을 기준으로 한 자본 집약도가 동일하다는 의미이다. 왜냐하면 다음 관계가 성립하기 때문이다.

a_{11} / a_{01} = 자본재 생산 부문에서 자본재와 노동의 결합 비율,

a_{12} / a_{02} = 소비재 생산 부문에서 자본재와 노동의 결합 비율.

임금 이윤 곡선이 선형이 되는 것은 이와 같이 경제 내 생산 부문의 물리적 자본 집약도가 모두 동일한 경우이다.

이제 임금 이윤 곡선의 그래프에 대해 살펴보자. 세로축을 w, 가로축을 r이라 하면 곡선의 가로축 절편과 세로축 절편은 각각 다음과 같다.

$$(r_0, w = 0) = (1 / a_{11}, 0),$$
$$(r = 0, w_0) = (0, 1 / a_{02}).$$

이 두 절편의 경제적 의미를 이해하기 위해 국민 소득 q를 다음과 같이 나타내도록 하자. 여기서 q의 단위는 물리적 수량이 아닌 가치량이다.

$$q = rK + wL. \tag{9}$$

임금 이윤 곡선의 가로축 절편에서는 $w = 0$이다. 이는 이 가로축 절편에서 국민 소득 q 전체가 자본에 분배됨을 의미한다. 식 (9)에서 $w = 0$이라 하고 그때의 이윤율 r_0를 적용하면 다음을 얻는다.

$$q = r_0 K = \frac{1}{a_{11}} K.$$

위 식의 양변을 L로 나누면 다음 식 (9-1)을 얻는다. 여기서 y는 노동 생산성이다.

$$y = r_0 k = \frac{1}{a_{11}} k. \tag{9-1}$$

식 (9-1)로부터 다음 관계가 성립하는 것을 확인할 수 있다.

$$r_0 = \frac{1}{a_{11}} = \frac{y}{k}. \tag{10}$$

한편, 임금 이윤 곡선의 세로축 절편에서는 $r = 0$이다. 이는 이 세로축 절편에서 국민 소득 q 전체가 노동에 분배됨을 의미한다. 식 (9)에서 $r = 0$이라 하고 그때의 임금률 w_0를 적용하면 다음과 같다.

$$q = w_0 L = \frac{1}{a_{02}} L.$$

다시 위 식의 양변을 L로 나누면 다음 식을 얻는다.

$$y = w_0 = \frac{1}{a_{02}}. \tag{9-2}$$

임금 이윤 곡선이 선형이고 가로축, 세로축 절편이 각각 y / k와 y로 결정되었으므로 곡선의 기울기의 절댓값을 쉽게 구할 수 있다.

$$|\text{기울기}| = k = \frac{a_{11}}{a_{02}}. \tag{11}$$

k가 클수록 선형인 임금 이윤 곡선의 기울기가 급해진다.

우리는 $k = K / L$의 의미를 어떻게 해석해야 할까? k와 크기가 일치하는 a_{11} / a_{02} 자체는 물리적 수량을 기준으로 1부문 단위 생산을 위한 자본재 투입량을 2부문 단위 생산을 위한 노동 투입량으로 나눈 비율이다. 따라서 k는 1부문에 대해서도, 2부문에 대해서도 물리적 수량 기준의 자본 집약도로 해석하는 것이 곤란하다. 이 점을 확인하기 위해 생산 모형의 두 식 (1), (2)를 국민소득 식 (9)와 연결시켜 보도록 하자.

식 (1)과 (2)는 각각 자본재와 소비재의 단위 생산을 전제로 한다. 만약 1부문 자본재 생산량이 q_1이고 2부문 소비재 생산량이 q_2라고 하면 어떨까? 식 (1)과 (2)를 다시 써 보자.

$$a_{11}pq_1r + a_{01}q_1w = pq_1, \tag{1-1}$$

$$a_{12}pq_2r + a_{02}q_2w = q_2. \tag{2-1}$$

식 (1-1)과 (2-1)의 우변을 합하면 산출물의 가치, 즉 국민 소득이 된다. 즉, 식 (9)의 q와 동일한 의미가 된다.

$$q = pq_1 + q_2. \tag{12}$$

식 (1-1)과 (2-1)의 좌변 두 번째 항을 합하면 노동 소득의 합이 된다. 이로부터 다음 관계가 도출된다.

$$(a_{01}q_1 + a_{02}q_2)w = wL$$

$$\Rightarrow L = a_{01}q_1 + a_{02}q_2. \tag{13}$$

마찬가지로 식 (1-1)과 (2-1)의 좌변 첫 번째 항을 합하면 자본 소득의 합이 된다.

$$(a_{11}q_1 + a_{12}q_2)pr = rK$$
$$\Rightarrow K = p(a_{11}q_1 + a_{12}q_2). \qquad (14)$$

식 (13)과 (14)로부터 k를 다음과 같이 쓸 수 있다.

$$k = \frac{p(a_{11}q_1 + a_{12}q_2)}{a_{01}q_1 + a_{02}q_2}. \qquad (15)$$

그런데 우리가 가정하는 식 (7-2)의 경우에는 식 (6-1)이 성립하므로 식 (15)를 다음과 같이 보다 간단한 형태로 고쳐 쓸 수 있다.

$$k = \frac{a_{11}}{a_{12}} \frac{a_{12}(pq_1 + q_2)}{a_{02}(pq_1 + q_2)} = \frac{a_{11}}{a_{02}}. \qquad (15\text{-}1)$$

이는 앞의 식 (11)과 정확히 일치하는 점을 확인할 수 있다.

자본량 K는 서로 다른 자본재를 집계한 것으로서 이윤율에 의존한다. 따라서 가치량으로서의 K는 반드시 성장 모형 안에서 적어도 이윤율 r과 함께 결정되는 것이어야 한다. 이와는 달리 신고전학파의 한계주의 접근법에서는 K를 이윤율로부터 독립된 수량 변수인 것처럼 간주한 다음, 결과적으로 K의 수량적 증분이 r을 결정하는 것으로 보는 점에서 차이가 있다.

흥미로운 점은 모든 생산 부문에서 수량적인 자본-노동 결합 비율이 동

[그림 6-1] 모든 생산 부문의 (물리적) 자본 집약도가 동일한 경우

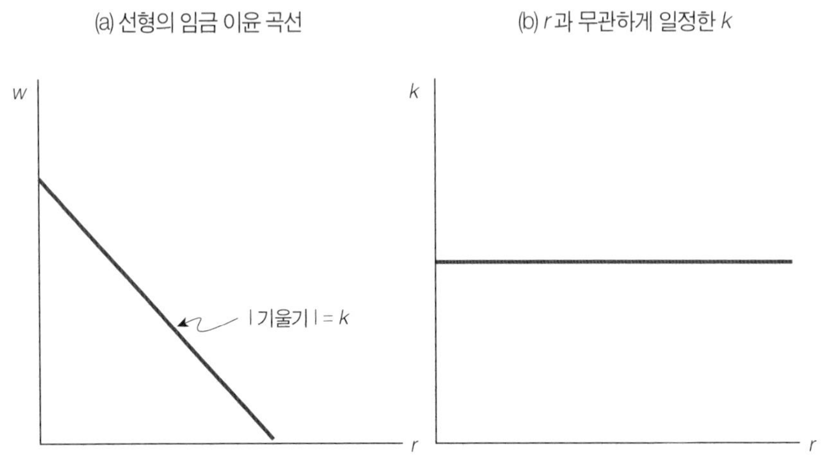

일한 식 (7-2)의 경우, r의 크기가 달라져 요소 가격 비율이 변하더라도 k의 크기에는 변화가 없다는 것이다. 물론 생산 기술을 나타내는 고정 계수 (a_{11}, a_{01}, a_{12}, a_{02})가 일정한 현재 상황에서는 r의 크기가 달라지고 이로 인해 요소 가격 비율이 변하더라도 수량적인 자본 집약도가 변할 리가 없다. 신고전학파 경제 이론에서는 r의 w에 대한 상대 가격이 오르면 자본 집약도가 하락한다고 하지만, 여기서 우리가 보는 것은 이처럼 일정한 k이다.

$$\frac{\partial k}{\partial r} = 0. \tag{16}$$

그렇다면 혹시 식 (7-2)가 아닌 다른 경우에는 어떨까? 우리는 수량 기준

으로 자본 집약도를 따져 보면 자본재 생산 부문이 소비재 생산 부문보다 더 자본 집약적이라고 가정하자. 즉, 다음을 가정하는 것이다.

$$\frac{a_{11}}{a_{01}} > \frac{a_{12}}{a_{02}}.$$

위 부등식은 식 (7-3)과 일치한다. 그럼 식 (7-3)의 경우에는 r이 상승할 때 k가 하락할까?

식 (5)로 돌아가 $r = 0$인 경우와 $w = 0$인 경우를 따져 보면 우리는 임금 이윤 곡선의 가로축 절편과 세로축 절편이 식 (7-2)의 경우에서와 완전히 동일하다는 사실을 쉽게 확인할 수 있다. 다만 식 (7-3)의 경우에 임금 이윤 곡선은 더 이상 선형이 아니다. 식 (5)를 r로 미분하면 다음 관계를 얻을 수 있다.

$$\frac{\partial w}{\partial r} = -\frac{a_{11} + w(a_{01}a_{12} - a_{02}a_{11})}{a_{02} + r(a_{01}a_{12} - a_{02}a_{11})}.$$

임금 이윤 곡선이 우하향($\partial w / \partial r < 0$)하려면 다음 가정이 필요하다.

$$a_{11} + w(a_{01}a_{12} - a_{02}a_{11}) > 0. \tag{5-2}$$

식 (5-1)과 (5-2), (7-3)의 가정 하에서 다음 부등식이 성립한다.

$$\frac{\partial}{\partial r}\left[\frac{\partial w}{\partial r}\right] = \frac{-2(a_{01}a_{12} - a_{02}a_{11})}{a_{02} + r(a_{01}a_{12} - a_{02}a_{11})}\frac{\partial w}{\partial r} < 0.$$

[그림 6-2] 자본재 부문이 소비재 부문보다 자본 집약적인 경우

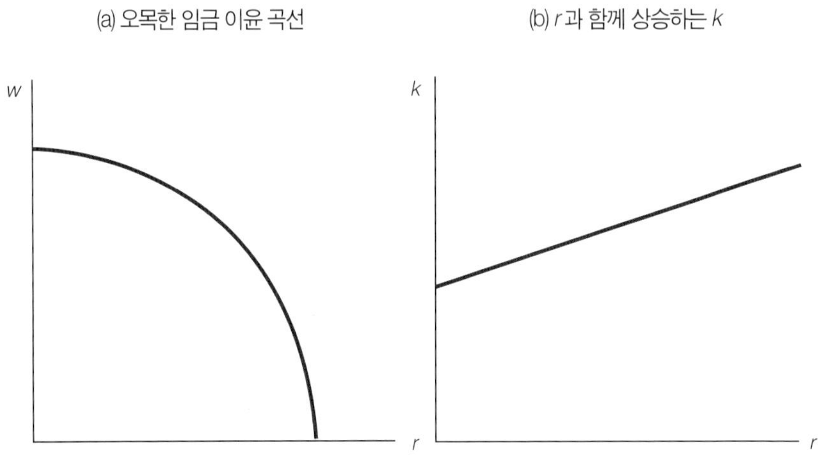

이는 식 (7-3)의 임금 이윤 곡선은 원점에서 바라볼 때 오목한 모양으로 그려진다는 뜻이다. 앞에서 임금 이윤 곡선이 선형일 때에는 식 (15-1)에서 보았듯이 k가 p에 의존하지 않았으나, 지금처럼 오목할 때에는 다시 식 (15)로 돌아가야 한다. 경제 내 모든 생산 부문에서 수량 기준으로 자본 집약도가 동일한 경우만 아니라면, 일반적으로 k는 p에 의존하는 것이다. 자본재 산업이 소비재 산업보다 자본 집약도가 높은 식 (7-3)의 경우 식 (15)를 r로 미분함으로써 다음 부등식을 얻게 된다.

$$\frac{\partial k}{\partial r} = \frac{a_{11}q_1 + a_{12}q_2}{a_{01}q_1 + a_{02}q_2}\frac{\partial p}{\partial r} > 0. \tag{17}$$

부등식 (17)은 이윤율이 오를 때 자본 가치의 변동을 반영하는 자본 집약도가 오히려 상승할 수 있음을 보여 준다. 이것이 바로 자본 역전 현상이다. 자본 역전의 예시는 k를 r의 감소 함수로 보는 신고전학파적 접근법에 대한 하나의 반증이다.

4. 기술 재전환

신고전학파 경제학의 생산 이론은 일정한 생산량을 얻기 위한 최적의 생산 기술, 즉 최소 비용의 생산 요소 결합 비율을 선택하는 이른바 조건부 요소 수요의 문제를 다룬다. 그 결론에 따르면 자본에 대한 수요량은 이윤율의 감소 함수가 되고 노동에 대한 수요량은 임금률의 감소 함수가 된다.

이윤 극대화를 추구하는 기업이라면 당연히 생산 비용이 가장 적게 드는 생산 기술을 채택할 것이다. 임금률이 특정한 크기로 주어져 있다는 전제 하에서는, 이윤율이 오르거나 떨어질 때 각각의 이윤율에 대응하여 비용을 극소화하는 생산 요소 결합이 선택될 수 있다. 이윤율이 오를수록 상대적으로 임대 가격이 오른 자본의 투입을 줄이고 이를 저렴해진 노동 투입으로 대체(substitution)할 것이라는, 생산 요소 간 대체라는 직관적인 아이디어가 문제없이 받아들여진다. 요소 가격 비율과 요소 결합 비율 사이에 단조적인(monotonic) 관계가 등장한다. 노동에 대한 자본의 상대 가격이 오를수록 자본을 노동으로 대체하므로 자본 집약도는 하락하고 점점 더 노동 집약적인 생산 기술이 채택된다는 것이다.

자본 논쟁은 이와 같은 논리 또한 실제로는 타당하지 않음을 입증하였다. 요소 가격 비율과 요소 결합 비율 사이에 단조적인 관계가 성립하지 않을 수 있다는 것이었다. 생산 기술을 자본과 노동의 결합 비율로 이해할 때, 특정 이윤율 수준에서 채택된 생산 기술이 이윤율이 상승하면서 채택되지 않게 되었다면 신고전학파의 논리대로라면 이 생산 기술은 더 높은 이윤율 범위에서는 결코 채택될 수 없게 된다. 하지만 논쟁의 결과는 이러한 신고전학파의 논리를 뒤집는 것이었다. 바로 그 생산 기술이 더 높은 이윤율 범위에서 다시 비용 극소화 조건을 충족시킬 수도 있다는 사실이 수학적으로 증명된 것이다. 우리는 이를 기술 재전환의 문제라고 부른다.

기술 재전환의 논리를 설명하기 위해 이제 우리는 생산 기술, 즉 $(a_{11}, a_{01}, a_{12}, a_{02})$의 조합이 고정되어 있다는 지금까지의 가정을 완화하고 기업이 생산 기술을 선택할 수 있다고 하자. 단, 논의를 간단하게 하고자 기업에게 활용 가능한 생산 기술이 다음과 같이 A와 B, C의 세 가지만 존재한다고 가정한다.

$$\text{기술 } A\text{: } (a_{11}^A, a_{01}^A, a_{12}^A, a_{02}^A),$$
$$\text{기술 } B\text{: } (a_{11}^B, a_{01}^B, a_{12}^B, a_{02}^B),$$
$$\text{기술 } C\text{: } (a_{11}^C, a_{01}^C, a_{12}^C, a_{02}^C).$$

만약 이 세 기술이 모두 식 (7-2)의 조건을 충족한다면, 그리고 노동 한 단위당 결합되는 자본 가치 k가 이 세 기술에서 서로 다르다면, 우리는 각 기술에 대응하는 임금 이윤 곡선을 [그림 6-3]과 같이 예시할 수 있다.

이 세 임금 이윤 곡선이 서로 세로축과 가로축의 절편이 다르고 기울기가

[그림 6-3] 복수의 생산 기술: 임금 이윤 곡선이 모두 선형인 경우

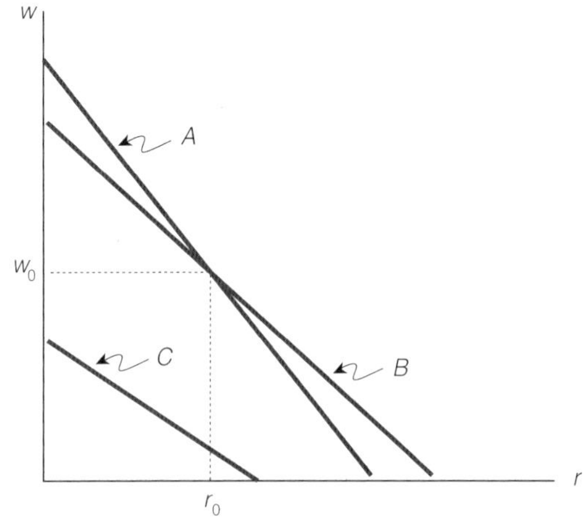

다른 이유는 각각의 곡선에 대응하는 생산 기술에 차이가 있고 이에 따라 (a_{11}, a_{01}, a_{12}, a_{02}) 조합이 다르기 때문이다. 그렇다면 기업은 이제 어떤 선택을 할까? 이윤을 극대화하기 위해서는 주어진 임금률 하에서 이윤율이 가장 큰 생산 기술을 선택하는 것이 자연스럽다고 하겠다. 이에 따라 기업으로서는 기술 C를 선택할 이유가 전혀 없다. 왜냐하면 모든 임금률 수준에서 이윤율이 더 큰 다른 생산 기술이 존재하기 때문이다. 말하자면 기술 C는 비효율적인 것이다. 그러므로 이 경우 우리는 기술 A와 기술 B에 대해서만 고려해도 충분하겠다.

[그림 6-3]에서 임금률과 이윤율에 따른 기업의 최적 선택은 다음과 같이 요약할 수 있는데 이를 '기술 경계'(technology frontier)라고 부를 수 있다.

$$w > w_0,\ r < r_0 \Rightarrow \text{기술 } A,$$
$$w < w_0,\ r > r_0 \Rightarrow \text{기술 } B.$$

이 기술 경계를 따라 이윤율 r이 점점 상승하면, $r = r_0$가 되는 점을 경계로 선택되는 기술에 변화가 생긴다. $r < r_0$이면 기술 A가, 그리고 $r > r_0$이면 기술 B가 선택된다. 이와 같은 기술의 '전환'(switching)은 어떤 양상으로 일어나는가? 이윤율이 오르면서 기존의 기울기가 보다 급한 기술을 대신하여, 기존에 채택되지 않은 기울기가 보다 완만한 기술이 채택된다. 임금 이윤 곡선이 선형일 때 그 기울기는 노동 단위당 결합되는 자본 가치량에 해당하므로, 이와 같은 기술 전환은 곧 이윤율이 오르고 임금률이 떨어질 때 보다 노동 집약적인 생산 기술이 선택된다는 의미가 된다.

[그림 6-4]의 기술 전환 사례에서는 자본에 대한 보수인 이윤율이 오르면서 자본 집약도가 하락하고 있으므로 신고전학파 경제 이론의 주장을 뒷받침하는 것으로 보인다. 하지만 이 사례는 어디까지나 모든 생산 부문에서 자본재와 노동이 결합되는 물리적 비율이 동일한 경우에 국한된 것이다. 실제로는 산업마다 자본재와 노동의 결합 비율이 얼마든지 다를 수 있으므로, 오히려 [그림 6-4]의 사례는 극히 이례적이고 비현실적인 경우라고도 볼 수 있다.

그렇다면 생산 기술의 특성이 자본재와 노동의 수량적 결합 비율 측면에서 자본재 생산 부문과 소비재 생산 부문 간에 차이가 있다면 어떨까? 우리는 독자들의 이해를 최대한 돕고자, 기술 A에 대해서는 여전히 앞의 가정을 유지하면서 기존의 기술 B를 대신하는 기술 D에 대해서만 자본재와 노동의 수량적 결합 비율이 자본재 생산 부문에서 더 높은 것으로 가정하고자 한다. 즉,

[그림 6-4] 기술의 전환

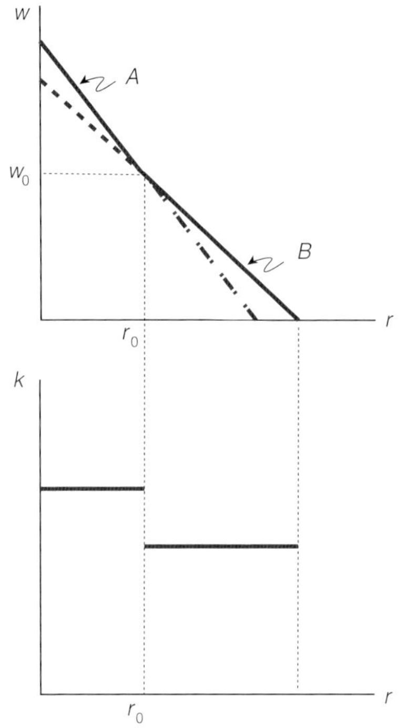

앞에서는 기술 B의 $(a_{11}^B, a_{01}^B, a_{12}^B, a_{02}^B)$에 대하여 다음이 성립했지만,

$$\frac{a_{11}^B}{a_{01}^B} = \frac{a_{12}^B}{a_{02}^B}.$$

이제는 기술 D의 $(a_{11}^D, a_{01}^D, a_{12}^D, a_{02}^D)$에 대하여 다음과 같이 가정하려는 것이다.

$$\frac{a_{11}^D}{a_{01}^D} > \frac{a_{12}^D}{a_{02}^D}.$$

이 경우 각 기술에 대응하는 임금 이윤 곡선은 [그림 6-5]와 같이 그려질 수 있다. [그림 6-5]는 기존의 기술 A 외에 생산 부문 간에 자본재와 노동의 물리적 결합 비율에 차이가 있는 새로운 기술 D가 선택 가능한 기술로서 추가된 경우에 대한 것이다. 곡률이라든가 r_0, r_1의 위치와 같은 그래프의 구체적인 형태는 일반적인 것은 아니다. 이 그래프는 어디까지나 가능한 하나의 사례로서 이해되면 충분하다.

그림에서 이윤율이 자신의 최솟값으로부터 출발하여 점차 커지면서 r_0를 넘어서면 기술에 전환이 일어난다. $r < r_0$인 경우, 주어진 임금률 하에서 기술 D보다 기술 A에서 이윤율이 높았다. 따라서 $r < r_0$이면 기업은 기술 A를 채택하는 편이 유리하다. 하지만 $r > r_0$이 되면 상황이 바뀐다. 이제 $w_1 < w < w_0$ 범위 내에서 임금률이 주어지면 기업으로서는 이윤율이 보다 높은 기술 D가 유리하기 때문이다.

그런데 [그림 6-5]는 이와 같은 기술의 전환이 한 번만 일어나지 않는 점에서 [그림 6-4]와 다르다. [그림 6-5]에서는 기술의 전환이 한 번 더 일어난다. 이윤율이 r_0를 넘어서서 계속 오르다가 이번에는 r_1을 넘어선다고 하자. 그러면 기업은 다시 기술을 전환한다. 새롭게 채택되는 기술은 낮은 이윤율 수준에서 선택되었던 기존의 기술 A이다. [그림 6-6]은 이와 같은 생산 기술의 재전환(re-switching) 가능성을 노동 단위당 결합하는 자본 가치인 k의 가능한 변화와 함께 보여 준다.

[그림 6-5] **복수의 생산 기술: 부문 간 요소 집약도 차이 고려**

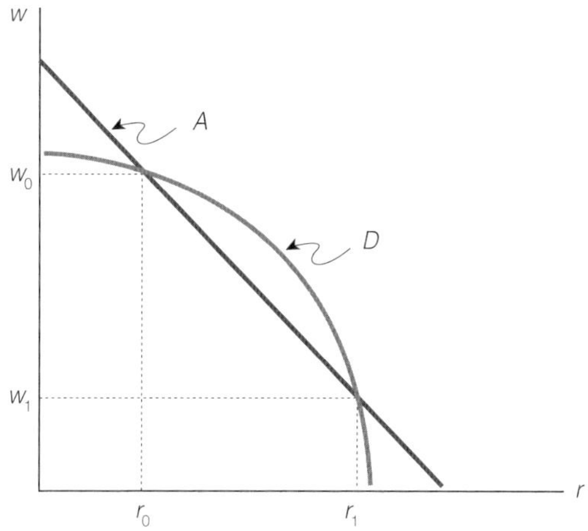

우리는 이윤율이 자신의 최소치로부터 최대치까지 연속적으로 상승해 가는 과정에서 애초에는 기술 A가 선택되었다가 기술 D로의 전환이 일어나며, 일정 수준 이상으로 이윤율이 더 오르면 원래는 낮은 이윤율 수준에서 선택되었던 기술 A로 재전환이 일어나는 것이 가능함을 알 수 있다. 이윤율 변화 시 이윤 극대화 기업이 한때 채택하다가 포기한 생산 기술을 이윤율이 더욱 높은 수준으로 오르면 다시 채택하는 현상이 일어날 수 있다는 것이다. 이와 같은 기술 재전환의 가능성은 신고전학파의 논리로는 설명이 불가능하다. 왜냐하면 신고전학파의 생산 이론에 따르면 임금률이 일정한 가운데 이윤율이 연속적으로 오르면 계속해서 보다 노동 집약적인 기술만이 선택되어야 하기 때문이다.

[그림 6-6] 기술의 재전환

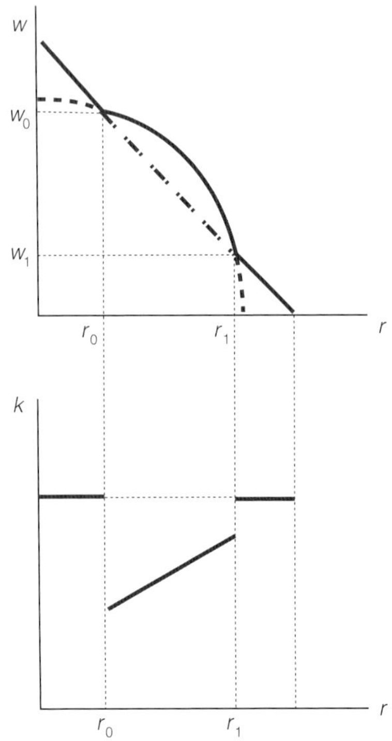

이와 같은 기술의 전환 및 재전환이 일어나는 경우 노동 단위당 결합되는 자본 가치의 크기, 즉 자본-노동 비율 k에는 어떤 변화가 있게 될까? 앞에서 이미 공부한 내용에 기초하면, 이윤율이 r_1보다 작은 경우에는 기술 A가 선형의 임금 이윤 곡선을 가지고 이윤율이 오를 때 자본재의 상대 가격인 p가 일정하다. 이로 인해 이윤율이 상승해도 k가 일정한 크기를 유지할 것임을 알 수 있다. 이윤율이 r_2보다 큰 경우에도 마찬가지이다. 반면에 이윤율이 r_1보다 크면서 r_2보다 작은 경우에는 기술 D가 채택되고, 그것의 임금 이윤 곡선이 오목하므로 이윤율의 상승은 자본재의 상대 가격 p의 상승을 가져온다. 이로 인해 k는 상승한다.

그렇다면 이윤율이 r_1이나 r_2에 도달하면 어떤 일이 벌어질까? 한 가지 가능한 사례를 보여 주는 [그림 6-6]에서는 이윤율이 r_1에 도달할 때 기업이 채택하는 기술이 달라지면서 k 비율에 불연속적인 하락이 일어나고 있다. 그런 다음에 이윤율이 r_2에 도달하면 다시 기술 재전환이 일어나면서 k 비율이 불연속적으로 상승하고 있다. 이와 같은 사례는 집계 생산 함수에 기초한 신고전학파 경제학의 논리와는 정반대로 요소 가격 비율의 변화에 대해 요소 결합 비율이 연속적으로 반응하지 않을 수 있는 논리적 가능성을 드러내는 것이다.

5. 자본 논쟁의 시사점

신고전학파 성장 모형의 집계 생산 함수의 가능성을 둘러싸고 촉발된 자본 논쟁에서 포스트 케인지언 경제학자들이 제기한 비판의 요지는 다음과 같이 요약할 수 있다. 먼저 소득 분배의 한계 생산성 이론을 전제로 한다면, 이질적인 개별 자본을 소득 분배에 있어서의 변화와 무관하게 단일한 수량으로 집계하는 것이 불가능하며 따라서 신고전학파 집계 생산 함수는 잘못된 개념이다. 소득 분배의 한계 생산성 이론에 기초한 자본의 집계는 순환 논리의 문제를 해결하지 못한다.

이런 점으로 인해 이윤율 혹은 이자율은 자본의 한계 생산과 같은 것으로 이해되어서는 안 되며, 동일한 논리로 임금률 역시 노동의 한계 생산으로 이해되어서는 안 된다. 이윤율의 변화는 자본 역전이나 기술 재전환과 같은 현상을 수반할 수 있으며 측정된 자본-노동 비율과 이윤율 사이에는 일대일의 관계가 존재하지 않을 수 있다.

자본 역전과 기술 재전환의 문제는 우리에게 깊은 고민거리를 던져 준다. 무엇보다도 우리는 이 문제들로 인해 이윤율과 자본 집약도 사이에 더 이상 단조적인 역의 관계가 나타나지 않게 되는 점에 주목할 필요가 있다. 이는 곧 자본을 비롯한 생산 요소에 대한 수요 곡선이 더 이상 요소 가격에 대해 연속적으로 우하향하지 않을 수 있다는 것이다. 그렇다면 예를 들어 실업 감소를 위한 대책으로 임금을 인하하는 것은 그럴 듯해 보이지만 실제로는 이론적으로 정당화되기 어려운 잘못된 처방일 수 있는 것이다.

우하향하는 자본 수요 곡선은 '대체'라는 한계주의 경제학의 근본적인 원리에 뿌리내린 아이디어라고 할 수 있다. 요소 가격이 오르면 이윤 극대화를 하는 기업에 의해 해당 요소의 투입량이 줄어든다. 이윤율의 상승은 자본 투입을 줄이는 것으로 귀결된다. 그런데 이런 경우 자본 집약적인 생산 공정에 의해 생산되는 상품의 가격은 노동 집약적인 방식으로 생산되는 상품에 비해 상승할 것이다. 이렇게 상대적으로 비싸진 자본 집약적인 상품은 효용 극대화를 하는 소비자에 의해 노동 집약적인 상품으로 대체된다. 이와 같이 공급 측면에서나 수요 측면에서나 비싸진, 즉 귀해진 자원의 사용은 절약된다. 희소성을 경제 문제의 원천으로 강조하는 신고전학파 이론의 입장에서 '대체'는 이렇게 경제학의 핵심 원리가 된다.

자본 논쟁에서 드러난 기술 재전환이나 자본 역전의 사례는 자본에 대한 수요 곡선이 우하향하지 않을 수 있음을 보여 줌으로써 이 생산 요소 간 대체, 생산물 간 대체라는 개념의 기초를 허물어뜨린다(박만섭, 2005). 그럴 듯한 이야기이지만, 그저 그럴 듯한 이야기일 뿐이라는 것이다. 일종의 우화로서 교육적인 가치는 크지만, 어디까지나 우화일 뿐이라는 것이다.

더 나아가면 우리는 생산 요소로서의 자본이 임대되는 시장에서 수요와 공급이 일치하는 균형점이 자본 수요 함수가 우상향하는 구간에서 나타나는 경우도 얼마든지 상정할 수 있게 된다. 그리고 이때에는 균형이 안정성을 상실할 수 있음도 알 수 있다. 자본의 임대 가격이 균형 수준을 웃도는 경우라면 자본에 대한 수요량이 공급량을 초과하므로 자본을 수요하는 기업들 사이의 경쟁으로 인해 이윤율은 더욱 상승한다. 왈라스 일반 균형은 도달할 수 없는 환상이 되고 만다.

그렇다면 왜 이런 개념적인 문제가 발생하는가? 그 근본적인 이유는 자본이라는 것 자체가 노동이나 토지와 대등한 '또 다른 생산 요소'만은 아니기 때문이다. 노동이나 토지와 달리 자본은 생산 활동의 투입물이면서 이와 동시에 생산 활동의 결과물이기도 하다. 이 사실을 중요하게 고려해야 한다. 자본은 생산물이다. 따라서 희소한 자원이라는 틀로 파악될 수 있는 성격의 것이 아니다. 자본을 노동이나 토지와 형식적인 측면에서 대칭적으로 다루려는 시도가 왜곡을 가져오는 것이다.

실제로 역사적으로 벌어진 논쟁의 결과, 이와 같은 포스트 케인지언 경제학자들의 비판에 대해 신고전학파 경제학자들이 수긍하지 않을 수 없었음은 이미 언급한 바와 같다. 그러나 1990년대 이후 다시 신고전학파 집계 생산 함수는 주류 경제학 문헌에서 광범위하게 재등장하였다. 심지어는 인적 자본이나 지식 자본과 같이 그 크기를 어떻게 측정하고 집계할 수 있는지 불분명해 보이는 변수들까지 자본으로 추가되면서 문제는 더욱 복잡해졌다고 볼 수도 있다.

자본 논쟁의 역사적 · 이론적 의미는 작지 않았지만, 이제 우리는 이런 논쟁이 존재했다는 사실 자체조차 잘 모른다. 적어도 대학의 정규 교과에서는 가르치거나 배우기 어려운 것이 현실이다. 일부 경제학의 역사와 관련되는 수업에서 주변적으로만 언급되고 마는 경우가 대부분이다. 어떤 신고전학파 경제학자들은 자본 역전이나 기술 재전환 같은 사례에 대해 이는 마치 기펜재(Giffen good) 현상처럼 경험적으로 관측이 잘 안 되는 현상이므로 이론적 중요성이 크지 않다고 항변을 하기도 했다. 하지만 전체적으로 보면 이런 문제가 있다는 사실 자체를 모르거나 일부러 무시하는 경향이 지배적인 것으로 보인다.

Felipe and McCombie(2010)에 따르면 주류 경제학자들의 이러한 태도에는 이유가 있어 보인다. 그것은 위대한 통화주의자 밀턴 프리드먼(Milton Friedman, 1912~2006)이 제시한 이른바 방법론적 기능주의(methodological instrumentalism)와 관련되어 있다. 방법론적 기능주의에서는 어떤 이론이든 과장된 추상과 비현실적인 가정에 기초해 있는 것은 마찬가지라고 본다. 따라서 중요한 것은 이론의 예측 능력이라는 것이다. 주류 경제학자들은 집계 생산 함수 개념이 설령 그 이론적 기초가 취약하더라도 실증적인 분석에 있어 유용한 도구임이 입증되었다면 그것 자체가 적절한 개념이 아니라고 볼 수는 없다는 주장에 대해 동의할 것으로 보인다. 그런데 정말 집계 생산 함수는 실증적으로 전혀 문제가 없는 개념일까?

6. 신고전학파 집계 생산 함수의 실증적 적절성 검토

이번에는 신고전학파 집계 생산 함수의 적절성을 실증적 측면에서 검토해 보고자 한다. 이 절의 논의는 주로 Felipe and McCombie(2010, 2013)에 기초해 있다. 먼저 우리는 어떤 경제의 실제 생산 기술이 다음과 같은 콥-더글러스 형태의 집계 생산 함수인 경우를 고려한다.

$$q(t) = e^{\lambda t} K(t)^{\alpha} L(t)^{1-\alpha}.$$

여기서 λ는 총요소 생산성의 증가율, 즉 기술 진보율이다. 위 집계 생산 함수의 양변을 $L(t)$로 나누어 일인당 생산 함수로 바꾸면 다음과 같다. y는 노동 생산성으로도 해석할 수 있다.

$$y(t) = e^{\lambda t} k(t)^{\alpha}.$$

실제 실증 분석에서는 위 식을 다음과 같이 자연 로그를 취한 다음 증가율 형태로 변형하여 사용하는 경우가 있다.

$$\ln y(t) = \lambda t + \alpha \ln k(t),$$

$$
\begin{aligned}
&\ln y(t-1) = \lambda(t-1) + \alpha \ln k(t-1) \\
&\Rightarrow \ln y(t) - \ln y(t-1) = \lambda + \alpha [\ln k(t) - \ln k(t-1)] \\
&\Leftrightarrow g_y(t) = \lambda + \alpha g_k(t). \qquad (18)
\end{aligned}
$$

g_y는 노동 생산성 y의 전년 대비 증가율이고 g_k는 $k = K/L$의 전년 대비 증가율이다. 이제 자료로부터 g_y을 g_k에 대해 회귀 분석하면 α에 대한 추정치를 얻을 수 있는데 이는 자본 소득 분배율, 즉 '이윤 몫'으로 해석된다. 아울러 상수항에 대한 추정치도 얻을 수 있는데 이는 기술 진보율로 해석할 수 있다. 이 회귀 방정식이 통계적으로 자료에 잘 부합하면, 이는 종종 신고전학파 집계 생산 함수의 존재 및 한계 생산에 기초한 소득 분배 이론의 타당성을 뒷받침하는 증거인 것처럼 이해되는 경우가 있다.

그렇다면 이번에는 위에서와는 달리 어떤 생산 기술도 별도로 가정하지 않고 단지 국민 소득 계정에 기초하는 다음과 같은 항등식을 고려해 보겠다.

$$q(t) = w(t)L(t) + r(t)K(t).$$

이번에도 양변을 $L(t)$로 나눈 다음, t로 미분하고 다시 $y(t)$로 나누어 주면 우리는 위의 항등식을 아래와 같이 변형할 수 있다.

$$
\begin{aligned}
&y(t) = w(t) + r(t)k(t) \\
&\Rightarrow \frac{\partial y(t)}{\partial t}\frac{1}{y(t)} = \frac{\partial w(t)}{\partial t}\frac{1}{y(t)} + \frac{\partial [r(t)k(t)]}{\partial t}\frac{1}{y(t)}
\end{aligned}
$$

$$\Rightarrow g_y(t) = g_w(t)\,\frac{w(t)}{y(t)} + [\,g_r(t) + g_k(t)\,]\,\frac{r(t)k(t)}{y(t)}$$

$$\Rightarrow g_y(t) = (1 - \pi(t))\,g_w(t) + \pi(t)\,[\,g_r(t) + g_k(t)\,]. \tag{19}$$

여기서 $\pi(t)$는 이윤 몫이고 g_w와 g_r은 각각 임금률과 이윤율의 전년 대비 상승률을 나타낸다. 그런데 만약 $\pi(t)$가 비교적 일정한 크기를 유지해 상수 π로 간주할 수 있고 아울러 임금률과 이윤율의 상승률을 다음과 같이 상수 π로 가중 평균한 것이 변동 폭이 크지 않아 어떤 상수 τ로 간주할 수 있다고 하자.

$$(1 - \pi)g_w(t) + \pi\,g_r(t) \equiv \tau.$$

이와 같은 가정 하에서는 식 (19)를 다음과 같이 쓸 수 있다.

$$g_y(t) = \tau + \pi\,g_k(t). \tag{20}$$

식 (18)은 집계 생산 함수로부터 도출되었고 식 (20)은 국민 소득 계정상의 항등식으로부터 유도되었다. 만약 집계 생산 함수가 실제 자료 생성 메커니즘이며 참인 실체라고 가정하면서 식 (18)을 회귀 분석으로 추정하면 λ와 α에 대한 추정치를 일단 얻을 수는 있다. 하지만 이는 어쩌면 사실은 항등식 (20)의 τ와 π를 추정한 것일 수도 있다.

정말로 λ에 대한 추정치가 신고전학파의 논리대로 기술 진보율에 대한 것인지, 아니면 단지 항등식 (20)의 계수 τ에 대한 것인지는 식별되지 않는다는 것이 Felipe and McCombie(2010)가 제시한 비판의 핵심이다. 회귀 방정식 (18)의 추정 결과가 통계적으로 자료에 잘 부합하게 나오는 이유는 실제로는 식 (20)이 항등식이기 때문일 수 있다는 것이다.

더 나아가 Felipe and McCombie(2010)는 신고전학파 경제학과는 완전히 이질적인 형태로 생산 기술 및 기업의 가격 설정 행태를 가정한 다음, 이에 기초하여 가상적인 거시 경제 데이터를 생성하고 이렇게 생성된 가상의 데이터를 표본으로 하여 회귀 방정식 (18)을 추정하였다. 추정 결과는 놀랍게도 실제로 회귀 방정식 (18)이 이 가상의 데이터를 잘 설명하는 것처럼 보인다는 사실이었다. 신고전학파 이론과 거리가 먼 자료 생성 메커니즘 하에서 만들어진 가짜 데이터를 신고전학파 이론에 기초하여 해석적으로 도출된 회귀 방정식 (18)이 잘 설명한다면, 우리는 이런 사실을 어떻게 받아들여야 할까? 이와 같은 시뮬레이션 분석의 결과는 비록 식 (18)이 통계적으로 자료에 잘 부합하는 것처럼 보이더라도, 이는 실제로는 신고전학파 집계 생산 함수의 실증적 적절성을 뒷받침하거나 입증하는 것과는 전혀 거리가 먼 것일 수 있다는 사실을 입증하는 것으로 보인다.

chapter 07

포스트 케인지언 성장 이론 I

1. 포스트 케인지언 성장 이론
2. 케임브리지 성장 모형
3. 칼레츠키와 새로운 대안적 성장 모형의 등장
4. 두 모형 이야기

chapter 07

포스트 케인지언 성장 이론 1

1. 포스트 케인지언 성장 이론

포스트 케인지언 경제 이론의 한 가지 목표는 장기 경제 성장의 문제를 케인스 경제학의 유효 수요의 원리와 결합하는 것이라고 할 수 있다. 즉, 케인스의 단기 정태 분석을 장기 동태 문제로 확장하는 것이다. 조앤 로빈슨은 이를 명시적으로 '『일반이론』의 일반화'(a generalisation of the *General Theory*)로 표현한 바 있다.

우리가 국민 경제를 하나의 전체로 본다면, 어떤 이가 상품의 구매를 위해 자신의 소득을 지출하면 그 소득이 사라져버리는 것이 아니라 다른 누군가에게 다시 소득이 되는 것을 알 수 있다. 예를 들어, 농민에게 소득이 생긴 이유는 그가 생산한 밀을 제분업자가 구입했기 때문인 것이다. 이와 같이 국민 모두의 소득을 더한 국민 소득은 기본적으로 생산물에 대한 구성원들의 수요에 의해 그 크기가 결정된다. 케인스 경제학의 유효 수요의 원리란, 결국 총수요가 국민 소득을 결정한다는 아이디어이다. 이에 따르면 독립적으로 변동하는 투자가 국민 소득의 크기를 변화시키고 이로 인해 저축이 조정됨으로써 거시 경제의 균형이 달성된다. 공급이 수요의 크기를 제약하지 않으며 마찬가지로 저축이 투자의 크기를 제약하지 않는다. 이러한 생각을 경제 성장의 문제에 적용하면, 비로소 우리는 유효 수요의 변동이 경제의 장기 성장에 영향을 미치는 '수요 주도 성장'(demand-led growth) 이론의 출발선에 서게 된다.

사실 이 문제에 대해 독자들에게 좀 더 익숙한 생각은, 단기에는 몰라도 적어도 장기에 있어서 만큼은 공급 측 요인이 경제 성장을 결정하는 것이라고 하겠다. 적지 않은 경제학자들은 장기에 있어서는 수요 측 요인의 효과는 사라지고 오직 공급 측 요인의 효과만 남는다고 생각해 왔다. 이런 생각을 뒷받침하는 것처럼 보이는 체계적인 실증 분석 결과가 제시되기도 했다. 이른바 거시 경제의 '장기 균형'은 생산 기술과 생산 요소의 공급량에 의해 설명되는 것으로 이해되었다. 장기 균형과 연관된 개념들, 즉 잠재 산출, 자연 실업률, 잠재 성장률 등은 마치 자연 법칙처럼 공급 측면에서 결정되며 결국 경제 성장이란 공급 능력이 확대되는 과정에 다름 아닌 것이 되었다. 이 책에서 지금까지 우리가 살펴본 솔로 모형이나 내생적 성장 모형 모두 전적으로 공급 능력에 관심이 국한되어 있음은 물론이다.

바로 이런 측면에서 포스트 케인지언 경제학의 수요 주도 성장 이론에는 주류 신고전학파 경제학에 대한 근본적인 전환과 급진적인 단절의 요소가 내포되어 있다고 할 수 있다. 다만 다행스러운 점은, 일부 독자들에게 상당히 익숙할 대학 교과서 속의 케인스 경제학에도 바로 그와 같은 근본적인 전환의 요소가 여전히 부분적으로 살아남아 숨을 쉬고 있다는 사실이다. 이제 소개할 포스트 케인지언 경제학의 성장 모형을 독자들은 큰 어려움 없이 이해할 수 있을 것이다.

여기서 우리는 서로 다른 두 가지 유형의 포스트 케인지언 성장 모형을 살펴본다. 이 두 유형 중 좀 더 오래된 것은 영국의 케임브리지 대학을 중심으로 1950년대 후반부터 1960년대에 걸쳐 개발된 일련의 모형들이다. 우리는 이 책에서 이 첫 번째 유형의 성장 모형들을 그 공통점을 중심으로 '포스트 케인지언 제1세대 성장 모형' 혹은 대표적인 저자의 이름을 빌려 '로빈슨-칼도 성장 모형'으로 분류하고자 한다. 이 케임브리지 성장 모형의 대표 저자로는 조앤 로빈슨과 함께 니콜라스 칼도, 루이지 파시네티(Luigi Pasinetti, 1930~) 등을 들 수 있다. 다만 이 저자들이 어떤 공통의 성장 모형을 의식적으로 함께 개발한 것은 아니며, 저자들 사이에 관점이 일치하지 않는 부분이 있고 동일한 저자라도 시기에 따라 입장에 차이가 발견되기도 하는 점을 미리 밝혀 두고자 한다.

보다 새로운 포스트 케인지언 성장 모형은 칼레츠키와 슈타인들의 연구 작업에 기초한 것으로서 우리는 이 책에서 이를 '포스트 케인지언 제2세대 성장 모형' 혹은 '칼레츠키언 성장 모형'이라는 이름으로 분류한다. 이 유형의 모형들이 등장해 각광을 받기 시작한 것은 1980년대에 들어서였다. 초기의 이른바 '네오칼레츠키언(neo-Kaleckian) 모형'을 대표하는 연구 결과는 Rowthorn (1981)과 Dutt(1984) 등이었다. 보다 최근의 연구 경향은 Bhaduri and Marglin (1990)으로 대표되는 이른바 '포스트 칼레츠키언(post-Kaleckian) 모형'이다. 시기상으로 보면 제1세대 모형은 솔로 모형이 확립되면서 등장한 반면, 제2세대 모형은 새 성장 이론, 즉 내생적 성장 모형과 비슷한 시기에 시작되었음을 알 수 있다.

우리는 포스트 케인지언 성장 이론을 소개하면서 먼저 로빈슨-칼도의 케임브리지 모형으로부터 시작하고자 한다. 케임브리지 성장 모형은 칼레츠키언 성장 모형과 여러 지점에서 유사하기도 하지만, 이들 사이에는 동시에 중요한 간극이 존재한다. 우리는 그와 같은 차이점을 명확히 드러내면서 성장과 분배의 관계가 이들에 의해 어떻게 대안적 성장 모형으로 표현되었는지에 초점을 맞출 것이다.

2. 케임브리지 성장 모형

Hein(2008, 2014)은 조앤 로빈슨과 초기의 니콜라스 칼도에서 공통적으로 발견되는 성장과 분배 문제에 대한 접근 방식을 '칼도-로빈슨 모형'이라는 이름으로 정식화하였고, Lavoie(2014)는 동일한 유형의 성장 모형을 '네오케인지언'(neo-Keynesian) 모형, '로빈슨-칼도-파시네티 모형' 혹은 '케임브리지 성장 모형'으로 불렀다. 우리는 이 절에서 가장 단순한 형태의 케임브리지 성장 모형에 대하여 그 내용을 살펴보는 것으로부터 시작하도록 하자.

모형 경제의 기본 형태는 정부 부문이나 해외 부문을 포함하지 않으며 자본가와 임금 노동자의 두 계급으로 구성되어 있다. 노동자들은 자본가에게 노동을 제공하고 임금을 지불 받는다. 노동은 만성적인 초과 공급 상태에 있으며, 고전학파적 저축 가설(classical saving hypothesis)에 따라 노동자들은 임금 소득 전액을 소비에 지출한다고 가정한다. 소득 가운데 저축하는 부분이 없으므로 노동자들은 생산 수단인 자본으로부터 분리되어 존재한다. 자본가들은 생산 수단을 소유하며 노동을 고용하고 생산 과정을 조직한다. 그들은 이윤을 수취하고 그 가운데 저축 성향 s_p만큼을 저축한다.

소문자 p가 물가 수준이고 대문자 P가 명목 이윤, K가 자본 설비라고 하면, 이윤율 r은 다음과 같이 정의된다.

$$r = \frac{P}{pK}.$$

q가 실질 생산량, w가 명목 임금률, L이 노동이라 하면 $P = pq - wL$이다. 따라서 생산의 기술적 조건과 관련하여 자본 설비의 설비 능력에 대한 비율($\nu = K / q_{fc}$)과 노동 생산성($a = q / L$)이 일정하다고 가정하고 기술 진보나 감가상각에 대해서는 별도로 고려하지 않는다면 위의 이윤율 표현은 다음과 같이 바꿔 쓸 수 있다. 단, $u = q / q_{fc}$는 설비 가동률이다.

$$r = \frac{q}{K} - \frac{w}{p}\frac{L}{q}\frac{q}{K} = \frac{u}{\nu}\left[1 - \frac{1}{a}\frac{w}{p}\right].$$

국민 소득은 임금 소득과 자본 소득으로 분할되며, 국민 소득 가운데 자본 소득이 차지하는 비중을 이윤 몫($= \pi$), 임금 소득이 차지하는 비중을 임금 몫($= 1 - \pi$)이라 한다. 임금 몫과 이윤 몫을 합하면 1이 된다. 앞에 제시한 가정하에서 이윤 몫은 다음과 같이 표현된다.

$$\pi = \frac{P}{pq} = 1 - \frac{wL}{pq} = 1 - \frac{1}{a}\frac{w}{p}.$$

케임브리지 모형은 두 가지 점에서 또 다른 포스트 케인지언 성장 모형인 칼레츠키언 모형과 다르다. 그 첫 번째 차이는 명목 가격 p가 신축적이며 명목 임금 w는 p에 비해 상대적으로 경직적이라고 가정하는 데에 있다. 우리는 일반적으로 상품 가격이 경직적이라고 가정하는 경우, 상품 시장을 완전 경쟁이 아닌 불완전 경쟁, 즉 독과점 시장으로 파악한다. 대신에 상품 시장을 완전 경쟁 시장으로 간주하는 경우라면, 상품 가격은 외생적 요인으로 수급 여건이 변화할 때마다 신축적으로 변해야만 할 것이기 때문이다. 따라서 p가 신축적이라는 가정은 상품 시장을 경쟁적인 것으로 가정한다는 뜻이라고 할 수 있다. 이와는 반대로 칼레츠키언 모형에서는 기업들이 가격을 설정하는 독과점적 경쟁을 상정하며 상품의 명목 가격이 수요 공급의 변화에 따라 신축적으로 조정되기보다는 일종의 '관리 가격'(administered price)으로서 경직성을 갖는다. 여기서 관리 가격이란 독과점 기업이 설정하는 가격으로서 경쟁 가격과 대비되는 개념이다.

두 번째 차이점은 케임브리지 모형의 장기 균형에서는 생산 설비가 완전 가동($q = q_{fc}$)되는 것으로 가정하는 데에 있다. 장기 균형에서 설비 가동률이 정상 가동률 수준으로 수렴한다고 보면 이는 곧 정상 가동률 u_n이 100%라는 의미이다.

$$u_n = 1.$$

일반적으로 장기 균형이란 모든 변수가 완전히 조정된 상태를 일컫는다. 만약에 장기 균형에서 설비가 완전 가동되지 않는다면 유휴 설비가 존재한다는 것인데, 그렇다면 기업에서 투자를 줄이려 들지 않겠는가 하고 물어보자. 어떻게 답하겠는가? 케임브리지 경제학자들의 견해에 따르면 이렇게 기업가들의 행동에 변화가 자연스럽게 수반되는 상황을 장기 균형 상태로 볼 수는 없다는 것이다. 장기 균형에서는 외생적인 충격이 없는 한 경제 변수들이 더 이상 변화하지 않는 내재적인 힘이 작동한다는 믿음이 있는 것이다. 그런데 이렇게 장기적으로 생산 설비가 완전 가동된다고 하면, 유효 수요 변동이 설비 가동률의 조정을 통해 흡수될 수 있는 여지가 적어도 장기적으로는 사라지고 만다. 케임브리지의 경제학자들에 따르면 단기에 있어서는 수요 변동에 대응하여 가동률이 조정되는 수량 조정이 일어나지만, 장기에 있어서는 이와 같은 수량 조정의 여지는 남지 않게 된다.

이와는 반대로 칼레츠키언 모형에서는 자본주의 경제에서는 생산 설비가 만성적으로 유휴 상태에 있다고 본다. 개별 기업으로서는 유효 수요의 변동과 관련해 불확실성에 직면해 있기 때문에 초과 설비 상황이 지속될 수 있다. 이렇게 장기에 있어서도 설비가 완전 가동되지 않는다면 수요 변동은 단기에뿐만 아니라 장기에도 수량 조정을 통해 흡수될 수 있다.

칼레츠키언 성장 모형에서는 설비 가동률이 장기에 있어서조차 특정 수준에서 고정되지 않을 수 있다고 본다. 이는 정상 가동률이라는 개념 자체가 관습에 기초한 주관적인 것일 뿐으로 실제로는 실현된 가동률 실적에 따라 얼마든지 변경되는 것일 수 있기 때문이다. 기업의 장기 목표로서의 정상 가동률이란 것은 독립적으로 그리고 고정된 크기로 주어지는 외생 변수가 아니며, 실제 경제 상황을 반영하여 내생적으로 정해지는 것이라고 볼 수 있다는 것이다. 하지만 우리가 여기에서 먼저 공부하는 케임브리지 성장 모형에서는 그렇지 않다. 이제 장기적으로 가동률이 100%라는 가정 하에서 이윤율 표현은 다음과 같다.

$$r = \frac{1}{\nu}\left[1 - \frac{1}{a}\ \frac{w}{p}\right] = \frac{\pi}{\nu}.$$

이 식에서 이윤율은 실질 임금 외에는 노동 생산성 및 외생 변수로 가정한 생산의 기술적 여건에 의해 결정되고 있다. 케임브리지 모형의 장기 균형에서는 유효 수요의 변동을 반영하는 설비 가동률이 완전 가동 수준에서 고정됨에 따라 수요 측 요인은 오직 실질 임금과 같은 가격 변수를 통해서만 반영된다.

한편, 위 식에서는 실질 임금과 이윤율 사이에 명확한 음(–)의 관계가 나타난다. 자본과 노동 사이의 이해 대립이 분명하게 드러난다. 식을 가로축 r, 세로축 (w/p)의 평면에 [그림 7-1]로 나타낼 수 있다.

케인스 경제학의 특징은 투자가 저축에 대해 독립적이며, 전자가 후자에 조응하는 것이 아니라 역으로 후자가 전자에 조응하는 점에 있다. 케임브리지 모형에서 자본가들의 투자, 즉 자본 축적의 결정에 있어 가장 중요한 변수는 그들의 예상 이윤율이다.

$$g_i = \frac{\Delta K}{K} = g(r^e).$$

[그림 7-1]

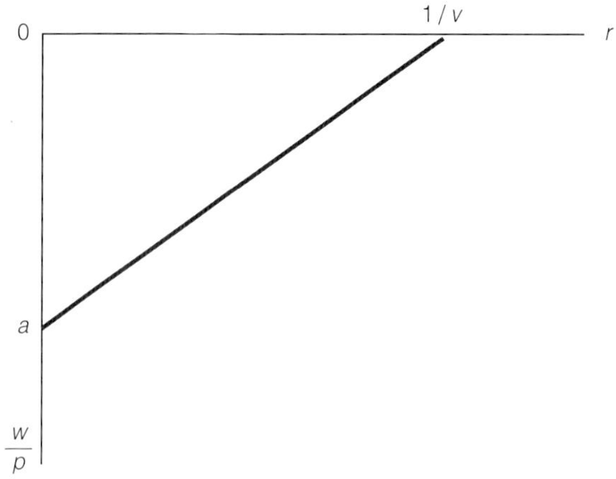

단, 예상 이윤율의 상승이 투자를 증가시키는 효과는 체감하는 것으로 가정되었다.

$$\frac{\partial g}{\partial r^e} > 0, \frac{\partial}{\partial r^e}\frac{\partial g}{\partial r^e} < 0.$$

한편, 저축은 다음과 같이 그 크기가 이윤율에 의해 결정되는 것으로 볼 수 있다.

$$g_s = \frac{s_p P}{pK} = s_p r.$$

[그림 7-2]

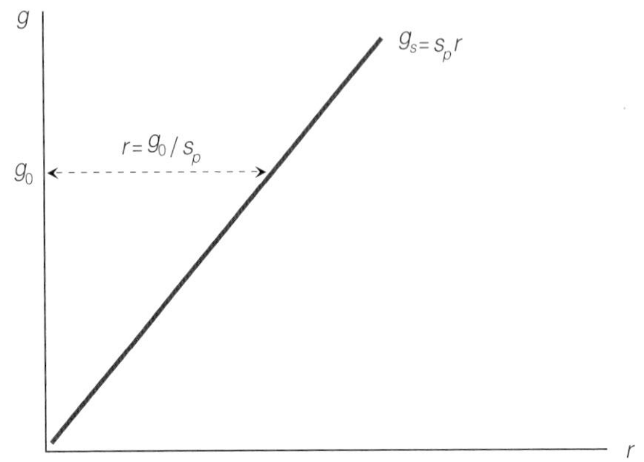

이 식은 다음과 같이 바꿔 쓸 수 있다.

$$r = g_s / s_p.$$

균형을 염두에 두고 g_s를 축적률로 해석하자면, '케임브리지 방정식'(Cambridge equation)이라는 이름으로 널리 알려진 이 식은 축적률이 g_s로 주어질 때 결과적으로 이윤율이 r로 실현된다는 의미를 담고 있다.

[그림 7-2]의 그래프는 (r, g) 평면에 케임브리지 방정식을 그린 것이다. 곡선의 가로 길이는 각각의 축적률 g에서 결과적으로 실현되는 이윤율의 크기를 나타낸다.

미래에 대한 확률적 예측 자체가 불가능한 '근본적 불확실성'에 직면한 자본가들은 투자와 관련된 의사 결정에 있어서 실제로 최근에 경험된 이윤율에 의지하는 방법을 채택할 수 있다. 구체적으로 우리는 다음과 같이 가장 간단한 형태의 적응적 기대를 가정하도록 하자.

$$r^e = r.$$

모형의 IS 균형은 저축이 조정되어 투자와 일치할 때 달성된다. g_s의 조정으로 $g_s = g_i$가 성립해야 하는 것이다. 그런데 s_p는 상수이므로 결국 균형은 이윤율 r의 조정에 의해 달성된다고 하겠다. 이로부터 IS 균형을 달성시키는 균형 이윤율 r^*, 균형 축적률 g^* 및 균형 이윤 몫 π^*는 다음의 관계를 만족시키게 된다.

$$r^* = g(r^*) / s_p,$$
$$q^* = s_p r^*,$$
$$\pi^* = r^* \nu.$$

균형 (r^*, g^*)는 [그림 7-3]의 그래프로 표현할 수 있다. 이 그래프는 그 모양을 빗대어 바나나 도형(banana diagram)이라고도 부른다.

[그림 7-3]의 그래프에는 이윤율과 축적률 사이의 '양면적인'(double-sided) 관계가 반영되어 있다. 여기서 양면적이라는 것은 투자 함수에 기초하여 예상 이윤율이 축적률을 결정하고 다시 저축 함수에 기초하여 축적률이 이윤율

[그림 7-3]

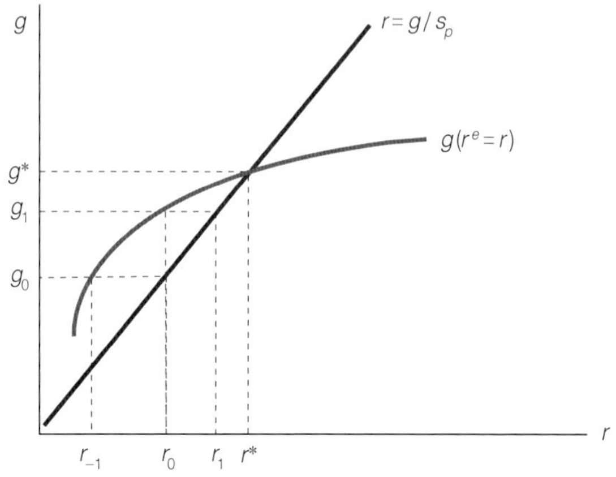

실현치를 결정하는 관계에 있음을 의미한다. 예를 들어, 자본가들의 예상 이윤율이 최초에 r_{-1}이었다고 하자. $r^e = r_{-1}$이면 투자 의사 결정에 의해 축적률은 g_0가 된다. $g = g_0$가 되면 이로 인해 $r = r_0$의 이윤율이 실현된다. 그런데 적응적 기대에 의하면 이 경우 예상 이윤율이 $r^e = r_0$로 변경된다. 따라서 축적률은 다시 $g = g_1$으로 오른다. 이와 같은 과정은 이윤율과 축적률이 (r^*, g^*)의 균형에 도달할 때까지 계속된다. 적응적 기대가 지금처럼 간단한 $r^e = r$이 아니라 보다 복잡한 식으로 표현되더라도 기본적으로 유사한 과정을 거쳐 균형에 도달할 수 있다.

여기서 주의할 점은 [그림 7-3]의 그래프에서 균형 (r^*, g^*)로의 수렴이 일어날 수 있었던 것은 균형점 근방에서 투자 함수의 기울기가 저축 함수의 기울기보다 작게 그려진 때문이라는 사실이다. 반대로 투자 함수보다 저축 함수의 기울기가 크다면 두 곡선의 교점으로 수렴되는 현상은 일어나지 않게 된다. 즉, 균형 (r^*, g^*)가 안정적인 균형이 되기 위해서는 다음과 같은 조건이 필요하다.

$$\frac{\partial g_i(r^*)}{\partial r} < s_p.$$

그런데 이 균형 (r^*, g^*)에 도달하는 과정에서는 소득 분배도 변동하며, 경제가 균형점에 수렴하면 동시에 소득 분배, 즉 실질 임금과 이윤 몫 또한 결정된다.

만약 명목 임금이 완전 경직적이라고 가정하면 이는 균형에 도달하는 과

[그림 7-4]

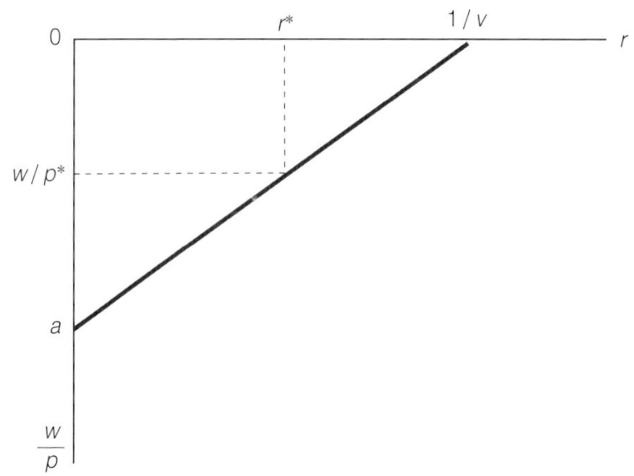

정에서 물가 수준이 [그림 7-4]에서처럼 p^*로 조정됨을 의미한다. 이와 같이 칼도-로빈슨 모형에서는 장기적으로 소득 분배와 물가 수준의 조정으로 균형이 달성된다.

케임브리지 성장 모형의 한 가지 중요한 특징은 케인스가 『일반이론』에서 강조한 이른바 절약의 역설(paradox of saving)이 장기에도 성립할 수 있음을 보여 주는 데 있다. 여기서는 저축 성향, 즉 저축률이 $s_{p,0}$에서 $s_{p,1}$으로 하락하는 경우를 가정하자. 이 경우 케임브리지 방정식에 따르면 일정한 축적률 하에서 실현되는 이윤율이 상승하게 된다. 이는 저축을 나타내는 원점으로부터 출발하는 직선이 시계 방향으로 회전하게 됨을 의미한다. 그래프로는 [그림 7-5]와 같은 변화가 일어난다.

저축률이 하락하면 기존의 균형 축적률 g_0^* 수준에서 실제로 실현되는 이윤율은 r_1이 된다. 이는 기존 균형에서의 예상 이윤율 r_0^*를 상회한다. 저축률 하락이 유효 수요의 확대로 이어지면서 예상보다 높은 수준에서 이윤율이 실현된 것이다. 이 경우 기업들은 예상 이윤율을 r_1으로 상향 조정할 것이다. 이에 따라 축적률은 g_0^*보다 상승할 것이다. 새로운 균형은 점 (r_1^*, g_1^*)에서 달성된다. 그리고 이와 같은 이윤율의 상승은 명목 임금이 경직적인 가운데 상품 가격의 상승을 수반하면서 이루어진다. 상품 가격, 즉 물가가 p_0^*에서 p_1^*으로 오르면서 실질 임금은 하락한다.

이와 같은 관계는 물론 대수적으로도 확인할 수 있다. IS 균형 조건식을 전미분함으로써 다음 관계를 얻을 수 있는 것이다. 단, 마지막의 부등식은 균형의 안정성 조건을 반영한다.

[그림 7-5]

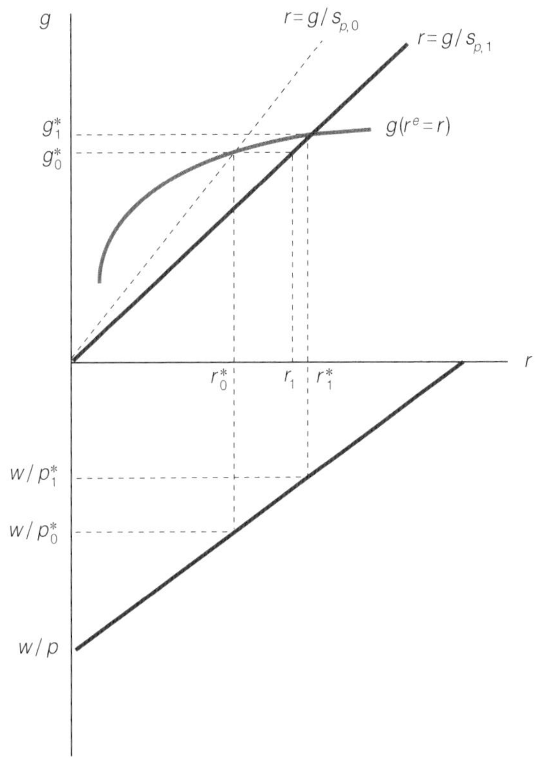

$$s_p r^* = g_i(r^*)$$

$$\Rightarrow r^* ds_p + s_p dr^* = \frac{\partial g_i(r^*)}{\partial r} dr^*$$

$$\Rightarrow \frac{\partial r^*}{\partial s_p} = \frac{r^*}{\partial g_i(r^*)/\partial r^* - s_p} < 0.$$

요컨대 케임브리지 성장 모형은 저축률 s_p의 하락이 단기에뿐만 아니라 장기에 있어서도 축적률과 이윤율의 상승을 가져올 수 있음을 보여 준다. 절약의 역설이 장기에도 성립하는 것이다. 이는 저축률의 상승이 수준 효과 측면이나 혹은 성장률 효과 측면에서 성장에 긍정적인 영향을 미치는 것으로 이해한 해로드 모형 이래의 전통적인 인식에 대립되는 것이라는 점에서 주목된다.

케임브리지 성장 모형은 자본 논쟁을 배경으로 하여 신고전학파의 한계주의 접근에 대한 대안 모형으로서 등장하였으며, 케인스 경제학의 관점에서 경제 성장과 소득 분배 사이의 관계를 규명하려 하였다. 유효 수요의 원리를 장기로 확장함으로써 절약의 역설이 장기에도 성립할 수 있음을 보인 점은 수요 주도 성장의 논리가 발전하는 과정에서 큰 진전으로 평가된다. 다만 몇 가지 이론적인 약점으로부터 자유롭지 못했다.

첫 번째는 상품 가격은 신축적인 데 반하여 명목 임금은 경직적이라는 가정이 내포하고 있는 문제점이다. 장기에서도 명목 임금이 경직적이라는 모형의 가정을 우리는 어느 정도나 받아들일 수 있을까? 이와 관련하여 노동과 자본이라는 사회 계급 간의 대립되는 이해관계가 모형에 분명히 드러나기는 하지만, 현재의 모형 설정으로는 명목 임금의 조정을 포함하여 분배 갈등이 가져올 수 있는 경제적 영향에 대한 분석이 어려운 점은 모형의 약점이라고 할 수 있다. 이 문제는 나중에 살펴볼 네 번째 문제점과도 연결된다.

두 번째는 설비 가동률이 장기적으로 완전 가동 수준에서 고정되어 있다는 가정에 기인하는 문제점이다. 독자들은 앞에서 본 그래프들을 다시 검토해 보면, 균형에서 축적률이 높을수록 이윤율이 높고 이윤 몫이 크며 실질 임금은 낮다는 사실을 알 수 있다. 칼레츠키언 성장 모형에서 확인하겠지만, 장기에 설비 가동률의 조정이 가능하다는 조건 하에서는 실질 임금과 축적률, 이윤율이 동시에 증가하는 경우가 가능해진다. 반면에 케임브리지 성장 모형에서 축적률과 이윤 몫은 반드시 같은 방향으로 변동하게 된다. 모형의 균제 상태에서 자본 산출 비율은 다음 식에서 보듯이 상수이므로 축적률은 경제 성장률과 일치한다.

$$\frac{K}{q} = \nu .$$

따라서 성장률의 상승은 반드시 이윤 몫의 증가와 임금 몫의 하락을 수반한다고 할 수 있다. 이는 케임브리지 성장 모형에서는 경제 성장과 실질 임금 사이에 필연적으로 역의 관계가 성립하게 된다는 의미이다. 성장이 항상 '이윤 주도적'(profit-led)인 특성을 띠게 되는 것이다. 여기서의 이윤 주도적이라는 표현은 기능적 소득 분배에서 자본 소득의 비중이 클수록 성장률이 높다는 의미이다. 대안적 성장 모형에서조차 우리는 다시금 경제 성장과 소득 분배가 서로 상충하는 관계를 본 것이다.

세 번째는 이분법적으로 단기와 장기에 서로 다른 조정 메커니즘을 가정하는 것과 관련된 문제점이다. 이론적으로 이와 같은 접근이 바람직하다고 보기에는 어려운 점이 있다. 단기에는 수량 조정이, 반대로 장기에는 가격 조정이 균형을 가져오는데, 분석 기간에 따른 조정 메커니즘의 변화는 저자들의 특정한 가정에 근거한 것일 뿐이다.

특히, 여기에서처럼 장기 균형으로의 수렴이 수량 조정이 아닌 방식으로 이루어지는 점을 고려하면 케임브리지의 경제학자들은 자신들이 내건 목표와는 상관없이 실제로는 케인스의 『일반이론』을 장기 이론으로 일반화하는 데 실패했다고 볼 수도 있을 법하다. 적어도 '충분히 케인스적이지는'(Keynesian enough) 못했다는 것이다.

한 가지만 더 지적하고 넘어 가자. 케임브리지 성장 모형에서 소득 분배는 어떤 역할을 하는가? 소득 분배가 경제 성장에 미치는 영향을 이 모형을 통해 설명할 수 있는가? 모형에서 소득 분배는 엄밀히 말하자면 조정 변수로서의 역할을 하며 따라서 분배는 성장의 원인이 아닌 결과로 나타나고 있다. 따라서 소득 분배상의 변화, 예를 들어 임금 몫의 증가가 가져오는 영향을 현재의 모형을 활용하여 파악하는 데에는 곤란함이 있다. 그뿐만 아니라 이윤율이 상승하면서 상품 가격이 오르는 가운데 노동자들이 실질 임금의 인하에 저항하면서 본격적으로 명목 임금 인상을 요구하게 되면, 결과적으로 실질 임금의 조정에 따른 새로운 균형으로의 수렴이라는 모형의 조정 메커니즘이 더 이상 작동할 수 없게 된다. 모형이 현실을 설명하지 못하는 것이다.

이상과 같은 이론적 문제점으로 인해 케임브리지 성장 모형은 칼레츠키언 모형이 정립되는 과정에서 중요한 자양분을 제공한 일종의 과도기적인 성과로 이해되는 측면이 있다. 로빈슨이나 칼도 자신들 또한 말년에 접어들면서 칼레츠키언 성장 모형에 보다 가까운 쪽으로 이론적 입장이 바뀌었다는 문헌적 증거 또한 존재하는 것으로 알려져 있다. 새로운 대안적 성장 모형인 칼레츠키언 모형은 이와 같은 이론적 상황을 배경으로 등장하고 발전하였다.

3. 칼레츠키와 새로운 대안적 성장 모형의 등장

3.1. 칼레츠키의 이론적 관점

전통적인 케임브리지 성장 모형에 대한 포스트 케인스학파 진영 내부에서의 대안적 접근은 폴란드의 경제학자 미하우 칼레츠키(Michal Kalecki, 1899~1970)의 연구 작업에 기초하여 개발되었다. 무엇보다도 칼레츠키는 케인스보다도 먼저 유효 수요의 원리를 발견한 것으로도 알려져 있다. 그는 자본주의 경제에서 초과 설비와 불완전 고용, 즉 실업은 항구적인 현상이며 이에 따라 공급 요인은 성장을 제약할 수 없다고 보았다. 장기에 있어 자본주의 경제는 만성적으로 부족한 수요 요인에 의해 제약되며, 완전 고용과 설비의 완전 가동은 오직 경기 호황의 정점에서만, 그것도 가끔씩만 기대할 법한 것이었다.

칼레츠키는 자본주의 경제의 지배적인 조직 형태를 완전 경쟁이 아닌 불완전 경쟁, 즉 독과점적 경쟁으로 인식하였다. 신고전학파 경제 이론에서 중요한 부분을 차지하는 완전 경쟁 시장은 일종의 신화일 뿐이며 독점이야말로 자본주의 체제의 본질적 속성에 근거하는 현실이라는 것이다. 이에 따라 상품의 가격은 독과점 기업의 가격 설정(price-setting)에 의해 결정되며 이는 상품 단위당 가변 비용, 즉 단위 노동 비용과 단위 원재료 비용의 합에 일정한 마크업(mark-up)을 가산하는 방식으로 이루어진다고 보았다. 이 마크업은 이자나 지대와 같이 이윤이 분배되는 다양한 형태와 고정성 관리 비용을 충당할 수 있는 수준이 되어야 하는데, 그 크기는 한편으로는 시장의 경쟁 상황과 해당

기업의 시장에서의 세력, 그리고 다른 한편으로는 분배 갈등에 있어 자본의 노동에 대한 상대적인 교섭력을 반영하는 이른바 '독점도'(degree of monopoly)에 의해 결정되는 것이라고 보았다. 시장이 순수한 독점에 가까운 정도, 가격 경쟁이 일어날 수 있는 여건, 관리 비용이나 금융 비용, 조직된 노동의 협상력과 교섭 체계, 노동 시장 제도를 비롯한 다양한 요인들이 마크업의 결정에 관여하는 것이다. 한마디로 칼레츠키는 노동과 자본 사이의 기능적 소득 분배는 독과점 기업의 가격 설정 과정에서 결정된다고 본 것이었다.

그는 비용 이론과 관련해서는 신고전학파 경제학자들의 주장과는 달리 한계 가변 비용이 체증한다고 가정할 하등의 이유가 없으며, 대신에 완전 설비 가동 수준에 이르기까지는 평균 가변 비용이 생산 수량에 특별히 의존하지 않는다고 보았다. 이에 따라 독과점 기업에 의해 설정된 상품 가격은 경직성을 가질 수 있는 것으로 간주되었다. 따라서 유효 수요의 변동이 있을 경우 그 영향은 가격 조정으로 흡수되지 않는다.

가격 설정자(price setter)인 독과점 기업은 수요 변동에 직면하여 수량 수용자(quantity taker)가 된다. 자본주의 경제는 장기에 있어서도 유휴 설비가 해소되지 않아 설비 가동률이 조정될 여지가 있는데, 유효 수요의 변동은 이 설비 가동률의 조정을, 즉 생산 수량의 조정을 수반한다는 것이다. 여기서 설비 가동률 u는 이미 앞에서 보았지만 생산 능력 q_{fc}의 몇 퍼센트가 실제로 생산되는가(q)를 나타내는 변수로서 $u = q / q_{fc}$이다.

이와 같은 시각에서는 일단 경제가 '장기 균형'에 도달하면 자본 설비의 완전 가동과 노동의 완전 고용이 달성될 것이라는 경제학의 전통적인 신앙이 부인되었다. 이는 추세와 순환 변동은 분리될 수 있는 것이 아니며 장기(long-run)란 단지 단기(short-run)의 연속일 뿐이라는 그의 이론적 입장에 기인하는 것이기도 했다. 그에게는 장기 추세란 단기적인 상황이 연속해서 이어지는 가운데 다만 느리게 변화해 가는 구성 요인일 뿐으로 그것 자체가 어떤 독자적인 실체를 갖는 것은 아니었다. 장기 성장에서 추세라고 우리가 보는 것은 그저 단기 변동의 사후적 평균 그 이상도 그 이하도 아니라는 것이다.

단기와 장기를 분리해서 볼 문제가 아니었다. 단기와는 다른 장기만의 고유한 조정 메커니즘 같은 것은 고려되지 않았다. 단기에 투자와 저축을 일치시키는 변수가 생산량, 즉 자본 설비가 주어져 있을 때의 설비 가동률이라면, 이제 장기에 있어서도 그 설비 가동률이 같은 역할을 맡게 되었다. 가동률은 유효 수요의 원리가 관철되도록 하는 수량 조정의 메커니즘에서 조정 변수가 되었다. 단기든 장기든 유효 수요의 원리에 따르면 투자가 저축을 결정한다. 투자가 정해지면, 즉 축적률이 정해지면 설비 가동률이 조정됨으로써, 그리고 이에 따라 국민 소득이 조정됨으로써 저축과 투자의 일치 조건이 확보되는 것이다.

그런데 그는 장기적으로 유효 수요의 변동은 무엇보다도 투자의 변동에 좌우되는 것으로 인식하였다. 투자가 어떤 요인에 의해 영향을 받는지가 중요해지는 대목이다. 칼레츠키는 투자의 설명 변수로서 다양한 요인들에 주목하였다. 무엇보다도 먼저 그는 '위험 체증의 원리'(principle of increasing risk)에 의하여 투자는 기업의 내부 자금 규모에 의존한다고 보았다. 개별 기업으로서는 투자 규모를 늘리다 보면 손실을 볼 수 있는 위험도 함께 늘어난다. 따라서 투자를 확대하려고 외부로부터 자금을 조달하는 과정에서는 차입 비용 부담도 함께 확대된다. 결과적으로 내부 자금 규모가 충분하지 않다면 실행할 수 있는 투자의 크기 자체가 제한된다.

칼레츠키는 이자율의 수준 자체에 대해서는 투자에 대한 그것의 설명력이 크지 않을 것이라고 보았다. 그 이유는 투자에 영향을 미치는 장기 이자율이 실제로는 경기가 호황이든 불황이든 일정한 방향으로 뚜렷하게 변동하는 패턴이 있다고는 보기 어려운 점을 들었다.

대신에 그는 장기적으로 투자에 영향을 미칠 수 있는 변수로서 기술 변화와 혁신이라는 요소를 강조하였다. 이는 새로운 생산 기술, 새로운 상품, 새로운 원재료 등 다양한 요인을 포괄하는 것이었고, 상당한 정도로 독립성을 띠면서('semi-autonomous') 경제의 장기적 진화에 영향을 미치는 것으로 이해되었다. 칼레츠키는 장기에 가장 중요한 투자 결정 요인으로 이 기술 요인을 꼽았다. 다만 그는 자본주의 체제에서는 장기적으로 혁신이 쇠퇴하면서 이로 인해 경제 성장이 정체될 것으로 전망하였다. 그 이유는 혁신 자체가 점점 더 어려워질 뿐만 아니라 독점이 강화되면서 신기술을 생산 과정에 도입해야 하는 경쟁 압력이 약화될 수 있기 때문이었다. 아울러 기술 진보 자체가 점점 더 자본 설비에 대한 필요 투자 규모를 줄이는 방향으로, 즉 상대적으로 덜 자본 집약적인 방식으로 진행될 수 있고 이 또한 성장의 정체를 가져올 수 있다고 보았다.

또 다른 투자의 설명 변수로는 수익성을 나타내는 지표로서 이윤율이 고려되었다. 이윤율은 물론 이윤을 자본 스톡의 가치로 나눈 것이다. 그런데 정부나 해외 부문을 별도로 고려하지 않는 가운데 만약 노동자들이 저축을 하지 않고 자신의 소득을 전액 소비한다고 가정하면 이윤은 자본가 계급의 지출에 의해서만 실현될 수 있다. 자본가 계급이 투자 지출을 늘리면 이윤이 늘어나는 것이다. 그런 맥락에서 결국 투자는 과거 투자의 증가 함수이자 현재 자본 스톡의 감소 함수라고 볼 수도 있다. 말하자면 과거 투자의 소득 창출 효과는 오늘 시점에서 투자를 늘리는 요인이 되지만, 과거 투자의 생산 능력 증대 효과는 반대로 오늘의 투자를 줄이는 요인이 되는 것이다.

이와 함께 칼레츠키는 장기 성장에 영향을 미칠 수 있는 변수로서 소득 분배의 변화 추세에 특히 주목하였다. 그는 기본적으로 자본주의 경제는 이해관계가 서로 충돌하는 사회 계급으로 분열되며 이들은 수취하는 소득의 형태가 다를 뿐만 아니라 저축 성향에 있어서도 이질성이 크다고 보았다. 노동자 계급은 소득의 대부분을 소비하며 비록 저축을 한다고 하더라도 그 저축 성향이 부유한 지대 생활자(rentier)에 비하면 낮을 것이라고 보았다. 저축 성향을 소득 형태와 연결 짓는다면, 임금에 대한 저축 성향은 이윤에 대한 저축 성향보다 낮다는 것이었다. 이런 상황에서는 유효 수요 원리의 작용으로 인해 저축 성향의 상승은 성장을 제약하는 요인이 될 것이었다. 따라서 자연스럽게 국민 소득 중에 임금 몫의 하락과 이윤 몫의 상승은 거시 경제 총수요를 위축시키는 요인이 되었다. 이는 그가 성장을 수요 주도의 시각으로 바라보면서 케임브리지의 경제학자들과는 달리 경제 성장이 임금 주도적인 특성을 가질 수 있는 것으로 이해했음을 의미한다.

3.2. 초기의 칼레츠키언 모형 연구

칼레츠키언 성장 분배 모형의 초기 형태는 대표적으로 Rowthorn(1981)과 Dutt(1984), Amadeo(1986) 등에 의해 제시되었다. 이들의 이름을 빌려

Rowthorn-Dutt-Amadeo 모형이라고도 불리는 이 초기 모형에서 가장 두드러진 특징은, 독점적 경쟁 기업의 가격 설정에 있어 마크업이 하락할 때, 즉 이윤 몫이 줄어들 때, 이로 인해 설비 가동률, 이윤율, 자본 축적률이 모두 상승하는 점에 있었다. 이와 같이 칼레츠키언 성장 모형에서 경제 성장은 비로소 임금 주도적인(wage-led) 특성을 보이기 시작한다.

이 대안적 성장 모형의 특징은 칼레츠키의 이론적 관점에 기초해 있다. 현대 자본주의 경제에서 실업은 단기에뿐만 아니라 장기에 있어서도 만성적인, 일반적인 현상으로서 노동 공급은 성장을 제약하는 요인이 되지 않는다. 불완전 고용과 유휴 설비가 지속적으로 나타나는 상태에서 공급 측 요인을 성장의 제약으로 보기는 어렵다. 적어도 유일한 제약 요인은 아니다. 오히려 문제는 유효 수요이다. 유효 수요의 부족이 고용과 성장에 제약이 될 수 있고, 되고 있는 것이다.

모형에서는 독과점 기업의 가격 설정 과정에서 기능적 소득 분배를 결정하는 마크업은 기업의 이윤 극대화의 산물이라는 점에서 이를 내생 변수로 하는 모형을 구성하는 것이 타당할 수 있다. 하지만 칼레츠키언 모형에서는 이를 대개 외생 변수로 간주한다(반드시 그러는 것은 아니다).

이러한 접근은 두 가지 사실을 염두에 둔 것이라고 할 수 있다. 첫째로, 실제로는 기업들이 직면한 불확실성이란 미래 사건에 대한 확률적 계산 자체가 불가능한 성격의 것이다. 이에 따라 마크업을 결정함에 있어서도 경제학 모형과는 달리 명시적으로 최적화 문제를 푸는 것이 아니라 산업 관행(convention)과 같은 준거(anchor)에 직관적으로 의존하는 경향이 있게 된다. 두 번째로, 노동과 자본 간 교섭력이나 노동 보호 입법 등 정치적인 혹은 제도적인 요인이 마크업 결정에 있어 중요하게 작용한다. 이상 두 가지 사실을 적극적으로 고려한다면 마크업을 내생적으로 결정되어 사회적 개입이 불가능한 변수로 남겨 두기보다는, 제도적 혹은 정책적으로 변경의 여지가 있는 외생 변수로 고려하는 것이 불합리하다고 보기는 어려울 것이다. 성장 모형에서 이렇게 마크업을 외생 변수로 간주하면, 소득 분배를 일종의 정책 변수로 보고 분배 정책의 성장 효과를 직관적으로 분석할 수 있기 때문이다.

4. 두 모형 이야기

독자들은 케임브리지 모형에서 유효 수요의 변동이 소득 분배의 내생적 조정을 유발하는 점을 확인한 바 있다. 수요 확대는 결과적으로 상품 가격의 상승과 실질 임금의 하락을 낳았다. 하지만 칼레츠키언 모형에서는 그렇게 되지 않는다. 수요가 확대되면 설비 가동률의 상승과 이에 따른 생산량의 증가로 그 효과가 흡수된다. 독과점 기업은 단기에든 장기에든 초과 설비를 유지하며 수요 충격을 수량 조정을 통해 수용한다. 수요 변동의 영향이 가격의 조정으로, 그리고 이에 따른 소득 분배의 조정으로 흡수되지 않는다는 점에서 칼레츠키언 모형은 케임브리지 모형과 다르다.

케임브리지 모형과 칼레츠키언 모형에서 소득 분배가 어떻게 다루어지는지 도식적으로 비교하는 것이 이들 모형을 이해하는 데 도움이 될 수 있다. 전자에서는 완전 경쟁 시장이 가정되었고 상품 가격이 신축적으로 조정되는 반면에 명목 임금은 경직적이었다. 따라서 유효 수요가 변동하면 이로 인해 이윤율과 상품 가격, 실질 임금이 조정되었다. 장기에 있어 생산 설비의 완전 가동을 가정하므로 수량 조정은 단기에만 가능하며 장기에는 결국 가격 조정을 통해 균형에 도달하는데, 이 과정에서 소득 분배가 조정 변수의 역할을 하는 것이다.

이와는 달리 칼레츠키언 모형에서는 독과점 기업의 가격 설정 과정에서 소득 분배가 정치적인 과정을 거치면서 외생적으로 결정된다. 상품 가격은 경직적인 반면 장기에 있어서도 초과 설비가 존재한다. 케임브리지 모형에서와는 달리 설비 가동률이 신축적으로 조정된다. 따라서 유효 수요 변동의 영향은 장기적으로 수량 조정, 즉 설비 가동률의 조정을 수반한다. 여기에서 소득 분배는 장기 균형으로의 수렴을 보장하는 내생 변수가 더 이상 아니다. 오히려 정책 실험의 효과를 따져 볼 수 있는 외생 변수로서의 성격을 갖게 된다.

구체적으로 유효 수요의 변동 가운데 투자, 즉 축적률의 변동에 주목해 보자. 투자가 독립적으로 변하면, 어떻게 저축이 조정되어 저축과 투자가 일치하게 될까? 다음의 케임브리지 방정식을 보면 우변에서 축적률이 독립적으로 변하면 이에 반응하여 좌변의 저축이 조정된다. 물론 여기서 식의 좌변과 우변은 모두 동태적인 맥락에서 자본 스톡으로 나누어진 크기이다.

$$s_p r = g.$$

먼저 케임브리지 모형에서는 축적률이 독립적으로 변동하면 이에 반응하여 궁극적으로 소득 분배가 조정된다. 식의 우변에 독립 변수와 상수를 모으고 식의 좌변에 내생적으로 조정되는 변수를 모으면 다음과 같이 쓸 수 있다.

$$\pi = \frac{\nu}{s_p} g .$$

여기에서는 독립적인 수요 변동에 반응하여 좌변의 이윤 몫, 즉 소득 분배가 조정된다.

하지만 칼레츠키언 모형에서는 이윤 몫 π가 내생 변수가 아니므로 위와 같은 조정 과정은 기대하기 어렵다. 예를 들어, 축적률이 독립적으로 상승하면 수량 조정으로 설비 가동률이 상승한다. 이는 국민 소득의 증가를 통해 저축의 증가를 유발하게 된다. 이런 방식으로 저축이 늘어난 투자에 맞춰지게 되는 것이다. 다시 한 번 식의 우변에 독립 변수와 상수를 모으고 식의 좌변에 조정 변수를 모으면 다음과 같다.

$$u = \frac{\nu}{s_p \pi} g .$$

케임브리지 모형에서는 장기에 $u = 1$이었음을 상기하면 위의 두 식에 담긴 서로 다른 아이디어를 좀 더 쉽게 이해할 수 있을 것이다.

chapter 08

포스트 케인지언 성장 이론 2

1. 칼레츠키언 성장 분배 모형의 기본 구조
2. 칼레츠키언 성장 분배 모형과 기술 진보

chapter 08

포스트 케인지언 성장 이론 2

1. 칼레츠키언 성장 분배 모형의 기본 구조

모형 경제는 앞서 공부한 다른 성장 모형에서처럼 정부 부문이나 해외 부문이 존재하지 않는 것으로 가정한다. 자본 설비는 자본가들의 소유이며 이들은 이윤을 수취한다. 이윤은 s_p 비율만큼 저축되며 나머지는 소비된다. 저축과 투자는 모두 자본가들 사이에서 이루어지며 노동자들은 저축을 수행하지 않아 생산 수단인 자본 설비를 소유하지 않는다. 이 사회 계급 간의 이해 대립은 모형 경제의 중요한 특징이 될 것이다. 이상의 기본 가정이 지나치게 단순해 보일 수 있지만, 여기서 우리는 지금까지 다른 성장 모형을 살펴볼 때에도 그랬던 것처럼 다시 한 번 모형의 구조가 독자들에게 명확하게 이해될 수 있도록 가장 간단하고 기본적인 형태의 칼레츠키언 모형만을 다룰 것이다.

우리는 해로드 중립형 기술 진보를 가정한다. 이 경우 자본 설비의 실질 가치 K와 완전 가동 산출량 q_{fc} 사이의 비율은 상수 ν로 고정된다. 한편, 노동 생산성은 y로, 그리고 그 증가율은 λ로 쓰도록 하자.

$$\nu = \frac{K}{q_{fc}},$$

$$y = \frac{q}{L},$$

$$\lambda = \frac{\Delta y}{y}.$$

이제 이윤율 r은 다음과 같이 표현할 수 있다. 여기서 P는 명목 이윤, p는 물가 수준이다. 자본 설비의 실질 가치 K에 p가 곱해진 pK는 자본 설비의 명목 가치로 해석한다. π는 이윤 몫, u는 설비 가동률이다.

$$r = \frac{P}{pK} = \frac{P}{pq} \times \frac{q}{q_{fc}} \times \frac{q_{fc}}{K} = \frac{\pi u}{\nu}.$$

독과점 기업은 단위 생산물당 직접 원가에 마크업을 가산함으로써 상품 가격을 정할 수 있다. 우리는 설명의 편의를 위해 원가 요소로 노동 비용만 고려하며 원재료비 등은 발생하지 않는다고 가정한다. 원재료비를 명시적으로 가정하더라도 앞으로 제시할 논의 내용에 중요한 변화가 생기는 것은 전혀 아니다. 다만 이 책의 목적에 비추어 모형의 근본 골격을 보다 간명하게 제시하는 편이 보다 유용할 수 있을 것이다. 이와 같은 가격 설정의 결과로 상품 가격은 다음과 같이 정해진다.

$$p = (1+\theta)\frac{w}{y}.$$

w는 명목 임금이다. y가 노동 단위당 생산량을 의미하므로 w/y는 상품 단위당 노동 비용이다. 마크업 θ는 상품 시장에서 다른 경쟁자들과의 가격 경쟁이 얼마나 치열한가를 반영하는 동시에, 특히 노동자들과의 관계에 있어 독과점 기업의 교섭력이 얼마나 큰가를 보여 준다. θ가 상승하면, 노동 생산성이 주어져 있을 때 노동자들에게는 실질 임금 $w/p = y/(1+\theta)$이 하락하기 때문이다. 독과점 기업이 마크업 θ를 결정하면, 이는 경제 내의 기능적 소득 분배를 결정한다. 이 점은 다음 식을 통해 확인할 수 있다.

$$\pi = \frac{P}{pq} = \frac{pq - wL}{pq} = 1 - \frac{y}{1+\theta}\frac{1}{y} = \frac{\theta}{1+\theta}.$$

마크업의 확대는 이윤 몫의 증가와 임금 몫의 하락을 낳는다.

$$\frac{\partial\pi}{\partial\theta} > 0.$$

모형의 IS 균형 조건을 도출하기 위해 먼저 저축 함수를 정의하자. 저축 함수는 저축을 자본 설비의 가치로 나눈 것으로서 g_s로 쓰도록 하자.

$$g_s = \frac{s_p P}{pK} = s_p \pi \frac{u}{\nu}.$$

칼레츠키언 모형에서 투자 함수는 투자를 자본 설비의 가치로 나누어 계산하는 자본 축적률에 해당한다. Rowthorn과 Dutt는 기업의 투자 의사 결정이 총수요에 의존하는 점에서 가동률을 투자 함수의 설명 변수로 포함시켰다. 수요 위축으로 가동률이 떨어지면 유휴 상태의 설비가 늘어나므로 기업은 설비 확장을 위한 투자를 미루거나 줄이는 것이 자연스럽다. 가동률의 투자에 대한 영향은 이와 같이 가속도 원리와 연결시켜 이해할 수 있다. 한편, 가동률 변수는 미래 수익성에 대한 예상과도 관련성이 있다. 근본적 불확실성에 직면해 있는 기업가로서는 적응적 기대의 방식으로 미래의 유효 수요를 전망할 수 있다. 가동률 실현치는 미래 수요를 예측함에 있어 일종의 준거로서의 역할을 할 수 있다. 이렇게 미래의 수요를 전망하는 것은 미래의 수익성을 전망하는 것과 직결된다.

Rowthorn과 Dutt는 이 밖에 이윤율도 투자 의사 결정에 중요한 변수라고 보았다. 칼레츠키의 '위험 체증의 원리'에 따르면 투자는 기업의 내부 자금 보유량에 의해 제한된다. 이윤율은 실현된 이윤의 크기와 관련되므로 이윤율이 높을수록 내부 자금이 늘어나 투자가 확대될 수 있다. 그뿐만이 아니다. 실현된 이윤율은 실현된 가동률과 함께 근본적 불확실성 하에서 미래 수익성을 예측하는 준거 역할을 할 수 있다. 높은 이윤율에 기초한 미래 수익성에 대한 긍정적 전망은 투자 확대로 이어질 수 있다. 마지막으로 가동률과 이윤율 외에 기업가의 야성적 충동(animal spirit)을 나타내는 외생 변수 γ를 설명 변수로 추가하면 우리는 다음의 투자 함수를 고려할 수 있다.

$$g_i = \frac{\Delta K}{K} = g(\gamma, u, r).$$

$$단, \frac{\partial g}{\partial \gamma} > 0, \frac{\partial g}{\partial u} > 0, \frac{\partial g}{\partial r} > 0.$$

이상의 투자 함수와 관련하여 적지 않은 논란이 있었다. 특히, u가 상승하면 이로 인해 r도 영향을 받는 점이 지적되었다. 만약 π가 일정하다면 u의 상승은 r의 상승으로 이어지고, 반대로 r이 일정하다면 u의 상승은 π의 하락을 수반한다. 두 설명 변수 u와 r이 서로 독립된 관계에 있지 않은 것이다. 이런 점을 감안하여 Amadeo는 투자 함수의 설명 변수로부터 r을 제외할 것을 제안하였다. 반대로 Bhaduri and Marglin(1990)은 r을 제외하는 대신 π를 포함할 것을 제안하였다. Amadeo의 접근법을 우리는 '네오칼레츠키언'(neo-Kaleckian) 모형이라 한다. Bhaduri and Marglin(1990)의 접근법은 '포스트 칼레츠키언'(post-Kaleckian) 모형이라고 불린다.

이 책에서는 후자, 즉 포스트 칼레츠키언의 접근법을 따르기로 한다. 그렇다면 투자 함수는 다음과 같이 바뀐다. 여기서 주의할 점은 설명 변수 가운데 u만 내생 변수이고 나머지 γ와 π는 외생 변수라는 사실이다.

$$g_i = g(\gamma, u, \pi).$$

$$단, \frac{\partial g}{\partial \gamma} > 0, \frac{\partial g}{\partial u} > 0, \frac{\partial g}{\partial \pi} > 0.$$

분석에 있어서는 투자 함수가 편의상 선형인 것으로 가정되곤 한다.

$$g_i = \gamma + \gamma_u u + \gamma_\pi \pi.$$

IS 균형 조건은 $g_i = g_s$이다. 이 균형은 다음과 같은 조정 메커니즘을 전제로 한다. 단, 다음 식에서 $\varnothing > 0$이다. 아래 식을 보자. 식의 우변은 투자가 저축을 얼마나 초과하는가를 나타낸다. 만약 투자가 저축을 초과해 우변이 양수가 되면, 이는 총수요가 총공급을 초과하는 상황이므로 재고가 줄어들면서 이로 인해 식의 좌변에서 설비 가동률이 늘어난다. 여기서 가동률이 상승한다는 것은 곧 생산량이 늘어나는 것과 동일한 의미이다. 순수한 케인스적 수량 조정으로 균형으로의 수렴이 보장되는 셈이다.

$$\Delta u = \varnothing(g_i - g_s).$$

반대의 경우도 고려할 수 있다. 만약 투자가 저축을 하회하면 우변이 음수가 된다. 이런 경우 총수요가 총공급에 미치지 못하므로 재고가 늘어난다. 이에 기업들은 생산 감축에 나선다. 이에 따라 가동률이 하락한다. 좌변도 음수가 되는 것이다.

그렇다면 언제 가동률의 조정이 멈출 것인가? 즉, IS 균형은 어떤 가동률 수준에서 달성될 것인가? $\Delta u = 0$가 성립하게 되는 균형 가동률 u^*는 $g_i = g_s$라는 조건으로부터 간단히 구할 수 있다.

$$u^* = \frac{\gamma + \gamma_\pi \pi}{\dfrac{s_p \pi}{\nu} - \gamma_u}.$$

균형에서의 축적률 g^*과 이윤율 r^*는 이로부터 풀어낼 수 있다.

$$g^* = \frac{\dfrac{s_p \pi}{\nu}(\gamma + \gamma_\pi \pi)}{\dfrac{s_p \pi}{\nu} - \gamma_u},$$

$$r^* = \frac{\dfrac{\pi}{\nu}(\gamma + \gamma_\pi \pi)}{\dfrac{s_p \pi}{\nu} - \gamma_u}.$$

균형에서 가동률이나 축적률, 이윤율은 모두 양수가 되어야 한다. 따라서 균형은 다음 조건을 전제로 한다.

$$\frac{s_p \pi}{\nu} > \gamma_u \Leftrightarrow \frac{\partial g_s}{\partial u} > \frac{\partial g_i}{\partial u}.$$

이는 균형점 근방에서 가동률이 오르면 저축이 투자보다 더 많이 늘어나야 한다는 뜻이다. 가동률에 대해 저축이 투자보다 더 민감하게 반응해야 한다는 이 조건은 '케인지언 안정성 조건'(Keynesian stability condition)이라는 이름으로 알려져 있다. 왜 이런 이름이 붙은 것일까?

[그림 8-1]의 그래프는 조정 변수인 가동률을 가로축에 놓고 저축 함수와 투자 함수를 평면에 그린 것이다. 저축과 투자의 크기는 그림에서 가로축으로부터의 높이에 해당한다. 그림에서는 케인지언 안정성 조건이 성립하고 있다. 가동률 상승 시 만약 가동률이 u^*보다 높은 값으로 실현되면, 저축이 투자를 상회하므로 수요 부족에 대응하여 기업이 가동률을 낮춘다. 반대로 가동률이 u^*보다 낮게 실현되면 투자가 저축을 초과하므로 가동률이 상승한다.

[그림 8-1] 칼레츠키언 성장 모형의 안정적 균형

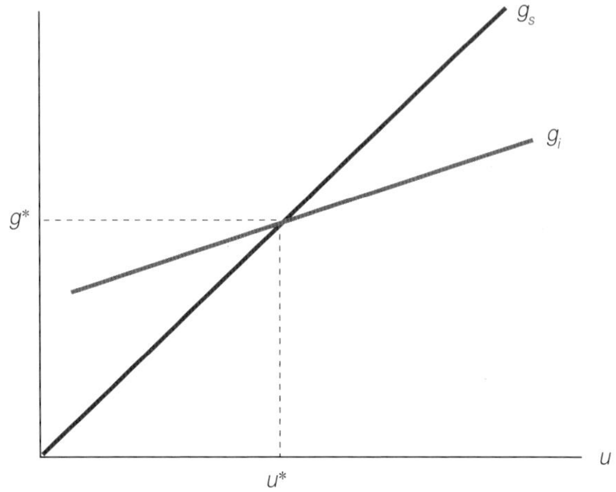

가동률이 어떤 값을 갖더라도 결국 u^*라는 균형 수준으로 수렴하는 것이다.

$g_i > g_s$인 경우, 케인지언 안정성 조건은 u가 상승할 때 g_s가 g_i보다 더 빨리 증가하도록 한다. 이에 따라 결국 $g_i = g_s$라는 균형 조건이 달성된다. 이번에는 반대로 $g_i < g_s$인 경우라면 케인지언 안정성 조건은 u 하락 시 g_s가 g_i보다 더 빨리 감소하도록 한다. 이로 인해 이 경우에도 결과적으로 $g_i = g_s$라는 조건이 달성되는 것이다.

케인지언 안정성 조건이 성립하지 않으면 어떻게 될까? 다음 [그림 8-2][1]를 보도록 하자. 그림에는 균형점 근방에서 저축 곡선보다 투자 곡선의 기울

1 그림에는 u^*와 g^*가 양수인 것처럼 그려져 있지만 케인지언 안정성 조건이 충족되지 않으면 정확하게는 둘 다 음수이다. 가로축과 세로축의 위치를 그림에서와 같이 나타낸 것은 단지 설명의 편의 때문임을 양해하기 바란다.

[그림 8-2] 칼레츠키언 성장 모형의 불안정적 균형

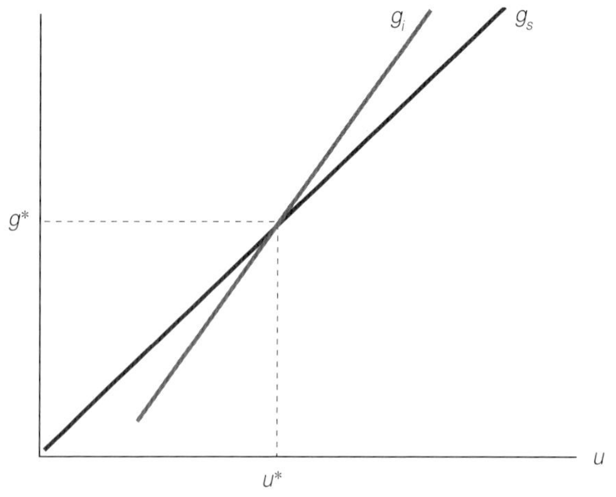

기가 더 가파른 것을 알 수 있다. 이제 이 두 번째 그림을 기준으로 가동률이 u^* 보다 높게 실현되면 어떤 일이 벌어지는지 살펴보자. 이 경우 앞에서와 다른 점은 저축보다 투자가 더 커서 총수요가 총공급을 초과하고 있다는 사실이다. 유효 수요의 원리에 따르면 이런 상황에서 기업은 생산량을 늘려야 한다. 즉, 저축 곡선이 투자 곡선보다 완만하면, 일단 가동률이 u^*보다 크게 실현되면 이후 가동률이 더욱더 큰 크기로 상승하게 되는 것이다.

반대의 경우도 마찬가지이다. 즉, 가동률이 u^*를 밑돌면 이후 더욱 하락한다. 그렇다면 가동률은 언제 균형 수준 u^*에서 실현될 수 있겠는가? 딱 한 가지의 가능성이 있다. 우연히 처음부터 $u = u^*$였다면 이 경제는 균형에 머무를 수 있다. 하지만 가동률이 u^*와 조금만 달라도 이후 균형으로부터의 괴리는 더욱 커진다. 균형으로의 수렴이 보장되지 않는 것이다.

이상의 설명으로부터 우리는 왜 저축 곡선이 투자 곡선보다 기울기가 가파르게 그려져야 하는지, 그리고 그와 같은 조건을 왜 케인지언 안정성 조건이라는 이름으로 부르는지 이해할 수 있게 되었다. 이 조건이 성립하지 않으면 균형점 (u^*, g^*)는 안정적인 균형이 될 수 없기 때문이다.

케인지언 안정성 조건이 충족되는 가운데 경제가 균형점 (u^*, g^*)에 도달하면 다른 외부적 변화 요인이 발생하지 않는 이상 균형 상태가 유지된다. 그리고 이 균형에서는 $\Delta u = 0$이므로 자본 스톡과 산출량이 일정한 비율을 유지하며 동일한 증가율 g^*로 증가한다. 이는 곧 경제가 균제 상태에 도달한다는 의미이다.

$$\Delta u = 0 \Rightarrow \Delta(u \;/\; \nu) = 0 \;\Leftrightarrow\; \Delta q / q = \Delta K / K = g^*.$$

모형 경제의 균제 상태에서는 저축 성향이 상승할 때 설비 가동률 u^*, 경제 성장률 g^*와 이윤율 r^*가 모두 하락한다. 절약의 역설이 성립하는 것이다.

$$\frac{\partial g^*}{\partial s_p} = \frac{\partial}{\partial s_p}\left[\frac{(\gamma + \gamma_\pi \pi)\,\pi / \nu}{\pi / v - \gamma_u / s_p}\right] < 0.$$

이 점은 [그림 8-3]에 제시하는 그래프를 통해서도 쉽게 확인할 수 있다. 여기서 저축 성향이 $s_{p,0}$에서 $s_{p,1}$으로 하락하면 저축 곡선이 시계 방향으로 회전한다. 그 결과는 설비 가동률과 경제 성장률이 각각 u^*와 g^*로부터 u^{**}와 g^{**}로 개선되는 것이다.

[그림 8-3] 저축의 역설

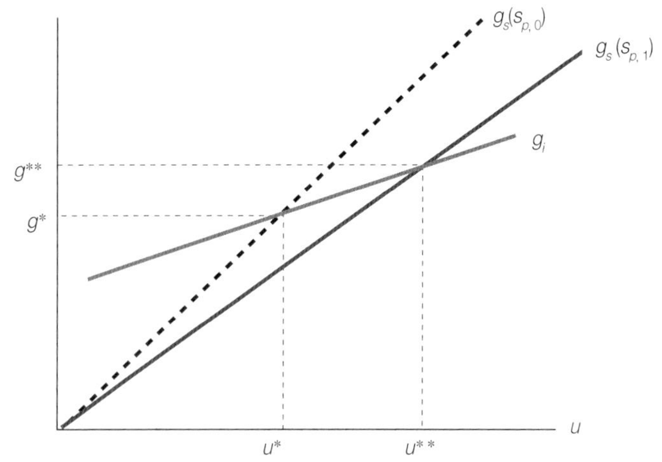

독자들은 저축률의 상승이 해로드-도마 모형, 솔로 모형, AK 모형, 케임브리지 모형, 그리고 칼레츠키언 모형에서 각각 어떤 결과로 귀결되는지 대조해 볼 수 있을 것이다. 해로드-도마 모형이나 AK 모형에서는 저축률의 상승이 경제 성장률의 상승을 가져오지만, 포스트 케인지언 모형에서는 절약의 역설로 인해 오히려 경제 성장률이 하락하는 결과를 낳는다. 솔로 모형에서는 수준 효과와 성장률 효과가 구분되었다. 저축률 상승의 수준 효과는 균제 상태에서의 일인당 국민 소득을 늘리는 방향이었지만 성장률 효과는 중립적이었다. 저축률의 변화는 성장률 자체에는 아무런 영향도 미치지 못한 것이다.

그렇다면 분배의 성장 효과는 어떨까? 해로드-도마 모형, 솔로 모형, AK

모형은 모두 소득 분배의 변화가 잠재적으로 경제 성장에 미칠 수 있는 영향이 명시적으로 드러나지 않는다. 이에 따라 우리는 앞에서 각 성장 모형의 분배-성장 관계에 대한 간접적인 시사점을 도출하기 위해 저축률 변화의 영향에 주목한 바 있다. 소득 불평등이 심화될수록 경제의 평균적인 저축 성향이 상승한다는 사실에 기초하여 이들 모형에서는 고른 소득 분배가 경제 성장을 저해하게 된다는 시사점을 확인한 것이다. 이와는 달리 케임브리지 모형에서는 절약의 역설이 성립하는 점에서는 보다 평등한 분배가 성장률의 상승을 가져올 수 있는 것처럼 보이지만, 결과적으로 성장률의 상승이 반드시 이윤 몫의 상승으로 이어지는 점에서는 경제 성장이 기능적 소득 분배 측면에서 불평등을 강화할 수 있는 것으로 분석되었다. 분배와 성장 간의 관계가 인과의 방향에 따라 서로 다른 것이다.

이제 우리는 칼레츠키언 성장 모형에서 기능적 소득 분배의 변화가 경제 성장에 미치는 효과를 분석한다. 구체적으로 이윤 몫 π의 변화는 균형 성장률 g^*에 어떤 영향을 미칠까? 먼저 대수적으로 π의 상승이 균형 가동률 u^*에 미치는 영향을 나타내면 다음과 같다.

$$\frac{\partial u^*}{\partial \pi} = \frac{\gamma_\pi - \dfrac{s_p u^*}{\nu}}{\dfrac{s_p \pi}{\nu} - \gamma_u}.$$

투자 함수를 이용하여 다음과 같이 π의 상승이 g^*에 미치는 영향을 나타낼 수 있다.

$$\frac{\partial g^*}{\partial \pi} = \gamma_u \frac{\partial u^*}{\partial \pi} + \gamma_\pi$$

$$\Rightarrow \frac{\partial g^*}{\partial \pi} = \frac{\frac{s_p}{\nu}(\gamma_\pi \pi - \gamma_u u^*)}{\frac{s_p \pi}{\nu} - \gamma_u}.$$

위 식의 분모는 케인지언 안정성 조건에 의해 양의 값을 갖는다. 따라서 분자의 부호에 따라 이윤 몫의 상승이 축적률과 성장률에 미치는 효과는 다를 수 있다. 다음과 같이 경우에 따라서는 축적률과 성장률의 상승을 가져올 수도 있고 반대로 축적률과 성장률의 하락을 가져올 수도 있는 것이다.

$$\gamma_u u^* > \gamma_\pi \pi \;\Rightarrow\; \frac{\partial g^*}{\partial \pi} < 0, \tag{1}$$

$$\gamma_u u^* = \gamma_\pi \pi \;\Rightarrow\; \frac{\partial g^*}{\partial \pi} = 0,$$

$$\gamma_u u^* < \gamma_\pi \pi \;\Rightarrow\; \frac{\partial g^*}{\partial \pi} > 0. \tag{2}$$

부등식 (1)의 경우에는 임금 몫의 상승이 경제 성장 속도를 가속시키고 식 (2)의 경우에는 그 반대이다. 실제로는 각 나라마다 다양한 역사적 발전 과정을 거치므로 경제 성장의 양상이 차이가 있다. 소득 분배의 경제 성장에 대한 영향 역시 마찬가지로 각 경제의 고유한 여건을 반영하여 분배의 성장 효과에도 차이가 얼마든지 있을 수 있다.

우리는 어떤 경제가 식 (1)과 같은 특성을 보일 때 '임금 주도 성장 체제'

(wage-led growth regime)라 하고 식 (2)와 같을 때 '이윤 주도 성장 체제'(profit-led growth regime)라 한다. 결과적으로 보면 모형에서 유효 수요가 성장을 결정하고 있고 공급 측면의 독자적인 영향은 별도로 고려되지 않고 있으므로 성장 체제라는 표현 대신에 '수요 체제'(demand regime)라는 표현이 쓰이기도 한다. 임금 주도나 이윤 주도라는 말은 기능적 소득 분배의 성장에 대한 영향을 포착하는 개념인 것이다.

만약 네오칼레츠키언 모형에서처럼 $\gamma_\pi = 0$으로 가정하면 경제 성장은 항상 임금 주도적인 것이 된다. 하지만 $\gamma_\pi > 0$이라면 그렇지 않다. 그렇다면 구체적으로 임금 주도 성장은 어떤 조건 하에서 가능한가? 식 (1)의 맨 왼쪽 부등식을 보자. 이 부등식의 좌변 $\gamma_u u^*$는 설비 가동률의 투자에 대한 효과이고 우변 $\gamma_u \pi$는 이윤 몫의 투자에 대한 효과이다. 전자가 후자를 압도할 때 임금 주도 성장이 가능하다. 구체적으로 다른 조건이 일정하다면, 수요 변동에 대한 투자의 반응 정도(γ_u)가 크고 이윤 몫의 변동에 대한 투자의 반응 정도(γ_π)가 작을수록 임금 주도 성장의 가능성은 커진다.

임금 몫의 증가는 지출 성향이 큰 계층에 더 많은 소득이 분배되는 것을 의미한다. 이는 소비 확대로 이어져 경제 전체적으로 유효 수요가 늘어난다. 이렇게 유효 수요가 늘어나면 설비 가동률이 오르면서 수익성 개선을 예상하는 기업의 투자도 함께 늘어난다. 이런 이유로 γ_u가 클수록 임금 몫의 증가에 따른 자본 축적률의 상승 정도는 커진다. 임금 몫의 증가에 따른 소비 증가의 폭이 크고 이러한 수요 확대가 투자 확대로 이어지는 정도가 클수록 성장의 임금 주도성은 강화되는 것이다.

그런데 임금 몫이 증가하면 기업 입장에서는 비록 수요 확대로 매출이 늘어나더라도 생산 비용이 늘어나는 요인으로 인해 실제로는 채산성이 악화될 수 있다. 이런 상황에서 기업은 투자를 오히려 줄일 수도 있다. 투자가 이윤 몫의 하락에 반응해 줄어드는 정도인 γ_π 가 충분히 크다면 그렇다.

요컨대 임금 몫의 증가는 자본 축적, 즉 투자에 두 가지 상반된 효과를 낳는다. 첫 번째는 소비의 확대를 통해 총수요를 진작시키는 긍정적인 효과이고, 두 번째는 이윤 몫이 감소하면서 수익성이 줄어드는 데 따른 부정적인 효과이다. 이중 첫 번째 효과가 두 번째 효과를 압도하는 경우에 임금 주도 성장이 가능하다. 반대로 첫 번째 효과보다 두 번째 효과가 크다면 해당 경제의 성장 체제는 이윤 주도적인 것이 된다.

지금까지 살펴본 내용을 [그림 8-4]와 [그림 8-5]의 그래프를 통해 확인해

[그림 8-4] 임금 주도 수요 체제

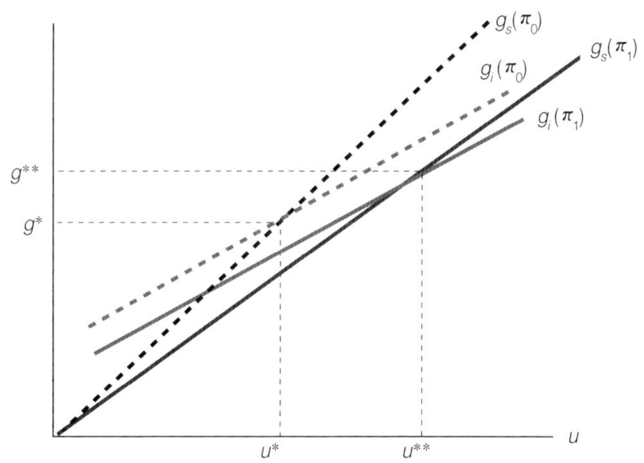

보자. 임금 몫의 증가, 즉 π의 감소는 저축 곡선과 투자 곡선 모두에 영향을 준다. 먼저 저축 곡선은 이로 인해 원점을 축으로 하여 시계 방향으로 회전하게 된다. 구체적으로 π가 $\Delta\pi$만큼 변하면 저축 곡선은 특정한 u에서의 높이가 $(s_p u / \nu)\Delta\pi$만큼 변한다. 다음으로 투자 곡선은 π의 감소로 인해 하방 평행 이동한다. 구체적인 이동 폭은 $\gamma_\pi \Delta\pi$이다.

[그림 8-4]는 임금 주도적인 수요 체제의 예시이다. π가 π_0에서 π_1으로 감소한 결과 균형점이 (u^*, g^*)에서 (u^{**}, g^{**})로 변화했다. 축적률과 성장률이 증가한 것이다.

[그림 8-4]에 비해 γ_u를 작게 해서 투자 곡선의 기울기가 더 완만하게 하고 동시에 γ_π를 크게 하여 투자 곡선의 하방 이동 폭을 늘려 주면 우리는 얼마든지 반대의 경우도 그림으로 나타낼 수 있다. [그림 8-5]는 이윤 주도적인 수요 체제의 예시이다.

모형에서 수요 체제의 특성은 이론적으로 유일하게 결정되지 않는다. 실제로 구체적인 경제가 임금 주도인지 아니면 이윤 주도인지는 실증 분석의 문제로 남게 된다. 각 나라마다 $\gamma, \gamma_u, \gamma_\pi, \nu, s_p$와 같은 파라미터들에 차이가 있을 것이다. 이들이 어떤 값을 갖느냐에 따라 해당 경제는 임금 주도적일 수도 있고 이윤 주도적일 수도 있다.

특정 국민 경제에서 기능적 소득 분배의 양상은 시장 경쟁 상황 외에도 정치적 · 제도적 요인의 영향을 받으며 궁극적으로는 사회 계급 간 분배 갈등의 과정을 통해 결정되는 점에서 정책적인 혹은 제도적인 개입의 여지가 있는 외생 변수로 이해될 수 있다. 칼레츠키언 성장 분배 모형은 그와 같은 이론적 입장에서 소득 분배가 경제 성장과 자본 축적에 미치는 효과를 분석한다.

[그림 8-5] 이윤 주도 수요 체제

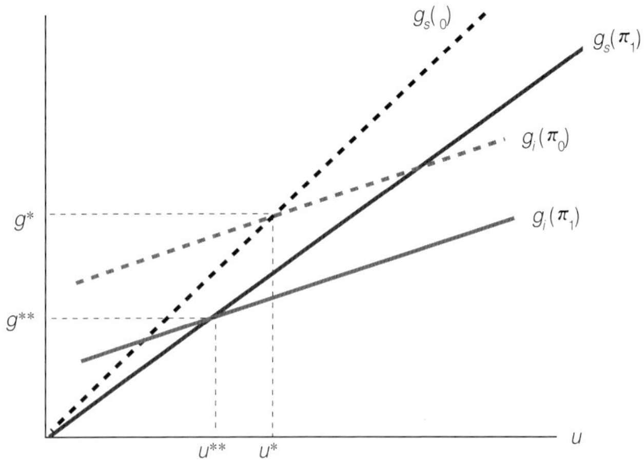

모형은 국민 경제의 수요 체제의 특성에 대해 특정한 결론을 일반화시켜 제시하지 않고 대신에 특정 국민 경제에서 임금 주도 성장이 가능한 조건을 이론적으로 규명한다.

임금 주도적인 수요 체제에서는 노동 소득 분배율이 상승할 때, 즉 이윤 몫 π가 하락할 때 g^*가 상승한다. 그리고 이 과정에서 이윤율 $r = g^* / s_p$ 역시 상승한다. 이윤 몫이 하락하는데 어떻게 이윤율은 오르는 것일까? 그 이유는 $r = \pi u / \nu$에서 π가 떨어지는 정도보다 총수요의 임금 주도성으로 인해 설비 가동률 u가 상승하는 정도가 더 크기 때문이다.

이 절에서 우리가 공부한 모형은 칼레츠키언 성장 분배 모형의 기본 구조를 분명히 드러내려는 의도로 구성한 간단한 모형이었다. 모형이 케인스 경제학의 유효 수요의 원리에 근거한 점에서 신고전학파 성장 모형의 입장에서 보면 수요에 일방적으로 치우친 시각이라는 비판이 가능할 수 있다. 이와 같은 비판은 어느 정도 정당한 것일 수도 있다. 경제 성장을 이야기할 때 수요 측면을 전혀 고려하지 않는 것이 문제가 있다면 반대로 수요 측면만 고려하는 것도 문제가 있을 수 있다. 그렇다면 칼레츠키언 모형은 공급 측면을 고려하는 방향으로 확장될 수 있을까? 이제 우리는 절을 달리하여 공급 측면이 포함된 칼레츠키언 성장 분배 모형을 살펴보고자 한다. 이 확장된 모형에는 기술 진보에 따른 노동 생산성 향상의 효과가 반영될 것이다.

2. 칼레츠키언 성장 분배 모형과 기술 진보

지금까지 살펴본 칼레츠키언 성장 분배 모형의 기본 형태에서는 경제 성장의 과정에서 생산 기술에 변화가 없었다. 이제 우리는 공급 측면과 관련된 요인을 포함하는 방향으로 모형을 확장하고자 한다. 구체적으로 우리는 솔로 모형에서 노동의 효율성 X에 해당하는 노동 생산성 y의 개선이 내생적으로 이루어지는 메커니즘을 모형에 도입한다. 이 과정에서는 앞 절에서의 수요 체제와 구별되는 공급 체제, 즉 생산성 체제(productivity regime)라는 새로운 개념이 등장하게 된다. 앞에서와 마찬가지로 여기에서도 우리는 모형의 기본 아이디어를 강조하는 의미로 가능한 한 가장 단순한 형태의 모형에 대해서만 살펴볼 것이다. 논의의 초점은 기능적 소득 분배의 성장 효과에 맞출 것이며, 모형의 그 밖의 시사점과 다양한 쟁점에 대해서는 언급하지 않는다.

칼레츠키언 모형에서는 칼레츠키의 이론적 통찰에 근거하여 기술 진보가 기업의 투자 의사 결정에 영향을 주는 것으로 본다. 투자와 기술 진보 사이의 밀접한 연관은 포스트 케인지언 경제학자들만의 생각은 아니다. 이를테면 신고전학파의 내생적 성장 모형에서도 그 연관성은 충분히 강조되었다. 이는 현실적으로 많은 경우 기술 진보가 신규 자본 설비를 도입하는 과정을 거치면서 이루어지기 때문이다. 신기술이 개발되면 기업들은 이로 인한 생산성 향상의 이득을 누리기 위해 관련 자본 설비를 도입한다. 기술 진보는 이와 같이 투자를 자극하는 측면이 있다. 이와 같은 점을 감안하면 투자 함수에 다음과 같이 기술 진보율, 즉 노동 생산성의 증가율 λ를 설명 변수로 추가하는 것이 자연스러울 수 있다.

$$g_i = g(\gamma, u, \pi, \lambda).$$

$$\text{단, } \frac{\partial g}{\partial \lambda} > 0.$$

분석에서는 위의 투자 함수를 선형으로 가정하는 경우가 있다. 단, $\gamma_\lambda > 0$이다.

$$g_i = \gamma + \gamma_u u + \gamma_\pi \pi + \gamma_\lambda \lambda. \tag{3}$$

그렇다면 이렇게 투자에 영향을 미치는 기술 진보율 λ는 어떤 요인에 의해 그 크기가 결정된다고 할 수 있을까? 솔로 모형에서처럼 그냥 상수로 가정하고 말까? 아니다. 포스트 케인지언 경제학에서는 기술 진보율의 내생적 변동을 설명하는 변수로서 두 가지 요인에 주목해 왔다. 그 첫 번째는 소득 분배이다.

우리는 기술 진보를 소득 분배와 무관한 과정으로 생각할 수 있을까? 아니라는 유력한 반증이 있다. 주류 경제학 교과서에서도 발견되는 '효율성 임금 가설'이 그것이다. 효율성 임금 가설은 실질 임금이 오르면 노동자의 노동에 대한 동기 부여 수준이나 노력 지출 수준이 함께 상승한다는 생각이다. 왜냐하면 실직의 기회비용이 커지기 때문이다. 그 밖에도 임금 상승은 기업에게 혁신을 강제하는 효과가 있는 것으로도 알려져 있다. 이상 두 가지, 즉 효율성 임금과 혁신 강제 요인은 [그림 8-6]에 직접 효과로 표현되어 있다. 주의할 점은 이 둘 모두 임금 몫이 커질 때 노동 생산성 증가율이 오르는 방향으로 작용한다는 사실이다.

기술 진보를 설명하는 두 번째 요인은 자본 축적과 총수요의 동태적 변화가 초래하는 효과이다. 포스트 케인지언 경제학의 역사에서 수요 주도의 성장 모형에 기술 진보를 반영하려는 노력은 일찍이 1950년대 후반 이후 케임브리지의 니콜라스 칼도의 연구로 거슬러 올라간다. 칼도는 신기술은 자본 설비에 체현되는 점에 착안하여 기술 진보를 자본 집약도의 증가함수로 표현할 수 있다고 보았다. 칼도보다 조금 앞선 시점에 버둔(Petrus Johannes Verdoorn, 1911~1982)이라는 경제학자는 제조업 부문에서는 규모의 경제 효과로 인해 경제 성장률이 빠를 때 노동 생산성의 증가율도 크다는, 이른바 버둔의 법칙(Verdoorn's law)을 주장하기도 했다.

칼도와 버둔의 아이디어는 수요 확대가 시장의 팽창을 낳고 이는 분업의

[그림 8-6] 기능적 소득 분배와 기술 진보

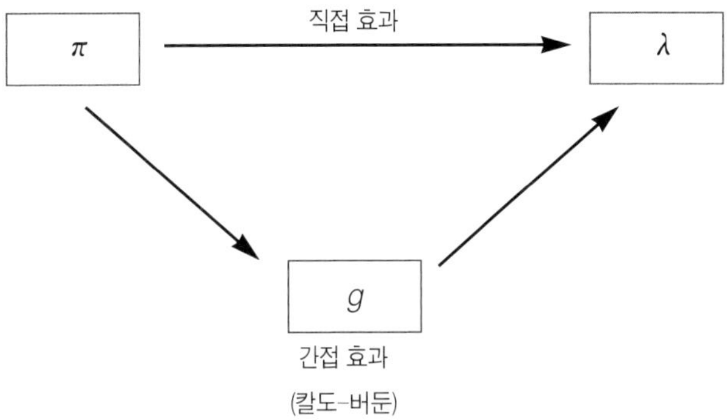

확대를 통해 생산성을 증가시킬 것이라는 애덤 스미스(Adam Smith, 1723~1790)의 통찰과 맥이 닿는 것이기도 했다. 다만 현대 경제의 맥락에서는 생산성 증가의 이유를 분업의 확대와 같은 노동 조직의 재구성에 국한하여 설명할 필요는 없어 보인다. 그보다는 수요 증가에 힘입어 산업 합리화의 여지가 커지는 점, 그리고 수요 증가가 유발 투자 증가로 이어지면서 신기술 도입의 속도가 빨라지는 점 등을 강조할 수 있다. 이 칼도-버둔 효과는 [그림 8-6]에 간접 효과로 표현되어 있다.

이상 두 가지 요인을 고려하여 노동 생산성의 증가율 λ를 다음과 같은 '기술 진보 함수'로 표현할 수 있다. 단, 여기서 λ_0는 소득 분배와 자본 축적률 외에 기술 진보를 설명할 수 있는 다른 모든 변수를 포괄하는 것이다. 말하자면 경험을 통한 학습, 연구 개발 부문에 대한 투자, 교육 훈련에 대한 자원 배분 등 우리가 신고전학파의 내생적 성장 모형에서 살펴본 제반의 생산성 개선 요인이 λ_0라는 외생 변수에 반영되어 있다고 할 수 있다.

$$\lambda = \lambda(\lambda_0, g, \pi).$$

$$단, \frac{\partial\lambda}{\partial\lambda_0} > 0, \frac{\partial\lambda}{\partial g} > 0, \frac{\partial\lambda}{\partial\pi} < 0.$$

분석에서는 기술 진보 함수를 선형으로 가정하는 경우가 있다. 단, $\lambda_g > 0$ 이고 $\lambda_\pi > 0$이다.

$$\lambda = \lambda_0 + \lambda_g g - \lambda_\pi \pi. \tag{4}$$

생산성 체제란 기능적 소득 분배와의 연관성 하에서 국민 경제의 공급 측면을 파악하는 개념이다. 말하자면 성장 체제 혹은 수요 체제가 총수요 측면, 생산성 체제는 공급 측면으로 도식화할 수 있다. 칼레츠키언 모형에서는 수요 체제와 생산성 체제를 동시에 고려함으로써 자본 축적과 기술 진보의 상호 연관을 분석한다. 생산성 체제는 구체적으로 위의 기술 진보 함수로 표현된다. 여기에서 $\gamma_\pi < 0$이라는 가정은 [그림 8-6]의 직접 효과를 반영하는 것으로서 이는 말하자면 g가 일정한 가운데 순수하게 π만 증가하는 것의 효과에 해당한다.

이제 우리는 총수요와 총공급의 양 측면을 동시에 고려하도록 하자. 먼저 λ를 마치 상수인 것처럼 간주하고 수요 측면 균형인 IS 균형을 찾는다. 이를 위해서는 다음의 저축 식 (5)가 투자 식 (3)에 일치하도록 하는 가동률과 축적률을 찾아야 한다.

$$g_s = \frac{s_p \pi}{\nu} u. \tag{5}$$

$g_i = g_s$ 라는 조건으로부터 수요 측면을 균형으로 만드는 가동률 u_d와 축적률 g_d는 다음과 같이 풀린다.

$$u_d = \frac{\gamma + \gamma_\pi \pi + \gamma_\lambda \lambda}{\frac{s_p \pi}{\nu} - \gamma_u},$$

$$g_d = \frac{\frac{s_p \pi}{\nu}(\gamma + \gamma_\pi \pi + \gamma_\lambda \lambda)}{\frac{s_p \pi}{\nu} - \gamma_u}. \tag{6}$$

수요 측면 균형 축적률 g_d는 기술 진보율 λ의 크기에 따라 달라진다. g_d와 λ의 관계는 [그림 8-7]로 나타낼 수 있다. [그림 8-7]에서 특정한 값의 λ에 대응하는 g_d의 크기는 가로 길이에 해당한다.

우리는 앞에서 임금 몫이 상승할 때, 즉 π가 감소할 때 파라미터 조건에 따라서는 g_d가 상승할 수도 있고 하락할 수도 있다는 사실을 확인한 바 있다. 수요 체제가 임금 주도라면 임금 몫의 상승은 그래프의 우측 이동을 초래한다. 반대로 수요 체제가 이윤 주도라면 임금 몫의 상승은 그래프의 좌측 이동을 초래한다. [그림 8-8]은 임금 주도 체제에서 π가 π_0에서 π_1으로 하락하는 경우의 예시이다.

[그림 8-7] 기술 진보와 수요 측면 균형

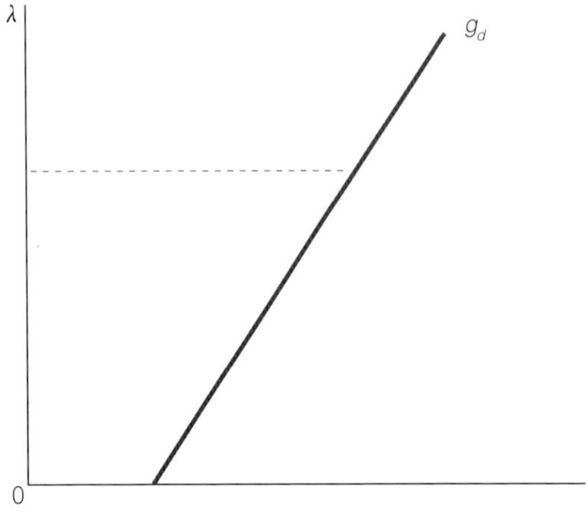

[그림 8-8] 기술 진보와 임금 주도 수요 체제

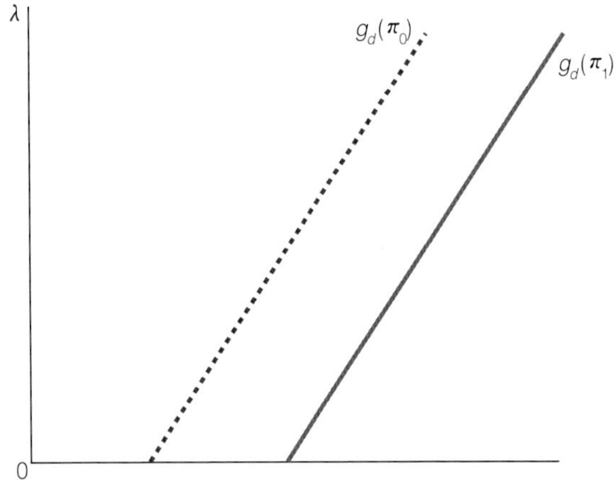

소득 분배의 변동이 가져오는 성장 체제와 생산성 체제의 결합 효과를 분석하려면 수요 측면과 공급 측면을 모두 고려해야 한다. 이와 같은 조건을 만족시키는 균형은 IS 균형 축적률 식 (6)과 기술 진보 함수 식 (4)를 연립하는 방식으로 풀어낼 수 있다. 식 (4)를 식 (6)에 대입하고 정리하면 균형 축적률 g^*는 다음과 같이 구해진다.[2]

$$g^* = \frac{\frac{s_p \pi}{\nu}[\gamma + \gamma_\lambda \lambda_0 + (\gamma_\pi - \gamma_\lambda \lambda_\pi)\pi]}{\frac{s_p \pi}{\nu}(1 - \gamma_\lambda \lambda_g) - \gamma_u}. \tag{7}$$

이 g^*에는 기술 진보의 내생적 변동이 가져오는 효과가 모두 반영되어 있다.

균형은 그래프로도 분석할 수 있다. 이를 위해 기술 진보 함수 식 (4)를 가로축 g의 함수로 표현하면 [그림 8-9]와 같다. [그림 8-9]에서 기술 진보율의 크

2 다른 방식으로도 균형 해를 도출할 수 있다. 먼저 기술 진보 함수와 투자 함수를 결합하여 다음과 같이 투자 함수를 수정할 수 있다.

$$g_i = \frac{\gamma + \gamma_\lambda \lambda_0}{1 - \gamma_\lambda \lambda_g} + \frac{\gamma_\pi - \gamma_\lambda \lambda_\pi}{1 - \gamma_\lambda \lambda_g}\pi + \frac{\gamma_u}{1 - \gamma_\lambda \lambda_g}u.$$

이 수정된 투자 함수를 저축 함수와 일치시킴으로써 균형 가동률 u^*를 풀 수 있다.

$$\frac{s_p \pi}{\nu}u^* = \frac{\gamma + \gamma_\lambda \lambda_0}{1 - \gamma_\lambda \lambda_g} + \frac{\gamma_\pi - \gamma_\lambda \lambda_\pi}{1 - \gamma_\lambda \lambda_g}\pi + \frac{\gamma_u}{1 - \gamma_\lambda \lambda_g}u^*.$$

$$\Rightarrow u^* = \frac{\gamma + \gamma_\lambda \lambda_0 + (\gamma_\pi - \gamma_\lambda \lambda_\pi)\pi}{\frac{s_p \pi}{\nu}(1 - \gamma_\lambda \lambda_g) - \gamma_u}.$$

이 u^*로부터 본문에서와 동일한 균형 성장률 g^*가 구해진다. 균형 이윤율 r^*도 풀어낼 수 있다.

$$r^* = \frac{\frac{\pi}{\nu}[\gamma + \gamma_\lambda \lambda_0 + (\gamma_\pi - \gamma_\lambda \lambda_\pi)\pi]}{\frac{s_p \pi}{\nu}(1 - \gamma_\lambda \lambda_g) - \gamma_u}.$$

[그림 8-9] 기술 진보 함수

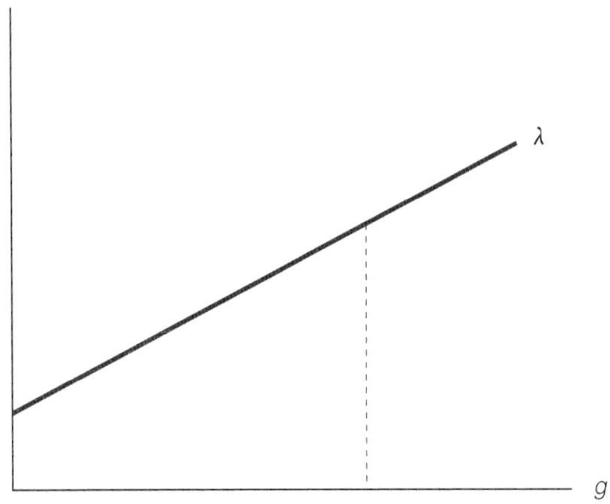

기는 점선과 같이 가로축으로부터의 높이에 해당한다. 여기에서 임금 몫의 증가 시 이로 인한 직접 효과는 기술 진보 곡선의 상방 이동을 초래한다. 단, [그림 8-10]에서 $\pi_0 > \pi_1$이다.

최종적인 균형은 기술 진보 곡선과 IS 균형 축적률 곡선이 교차하는 점에서 달성된다. 그래프로는 [그림 8-11]과 같다.

일정한 축적률 하에서 임금 몫의 상승은 기술 진보 곡선을 상방으로 평행 이동시킨다. 반면에 IS 균형 축적률 곡선은 임금 몫이 오를 때 수요 체제의 성격에 따라 우측으로도 좌측으로도 평행 이동할 수 있다. 먼저 수요 체제가 임금 주도적인 경우 임금 몫의 상승에 따른 균형점의 변화는 [그림 8-12]의 그래프를 이용하여 분석할 수 있다.

[그림 8-10] 기술 진보 곡선의 이동

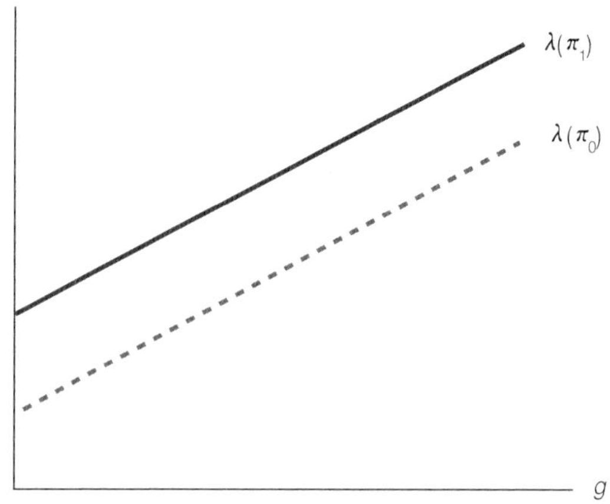

[그림 8-11] 수요 체제와 생산성 체제

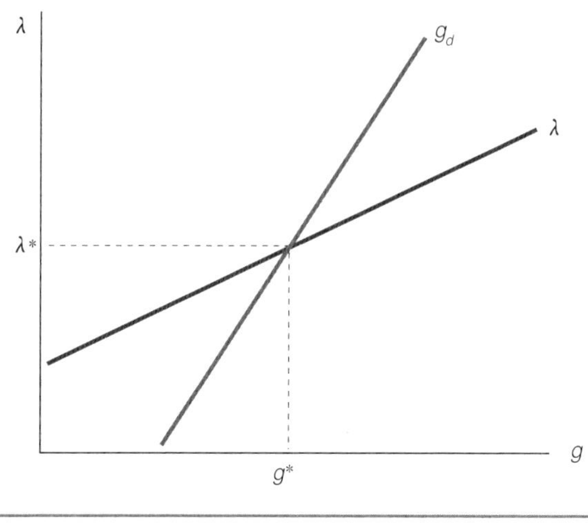

[그림 8-12] 임금 주도 수요 체제: 임금 몫 상승의 효과

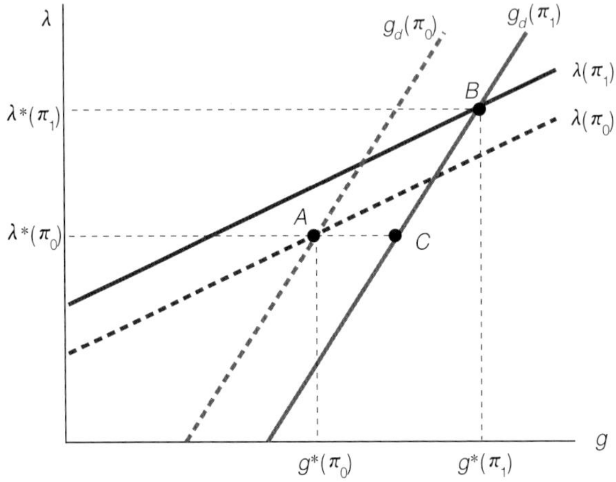

[그림 8-12]에서 점 A는 π가 하락하기 전의 경제 상황을 나타낸다. π의 하락이 가져오는 수요 체제의 순수한 효과는 점 A로부터 점 C로의 이동에 해당한다. 여기에 생산성 체제의 영향까지 고려하면 모형 경제의 상황은 이제 점 B로 바뀐다. π의 하락에 따른 수요 체제와 생산성 체제의 결합 효과는 모형 경제를 점 A로부터 점 B로 이동시키는 것이다. 우리는 점 B에서의 성장률이 점 C에서의 성장률보다 큰 점에 주목할 필요가 있다. 생산성 체제의 효과를 추가적으로 고려하면 경제 성장의 임금 주도 특성이 강화되는 것이다. 이와 같이 수요 체제가 임금 주도적인 경우 노동자 계급에 보다 우호적인 기능적 소득 분배는 경제 성장률을 제고하고 기술 진보의 속도를 가속화시키는 데 기여하게 된다.[3)]

그렇다면 수요 체제가 이윤 주도적이라면 어떨까? 이 경우에는 수요 체제의 이윤 주도성이 얼마나 두드러지는가가 중요하다. 만약 수요 체제가 충분히 이윤 주도적이어서 임금 몫이 증가할 때 g_d 곡선이 충분히 큰 폭으로 좌측 이동한다면 공급 측면의 생산성 효과를 감안하더라도 종합적으로 볼 때 이윤 주도 성장이 나타나게 된다. 하지만 반대로 수요 체제의 이윤 주도성이 충분히 강하지 않다면 생산성 효과로 인해 성장이 임금 주도성을 보일 수도 있다. 이상의 논의는 [그림 8-13]과 [그림 8-14]를 통해 확인할 수 있다.

[그림 8-13]은 전체적으로 경제 성장이 이윤 주도 특성을 보이는 예시이고, [그림 8-14]는 수요 체제는 이윤 주도적이지만 생산성 효과를 고려할 때 전체적으로는 임금 주도 성장이 나타나는 경우의 예시이다. 두 그림 모두에서 π의 하락에 따른 수요 체제의 순수한 효과는 성장률의 하락이다. 모형 경제의 상황이 점 A로부터 점 C로 이동하는 것이 이에 해당한다. 그런데 여기에 생산성 체제의 효과가 결합되면 모형 경제는 점 B로 다시 이동한다. 흥미로운 점은 생산성 체제의 효과로 인해 이윤 주도 수요 체제에서도 임금 주도 성장이 가능해진다는 사실이다. [그림 8-13]은 수요 체제의 이윤 주도성이 압도적인 관계로 경제 성장이 이윤 주도적으로 나타나는 경우인 반면에, [그림 8-14]는 거꾸로 수요 체제의 이윤 주도성을 생산성 체제의 임금 주도성이 압도하면 경제 성장이 임금 주도적인 것으로 나타날 수 있음을 보여 준다. 두 경우 모두에서 점 C보다 점 B에서 성장률이 높다는 점도 주목된다. 수요 체제가 이윤 주도적이라 해도, 생산성 체제까지 고려하면 경제 성장의 이윤 주도성

3 이와 같이 공급 측면에서 기술 진보 효과를 고려하는 가운데 임금 주도 성장이 이루어지려면 대수적으로는 부등식 $\partial g^* / \partial \pi < 0$이 성립해야 한다.

[그림 8-13] 이윤 주도 수요 체제에서의 이윤 주도 성장

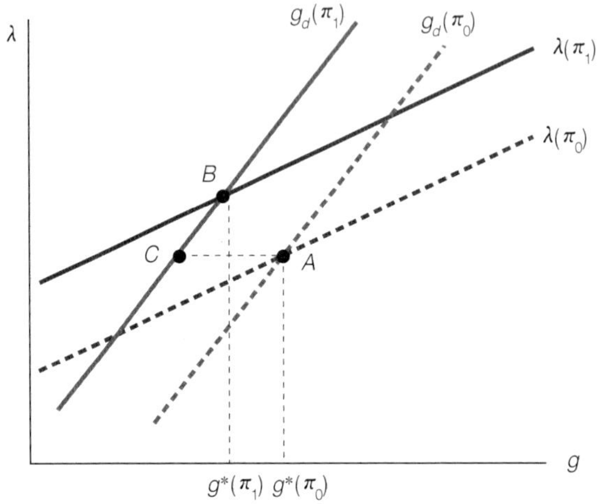

[그림 8-14] 이윤 주도 수요 체제에서의 임금 주도 성장

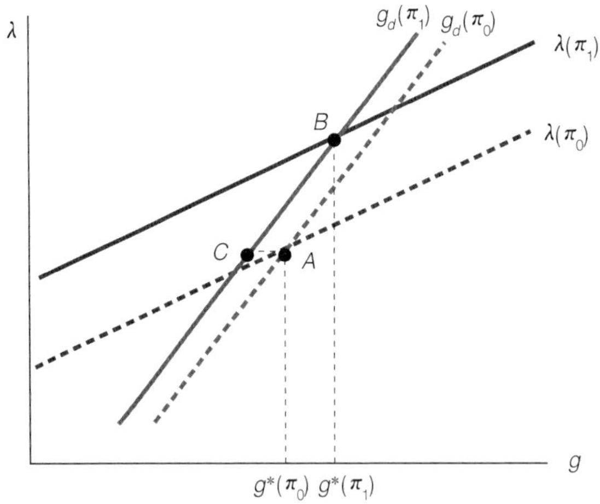

은 약화되는 것이다. 이와 같은 사실은 [그림 8-13]과 [그림 8-14]에서 공통적으로 확인된다.

제4부

소득 주도 성장

09 소득 주도 성장 전략의 등장 배경과 작동 원리

10 지난 1년간 소득 주도 성장 정책의 성과와 평가

11 소득 주도 성장과 노동 시장 도전 과제

12 1990년대 이후 한국 경제에서 파시네티 척도의 측정

chapter 09

소득 주도 성장 전략의 등장 배경과 작동 원리

1. 서론
2. 임금 주도 성장론의 이론적 배경
3. 임금 주도 성장의 작동 원리
4. 주요 실증 분석 결과
5. 정책 전략으로서의 소득 주도 성장
6. 소결

chapter 09

소득 주도 성장 전략의 등장 배경과 작동 원리[1]

1. 서론

우리 경제는 1997년 외환 위기를 기점으로 노동 소득 분배율, 즉 국민 소득 가운데 노동 소득이 차지하는 임금 몫이 추세적으로 하락하는 현상을 경험하고 있다. 자본 소득 분배율, 즉 국민 소득 가운데 자본 소득이 차지하는 이윤 몫이 추세적으로 상승하였지만 투자는 여전히 부진한 상태를 벗어나지 못하는 가운데, 글로벌 금융 위기 이후 저소득층을 중심으로 소비가 위축되고 있다. 이와 같은 내수 위축은 성장세 둔화로 이어지고 있다. 경제 상황이 부진한 가운데 물가 상승률이 하락하거나 낮은 수준을 유지하고 있는 점을 보면 현재 우리 경제는 전형적인 총수요 부족 상황이라고 할 것이다. 구조적인 수요 부족으로 경제의 활력이 떨어지면서 생산성 상승률 또한 정체되고

1 이 장 내용의 대부분은 2018년 2월에 작성되었으며, 그 일부는 2018년 6월 한국은행 대구경북본부 주최 한은금요강좌(2018-2회차)에서 발표되었다.

있는 현실은 장기 경제 성장에 결코 긍정적 요인이 아니다. 특히, 고령화가 맞물리면서 우리 경제의 미래 성장 잠재력에 대한 우려가 확대되고 있는 실정이다.

우리 경제는 어떻게 이런 어려움을 마주하게 되었을까? 어떻게 하면 이 어려움을 슬기롭게 극복하고 지속 가능한 경제 성장을 달성할 수 있을까? 새 정부 출범 이후 경제 정책의 핵심 기조가 된 이른바 '소득 주도 성장'은 전통적인 거시 경제학의 입장에서는 생소한 개념이 아닐 수 없다. 이와 같은 개념을 정부에서 경제 정책 방향으로 제시한 것은, 오늘날 이 경제적 어려움의 근본 원인이 그동안 실질 임금 상승률이 너무 낮았고 그 과정에서 소득 불평등이 심화되었던 사실에 있다는 나름의 현실 인식에 근거한 것이라고 하겠다. 그런데 그동안 경제학의 주류를 형성해 온 신고전학파 경제학의 입장에서는, 우리 경제의 성장 정체의 원인을 이처럼 소득 분배에서 찾고 또 이로 인한 구조적인 총수요 부족에서 찾는 것도 사실은 소득 주도 성장 개념만큼이나 어색할 수 있다.

이 장은 소득 주도 성장 정책의 이론적 근거라고 할 수 있는 포스트 케인지언 거시 경제학의 '임금 주도 성장'의 이론을 설명하고자 하는 글이다. 이 글이 소득 주도 성장 개념을 설명하는 기존의 글들과 조금이나마 다른 점은, 이 주제에 대해 포스트 케인지언 경제학의 관점에서 내재적으로 접근하면서 주류 경제학 패러다임과의 비교를 가능한 범위 내에서 시도하는 데에 있다.

이어지는 절에서는 먼저 임금 주도 성장론의 이론적 배경에 대해 설명하고, 이어서 임금 주도 성장이 작동하는 원리와 관련하여 수요 체제, 생산성 체제, 고용 체제에 대한 논의를 소개한다. 대표적인 선행 연구들에 제시된 주요 실증 분석 결과들이 요약될 것이며, 마지막 부분에서 소득 주도 성장의 정책 전략으로서의 측면에 대해서도 간략하게 논의될 것이다.

2. 임금 주도 성장론의 이론적 배경

2.1. 성장과 분배의 관계를 바라보는 전통적 관점

신고전학파 분배 이론에 따르면 생산 요소는 생산에 기여한 만큼을, 보다 정확하게는 한계 생산 가치만큼을 소득으로 분배 받는다. 이러한 관점에서는 논리적으로 각각의 생산 요소가 얼마만큼의 소득을 분배 받는가는 생산 함수라는 기술적인 관계에 의해 자동적으로 결정되는 것처럼 보인다. 국민 소득 가운데 임금 몫에 해당하는 노동 소득 분배율은 생산 함수를 편미분하여 계산되는 산출의 노동 투입 탄력성에 다름 아니게 된다.

그런데 익숙하게 받아들여지는 이와 같은 논리에는 실제로는 중요한 이론적 가정이 전제되어 있다. 무엇보다도 이 논리에는 한 국민 경제를 대표할 수 있는 집계 생산 함수가 기술적 관계로서 잘 정의될 수 있고, 특히 경제학의 역사에서 1870년대 제본스(William Stanley Jevons, 1835~1882) 등에 의해 정식화된 한계 생산성 이론이 이 생산 함수의 성질로서 실제로 오늘날의 현실에서 성립한다는 가정이 깔려 있다. 그리고 그와 같은 생산 함수가 정의될 수 있다는 전제 위에서 이른바 총요소 생산성, 즉 국민 소득을 생산 요소 투입으로 설명할 때 설명되지 않고 남는 잔차에 해당하는 부분이 소득 분배와 무관하다는 가정 또한 필요하다. 그렇지 않다면 소득 분배 양상이 어떤 식으로든 성장에 영향을 미칠 것이기 때문이다. 이런 가정들이 성립하지 않으면, 소득 분배의 한계 생산성 이론은 이론적인 기반을 상실할 수 있다.

오늘날 우리에게 '소득 주도 성장'의 담론을 제시하는 포스트 케인지언 경제학은 이중 첫 번째 가정과 관련된 논쟁을 거치면서 세상에 알려졌다. 이 책의 제6장에서 살펴본 '자본 논쟁'이 바로 그것이다. 이 논쟁에서 조앤 로빈슨을 비롯한 포스트 케인지언 경제학자들은 폴 사무엘슨으로 대표되는 당대의 주류 케인지언 경제학과 대결하며 이들이 받아들인 신고전학파적 접근을 비판하였다. 논쟁은 사무엘슨의 공식적인 패배 인정으로 결말이 맺어진 듯했다. 그러나 이후 주류 경제학계에서는 생산 함수 개념의 기능적 유용성을 강조하며 이론적 논쟁의 결과에 대해 침묵했으며 포스트 케인지언 경제학이 학계에서 소수로 주변화되면서 이와 같은 논쟁의 역사는 잊혀졌다.

신고전학파 성장 모형이 대세를 이루는 가운데 경제학자들은 소득 분배가 잠재적으로 성장에 영향을 미칠 수 있다면 그것은 근로 활동이나 투자를 유도하기 위한 인센티브나 페널티와 관련이 있을 것이라고 보았다. 이에 따라 경제의 효율성과 성장을 위해서는 어느 정도의 불평등을 감수하는 것은 불가피하다는 인식이 지배적 관념으로 자리를 잡았다. 새로운 성장 모형인 내생적 성장 모형의 한 유형에서 자본의 한계 생산 체감 가정이 완화되면서 저축의 역할이 강조된 것도 분배의 성장과의 연관성에 대해 유사한 시사점을 이끌어 내는 데 기여했다. 저소득층의 '저축 성향'이 낮은 상황에서는 오히려 불평등한 소득 분배가 저축 증대에 도움이 될 수 있기 때문이었다.

이런 가운데 경제학자 사이먼 쿠즈네츠가 제시한 이른바 'U자 가설'

(Kuznets, 1955)은 자본주의 초기에 심화되던 소득 불평등이 경제 성장 과정에서 장기적으로는 점차 완화될 것이라는 낙관적인 전망을 확산시켰다. 쿠즈네츠의 실증 연구에 기초한 가설적 논의는 정설로 자리를 잡아갔다. 분배가 성장에 미치는 영향은 잘 모르겠으나, 적어도 반대 방향으로는 인과가 작용할 것이라는 인식이 힘을 얻었다. 성장이 분배를 개선시킬 것이라는 기대가 있었던 것이다. 그렇게 '낙수 효과'의 논리는 주류 경제학에 의해 뒷받침되었으며 분배의 문제는 경제학 논의의 중심으로부터 밀려나게 되었다.

2.2. 불평등 문제에 대한 새로운 시각

1990년대 이후, 특히 21세기에 들어서면서 거시 경제학은 새고전학파와 새케인스학파를 아우르는 이른바 '새신고전학파 종합'의 '동태 확률 일반 균형' 모형이 주류 패러다임으로 자리를 잡았다. 이는 왈라스 일반 균형을 뼈대로 하여 합리적 기대 가설과 가격 경직성 등이 모형의 핵심 구성 요소로 결합된 것이었다. 모형은 대완화기를 배경으로 유동성 제약과 같은 금융 부문의 역할을 반영하고 이질적 경제 주체와 다부문 생산을 도입했으며, 통화량 목표제를 금리 준칙으로 대체하는 등 발전을 거듭했다.

하지만 1930년대 대공황의 경험이 유효 수요 원리의 발견을 계기로 독립된 경제학 분과로서의 거시 경제학의 출발점을 제공했듯이, 2008년 글로벌 금융 위기와 이후의 경제 침체의 경험은 다시 한 번 기존의 거시 경제 이론 체계를 되돌아보는 역사적 계기가 되고 있다. 무엇보다도 동태 확률 일반 균형 모형의 방법론 측면에서 그것의 비현실적 가정과 예측 능력 부재에 대한 근본적인 비판이 주류 경제학계 내부에서도 있었다(Stiglitz, 2017). 방법론의 문제를 떠나 소득 불평등 문제에 대한 인식 전환의 필요성이 중요한 이슈로 등장한 것도 그와 같은 배경 하에서였다.

대표적으로 Rajan(2010), Stiglitz(2012)를 비롯하여 IMF를 위시한 각종 국제기구의 보고는 공통적으로 글로벌 금융 위기의 발생 원인과 위기 이후의 침체 과정에서 불평등 심화, 양극화, 노동으로부터 자본으로의 재분배와 같은 요인들이 거시 경제의 상황을 근본적으로 악화시켰음을 지적하였다. 일부의 여전한 정치적 반대에도 불구하고, 불평등이 성장에 부정적인 요인이라는 증거는 늘어만 가고 있다.

과거에 규제 완화를 주장하며 자유 시장의 전도사 역할을 자처해 온 국제기구들의 이와 같은 입장 변화는 거시 경제 정책 기조의 변경 필요성에 대해 국제적인 수준에서 새로운 합의가 이루어지고 있음을 시사하는 것이다. 이와 함께 학계에서도 분배와 성장, 경제 위기의 관계가 주요 연구 과제로 부상하면서 거시 경제학의 연구 대상과 방향에 제한적이나마 일정한 변화가 나타나고 있음은 물론이다.

지금까지 주류 경제학에서 관심을 갖지 않던 불평등 문제가 최근 들어 중요하게 부각된 데에는 피케티의 기여가 중요했다. 이미 제5장에서 소개한 바와 같이 그는 이윤율과 경제 성장률의 관계에서 나타나는 장기적인 구조적 전환에 주목하였다. 지난 수십 년간에 걸친 이 구조적 전환의 과정에서 국민소득 가운데 자산 소득 취득자에게 귀속되는 상대적인 몫이 점차 증가해 왔고 이는 실물 경제에 부정적인 영향을 미쳤다는 것이 그의 핵심적인 분석 결과 가운데 한 가지였다.

주류 경제학계에서 나타나고 있는 최근의 변화와 더불어, 그동안 오래전부터 분배 문제를 일관되게 강조해 온 포스트 케인지언 경제학자들 사이에서도 Lavoie and Stockhammer(2013)를 비롯한 여러 최근 연구에서 불평등의 시정을 성장의 여건 개선과 연결시키는 경향이 두드러지고 있다. 분배 문제가 신고전학파의 한계 혁명이 있기 전까지 경제학에서 차지해 온 중심 연구 주제로서의 원래 위치를 회복하면서, 이들의 대안적 접근에 대해서도 관심의 저변이 확대되고 있는 셈이다. 임금 주도 성장의 이론이 글로벌 금융 위기 이후 침체된 세계 경제의 회복을 위한 전략으로서 체계화된 것은 최근의 이와 같은 상황 전개를 배경으로 한다.

2.3. 포스트 케인지언 성장 이론의 성립

우리는 임금 주도 성장론의 내용을 논의하기 앞서 먼저 이와 같은 대안적 성장 이론을 주창하는 포스트 케인지언 경제학의 기본적인 특성에 대해 살펴본다. 포스트 케인지언 경제학은 현재 경제학계에서 주류를 이루고 있는 신고전학파 경제학에 이론적으로 대항해 온 비판 경제학이다. 따라서 이들의 임금 주도 성장론을 이해함에 있어서는 우리에게 익숙한 신고전학파적 관점에서의 단편적인 인상 비평이나 감정적인 평가에 머물러서는 안 될 것으로 보인다. 자칫하면 이론의 핵심을 오해하기 쉽기 때문이다. 그보다는 포스트 케인지언 경제학의 기본적인 관점을 이해하려는 내재적인 시각에서 접근할 필요가 있어 보인다. 다만 여기서는 포스트 케인지언 경제학의 체계 전반이 아니라 임금 주도 성장론과 관련성이 깊은 일부 내용만을 다루기로 한다. 이를 위해 먼저 이 학파가 어떻게 태동했는지부터 살펴보도록 하자.

케인스가 1930년에 발간한 『화폐론』은 완전 고용이 경제의 일반적인 상태라는 당시로서는 전통적인 인식을 유지하면서 저축과 투자의 잠재적 불일치가 물가 수준에 미치는 영향을 규명하는 것이었다. 케인스는 이 저술에 대해 만족하지 못했다고 하며, 그 이유는 당시 영국 경제의 장기간의 침체 현상을 설명할 수 없었기 때문인 것으로 알려져 있다. 이후 그는 케임브리지 대학의 젊은 동료들과 함께 실업을 설명하는 이론적 틀과 완전 고용을 달성하기 위한 정책에 대해 연구했으며, 그 과정은 케인스 본인의 표현에 의하면 '경제학자들 사이에서 굳어진 습관적 사고로부터 탈출하려는 투쟁의 과정'이기도 했다. 그 결과물이 결국 1936년 『고용, 이자 및 화폐에 관한 일반이론』의 출판으로 결실을 맺게 된다.

케임브리지에서 케인스를 도와 『일반이론』 작업에 직접 참여했던 젊은 경제학자들 가운데에는 훗날 포스트 케인지언 경제학자로 더 잘 알려지게 되는 리처드 칸(Richard Kahn, 1905~1989)과 조앤 로빈슨이 있었다(Marcuzzo, 2003). 이들은 『일반이론』의 아이디어가 존 힉스(John Hicks, 1904~1989)가 제안한 IS-LM 모형이라는 일종의 정태적 왈라스 균형으로 표현되는 것에 반대했다. 이 과정에서 케인지언 경제학자들 사이에 분열이 있었다.

존 힉스, 폴 사무엘슨과 같은 '신고전학파 종합' 케인지언 경제학자들은 『일반이론』에 제시된 유효 수요의 원리를 단기 경제 변동의 설명 논리로 국한하여 받아들이는 한편, 장기에는 여전히 고전학파적 완전 고용 균형이 달성될 것이라는 입장을 채택하였다. 단기는 케인지언, 장기는 고전학파라는 이들의 절충적 입장은 경제학의 주류로 부상하였다.

그러나 이는 엄연히 케인스의 원래 입장과는 차이가 있는 것이었다. 케인스에게는 비자발적 실업이 경제의 일반적 상황에 해당하는 것이었다. 하지만 이들은 비자발적 실업은 물가의 경직성으로 인해 단기에만 나타날 수 있는 특수한 현상이라고 보았다. 케인스가 일반적 상황에 적용될 수 있는 이론으로 저술한 『일반이론』은 이제 단기에만 의의를 갖는 특수 이론으로 그 의의가 사실상 변질된 것이었다.

이와는 달리 조앤 로빈슨으로 대표되는 일군의 경제학자들은 보다 원칙적인 입장에서 본래 케인스의 핵심적 통찰을 중요시했다. 그들은 독점적 대기업이 지배하고 있는 현대 사회에서 불완전 고용과 초과 설비는 일반적인 현상이며, 장기라고 해서 완전 고용이 달성된다는 보장은 어디에도 없다는 것이었다. 따라서 『일반이론』에서 단기 이론으로 확립된 유효 수요의 원리를 장기 성장 모형으로 확장해야 한다는 것이 이들의 주장이었다. 특히, 이들은 『일반이론』의 곳곳에서 강조된 바 있는 소득 분배의 문제에 천착하면서 케인스에 앞서 폴란드어로 유효 수요의 원리를 주창한 경제학자 칼레츠키의 이론을 적극적으로 흡수하였다. 칼레츠키의 이론은 사회 계급 간의, 즉 노동과 자본 간의 기능적 소득 분배의 양상이 가져오는 경제적 영향에 주목하는 것이었다.

포스트 케인지언 경제학에서 최초의 성장 이론은 일찍이 1940년대에 '해로드 모형'이라는 이름으로 등장하였다. 해로드의 성장 이론은 투자에 따른 자본 설비 확대가 생산 능력을 향상시키는 효과를 중심으로 케인스의 단기 모형을 동학화한 것으로서, 자본주의 경제에 내재한 불안정성에 분석의 초점이 맞추어져 있었다. 생산 요소가 고정된 비율로 결합된다고 가정한 해로드-

도마 모형에서와는 달리 1950년대 중반에 생산 요소 간 대체 가능성을 도입함으로써 이 불안정성의 문제를 극복하려 한 새로운 성장 이론이 등장했다. 그것이 신고전학파 성장 모형의 시발점이 된 솔로우 모형이었다.

이와는 별도로 포스트 케인지언 성장 이론은 1950년대에 들어서면서 유효 수요 원리의 장기로의 확장이라는 프로젝트의 형태로 전개되었다. 헝가리 출신 경제학자인 니콜라스 칼도가 주도한 일련의 연구에서는 소득 분배와 경제 성장의 관계를 중심으로 동학 모형이 구성되었다. 이런 이유로 포스트 케인지언의 성장 모형은 이후 '성장 분배 모형'(model of growth and distribution)으로 불리게 되었다.

본격적인 모형 발전은 칼레츠키와 슈타인들이 남긴 선구적 연구의 유산에 기초하여 1980년대에 접어들면서 '칼레츠키언 모형'이 확립되면서부터 이루어졌다. 이 시기는 신고전학파 성장 모형이 내생적 성장 모형으로 발전해 가는 기간이기도 했다. 이후 최근까지 칼레츠키언 성장 분배 모형은 분화를 거치면서 다양한 방향으로의 확장과 정교화가 계속되고 있다.

칼레츠키언 성장 분배 모형의 가장 근본적인 특징은 장기에 있어서도 유효 수요의 원리가 지배적으로 작동한다고 보는 점에 있다. 구매력에 의해 뒷받침되는 유효 수요의 안정적 확대가 단기를 넘어서 지속적인 경제 성장을 가능하게 한다는 것이다. 바로 이 점이야말로 주류 거시 경제학과 포스트 케인지언 거시 경제학의 가장 근원적인 차이라고 할 것이다. 한마디로 거시 경제의 장기를 보는 관점이 근본적으로 다른 것이다.

포스트 케인지언의 시각에서는, 공급이 수요를 결정하며 저축은 반드시 투자로 이어지므로 총수요 부족이나 과소 소비와 같은 현상은 원천적으로 불가능하다고 보는 '세이의 법칙'은 장기에든 단기에든 성립할 수 없는 틀린 주장이다. 포스트 케인지언 경제학자들은, 단기에는 몰라도 적어도 거시 경제의 장기 균형에서만큼은 실업률과 산출 수준이 공급 측 요인에 의해 이른바 '자연율' 수준에서 결정된다고 보는 '자연율 가설' 역시 세이의 법칙이 세련되게 변형된 것일 뿐으로 경제 현실과는 전혀 맞지 않는다고 본다. 이런 개념들을 대신하여 이들은 이른바 '이력 효과'(hysteresis effect)와 '경로 의존성'(path dependence)을 강조하면서 수요가 견인하는 성장(demand-led growth)이라는 대안적 논리를 제안한다.

2.4. 경로 의존성

주류 경제학에서 거시 경제는 다양한 충격이 끊임없이 실현되면서 추세선의 '균제 상태'를 이탈하지만, 시장의 자기 조정에 의해 추세선, 즉 '잠재 성장 경로'로 되돌아오는 일종의 순환 변동의 과정을 거쳐 성장하는 것으로 이해된다(Blanchard, 2014). 그런데 순환 변동의 과정에서 수요와 관련된 경제 변동 요인은 단기에만 영향이 있을 뿐이고 장기에는 그 영향이 사라진다. 장기적으로 경제에 항구적인 영향을 미치는 요인은 오직 공급과 관련된 것뿐(Blanchard and Quah, 1989)이다. 그리고 시장의 조정을 거쳐 경제가 잠재 성장 경로로 돌아오면 노동 시장에서는 완전 고용이 달성되며 실업률은 자연 실업률 수준으로, 그리고 경제 성장률은 잠재 성장률 수준으로 수렴한다. 이 자연 실업률과 잠재 성장률은 모두 공급 측 요인에 의해 전적으로 결정되는 것들이다.

이와 같은 시각에서는 수요 측 요인에 의해 경제에 어떤 변화가 있더라도 그로 인해 장기 균형이 바뀌는 일은 있을 수 없다. 그런데 현실 경제의 경기 순환은 총수요 변동으로 인한 것이 많다. 이제 최초의 장기 균형에서 새로운 장기 균형으로 이행하는 과정에서 경제가 경험하는 그와 같은 변화는 새로운 장기 균형 자체에 어떤 영향도 미치지 못하게 된다. 이는 이력 효과와 경로 의존성이 부인되는 것이다. 여기서 경로 의존성이라는 개념은 경제가 과거에 실제로 경험한 변동, 역사적인 경제 발전 경로가 미래의 경제 상황에 영향을 미치는 것을 말한다. 이력 효과와 경로 의존성을 받아들이는 입장에서는 장기란 무수히 많은 단기들의 연속일 뿐이며 미리 확정된 장기 균형과 같은 것은 없다. 칼레츠키에 따르면, 경제에 있어 장기 추세란 단지 단기 상황의 연쇄 속에서 더디게 변화하는 컴포넌트일 따름이다. 그것 자체는 아무런 독립적인 실체가 없다.

정통 거시 경제학은 균형 성장 경로가 이론적으로 먼저 존재하고 경제는 그 추세 주위에서 순환 변동한다는 아이디어에 확고하게 기초해 있다. 그리고 경제 주체들이 합리적 기대에 기초하여 행동한다고 할 때 그들의 정보 집합에는 이 균형 경로에 대한 정보가 포함되어 있는 것으로 간주된다. 이런 모형에서 최종 균형 상태는 경제가 어떤 상태에서 출발하는지, 그리고 어떤 경로를 거치는지에 의존하지 않는다.

하지만 경로 의존성과 이력 효과를 받아들이게 되면 총수요의 변동 양상이 공급 잠재력에 영향을 미칠 수 있다는 사실을 긍정하게 된다. 경로 의존적인 경제의 진화 과정에서 총수요와 총공급은 서로 의존하면서 동시에 결정된다. 그런 의미에서 총수요의 역사적 변동이 경제의 진화에 어떻게 영향을 미칠 수 있는가 하는 문제가 중요하다.

그렇다면 경로 의존성은 어떻게 발생하게 되는가? 한편으로는 그것의 기원은 투자의 불가역적인 성격과 관련된다. 투자는 총수요와 총공급의 양 측면을 연결시킨다. 이로 인해 총수요와 총공급은 서로 독립적일 수 없게 된다. 일찍이 해로드가 개념화한 투자의 생산 능력 증대 효과가 바로 이런 것이다. 이로 인해 현 시점의 수요인 투자는 미래 시점의 자원 증가를 낳고 이를 통해 경제의 공급 잠재력이 변화되는 것이다.

경로 의존성이라는 아이디어는 거시 경제 분석에서 중요하다. 총수요의 변동 경로가 경제 활동 수준에 미치는 영향은 경제 주체들의 경험과 의사 결정 전반에 광범위하게 작용하게 된다. 총수요의 변화가 미래에까지 그 영향이 지속될 수 있는 것은 이와 같은 작용 때문이다. 공급 측면의 잠재력은 바로 이런 경제 주체들의 기대와 의사 결정에 의해 그 틀이 형성되기 마련이다. 그렇게 총공급은 총수요 요인에 의해 영향을 받을 수 있다.

Martin and Sunley(2006)에 의하면, 어떤 거시 경제가 경로 의존적으로 발전한다고 할 때 이는 해당 거시 경제 자체의 역사로부터 비롯된 귀결로써 경제의 진화가 이루어지는 것을 일컫는다. 경로 의존성의 또 다른 대표적인 예로는 동태적 규모 수익 체증 현상을 들 수 있다. 칼도가 제시한 누적적 성장의 도식에서는 산출 증가로부터 기술 진보로의 긍정적인 피드백이 핵심인데, 이는 동태적 규모 수익 체증 현상에 따른 성장 과정의 자기 강화적 특성과 연관된 것이라고 하겠다. 즉, 칼도-버둔 효과야말로 경로 의존성을 발생시키는 또 하나의 원천 역할을 하는 셈이다.

총수요의 수준과 구성의 변동으로 인해 야기되는 총공급 측면의 변화가 갖는 비가역성에 대해서도 주목이 필요하다. Sawyer(2009)에 따르면, 수요와 공급의 독립성은 신고전학파 경제학에 있어 하나의 중심 명제에 해당하는 것으로, 주류 거시 경제학에서의 총수요, 총공급 분석은 사실은 미시적인 수요, 공급 분석을 기계적으로 반복하는 것에 가까운 측면이 있다. 반면에 포스트 케인지언 경제학에서는 수요와 공급의 상호 의존성과 동시 결정성을 강조하고 이를 '수요 체제'와 '생산성 체제'라는 결합된 개념으로 포착하려고 한다. 경로 의존성이라는 맥락에서 수요와 공급이 어떻게 상호 작용하는가, 수요의 변동 과정이 공급 측면에 어떤 방식으로 장기적인 효과를 초래할 수 있는가 하는 문제들이야말로 포스트 케인지언 거시 경제학에서는 핵심적인 관심 대상인 것이다(Arestis and Sawyer, 2009).

수요 측면의 변화와 이에 따른 산출 수준의 변화는 고용 및 유효 노동 인구의 증가를 여러 경로를 통해 자극하기도 한다. 경로 의존성은 투자에만 의존하지 않는다. 수요가 늘어나면 이로 인해 기존에 비경제 활동 인구였던 사람들이 경제 활동 인구로 노동 시장에 유입된다. 반대로 수요가 위축되면 경제 활동 인구로의 유입이 줄어든다. 총수요 변동은 경험에 의한 학습, 그리고 연구 개발 및 교육 훈련 투자를 자극할 수 있다. 우리는 제4장에서 이들 요인이 효과를 나타내기 위해서는 유효 노동 인구의 증가가 필요한 점을 살펴본 바 있다. 총수요의 안정적인 확대는 이와 같이 유효 노동 인구를 꾸준히 늘어나게 하는 채널을 통해서도 생산성 개선과 연결된다. 이로 인해 공급 측면 요인인 유효 노동 인구와 노동 생산성의 변동에는 궁극적으로 매 기간 수요 변동의 영향이 지워지지 않는 흔적처럼 고스란히 남는다.

자본 축적의 규모와 유효 노동 인구의 크기, 그리고 이에 따른 산출 수준의 비가역적인 변화 과정은 결국 수요가 결정하는 경로 의존적인 과정으로 파악될 수 있다. 노동이나 자본과 같은 생산 요소의 공급 그 자체도, 그리고 생산성 개선도 결국 수요 조건으로부터 자유롭지 않은 것이다.

이와 관련하여 경제 성장의 추동력으로 널리 받아들여지는 발명이나 혁신 역시 경로 의존성이라는 관점에서 이해될 필요가 있다. 발명이나 혁신은 두 가지 측면에서 경로 의존적이다. 먼저 발명이나 혁신의 과정 그것 자체가 이미 누적적이고 불확정적인 성격을 띠는 점에서 그렇다. 그리고 다음으로 거시 경제의 성장 경로, 특히 이로 인한 경제 활동의 수준이나 구조와 관련된 특성이 경제 주체들의 발명과 혁신 활동의 속도와 방향에 영향을 미치게 되는 점에서 그렇다.

경제의 진화를 이해함에 있어서나 이를 이론적으로 모델링함에 있어 경로 의존성이라는 관점에 기초해야 한다는 우리들의 생각은 두 가지 입장에 근거해 있다. 이 두 입장은 서로 연관되어 있다. 그 첫 번째는 오늘 이루어진 의사 결정과 이에 따른 행동은 미래에 이루어질 의사 결정과 그에 따를 행동에 영향을 미친다는 것이다. 그리고 두 번째는 경제의 미래 진화 경로는 어떤 의미에서도 미리 결정되어 있지 않으며 경제가 그 주위에서 순환 변동하게 되는 추세선 같은 것은 존재하지 않는다는 것이다.

우리가 포스트 케인지언 경제학의 관점에서 경로 의존성을 이야기할 때 우리는 결코 역사가 중요하다고 주장하는 것만은 아니다. 경제가 시간의 흐름과 함께 앞으로 나아가면서 따르는 발전의 경로는 점진적으로 열려 가는 성격의 것이다. 그 경로 자체가 고정적으로 주어지는 것이 아니며 오히려 비가역적으로 변화하는 것이라는 생각을 이야기하려는 것이다.

주류 경제학의 합리적 기대 가설에서는 경제의 구조가 실질적으로 경제 주체들에게 알려져 있는 것으로 전제된다. 경제 주체들은 각자 이 경제 구조에 대한 지식과 정보에 기초하여 기대를 형성한다. 정보 집합이 동일하다면 기대치가 서로 크게 다를 수 없다. 그것이 합리적인 기대치라면 말이다. 여기서 특징적인 점은 미래 경제의 진화 경로를 나타내는 확률 분포가 사실상 개인들에게 주어지는 점이다. 이제 뛰어난 계산 능력을 갖춘 개개인의 미래에 대한 기대치에는 체계적인 예측 오차가 남지 않는다. 기대치가 실제 값과 차이가 난다면 그것은 단지 확률적인(random) 요인의 실현에 따른 비체계적인 예측 오차에 기인하는 것이 되고 만다.

이는 케인스가 강조한 의미에서의 불확실성과는 판이하게 다른 것이다. 이른바 '근본적 불확실성'(fundamental uncertainty) 하에서는 미래 사건에 대한 확률 분포 자체가 알려져 있지 않기 때문이다. 우리의 미래를 결정하는 데에 있어서는 우리에게 이미 인지된 미래 변수만 참여하는 것은 아니다. 그 밖에 우리가 지금은 상상조차 할 수 없는 미래 변수 또한 우리의 미래를 결정하는 데에 참여한다. 상상할 수 없는 사건에 지금 확률을 부여할 수는 없다. 우리가 현실에서 직면하는 불확실성이란 다름 아닌 그런 것에 가깝다. 그것은 합리적 기대 가설로는 포착할 수 없다.

2.5. 수요 주도 성장 이론

포스트 케인지언 경제학은 잠재 성장률 자체가 곧 수요가 결정하는 실제 성장률에 의존하며 내생적으로 결정된다고 일찍이 1950년대부터 줄곧 주장해 왔다(Lavoie, 2014, 2018). 외생적으로 주어진 잠재 성장률이 실제 성장률을 자신의 근방으로 끌어당기는 것이 아니라 오히려 그 반대라는 것이다. 실증적인 근거도 제시되었다. Leon-Ledesma and Thirlwall(2002)의 1961~1995년 기간 OECD 국가들을 표본으로 한 실증 연구에서는 오쿤의 법칙에 근거하여 실업률이 일정 수준에서 변하지 않도록 하는 잠재 성장률을 추산하고 이 잠재 성장률이 호황기에는 상승하고 불황기에는 하락하는 경향이 있음을 발견했다. 이는 잠재 성장률 자체가 실제 성장률에 내생적이지 않다는 가설을 기각하는 것이었다.

중남미 나라들에 대해서도 실증 분석이 있었다. Vogel(2009)의 1986~2003년 기간 중남미 11개국을 표본으로 한 실증 연구에서, 그리고 다시 Libanio(2009)의 1980~2004년 기간 중남미 10개국을 표본으로 한 실증 연구에서 동일한 결론이 보고되었다. Lanzafame(2010)는 1977~2003년 기간 이탈리아 표본에 대해 동일한 결과를 확인했다. Dray and Thirlwall(2011)은 1982~2005년 기간 한국이 포함된 아시아 10개국을 표본으로 하여 역시 동일한 결과를 확인했다. Jeon and Yoo(2011)는 다시 한국이 포함된 OECD 국가들의 1980~2007년 표본에 대해 동일한 결론을 보고했다.

포스트 케인지언 경제학에서 강조해 온 이력 효과는 1980년대에 주류 거시 경제학에서 일정 부분 인정되기도 했다. Blanchard and Summers(1986, 1987)는 경기 침체로 실업 상태가 장기화하면 노동자들이 인적 자본의 상실을 경험하게 되고 이로 인해 자연 실업률이 높은 수준을 유지하는 상태가 지속될 수 있다고 주장했다. 이는 우하향하는 장기 필립스 곡선으로 대학 학부 과정 교과서에도 소개되는 내용이다. 그러나 1990년대의 대완화기를 거치면서 이력 효과에 대한 주류 경제학계의 연구는 이후 큰 진전이 없었던 것으로 보인다. 이력 효과가 다시 주류 경제학계에서 주목을 끌기 시작한 것은 글로벌 금융 위기를 경험한 다음부터였다.

이력 효과라는 개념 자체는 새신고전학파 종합이라는 기존 패러다임과 부조화하는 측면이 있다고 볼 수 있다. 따라서 이력 효과가 주류 거시 경제학에서 연구의 대상으로 다시 부상한 것은 중요한 변화라고 하지 않을 수 없다. 이와 관련된 최근의 대표적인 연구로서 Ball(2014)은 23개국을 표본으로 하여 글로벌 금융 위기가 각국의 잠재 산출 수준에 미친 영향을 실증 분석하였다. 그 결과는 위기 발생 전 추세를 기준으로 산출 수준이 하락한 정도만큼 잠재 산출 자체가 하락하는 경우가 많았다는 것으로, 이는 대부분의 나라에서 이력 효과가 강하게 발견된다는 의미로 해석된다. 이보다 앞서 DeLong and Summers(2012)는 경기 침체 시 정부 지출 확대가 중장기적으로 정부 부채의 국민 소득에 대한 비율을 떨어뜨리는 점을 발견하였는데, 이들은 이를 이력 효과에 기인하는 현상으로 해석하였다. Blanchard, Cerutti, and Summers(2015)는 더 나아가 120여 개의 과거 역사적 경기 침체 사례에 대해 분석했다. 그 결과 대부분의 사례에서 경기 침체가 잠재 산출 경로 자체의 변화를 수반한 사실이 드러났다. 글로벌 금융 위기와 같은 대규모 경기 변동만을 예외적인 사례로 볼 수는 없다는 것이다.

이와 같이 포스트 케인지언 경제학자들이 오랫동안 일관되게 주장해 온 이력 효과와 경로 의존성 개념에 대해서는 최근 들어 주류 경제학계에서도 다시금 일정 부분 동의가 형성되고 있는 것으로 보인다. 이제 우리가 이와 같은 이력 효과와 경로 의존성 개념에 동의한다면, 우리는 수요 측 요인이, 즉 유효 수요의 변동이 곧 경제의 잠재 성장 경로에 중요한 영향을 미칠 수 있음을 어렵지 않게 추론할 수 있게 된다. 왜냐하면 실제로 경기 침체 가운데 많은 경우가 총수요 위축에 기인하는 것이고 경기 확장의 경우에도 총수요 확대가 원인인 사례가 많기 때문이다. 바로 이 지점에서 비로소, 공급 측면이 일방적으로 주도하는 전통적인 성장 모형이 아닌 수요 측면의 역할이 중요하게 고려되는 대안적 성장 모형이 이론적으로 가능해지는 것이다.

2.6. 자연 실업률 가설 비판

자연 실업률이라는 것 자체가 실재하지 않는 허구의 개념에 지나지 않는다는 비판 또한 제기되고 있다(Storm and Naastepad, 2012). 대표적으로 Storm and Naastepad(2007)와 Mitchell and Muysken(2008)의 실증 연구에서 자연 실업률 가설은 기각된 바 있다.

케인스가 『일반이론』에서 기성의 주류 고전학파 경제학은 완전 고용이 달성되는 특수한 경우에 대한 것일 뿐이며 일반적인 경우에 대한 것이 아니라고 비판했듯이, 오늘날 주류 신고전학파 경제학을 뒷받침하고 있는 자연 실업률 가설에 대해서도 그것은 사실 이윤 주도 경제라는 특수한 경우에만 해당되는 것이라는 비판이 가능하다.

오늘날 주류 경제학의 고용 이론은 케인스의 반대를 사실상 매장해 버렸다. 실업은 실질 임금이 너무 높고 경직적인 데 기인한다는 생각이 그것이다. 그런데 이 높고 하방 경직적인 실질 임금은 노동 시장 규제, 형평성 개선을 목적으로 하는 정부 개입, 고용 보호 입법, 복지 국가 제도 등이 지나친 데 기인하는 것으로 여겨진다. 이런 제도들이 소득 불평등을 완화하고 노동자들을 노동 시장과 관련된 보험 불가능한(uninsurable) 위험으로부터 보호하려는 의도에서 도입된 것임은 주지의 사실이다. 하지만 이런 좋은 의도에도 불구하고 결과적으로는 노동조합의 임금 교섭상의 지위를 강화함으로써 생산성과 비교해 실질 임금을 올리고 실질 임금의 유연성을 떨어뜨리며, 특히 저숙련 노동을 중심으로 고실업을 초래해 경제 부진을 야기한다는 것이 오늘날 주류 거시 경제학의 시각을 뒷받침하는 자연 실업률 가설이다.

자연 실업률 가설에서 주목할 점은 그것의 결정에 있어 수요 요인은 아무 역할도 하지 않는다는 사실이다. 주류 거시 경제학에 따르면, 실업률을 자연 실업률 수준보다 떨어뜨려서 완전 고용을 달성하려는 총수요 관리 정책은 결국 아무런 효과도 없게 된다. 일시적으로 실업률을 떨어뜨릴 수는 있지만 이로 인해 노동조합의 교섭력이 강화되면 임금 인상 폭이 오르고 이것이 상품 가격 상승으로 전가되면서 인플레이션만 가속화된다는 것이다. 그런데 총수요는 물가 수준에 반비례하므로 이렇게 인플레이션 상황이 되면 결국 수요가 줄어들게 되어 있다. 수요 감소는 다시 실업 증가를 낳고 결국 자연 실업률로 복귀하게 된다는 식의 생각이다. 말하자면 수요가 자연율의 총산출 수준, 그리고 자연 실업률 수준에 맞추어 결국에는 조정되고 만다는 것이다.

Galbraith(2008)는 이러한 견해에 맞서면서 만약 그와 같은 주장이 사실이라면, 역사 속에서 심각한 인플레이션의 사례가 훨씬 더 빈번하게 관측되었을 것이라고 지적했다. 실제로는 그렇지 않았다. 실업을 줄이려는 정책 때문에 인플레이션이 심각해진 실제 사례는 사실은 드물다. 어쨌든 자연 실업률 가설은 인플레이션에 대한 투쟁에 있어 독립된 중앙은행이 반드시 필요하다는 거룩한 신앙이 경제학자들 사이에 자리 잡는 데에 기여했다. 자연 실업률 가설은 통화 정책에 있어 보수적 준칙의 운용을 강조하는 방향으로 영향을 미쳤다.

하지만 거기서 그치지 않았다. 자연 실업률 가설의 핵심적인 정책 시사점은 비자발적 실업을 해소하기 위한 어떤 시도도, 그리고 보다 평등주의적인 성장을 지향하는 어떤 노력도 결국 실패하고 말 것이라는 예측이라고 할 수 있다. 이 가설에 따르면 성장과 평등 사이에는 일종의 갈등과 상충 관계가 존재한다. 특히, 세계화의 결과로 시장 경쟁이 보다 치열해진 오늘날 경제에서는 더욱 그러하다. 자연 실업률 가설을 받아들이는 입장에서 보면, 규제나 사회적 계획으로는 노동 시장의 성과를 개선하는 것 자체가 불가능하다. 시장에 맡겨 두는 것만이 최선이 된다. 시장의 불완전성이나 노동과 자본 사이의 비대칭적 협상력 같은 것은 문제가 되지 않는다.

주류 거시 경제학에서는 실업을 항구적으로 낮추려면 노동 시장 규제를 완화하는 방향으로 가야 한다고 주장한다. 고용 보호는 약화되어야 하고 실업 수당은 줄여야 한다는 것이다. 임금 교섭은 중앙 차원에서 집중되는 방식으로는 곤란하고 분산되어야 한다는 것이다. 복지 국가는 그 규모를 축소해야 한다는 것이다. 왜냐하면 이런 것들은 실질 임금 비용을 올릴 뿐만 아니라 세계 시장에서의 비용 경쟁력 유지를 어렵게 하기 때문이라는 것이다. 그뿐만 아니라 세계화된 경쟁 환경에서 예측 곤란한 다양한 위험이나 빠른 기술 진화 속도에 기업들이 유연하게 대응할 수 있는 능력이 이로 인해 줄어들기 때문이라는 것이다. 평등 지향적인 제도들은 저성장을 초래할 뿐만 아니라 노동 시장의 경직성을 강화해 경쟁을 제한하며 외부자의 희생 위에 내부자만을 위하는 역할을 할 것이라는 주장이다. 이 모두 오늘날 우리들에게 너무나도 익숙해진 이야기들이다.

노동 시장 규제와 실업 사이의 관계를 논의할 때 출발점은 대개 1980년대 초반 고실업의 문제를 앓고 있던 유럽을 표본으로 하는 것이었다. 이후 1990년대와 2000년대에 들어 OECD와 같은 국제기구를 중심으로 노동 시장의 유연화와 규제 완화는 절대적인 과제로 선전되었다. 그러나 이와 관련된 실증 분석 결과들은 충분하지도 않고 주류 거시 경제학의 입장을 강하게 뒷받침하는 것도 아니다(Storm and Naastepad, 2012).

자연 실업률 가설의 한 가지 이론적 문제점은 임금과 노동을 비용이라는 한 측면에서만 보는 데에 있다. 실질 임금이 오르면 이는 생산 비용의 상승이라는 측면에서 기업의 수익성에 부정적이다. 하지만 실질 임금은 동시에 수요의 원천이기도 하다. 따라서 실질 임금의 상승은 유효 수요의 확대로 이어져 주어진 생산 설비의 가동률이 오르게 한다. 가동률의 상승은 유휴 설비의 활용도를 높이므로 경제 전체적으로 바람직할 뿐만 아니라 이윤율로 표현되는 기업의 수익성에도 대체로 긍정적인 영향을 미치게 된다. 한편, 가동률이 오르면 가속도 효과로 유발 투자도 증가하므로 연쇄적인 수요 증가와 생산 증가가 이에 뒤따르게 된다.

그런데 이와 같은 투자 증가는 동시에 노동 생산성의 향상을 가져올 수 있다. 그 이유는 새롭게 설치되는 자본 설비에는 가장 최근의 생산 기술이 체화되어 있어 기존의 설비에 비해 생산성 수준이 높을 가능성이 크기 때문이다. 이로 인해 평균적인 노동 생산성의 개선이 가능하다. 그뿐만이 아니다. 실질 임금이 오르면 혁신과 기술 진보의 방향은 보다 노동 절약적인 것이 되므로 이를 통해서도 노동 생산성이 개선될 수 있다. 기술 진보의 패턴이 생산 요소의 상대 가격에 의해 영향을 받을 수 있기 때문이다.

실질 임금의 상승은 이와 같이 설비 가동률과 노동 생산성 증가율의 상승을 가져오는 효과가 있다. 이는 실질 임금이 오른다고 해서 기업의 수익성에 부정적인 영향이 있을지, 아니면 긍정적인 영향이 있을지, 이론적으로는 한 방향으로 확정이 되지 않음을 뜻한다. 노동의 교섭력 강화에 따른 생산 비용 상승의 효과가 설비 가동률 상승 및 노동 생산성 향상에 의한 수익성 개선 효과에 의해 압도되면, 친노동적인 노동 시장 제도의 강화와 확장적인 총수요 정책이 오히려 기업의 수익성 개선을 낳고 더 나아가서는 자연 실업률의 하락을 가져올 수 있는 것이다.

다른 한편으로는 노동 과정과 노동 주체를 보는 시각 자체도 문제이다. 노동자를 기계의 부속물로 파편화된 존재 내지는 노동 과정에서 자신의 본질로부터 유리되어 소외된 존재로만 파악하면 노동 생산성의 결정에 있어 물질적 동기만이 고려될 수 있다. 효율성 임금 가설이 그 예라고 하겠다. 하지만 이런 시각에는 중요한 한 가지가 빠져 있다. 그것은 노동자의 동기 부여는 노동 과정의 사회적 조직을 포함한 다양한 사회적 요인들에 의해 영향을 받는다는 사실이다. 근로 감독의 강화는 오히려 노동자가 노동 과정에서 헌신하려는 동기를 약화시킬 수 있다. 왜냐하면 노동자는 이를 불공정하다고 보고 신뢰가 깨진 것으로 받아들일 수 있기 때문이다. 노동자의 동기 부여와 작업 강도, 즉 노동 생산성은 생산의 사회적 관계에 의해 영향을 받는다. 신뢰와 공정성의 개념이 정의되는 것 또한 이 사회적 관계 내에서이다. 물질적 동기만을 고려하거나 근로 감독에 의한 노동 통제를 강화하는 경우, 노동자들은 단순한 도구처럼 수동적으로 행동하면서 오히려 기회주의적 행동의 유인은 커질 수 있다.

노동 과정은 노동하는 사람의 지적, 육체적, 정신적 잠재력이 표현되는 과정이다. 노동자들은 효율성과 생산성의 개선에 누구보다도 직접적으로 기여한다. 그런 점에서 효율성 임금의 효과는 제한적일 수밖에 없다. 노동자들에게 동기 부여에 앞서 해고의 기회비용을 키워 두려움을 주기 때문이다. 만약 어떤 사회의 고용 관계가 갈등보다는 가치의 공유, 협동, 상호 조율 등에 기초해 있다면 효율성 임금이나 근로 감독 자체는 생산성 개선 효과가 크지 않을 수 있다.

노동자들은 경험을 통해 어떤 식의 작업 수행이 최상의 결과를 가져오는지에 대해 감독관보다 더 잘 알 수 있다. 따라서 대립적인 관계가 아니라 협조적인 관계에서 노동자들은 기술 진보에 보다 수용적인 태도를 취할 수 있다. 왜냐하면 생산성 향상이 일자리 유지에 위험 요인이 되지 않는 점을 알고 있고 생산성 향상의 결실을 공유하는 것이 공정하다는 관점을 취할 수 있기 때문이다. 더 나아가 고용 보장과 임금 격차 축소는 노동자들에게 임금 위험에 대한 일종의 보험 역할을 하므로(Agell, 1999), 이는 노동자 가구가 교육 투자를 늘리는 요인이 되어 노동 생산성에 추가적인 개선 효과를 낳는다. 고용에 대한 보호가 보다 엄격하게 이루어질수록 기업들 또한 직무 훈련에 대한 투자를 늘릴 유인이 커진다. 이 역시 노동 생산성 향상에 긍정적인 요인이 된다. Auer, Berg, and Coulibaly(2005)는 고용 보호 제도가 강하고 평균 근속 기간이 긴 기업에서 교육 훈련 투자가 크게 이루어진다고 주장하였다. 규제되고 상호 조율된 노동 시장에서 노동 생산성 상승률이 더 크게 나타난다는 실증 분석 결과도 맥락을 같이 하는 것이다.

케인스는 고실업의 상태에서 명목 임금 인하의 수용이 실질 임금의 인하로 이어져 고용의 회복을 가져올 것이라는 고전학파 경제학 제2공준의 이론적 귀결을 거부했다. 오히려 케인스는 명목 임금이 떨어지면 상품 가격이 떨어지므로 이미 크게 떨어진 실질 임금이 더 하락할 리가 없고 비자발적 실업도 해소되지 않을 것이라고 보았다. 더군다나 이와 같은 디플레이션으로 인해 실질 이자율이 오르거나 채무 부담이 확대되어 총수요가 위축되기라도 하면 상황은 더욱 악화될 수도 있는 것이었다. 정녕 놀라운 것은 케인스에 의해, 그리고 역사 속에서 틀린 것으로 판명된 죽은 아이디어인 제2공준이 지금도 자연 실업률 가설이라는 변형된 모습으로 똑같은 정책적 시사점을 제시하면서 여전히 존재를 과시하고 있는 사실이 아닐까 싶다.

자연 실업률 가설이 시사하는 성장과 평등 사이의 운명적 상충 관계 같은 것은 증명되지 않은 가상의 것일 뿐이다. 우리가 오늘날까지 경제 구조를 조직하고 관리해 온 특정한 방식 때문에 그런 상충 관계가 존재하는 것처럼 보일 뿐이다. 우리의 경제를 조직하고 관리하는 방식을 바꾸면 얼마든지 달라질 수 있다. 보다 평등한 성장은 우리에게 불가능하지 않다.

3. 임금 주도 성장의 작동 원리

3.1. 수요 주도 성장과 소득 분배: 임금 주도 성장

이론적으로 이력 효과와 경로 의존성에 근거하여 유효 수요의 변동이 경제의 장기적 성장 경로에 중요한 영향을 미칠 수 있다고 하면, 우리에게는 그렇다면 성장에 유리한 수요 조건은 어떤 것일까 하는 문제가 자연스럽게 떠오르게 된다. 즉, 수요 측면의 여건이 어떠할 때 성장에 보다 친화적인 환경이 조성될 수 있겠는가 하는 것이다. 이에 대한 포스트 케인지언 경제학자들의 해답은 아주 분명하다. 그것은 소득 분배가 보다 평등할수록 성장에 유리하다는 것이다.

어떻게 하여 평등한 분배가 성장에 유리한 수요 조건을 창출할 수 있다는 것일까? 포스트 케인지언 경제학자들은 칼레츠키의 영향 하에서 사회 계급 간 기능적 소득 분배의 경제적 효과에 주목해 왔다. 이런 관점에서는 사회 계급과 소득 계층에 따라 경제 주체들 사이에 저축 성향과 소비 성향이 다른 점이 중요하다. 상대적으로 저소득층인 임금 노동자는 소비 성향이 크고 상대적으로 고소득층인 기업가나 이윤 수취자, 즉 자본 제공자(rentier)는 소비 성향이 작을 것이라는 예측이 가능하고 이러한 예측을 전제로 한다면, 기능적 소득 분배의 양상이 성장에 의미 있는 영향을 미치게 된다. 이윤의 상대적인 몫이 줄고 임금의 상대적인 몫이 늘어날 때 수요의 가장 큰 부분인 소비가 전체적으로 증가할 수 있기 때문이다. 이렇게 총수요가 증가하면 유효 수요의 원리에 의해 긍정적인 성장 효과로 이어질 수 있다는 것이 포스트 케인지언 경제학자들의 견해이다.

실제로 실증 연구에서는 기능적 소득 분배에 따라 국민 소득을 임금 소득과 이윤 소득으로 구분하면 임금 소득에 대한 소비 성향이 이윤 소득에 대한 소비 성향보다 유의하게 큰 것으로 나타났다. 구체적으로 선진국에서는 평균적으로 전자가 후자보다 0.4 정도 크게 추정되었다(Marglin and Bhaduri, 1990; Bowles and Boyer, 1995).

임금 주도 성장론은 기본적으로 '수요 주도의 대안적 성장 이론'에 '유효 수요가 기능적 소득 분배의 양상에 의존한다는 생각'이 결합된 결과물이라고 할 수 있다. 이에 따르면 소득 분배가 노동과 자본 사이에서 균등하게 분배될수록, 즉 노동 소득 분배율로 표현되는 임금 몫이 클수록 유효 수요의 원리에 기초한 성장 효과가 확대될 수 있게 된다. 이와 같은 시각에는 임금이란 것이 기업의 비용에 그치지 않고 수요의 원천으로서 이중적 성격을 갖는다는 생각이 깔려 있다고 하겠다.

그런데 소득 분배가 유효 수요에 미치는 효과는 노동 소득 분배율, 즉 임금 몫과 그 나머지인 이윤 몫으로 나누어 기능적인 측면에서 살펴볼 수도 있지만, 다른 한편으로는 보다 세분하여 개인별 · 가구별 소득 분포를 통한 접근도 가능할 것이다. 최근 들어 포스트 케인지언 경제학자들 사이에서는 임금 소득의 전체적인 분포 양상 또한 기능적 소득 분배 못지않게 중요하다는 인식이 점차 확산되고 있다.

임금 소득의 분포만을 놓고 보면 여기에서도 상대적으로 저소득 계층일수록 소비 성향이 크고 고소득 계층에서 소비 성향이 작다는 사실이 실증적으로 밝혀졌다. Carvalho and Rezai(2015)는 미국 표본으로부터 임금 노동자들 사이에서도 저축 성향은 소득 수준의 증가함수로 나타난다는 사실을 발견하였다.

이와 관련하여 Dutt(2017)과 Lavoie(2017) 등은 임금 몫과 이윤 몫이 소득 불평등의 정확한 측정 수단이 아닐 수 있으며 이들 사이의 통계적 분할만으로는 소득 분배의 성장 효과를 전체적으로 파악하는 데 한계가 있음을 주장하였다. 그리고 Palley(2017)는 노동자들 내부에서 임금 소득의 분포가 보다 균등할수록 임금 주도 성장의 효과가 확대될 수 있음을 이론적으로 밝히고자 하였다. 이런 점에서 포스트 케인지언 경제학의 임금 주도 성장 개념은 소득의 균등한 분배가 주도하는 성장('income equality-led growth')의 논리로 확장되고 있다고 볼 수 있을 것이다.

3.2. 수요 체제

지금까지 우리는 임금 주도 성장이 이론적으로 어떻게 가능한가의 문제를 살펴보았다. 그렇다면 이와 같은 임금 주도 성장론은 과연 실제 경제 현실에 적합한 성장 이론이 될 수 있을까? 문제는 소득 분배의 변동이 거시 경제 총수요를 구성하는 항목 각각에 상이한 영향을 미칠 수 있는 데에 있다.

거시 경제 총수요는 소비, 투자, 정부 지출, 순수출의 합이다. 이중 정책 변수로서 외생성이 강한 정부 지출을 제외하면 수요 항목으로 세 가지가 남는다. 앞에서 이미 논의되었듯이 노동 소득 분배율, 즉 임금 몫의 상승은 소비의 증가를 낳을 수 있다. 임금 분포가 보다 균등한 방향으로 변하는 경우에도 유사한 효과를 기대하게 된다. 주지하다시피 소비는 전체 총수요 가운데 가장 비중이 크다. 만약 임금 몫 상승이 가져오는 소비 증가 효과가 다른 효과를 압도한다면 전체 총수요 역시 임금 몫과 함께 증가할 수 있다.

투자의 경우에는 소비만큼 그 효과가 분명하지는 않다. 투자의 일정 부분은 기업가의 직감에 해당하는 '야성적 충동'과 같이 소득 분배와 직접적으로 관련되지 않은 심리적 요인에 의해 결정될 수 있다. 하지만 가장 중요한 투자 변동 요인은 케인스가 '자본의 한계 효율'이라는 개념으로 파악한 바 있는 투자의 기대 수익성이라고 할 수 있다. 그런데 이 경우에도 투자의 기대 수익성이 어떤 변수에 의존한다고 보는가에 따라서 소득 분배가 투자에 미칠 수 있는 영향이 달라진다.

먼저 투자의 기대 수익성이 자본 소득 분배율, 즉 이윤 몫과 밀접히 연관되어 있다고 보는 입장이 있을 수 있다. 투자 의사 결정의 주체인 기업의 입장에서는 다른 조건이 일정할 때 실질 임금이 높은 수준이면 그만큼 예상되는 이윤이 감소할 것이다. 따라서 이런 경우 노동 소득 분배율의 상승은 투자를 위축시킬 수 있다.

하지만 칼레츠키의 영향을 받은 경제학자들은 투자의 기대 수익성이 주로 실제 실현된 수익성, 즉 실제 출하 실적에 의존할 것이라고 보았다. 이런 관점에서는 소비 증가를 야기하는 소득 분배상의 변동은 투자의 증가로 이어지게 된다. 실제로 투자의 중요한 부분을 차지하는 유발 투자는 총수요의 변동에 반응하여 같은 방향으로 변동한다. 우리는 이를 '가속도 효과'라고 한다. 임금 몫 상승으로 소비가 늘어나면 이 가속도 효과로 인해 투자가 늘어날 수 있는 것이다.

순수출의 경우 임금 몫 상승이 단위 노동 비용 상승으로 이어지면 해외 시장에서 자국 상품의 수출 경쟁력이 떨어지게 되고 같은 이유로 수입품에 대한 국내 수요 또한 늘어날 수 있으므로, 임금 몫의 증가는 순수출의 감소를 가져오는 효과가 있다고 볼 수 있다. 아울러 소득 분배의 변동으로 총수요가 늘어나고 국민 소득이 증가하는 경우 이로 인해 다시 수입이 늘어나는 효과가 있으므로, 전체적으로 볼 때 임금 몫의 증가나 임금의 균등성 강화와 같은 소득 분배상의 변동은 결과적으로 순수출을 감소시키는 효과가 있는 것으로 보인다. 다만 이와 관련하여 Nah and Lavoie(2017)의 연구에서는 비록 수출 주도의 소규모 개방 경제라 해도 실질 환율의 변동성이 일정 범위 내에서 제한될 경우 그와 같은 순수출 감소 효과가 제한적일 수 있는 것으로 분석되었다.

이와 같이 총수요의 구성 항목별로 소득 분배상의 변동이 가져오는 효과에는 차이가 있을 수 있다. 요약하자면, 임금 몫의 상승은 소비를 증가시킬 가능성이 크지만 투자에 대해서는 판단이 쉽지 않다. 한편으로는 늘릴 수도 있고 다른 한편으로는 줄일 수도 있기 때문이다. 반면에 순수출의 경우에는 임금 몫의 상승이 순수출을 줄일 가능성이 커 보인다.

Lavoie and Stockhammer(2013)는 임금 몫의 증가, 즉 이윤 몫의 감소로 인해 총수요 항목의 전체 합이 늘어나는 경우 해당 경제의 '수요 체제'(demand regime)가 임금 주도적인 특성을 보이는 것으로 정의하였다. 그리고 반대로 임금 몫의 증가, 즉 이윤 몫의 감소가 총수요를 감소시키는 경우에는 수요 체제가 이윤 주도적인 것으로 정의하였다.

한편, 이들은 수요 체제를 다시 '국내 수요 체제'(domestic demand regime)와 '전체 수요 체제'(total demand regime)로 구분했다. 전자는 순수출을 제외하고 소비와 투자만으로 구성된 수요를 대상으로 하는 개념인 반면, 후자는 순수출까지 모든 수요 항목을 대상으로 포함하는 개념이다. 왜 별도로 국내 수요 체제를 정의해야 했을까? 그 이유는 한 나라에서 일어난 소득 분배의 변동이 자국의 수요 체제에 미치는 영향은, 다른 나라들에서 어떤 변화가 일어나는가에 따라 충분히 달라질 수 있기 때문이다.

예를 들어, 어떤 나라에서 국내 수요 체제는 임금 주도적인 특성을 보이는데 전체 수요 체제는 반대로 이윤 주도적인 특성을 띤다고 하자. 이는 임금 몫이 상승할 때 소비와 투자의 합은 늘어나지만 순수출이 줄어드는 폭이 이를 압도할 정도로 큰 경우에 해당한다. 그런데 주의할 점은 우리가 어떤 경제의 수요 체제가 임금 주도적인지 이윤 주도적인지를 따질 때에는 다른 나라에서는 임금 몫과 이윤 몫이 변하지 않고 일정하다는 전제 하에서 그렇게 하고 있다는 사실이다. 즉, A국의 임금 몫 하락 효과를 분석함에 있어서는, A국을 제외한 다른 어떤 나라에서도 임금 몫이 변하지 않음에 따라 A국이 순수출 증가 효과를 혼자서 완전히 누린다는 가정을 바탕에 깔고 있는 것이다.

만약에 A국의 임금 몫이 하락할 때 다른 나라들도 경쟁적으로 임금 몫을 떨어뜨리는 방향으로 이에 대응한다고 하면, 결과적으로 A국의 순수출은 증가하지 못할 수 있다. 전체 수요 체제가 이윤 주도적이라고 해도, 실제로는 임금 몫 하락이 총수요 증가를 가져오지 못할 수 있는 것이다. 조금 더 생각해 보자. 여러 나라들이 국내 수요 체제는 임금 주도적이고 전체 수요 체제는 이윤 주도적이라고 하자. 이제 각국에서 임금 몫을 떨어뜨림으로써 총수요를 늘리려고 한다면, 이로 인해 어떤 일이 벌어지게 될까? 주의할 점은 수출은 반드시 수입하는 나라가 있어야 가능하다는 사실이다. 따라서 이 경우에는 결과적으로 어떤 나라에서도 순수출이 늘어나지 않을 수 있다. 그렇다면 남는 것은 국내 수요 체제의 특성뿐이다. 임금 몫 하락으로 인해 결국 모든 나라들이 총수요 하락을 경험하게 될 수 있는 것이다. 이 예를 통해 우리는 전체 수요 체제와는 별도로 국내 수요 체제 자체에 대한 분석이 왜 필요한지를 이해할 수 있다.

전체 수요 체제가 이윤 주도적이라고 해도 국내 수요 체제가 임금 주도적이라면, 임금 몫을 줄이는 방향의 소득 분배 변동은 경제에 부정적인 영향을 미칠 수 있고, 반대로 임금 몫을 늘리는 방향의 소득 분배 변동은 경제에 긍정적인 영향을 미칠 수 있다. 전체 수요 체제가 이윤 주도라 해도 이윤 몫을 늘리는 것이 반드시 유리한 것만은 아니다. 하지만 전체 수요 체제와 국내 수요 체제가 모두 임금 주도적인 경제에서는 임금 몫을 늘리는 것이 반드시 유리한 결과를 가져오게 된다.

3.3. 총수요와 총공급의 상호 작용

유효 수요의 원리에 기반하고 있는 케인스 경제학에서는 수요 측면을 중시하는 경향이 강하고 이에 따라 신고전학파 경제학과 비교할 때 상대적으로 공급 측면에 대한 고려는 부족해 보일 수 있다. 이와는 반대로 신고전학파 경제학에서는 집계 생산 함수를 명시적으로 논의에 도입함으로써 공급 측면에 대한 직접적이고 축약된 형태로의 이론화가 보다 용이하게 이루어질 수 있는 것이 사실이다. 물론 신고전학파 집계 생산 함수에 내재된 이론적 문제를 둘러싸고 경제학계에서 신고전학파와 포스트 케인지언 경제학자들 사이에 논란이 있었음은 이미 제6장에서 논의한 바 있다.

다만 공급 측면을 바라보는 케인스 경제학, 특히 포스트 케인지언 경제학의 관점에는 중요한 특징이 있다. 그것은 거시 경제의 총수요와 총공급 사이에 총수요를 우위로 한 상호 연계성을 강조하는 것이다. 물론 총수요와 총공급은 거시 경제의 상호 독립된 양 측면으로 구분하여 식별하는 것이 이론적으로 필요할 수 있다. 하지만 이들 사이에 발생할 수 있는 상호 작용이 있다면 이를 충분히 고려하는 것이 유익하며 그래야만 한다.

우리가 앞에서 살펴본 이력 효과는 총수요 측면과 총공급 측면이 서로 간섭하는 하나의 예시가 될 수 있다. 포스트 케인지언 경제학에 대한 대표적인 오해의 한 가지는 장기 경제 성장에 있어 공급 측 요인을 전혀 고려하지 않는다는 비판이다. 하지만 이는 사실에 부합하는 비판이 아니다. 포스트 케인지언 경제학에서는 총공급 측면을 고려하지 않는 것이 아니라 이를 총수요와의 연관성을 중심으로 파악하려는 입장을 취한다. 이와 같은 입장은 실제로는 우리에게 상당히 익숙한 것이기도 하다. 사실은 유효 수요의 원리 자체가 수요 변동이 곧 공급 측 의사 결정을 지배한다는 논리이기 때문이다. 표준적인 대학 교과 과정의 한 부분인 케인스 교차점 모형이 우리에게 거시 경제의 총수요가 총공급을 결정하는 부분이 있음을 명확히 보여 주고 있는 것이다.

이력 효과는 결과적으로는 총수요 요인이 총공급 측면에 미치는 영향이라고 할 수 있다. 주로 수요 요인에 의해 단기적으로 변동하는 실제 성장률에 대해 잠재 성장률이 내생적으로 반응한다는 생각은, 수요 변동이 공급 측면에 영향을 미치고 이를 매개로 하여 잠재 성장률의 결정에 참여한다는 의미로 해석하는 것이 자연스러울 수 있다.

포스트 케인지언 경제학에서 총수요 변동이 총공급 변동을 야기하는 채널은 수요 주도 성장론의 이론적 가능성과 경로 의존성 개념을 설명하면서 앞에서 살펴본 바와 같이 다양하다. 이를테면 소득 분배의 변동으로 유효 수요가 확대되면 총공급이 이에 따라 늘어나는데, 이러한 효과가 비가역적 투자의 영향이라든가, 경제 주체들의 경험과 행동 방식 전반에 미치는 영향, 유효 노동 투입의 증가 등을 통해 사라지지 않고 이력 효과에 의해 그 흔적이 남으므로 잠재 성장 경로 자체가 달라질 수 있는 것이다. 그중에는 총수요 변동이 생산성의 변화를 유발하고 이를 통해 총공급의 변동을 야기하는 간접적인 채널도 포함된다.

앞에서 이미 밝힌 바와 같이 이력 효과는 글로벌 금융 위기 이후 주류 경제학에서도 중요한 연구 주제로 다시 부상하였다. 그렇다면 경제학자들은 구체적으로 주로 어떤 채널을 통해 총수요 요인이 총공급 측면에 영향을 미칠 수 있다고 보는 것일까? 주류 경제학은 케인스 경제학의 기본 입장인 유효 수요 원리에 대해서는, 이는 오직 단기에만 작용하는 것으로 장기 경제 성장과는 전적으로 무관하다고 본다. 생산성의 변화를 경유하는 간접적인 채널만을 의미 있는 것으로 인정하는 것이다. 이에 따라 이들에게는 이력 효과가 실업의 장기 상태가 지속되면서 노동자의 인적 자본이 상실되는 현상이거나, 아니면 경기 침체를 배경으로 기업들이 연구 개발 투자를 줄이고 신규 기업의 진입이 줄어들면서 생산성이 정체되는 현상 등으로 국한하여 나타나게 된다. 총수요가 총공급에 미치는 영향은 어디까지나 생산 요소의 생산성에 발생하는 변화를 통해서만 발현된다는 것이다.

요컨대 포스트 케인지언 경제학과 최근의 주류 경제학은 모두 이력 효과의 존재에 대해 동의하는 입장이지만 여기에는 중요한 차이점이 있다. 전자의 경우, 그동안 일관되게 이력 효과의 경제적 중요성을 강조해 왔으며 그것이 생산성 변동 채널을 포함한 다양한 경로로 실현되는 것으로 본다고 할 수 있을 법하다. 반면에 후자의 경우에는 비교적 최근에 들어서야 이력 효과를 받아들였으며 포스트 케인지언이 제시하는 여러 가지 채널 중 오직 생산성을 통한 채널만을 인정하는 입장이라고 볼 수 있다.

이와 같은 관점 차이는 경로 의존성이나 이력 효과에만 해당하지는 않는다. 적어도 글로벌 금융 위기를 거치면서 소득과 부의 불평등이 경제 성장에 부정적인 영향을 미칠 수 있다는 점에 대해 경제학계에서는, 이제는 주류와 비주류를 막론하고 일정 수준 동의가 형성된 것이 사실이라고 볼 수도 있다. 하지만 불평등이 어떤 이유로 성장을 저해하는가 하는 문제에 대해서는 포스트 케인지언 경제학과 주류 신고전학파 경제학의 견해가 다른 것 또한 사실이다.

포스트 케인지언 경제학에서는 불평등이 성장에 불리한 이유를 무엇보다도 먼저 유효 수요 부족에서 찾는다. 그리고 그 다음으로 공급 측면에 해당하는 이슈로서 불평등이 생산성에 미치는 부정적인 영향을 고려한다. 첫 번째 이유는 소득 분배가 유효 수요에 미치는 영향과 관련된 것으로서 우리는 앞에서 이에 대한 설명을 자세히 살펴보았다. 두 번째 이유에 대해서는 포스트 케인지언 경제학의 생산성과 관련된 이론들을 통해 앞의 제8장에서도 한 차례 살펴본 바 있고, 이 장에서도 곧 다시 논의할 것이다.

하지만 주류 신고전학파적 관점에서는 유효 수요 부족 자체는 장기 성장에 아무런 문제가 되지 않는다. 대신에 이들은 금융 시장이 불완전한 가운데 고정 비용의 성격을 갖는 교육 비용의 부담으로 인해 저소득층이 인적 자본 투자로부터 배제될 수 있다는 점, 그리고 자금력이 취약한 중소기업은 재원 조달의 부담으로 투자를 최적 수준까지 실행하지 못할 수 있다는 점을 중심으로 불평등의 부작용을 찾아왔다(Aghion and Howitt, 1998).

최근에 국제기구를 중심으로 대두된 이른바 '포용적 성장'의 논리 역시 마찬가지이다. 이 주장에 따르면 경제 주체들이 생산 요소로서 경제 성장에 기여할 수 있는 기회로부터 배제되지 않도록 하는 '기회 균등'이 중요하며, 이를 위해서는 교육이나 보건 서비스 등에 대한 접근성을 지원하며 포용적인 사회 제도를 발전시켜야 한다. 그와 같은 방향이 경제 성장에 도움이 된다는 것이다. 이 역시 생산 요소의 생산성에 초점을 맞춘 것이어서 신고전학파의 관점과 그 궤를 달리하지 않는다. 이런 관점에서는 불평등이 야기하는 성장에의 부정적 영향이 어떤 면에서는 결국 금융 시장의 불완전성에 기인하는 것으로 인식될 수 있다.

3.4. 생산성 체제

이제 우리는 임금 주도 성장론의 공급 측면으로 넘어간다. 우리의 질문은 소득 분배상의 변동이 노동 생산성에 어떤 영향을 미칠 수 있는가에 있다. 이 문제에 있어서도 Lavoie and Stockhammer(2013)가 제시한 '생산성 체제'(productivity regime)에 관한 정의로부터 논의를 시작하는 것이 도움이 된다. 그들은 임금 상승이 투자를 저해하고 이로 인해 노동 생산성의 개선이 정체될 때 해당 경제의 생산성 체제가 이윤 주도적인 특성을 띠는 것으로 정의하였다. 그리고 반대로 임금 상승이 투자를 촉진하거나 노동 노력(effort)을 증진시키는 효과를 낳고 이로 인해 노동 생산성의 개선이 더욱 빠른 속도로 이루어지는 경우 해당 경제의 생산성 체제가 임금 주도적이라고 하였다. 한마디로 실질 임금 상승률이 오르거나 임금 몫이 오를 때 이로 인해 노동 생산성 상승률이 오르면 생산성 체제가 임금 주도적인 것이다.

경쟁 시장이 보장하는 자원 배분의 효율성을 강조하는 주류 경제학의 관점에서는 생산성 향상을 위한 조건이 비교적 분명하다. 그것은 시장 원리의 원활한 작동을 방해하는 경직적 요소들을 해소하는 것이다. 이에 따라 규제 완화와 노동 시장 유연화가 정책 처방으로 제시되곤 한다. 하지만 역사적으로 노동 시장의 규제 완화와 유연화가 진전되는 과정은 대체로 노동자 가구의 경제적 상황이 평균적으로 정체되거나 악화되고 소득 격차의 확대로 불평등이 심화되는 과정이기도 했다. 노동 생산성 상승률은 경향적으로 실질 임금 상승률을 웃돌았다.

포스트 케인지언 경제학자들은 이와는 반대로 노동조합을 비롯한 노동 시장의 다양한 제도와 노동 시장 규제가 오히려 시장 실패를 보완하는 장치로서 긍정적으로 기능할 수 있다고 본다. 그리고 더 나아가 기능적 소득 분배가 보다 평등한 방향으로 변화할 때 노동 생산성에도 긍정적인 영향이 있다고 주장한다. 이들의 논의를 종합해 보면, 실질 임금 상승률 내지는 임금 몫의 증가가 노동 생산성에 미치는 영향은 적어도 세 가지 채널로 나누어 살펴볼 수 있으며 이를 다시 직접 효과와 간접 효과로 분류할 수 있다.

먼저 직접 효과부터 설명하도록 하자. 실질 임금 상승률의 증가는 일차적으로 효율성 임금 효과를 수반한다. 이 효율성 임금 효과는 사실은 영국의 사회개혁가인 시드니 웹에 의해 최초로 제안된 것(Webb, 1912)으로 알려져 있으며, 그 내용은 노동자의 노동에 대한 동기 부여나 노력 수준이 실질 임금에 의존한다는 것이다. 이와 관련된 실증 분석에서는 실질 임금 상승이 유의하게 노동 생산성 개선을 가져오는 것으로 보고되고 있다(Peach and Stanley, 2009).

두 번째 직접 효과는 임금 비용의 상승이 기업으로 하여금 경쟁력 유지를 위한 합리화와 노동 절약적인 신기술 도입을 자극하는 효과('wage-push effect')이다(Taylor, 1991; Foley and Michl, 1999). Dutt(2006)은 실업률 감소와 실질 임금의 상승은 기업에 압력으로 작용하여 혁신을 강제하고 혁신 성과의 확산에 기여할 수 있음을 지적하였다. 이는 산업 혁명이 영국에서 일어난 가장 중요한 원인이 사실은 영국의 임금 수준이 너무 높아서 영국 자본가들이 상대 가격이 저렴해진 기계의 도입에 적극적이었던 데에 있었던 것이라는 최근의 경제사 연구(Allen, 2011) 결과와도 유사한 맥락에 있다고 하겠다.

그런데 이상 두 가지 직접 효과는 수요 측면에 대한 별도의 고려 없이 공급 측면만을 놓고 소득 분배의 생산성 효과를 파악한 것이다. 실제로는 소득 분배의 변동으로 총수요 측면에서 변화가 발생하고 이로 인해 다시 생산성 변화로 효과가 파급되는 간접적인 채널이 있을 수 있다. 일종의 '총수요 외부성'이 기능적 소득 분배가 생산성에 작용하는 세 번째 효과로서 정의될 수 있는 것이다. 그렇다면 구체적으로 이 세 번째 효과는 어떻게 생산성에 영향을 미칠 수 있을까? 이에 대한 포스트 케인지언 경제학의 관점은 경제학자 칼도의 영향을 받은 일군의 연구자들에 의해 '칼도-버둔 법칙'(Kaldor-Verdoorn law)이라는 이름으로 정식화되었다.

칼도-버둔 법칙에 따르면 경제 성장률이 오르면 노동 생산성 증가율도 함께 오르게 된다. 여기에서는 인과의 방향이 중요한데, 경제 성장률이 설명 변수에 해당하고 노동 생산성 증가율이 피설명 변수에 해당한다. 이력 효과가 작용하는 가운데 경제 성장률은 수요 측 요인에 의해 영향을 받기 때문에 이 법칙은 곧 유효 수요의 위축은 노동 생산성의 정체를 낳고 반대로 유효 수요의 확대가 빠를 때 노동 생산성 또한 그 개선 속도가 빨라질 것임을 의미하게 된다.

칼도-버둔 법칙은 한편으로는 수요 확대로 생산이 늘어나면서 나타나는 규모의 경제 효과와 학습 효과(learning-by-doing)에 기초해 있다. 그리고 다른 한편으로는 가속도 원리에 수반되는 생산성 개선 효과, 즉 수요 확대로 유발 투자가 늘어나면서 노동 생산성이 개선되는 효과에 기초해 있다.

칼도-버둔 법칙에 대한 실증 분석은 McCombie and Thirlwall(1994), McCombie(2002), Storm and Naastepad(2008, 2009), Hein and Tarassow(2010), Vergeer and Kleinknecht(2011) 등의 여러 연구를 통해 이루어졌다. McCombie(2002)는 경제 성장률이 1%p만큼 오르면 이로 인해 노동 생산성 상승률이 0.3~0.6%p만큼 상승하는 결과를 얻었다. 이 계수 추정치 0.3~0.6은 이어지는 연구에서도 크게 벗어나는 일이 잘 없었다. Storm and Naastepad(2009)는 1984~2004년 기간의 OECD 20개국 표본으로부터 0.24~0.46의 계수 추정치를 얻었다. Hein and Tarassow(2010)는 1960~2007년 OECD 6개국 표본 가운데 유럽 4개국에 대해서는 이와 유사한 추정치를 얻었다. 단, 미국과 영국에 대해서는 이보다 낮은 0.11~0.25의 추정치를 보고했다. Vergeer and Kleinknecht(2011)가 1960~2004년 기간의 OECD 19개국 표본에서 얻은 추정치는 0.39~0.46이었다.

3.5. 수요 체제와 생산성 체제의 관계

여기서 두 가지 짚고 넘어갈 점이 있다. 먼저 첫 번째는 소득 분배의 직접 효과를 포착하는 앞의 두 가지 채널, 즉 효율성 임금 효과와 혁신을 자극하는 효과는 항상 생산성 체제를 임금 주도적인 것이 되게 한다는 점이다. 그리고 두 번째는 칼도-버둔 법칙으로 표현된 간접 효과는 수요 체제의 성질에 따라 생산성 체제의 임금 주도성을 강화할 수도 있고 반대로 생산성 체제를 이윤 주도적인 것이 되게 할 수도 있다는 점이다.

만약 수요 체제가 임금 주도적이라면 임금 몫이 상승할 때 수요가 확대된다. 칼도-버둔 법칙에 따르면 이 경우 노동 생산성 상승률이 오른다. 생산성 체제를 임금 주도적인 것이 되게 하는 방향으로 법칙의 효과가 작용하는 것이다. 하지만 수요 체제가 이윤 주도적이라면 정반대 결과가 나타난다. 임금 몫이 상승할 때 수요가 상대적으로 위축되는 경우라면 칼도-버둔 법칙에 의해 노동 생산성 증가율도 하락한다. 임금 몫의 상승이 노동 생산성 증가율의 하락을 수반하도록 법칙이 작용하므로 이 경우에는 생산성 체제를 보다 이윤 주도적인 것이 되게끔 하는 것이다. 이상의 분석 결과에 기초하여 수요 체제와 생산성 체제의 관계를 정리한 것이 [표 9-1]이다.

칼도-버둔 법칙이 성립하는 어떤 가상의 경제에서 수요 체제가 임금 주도적이면, 해당 경제의 생산성 체제는 반드시 임금 주도적이게 된다. 왜냐하면 소득 분배가 생산성에 영향을 미치는 직간접 효과 모두 생산성 체제의 임금 주도성을 강화하는 방향으로 작용하기 때문이다. 반대로 수요 체제가 이윤 주도적이면, 생산성 체제는 이윤 주도적일 수도 있고 임금 주도적일 수도

[표 9-1] 수요 체제와 생산성 체제의 관계

<table>
<tr><th>수요 체제</th><th>칼도-버둔 법칙</th><th>직접 vs 간접 효과</th><th>생산성 체제</th></tr>
<tr><td rowspan="3">임금 주도</td><td>성립하지 않음</td><td>직접 효과만 존재</td><td rowspan="5">임금 주도</td></tr>
<tr><td rowspan="2">성립</td><td>직접 효과 압도</td></tr>
<tr><td>간접 효과 압도</td></tr>
<tr><td rowspan="3">이윤 주도</td><td>성립하지 않음</td><td>직접 효과만 존재</td></tr>
<tr><td rowspan="2">성립</td><td>직접 효과 압도</td></tr>
<tr><td>간접 효과 압도</td><td>이윤 주도</td></tr>
</table>

있다. 이 경우 생산성 체제는 두 가지 직접 효과를 칼도-버둔 법칙의 간접 효과가 압도할 때에만 이윤 주도적인 것이 될 수 있다.

한편, 우리는 앞에서 경로 의존성과 이력 효과에 대해 논의한 바 있지만, 이와 관련해서는 아마도 수요 부족에 따른 경기 침체가 공급 측면에서 인적 자본의 상실로 이어지는 현상이 독자들에게 가장 익숙한 예시일 것이다. 이 칼도-버둔 법칙이야말로 이력 효과의 가장 대표적인 예시 가운데 하나라고 할 법하다. 아울러 칼도-버둔 법칙은 주류 경제학의 내생적 성장 이론과도 내용적으로 연결되는 지점이 있다. 왜냐하면 이 둘 모두 공통적으로 내생적 기술 진보를 모형화하려는 시도이기 때문이다. 다만 전자는 이를 수요 요인과의 직접적 관계 설정을 바탕으로 축약형으로 표현하는 반면에 후자는 기술 진보의 구체적 과정을 모형화하기 위한 미시적 기초를 강조하는 점에서 차이가 있다고 하겠다.

그런데 지금까지의 논의에서는 수요 체제가 생산성 체제에 미치는 영향에 대해서만 분석이 되었다. 칼도-버둔 법칙 자체가 수요 요인의 생산성 효과를 포착하려는 것이었다. 하지만 실제로는 생산성 변화가 경제 성장에 영향을 줄 수도 있을 것이다. 이 반대 방향의 피드백 작용에 대해 추가적인 분석이 필요하다. 소득 분배의 변동은 경제 성장률에 영향을 미치고 더 나아가 생산성을 변화시키는데, 이렇게 생산성이 변화하면 이로 인해 다시 경제 성장률이 영향을 받을 수 있다. 기본적인 아이디어는 노동 생산성 상승률이 오르면 기업 입장에서는 생산성 개선의 이득을 누리기 위해 투자를 늘릴 유인이 커지고 이로 인해 수요가 확대되면 성장률의 상승이 뒤따른다는 것이다. 생산성 상승 자체가 투자를 유발하는 역할을 할 수 있다는 지적이다.

이와 같이 수요 체제가 생산성 체제에 미치는 영향 외에도 생산성 체제가 수요 체제에 미치는 영향 또한 중요할 수 있다. 결국 수요 체제와 생산성 체제 사이의 상호 의존성 및 상호 작용에 대해 분석이 이루어져야 하는 것이다. 이와 관련된 대표적인 연구는 Naastepad(2006)와 Storm and Naastepad(2013)이다. 이들의 연구에서 중요하게 드러난 한 가지 사실은, 생산성 체제의 수요 체제에 대한 피드백 작용을 명시적으로 고려하게 되면 임금 주도적인 수요 체제는 이윤 주도적인 수요 체제로 바뀌지 않지만, 이윤 주도적인 수요 체제는 임금 주도적인 수요 체제로 바뀔 수도 있다는 점이었다. 어떻게 해서 이런 일이 벌어질 수 있는 것일까?

이윤 주도적인 수요 체제에서는 임금 몫이 오를 때 성장률이 하락한다. 그런데 소득 분배의 생산성에 대한 직접 효과가 간접 효과를 압도한다면 이 경우 노동 생산성 상승률은 오를 수 있다. 문제는 이 노동 생산성 상승률의 증가가 수요 체제에 영향을 미쳐서 거꾸로 성장률을 끌어올릴 수도 있다는 점이다. 결국 두 개의 상반된 힘이 작용하는데, 첫 번째는 임금 몫 상승이 가져오는 부정적인 성장 효과이고 두 번째는 노동 생산성 상승률의 증가에 따른 긍정적인 성장 효과이다. 만약 전자의 효과가 후자의 효과보다 미약하다면 이윤 주도적으로 보였던 수요 체제가 임금 주도적인 수요 체제로 바뀌는 일이 일어날 수 있는 것이다.

글로벌 금융 위기를 경험하면서 포스트 케인지언 경제학의 오랜 법칙, 즉 수요가 내생적으로 기술 진보에 영향을 미친다는 칼도-버둔 법칙의 설득력은 한층 커지고 있는 것으로 보인다. 이는 총수요 요인의 기술 진보에 대한 영향이 주류 경제학계의 연구에서도 이제 일정 정도 받아들여지고 있다는 사실을 통해서도 알 수 있다. 예를 들어, Reifschneider et al.(2015)은 실증 분석을 통해 최근의 지속적인 생산성 하락이 투자 감소의 귀결이며 이는 경기 침체에 대한 내생적 반응이라고 주장하였다. Anzoateui et al.(2016)은 신기술 채택에 비용이 수반되는 메커니즘이 반영된 새케인스학파 모형을 분석함으로써 대 침체 이후의 생산성 하락이 총수요 위축에 대한 내생적 반응일 수 있다는 견

[그림 9-1] 소득 분배의 경제 성장에 대한 영향

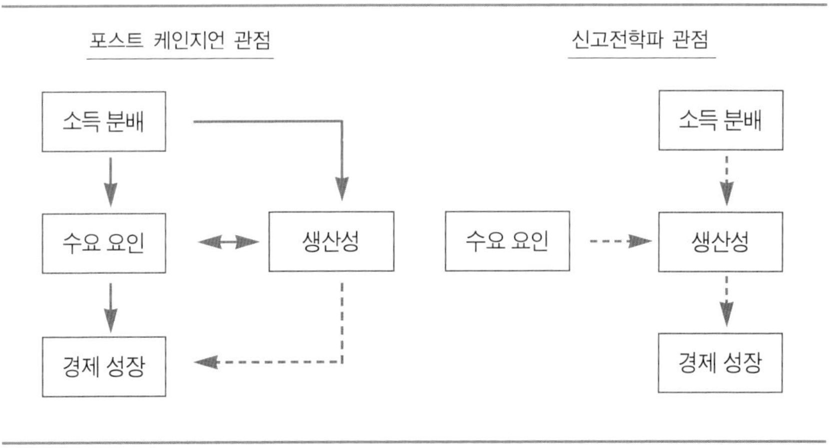

해를 제시하였다. 비슷한 맥락에서 Mason(2017) 또한 최근의 더딘 생산성 향상이 수요 부족의 결과로 이해되어야 함을 강조하였다.

[그림 9-1]은 지금까지의 논의를 요약하면서 분배의 성장에 대한 영향을 포스트 케인지언 경제학의 관점과 신고전학파 경제학의 관점으로 대별하여 도식화한 것이다. 그림에서 실선은 강한 인과 관계를, 점선은 상대적으로 약한 인과 관계를 나타낸다.

3.6. 고용 체제

기능적 소득 분배의 변화는 지금까지 살펴본 바와 같이 총수요와 노동 생산성에 영향을 미치는 것 외에 고용에 대해서도 변동을 야기할 수 있다. 소득 분배의 효과로 인해 어떤 경제가 임금 주도적인지 아니면 이윤 주도적인지를 판정함에 있어 임금 주도, 이윤 주도의 구분은 세 가지 서로 다른 범주에 적용될 수 있다. 그것은 각각 수요 체제, 생산성 체제, 그리고 마지막으로 '고용 체제'(employment regime)이다.

고용 체제의 임금 주도성 혹은 이윤 주도성은 수요 체제와 생산성 체제에 대해 적용했던 방식을 준용하여 유사한 방식으로 정의할 수 있다. 어떤 경제에서 임금 몫이 증가하거나 실질 임금 증가율이 상승할 때 이로 인해 고용 확대 폭이 증가하거나 고용률이 상승하면 우리는 이런 경우에 해당 경제의 고용 체제가 임금 주도적인 특성을 갖는다고 정의할 수 있다. 반대로 이윤 몫 증가나 실질 임금 상승세 둔화가 고용 확대 폭의 증가 혹은 고용률 상승을 수반하는 경우에는 고용 체제가 이윤 주도적인 것이 된다.

일찍이 경제학자 케인스는 『일반이론』의 제19장에서 노동 수요 곡선이 우하향하므로 임금을 인하하면 고용이 늘어날 것이라는 당대의 지배적 견해를 비판하였고, 오히려 임금 인하는 유효 수요를 감소시켜 고용을 줄일 수 있다는 의견을 제시한 바 있다. 이는 오늘 우리의 용어로는 임금 주도적인 고용 체제에 해당한다고 하겠다.

고용 체제의 특성을 파악할 때에는 수요 체제와 생산성 체제의 특성을 함께 고려하는 것이 편리할 수 있다. 왜냐하면 경제 성장률은 결국 고용 증가율과 노동 생산성 증가율의 합이기 때문이다. 이와 같은 관계를 고려하면, 고용 체제가 임금 주도적인 특성을 띠기 위해서는 경제 성장률이 노동 생산성 증가율을 상회해야 한다는 사실을 쉽게 추론할 수 있다.

예를 들어, 어떤 경제의 수요 체제와 생산성 체제가 모두 임금 주도적이라고 가정하자. 이런 경우 임금 몫의 상승은 수요 체제의 임금 주도성으로 인해 경제 성장률을 상승시키고 동시에 생산성 체제의 임금 주도성으로 인해 노동 생산성 증가율을 상승시킨다. 이런 경우 고용 체제의 특성은 유일하게 결정되지 않는다. 수요 체제의 임금 주도성과 생산성 체제의 임금 주도성의 상대적 크기에 따라 결과가 달라지기 때문이다. 만약 전자가 후자를 압도한다면 고용 증가율이 상승하게 되므로 고용 체제는 임금 주도적인 것이 된다. 반대의 경우라면 고용 체제는 이윤 주도적인 것이 된다.

생산성 체제의 임금 주도성이 강할수록 고용 체제의 임금 주도성은 반대로 약화되는 역설적인 현상에 대해서는 주목할 필요가 있다. 이와 관련하여 Storm and Naastepad(2012, 2013)는 실증 분석 결과를 토대로 수요 체제와 생산성 체제가 모두 대체로 임금 주도적인 특성을 갖지만, 특히 생산성 체제의 임금 주도성이 수요 체제의 임금 주도성보다 더 강하다고 보았고, 이로부터 고용 체제는 대체로 이윤 주도 특성을 띨 것이라고 예상하였다.

하지만 Stockhammer and Onaran(2013)은 마찬가지로 실증 분석 결과에 기초하면서도 이와 같은 주장에 반대하였다. 이들에 의하면 실질 임금 상승의 수요에 대한 효과와 생산성에 대한 효과는 대체로 그 크기가 비슷하게 나타나며 따라서 실질 임금의 변동이 고용에 미치는 영향은 중립적인 수준에 가깝게 된다. 고용 체제는 특별히 임금 주도적이거나 이윤 주도적이지 않을 수 있다는 것이다.

이와 관련된 최종적인 판단은 어디까지나 실증 분석 결과에 달려 있다고 하겠다. 하지만 만약 실질 임금 상승에 따른 생산성 증가가 투자 확대로 이어져 유효 수요를 추가로 보강하는 효과가 충분히 크다면, 즉 생산성 체제의 수요 체제에 대한 피드백 작용이 강함에 따라 노동 생산성 증가율의 상승이 추가적인 경제 성장률 상승을 가져와 경제 성장률이 노동 생산성 증가율을 체계적으로 상회하게 된다면, 이런 경우에 대해서는 수요 체제, 생산성 체제, 고용 체제가 모두 임금 주도적인 특성을 띠는 것이 가능해진다고 볼 수 있다.

4. 주요 실증 분석 결과

4.1. 수요 체제

각국 경제는 당연히 역사적으로 형성된 구조적 특질이 저마다 다르고 그런 이유로 성장 경로가 서로 같을 수 없을 것이다. 따라서 가상의 두 나라가 노동 소득 분배율이 동일하더라도 기능적 소득 분배의 변동이 수요 체제와 생산성 체제에 미치는 영향은 얼마든지 다를 수 있다. 보다 정확하게는 수요 체제와 생산성 체제의 특성은 나라에 따라, 그리고 같은 국민 경제라 하더라도 시기에 따라 달라질 수 있다고 보는 것이 타당할 것이다. 이제 임금 주도적일 수도 있고 이윤 주도적일 수도 있는 각 나라의 각 시기마다의 수요 체제와 생산성 체제가 실제로 어떤 특성을 갖느냐 하는 판단은 어디까지나 실증 분석의 문제가 된다.

지금까지 살펴본 임금 주도 성장론의 개념에 기초하여 먼저 수요 체제를 대상으로 이루어진 대표적인 실증 분석 결과를 소개한다. 미리 밝혀두고자 하는 사실은, 각국의 수요 체제와 관련된 실증 연구 결과는 오랜 세월에 걸쳐 누적되었으며 그 양이 상당히 많다는 점, 그리고 연구 결과들을 요약하고 서베이하는 성격의 연구 또한 이미 국내외에서 여러 차례 이루어졌다는 점이다. 따라서 이 절에서는 가장 대표적이고 영향력이 컸던 분석 결과들만을 선별하여 다시 한 번 압축적으로 관련 이슈를 조명하는 것으로 갈음하고자 한다.

정확하게 따지자면 임금 주도 성장론과 관련된 실증 분석의 시초는 Boddy and Crotty(1975)에서 찾을 수 있다(Lavoie, 2017). 이들의 분석에서는 주요 선진국의 수요 체제와 고용 체제가 이윤 주도적인 특성을 갖는 것으로 나타났다. 이후 관련 주제에 대한 실증 연구는 1970년대와 1980년대 선진 자본주의 국가의 경제 상황을 둘러싼 논쟁의 일환으로 이루어졌다. 이 논쟁은 이윤 주도성을 강조하는 '조절 이론' 및 '사회적 축적 구조론'의 연구자들과, 이와는 반대로 임금 주도성을 강조하는 포스트 케인지언 연구자들 사이의 대립을 중심으로 전개된 측면이 있었다.

이중 전자, 특히 사회적 축적 구조론은 마르크스 경제학의 한 흐름으로서 '이윤 압박설'(profit-squeeze)을 주장했다. 이는 노동과 자본 사이의 계급 갈등으로 인해 이윤율과 이윤 몫이 하락하면서 자본주의적 축적이 위기를 맞게 된다는 관점이었고 이런 입장에서는 경제 성장이 어디까지나 이윤 주도적인 것이어야 했다. 반면에 포스트 케인지언의 입장은 이론적으로는 맬서스(Thomas Robert Malthus, 1766~1834)와 케인스의 전통과 맞닿는 '과소소비론', 그리고 실천적으로는 개량주의나 사민주의적인 노동 운동으로 이해된 측면이 있었다.

논쟁의 흐름은 Marglin(1984)과 이에 대한 Nell(1985)의 반박에서도 읽을 수 있다. 이 시기 마르크스주의자들은 1970년대 이후 자본주의 경제의 위기는 공급 측면에서 발생한 것이므로 임금 몫의 증가를 통해 유효 수요를 진작시키는 방식으로는 위기의 해소가 불가능하다고 보았다. 도식적으로 표현하자면, 오히려 위기 극복은 불평등의 용인을 통해 가능하다는 생각이었다. 케인지언 경제학자인 Nell(1985)은 '임금 압박'과 낙수 효과에서 답을 찾으려는 이런 입장을 시장 원리주의자인 장 밥티스트 세이의 이름을 빌려 'Jean Baptiste Marglin'이라 힐난하고 이윤 몫이 경기 순응적이라는 사실로부터 곧바로 수요 체제의 이윤 주도성이 입증되는 것은 아니라고 주장했다. 그는 현대 자본주의 경제의 현실은 완전 고용이나 자본 설비의 완전 가동과는 거리가 멀어 비자발적 실업과 초과 설비가 상존하고 있으므로 케인스 경제학의 유효 수요의 원리가 오늘날에도 여전히 타당함을 역설하였다. 논쟁의 과정을 거치면서

Dutt(1987) 등에 의해 드디어 칼레츠키언 모형이 정식화되기에 이른다. 비로소 본격적인 포스트 케인지언 성장 분배 모형이 등장한 것이었다.

1987년 뉴욕에서 열린 어느 컨퍼런스에서 발표된 Bhaduri and Marglin(1990)의 연구가 주목을 받으면서 논쟁은 새로운 단계로 발전했다. 이 연구는 마르크스주의 접근과 포스트 케인지언 접근을 동시에 포괄할 수 있는 모형 설정을 제시하면서 이후 수요 체제에 대한 실증 연구를 본격적으로 양산하는 계기를 제공했다. 이들은 기존의 칼레츠키언, 즉 포스트 케인지언 접근에서처럼 가속도 효과를 중심으로 하는 케인스 경제학의 투자 결정 원리를 기초로 하되, 이와 동시에 다른 한편으로는 마르크스 경제학에서처럼 높은 이윤몫이 보다 빠른 자본 축적으로 이어지도록 모형을 구성하였다. 이들이 제안한 모형을 이른바 '포스트 칼레츠키언 모형'이라고 한다. 모형은 실증 분석에 적합한 특성을 갖는 점으로 인해 각광을 받았다.

수요 체제의 임금 주도성을 둘러싼 본격적인 논쟁의 효시는 Bowles and Boyer(1995)라고 할 수 있다(Lavoie, 2017). 이 연구에서는 1961~1987년 기간의 5개 선진국 표본에 대하여 국내 수요 체제는 모든 나라에서 임금 주도성이 강한 반면, 순수출을 포함한 전체 수요 체제는 일부 나라에서 이윤 주도적이라는 결과가 보고되었다. 특히, 이 연구는 실증 분석의 방법론 측면에서 중요한 기여를 한 것으로 평가된다.

이들이 도입한 분석 방식은 '구조적 접근법'(structural approach)이라고 불리는 것으로서, 이 접근법에서는 먼저 소득 분배 변수를 설명 변수로 하는 소비 함수, 투자 함수, 순수출 함수를 개별적으로 추정해 이들 각 총수요 구성 항목의 소득 분배 변수에 대한 편미분 계수를 계측하는 과정을 거친다. 그런 다음이 편미분 계수 추정치를 모두 더하는 방식으로 수요 체제에 대한 전체적인 효과를 파악하게 된다. 이와 같은 분석 방법은 이후 Hein and Vogel(2008), Onaran and Galanis(2014) 등 여러 연구에서 적용되었다.

Onaran and Galanis(2012, 2013)는 G20에 속하는 16개국을 대상으로 선진국은 1960~2007년 기간에 대해, 그리고 한국을 포함한 개발 도상국과 중국은 각각 1970~2007년, 1978~2007년 기간에 대해 수요 체제의 특성을 분석하였다. 이 연구는 국민 소득을 기준으로 전 세계 경제의 80%를 포괄하는 종합적인 대규모 연구로서 분석 방법으로는 구조적 접근법이 적용되었다.

연구 결과, 이윤 몫의 상승은 표본에 속한 모든 나라에서 뚜렷하게 소비를 감소시키는 효과가 발견되었다. 하지만 투자는 이윤 몫 변동에 대한 반응성이 상대적으로 작았다. 이윤 몫의 상승은 대체로 투자를 증가시켰지만 미국, 한국, 터키, 인도 등에서는 그렇지 않는 것으로 분석되었다. 이에 따라 표본에 속한 모든 나라에서 국내 수요 체제는 뚜렷하게 임금 주도적인 것으로 나타났다.

국내 수요 체제와는 달리 순수출을 포함한 전체 수요 체제는 각 나라마다 차이가 있었다. 미국과 일본, 그리고 독일, 영국, 프랑스, 이탈리아와 같은 비교적 큰 규모의 유럽 국가들은 각국 독자적으로 뚜렷하게 임금 주도적이었다. 유로 12개국을 하나의 경제 단위로 볼 경우에도 전체 수요 체제는 임금 주도성이 뚜렷했다. 이는 유럽 내에서 소규모 개방 경제의 성격이 강한 오스트리아나 네덜란드의 경우 개별 국가에 대한 수요 체제 분석 결과가 이윤 주도적인 것으로 나타났던 다른 연구(Stockhammer and Ederer, 2008; Hein and Vogel, 2008)와 비교되는 부분이기도 하다.

선진국 가운데에서는 캐나다와 호주가 이윤 주도적인 특성을 보였다. 반면에 표본에 속한 개발 도상국 가운데에서는 한국과 터키가 전체 수요 체제의 임금 주도성을 보였다. 한국과 터키는 소득 분배의 투자에 대한 효과는 미미한 것으로 결과가 나왔다. 두 나라 모두 이윤 몫 상승의 순수출에 대한 긍정적인 효과는 소비에 대한 강한 부정적 효과에 의해 압도되는 것으로 나타났다. 중국, 인도, 남아프리카, 멕시코, 아르헨티나는 모두 이윤 주도성을 보였다. 전체적으로 보면 소비, 투자, 순수출 가운데 투자의 소득 분배에 대한 반응성이 상대적으로 작았고, 내수 규모가 크고 수출 의존도가 낮은 나라일수록 임금 주도성이 강한 경향이 있었다.

Onaran and Galanis(2012, 2013)의 각국에 대한 종합적인 연구 결과와는 상이한 결과도 있었다. 먼저 이는 Bowles and Boyer(1995)에서 독일, 프랑스, 일본의 전체 수요 체제가 이윤 주도적이었던 것과는 상치된다. 다만 이에 대해서는 Bowles and Boyer(1995)의 추정 결과에는 데이터의 비정상성(non-stationarity)과 관련된 계량경제학적 이슈를 해결하지 않은 약점이 있고 이런 점으로 인해 두 연구 결과에 차이가 발생한 것일 수 있다는 설명도 있다. 한편, Ederer and Stockhammer(2007)는 프랑스를 대상으로 추정 모형을 바꾸면 이로 인해 수요 체제가 이윤 주도적인 결과가 나타날 수 있음을 주장한 바 있다.

그런데 지금까지 살펴본 구조적 접근법에 대해 내생성의 문제가 해결되지 않았다는 계량경제학적 비판이 제기되었다. 단일 방정식 추정을 통해 소득 분배와 수요 및 산출 사이의 관계를 규명할 수 있는지가 이슈였다. 왜냐하면 수요 변수나 산출 변수의 변동이 거꾸로 소득 분배에 얼마든지 영향을 미칠 수 있기 때문이다. 이 역의 인과 관계(reverse causality)로 인한 과소 식별의 우려로 대안적인 접근 방식이 개발되었다.

Stockhammer and Onaran(2004)은 수요 변수인 설비 가동률과 소득 분배 변수인 임금 몫을 내생 변수로 하는 구조형 벡터 자기 회귀(structural VAR) 모형을 구성하고 이를 미국, 영국, 프랑스 표본에 대해 추정하였다. 이와 같은 분석 방식은 구조적 접근법과 대비시켜 '총체적 접근법'(aggregative approach)이라고 부른다. 이 접근법은 Barbosa-Filho and Taylor(2006)나 Carvalho and Rezai(2015)에서도 적용되었다.

Stockhammer and Onaran(2004)의 분석 결과는 수요 체제와 고용 체제에 대해 소득 분배 변수가 미치는 영향이 통계적으로 유의하지 않을 수 있다는 것이었다. 이어서 Barbosa-Filho and Taylor(2006)의 VAR 추정에서는 미국 표본에 대해 수요 체제가 이윤 주도성을 갖는 것으로 나타났다. 이는 이윤 압박설을 지지하는 증거로 받아들여졌다. 다만 이에 대해서는 자기상관의 문제가 적절히 다루어지지 않았다는 비판이 제기되기도 했다(Onaran and Galanis, 2013).

이처럼 총체적 접근법을 취하는 연구와 구조적 접근법을 취하는 연구는 서로 다른 결과를 제시하는 경우가 많아 보인다. 총체적 접근법은 VAR 모형을 추정하므로 소득 분배와 총수요의 동시 결정성(simultaneity), 즉 내생성의 문제는 완화할 수 있지만, 총수요 항목별로 개별 행태 방정식을 식별하지 못하는 약점이 있는 것으로 평가된다. 즉, 소득 분배가 각 수요 항목에 어떤 영향을 미치는지 분석하지 못한다는 것이다.

Blecker(2016)와 Stockhammer(2017)는 주로 칼레츠키언, 즉 포스트 케인지언 연구자들이 구조적 접근법을 채택하는 경향이 있고 그 결과는 대체로 임금 주도성을 뒷받침하는 것이며, 반대로 마르크스 경제학의 영향이 강한 연구자들은 총체적 접근법을 채택하는 경향이 있고 그 결과는 대체로 이윤 주도성을 뒷받침하는 것임을 지적했다. 다만 우리가 유의할 점은 총체적 접근법에서 VAR 분석을 하는 경우에는 추세를 제거한 분기 자료를 사용하므로 아무래도 분배 변수와 수요 변수 간의 하이 프리퀀시(high frequency)에서의 단기적 공행성에 초점이 맞추어진다는 사실이다.

Blecker(2016)는 이와 같은 자료 특성을 감안할 때 총체적 접근법에서 이윤 주도성이 발견되는 것은 당연한 결과일 수 있음을 지적했다. 수요 체제의 임금 주도성은 주로 분배 변동이 소비 변동을 유발함으로써 나타난다. 그런데 소비의 변동은 단기간에 이루어지지 않는다. 투자나 순수출에 비해 소득 분배 변동에 대한 반응 폭이 궁극적으로는 크더라도, 초기 반응 속도만큼은 더 디다는 것이다. 추세가 제거된 단기 순환 변동 데이터에는 이와 같은 소비 변동의 특징이 그대로 남게 된다. 중장기적으로는 임금 주도적인 수요 체제라 하더라도, 단기적으로는 임금 몫의 상승이 수요 위축과 함께 나타나는 결과가 얼마든지 관측될 수 있다는 의미이다.

Onaran and Galanis(2012, 2013)의 연구는 각국의 수요 체제에 대한 가장 포괄적인 분석으로서 그들이 제시한 기본적인 분석 결과는 다른 여러 선행 및 후행 연구에서 반복적으로 확인되었다. 그것은 대부분의 나라에서 적어도 국내 수요 체제만큼은 임금 주도적이라는 것이었다. 이로부터 도출되는 한 가지 흥미로운 논점은, 개별 나라만 따로 떼어 놓고 보면 전체 수요 체제가 이윤 주도적인 것으로 보이더라도 이는 세계 경제를 구성하는 다른 나라들의 정책에 의해 달라질 수도 있다는 것이다. 우리가 한 나라의 수요 체제가 갖는 특성을 분석하는 경우에는 다른 나라들의 정책에는 변화가 없음을 전제로 한다.

하지만 실제로는 교역을 수행하는 여러 나라들 사이에는 상호 작용이 지속되기 마련이다.

예를 들어, 세계 여러 나라들이 공동의 이해 증진을 위해 임금 몫을 늘리고 소득 분배를 보다 균등하게 변화시키는 방향으로 정책을 결정했다고 하자. 이 경우 전체 수요 체제가 임금 주도적인 나라만 이득을 보고 이윤 주도적인 나라는 손해를 보겠는가? 그렇지 않다. 임금 주도적인 나라들의 경제 성장률이 오르면서 이윤 주도적인 나라들 또한 순수출 증가로 이득을 누릴 수 있기 때문이다. 이와 같이 세계 경제를 구성하는 여러 나라들 사이의 상호 작용을 고려하면, 여러 나라에서 임금 몫이 상승하면 이윤 주도인 나라에도 도움이 되고 반대로 여러 나라에서 임금 몫이 하락하면 이윤 주도인 나라에도 손해가 된다. 이렇게 개별 국가의 이윤 주도성은 약화될 수 있는 것이다. 이는 곧 국내 수요 체제가 임금 주도적인 한, 전체 수요 체제가 이윤 주도적이라 하더라도 임금 인상을 억제하는 정책 방향이 결과적으로 유리하지 않을 수 있음을 시사하는 것이다.

실제로 Onaran and Galanis(2013)는 각국의 수요 체제를 추정한 결과를 이용하여 전 세계적으로 동시에 각국의 이윤 몫이 1%p 상승하는 가상의 상황 변화가 초래하는 효과를 분석하였다. 분석 결과는 표본에서 이윤 주도였던 나라들 가운데 캐나다, 멕시코, 아르헨티나, 인도가 임금 주도로 바뀌었고, 호주, 중국, 남아프리카에서는 임금 주도로 바뀌지는 않았지만 이윤 주도성이 뚜렷이 약화되는 것이었다. 한국의 경우에도 수요 체제의 임금 주도성이 더욱 강화되는 결과가 나타났다.

4.2. 생산성 체제

수요 체제에 비하면 생산성 체제에 대한 실증 분석은 상대적으로 적은 것이 사실이다. 하지만 대표적인 연구 결과들을 보면 공통적으로 실질 임금 상승률의 증가가 노동 생산성 상승률의 증가를 유발하고 있다. 이는 친노동적인 임금 주도 성장 정책의 장기 효과가 수요 측면뿐만 아니라 공급 측면에서도 긍정적일 수 있음을 의미한다.

먼저 Naastepad(2006)는 네덜란드 표본으로부터 실질 임금이 1%p 상승할 때 노동 생산성은 0.52%p만큼 상승한다는 결론을 얻었다. Storm and Naastepad(2009)에서는 1984~2004년 기간의 20개 OECD 국가들을 표본으로 하여 실질 임금 상승률이 1% 증가할 때 생산성 상승률이 0.5~0.55% 상승하는 것으로 나타났다. Vergeer and Kleinknecht(2011)가 1960~2004년 기간의 OECD 국가들을 표본으로부터 얻은 생산성 상승률의 실질 임금 상승률에 대한 편탄력성 추정치는 0.31~0.39로 약간의 차이가 있었다. Hein and Tarassow(2010)의 추정치는 0.25~0.67로 기존의 연구 결과로부터 벗어나지 않는 것이었다. 이상의 실증 연구를 요약하면서 Storm and Naastepad(2013)는 선진국을 기준으로 0.38의 탄력성을 가정하기도 하였다. 전체적으로 보면 실질 임금 상승의 노동 생산성 개선 효과는 비교적 뚜렷해 보인다. 한편, Storm and Naastepad(2009)와 Vergeer and Kleinknecht(2011)는 규제와 이해관계 조정을 중심으로 하는 노동시장 제도들이 보다 잘 안착된 나라에서 생산성 증가율이 높게 나타난다는 실증 분석 결과를 제시하기도 하였다.

수요 체제와 마찬가지로 생산성 체제에 대한 실증 분석에서도 내생성의 문제는 중요하게 제기될 수 있다. 단일 방정식을 추정하는 방식으로 과연 실질 임금으로부터 생산성으로 향하는 인과 관계를 확립할 수 있는 것인지에 대해 보다 주의 깊은 검토가 필요해 보인다. 다만 이와 관련하여 Marquetti(2004)는 그랜저 인과 관계가 실질 임금으로부터 생산성으로 향하며 그 역은 아니라는 결과를 제시하기도 하였다. 물론 이 그랜저 검정 결과만으로 노동 생산성으로부터 실질 임금으로 향할 수도 있는 역의 인과의 가능성이 완전히 해소되는 것은 아닐 수 있다.

4.3. 한국 경제에 대한 실증 분석

우리 경제의 수요 체제에 대한 실증 분석을 종합하면서 살펴볼 한 가지 논점은 투자가 임금 몫 변동에 대해 어떻게 반응하는가 하는 문제이다. Sequino(1999)는 구조적 접근법을 적용한 추정을 통해 한국 제조업에서는 임금 몫이 상승할 때 투자가 증가하는 것으로 보았다. Onaran and Stockhammer (2005)는 총체적 접근법으로 VAR 모형을 추정하였으며 여기에서도 우리 경제는 이윤 몫이 투자에 부정적인 영향을 미친다는 사실이 발견되었다. 이후 Onaran and Galanis(2012, 2013)에서는 소득 분배 변동에 대한 투자 변동의 탄력성이 0에 가깝게 추정되었다.

국내 문헌에서는 관련 주제로 최초의 본격적인 실증 연구였던 홍태희(2009)에서 이윤 몫 상승 시 투자가 상대적으로 감소하는 결과가 처음 등장했다. 이후 김진일(2013), 홍장표(2014a, 2014b), 전수민 · 주상영(2016)에서는 투자의 이윤 몫에 대한 편탄력성이 통계적으로 유의하지 않은 것으로 분석되었다.

주상영(2013)과 정상준(2017)은 홍태희(2009)와 마찬가지로 이윤 몫이 투자에 부정적인 영향을 미치는 것으로 보고하였다. 정상준(2017)은 우리 경제에 대한 실증 분석 가운데 총체적 접근법을 체계적으로 적용한 거의 유일한 사례인 것으로 보인다.

이상의 결과는 이윤 몫 증가가 소비에는 부정적인 영향을 미치지만 투자와 순수출에는 긍정적인 영향을 미칠 것이라는 지배적인 선입견과는 정반대라고 할 수 있다. 기업 투자를 늘리기 위해서는 임금 인상을 억제해야 한다는 주장이 적어도 우리 경제에 대한 여러 실증 분석 결과로는 지지 받기 어려운 것이다.

새 정부가 경제 패러다임의 전환을 천명하며 경제 정책 방향을 제시함에 있어 지금까지 살펴본 포스트 케인지언 경제학의 이론적 개념인 '임금 주도 성장' 대신 '소득 주도 성장'이란 용어를 채택한 것은 자영업 비중이 높은 우리 경제의 현실을 감안한 것으로 보인다(이상헌, 2014; 이강국, 2017). 하지만 이 소득 주도 성장이라는 용어 자체는 우리만의 독특한 작명은 아니다. 실제로는 해외 문헌에서도 'mass income-led growth'라는 표현이 가끔 등장한다. 다만 자영업 비중이 높은 현실은 우리 경제의 수요 체제에 대한 실증 분석에 있어 중요한 고려 사항이 되었으며 논란도 있었다. 자영업 부문의 소득 전체를 자본 소득으로 볼 것인가, 아니면 이를 일종의 혼합 소득으로 간주하고 자본 소득과 임금 소득의 합으로 볼 것인가가 문제가 되었다.

Onaran and Galanis(2012, 2013)의 연구에서는 OECD 데이터가 사용되었는데 이 데이터는 Kravis(1959)와 Kreuger(1999)의 방식을 준용하여 자영업 소득의 분할에 있어 임금 소득자의 평균 임금 소득만큼을 자영업 부문이 임금 소득으로 수취한다는 가정이 적용된 것이었다. 반면에 홍태희(2009)나 김진일(2013)은 한국은행이 발표하는 『국민계정』 데이터를 사용하여 자영업 부문의 소득 전체를 자본 소득으로 간주하였다. 이에 대해 전자는 우리 경제의 임금 몫을 과대 평가할 수 있고 후자는 과소 평가할 수 있다는 비판이 제기되었다.

주상영(2013)은 이와 같은 문제점을 완화하기 위해 자영업 부문의 임금 몫을 법인 부문의 그것과 동일한 비율로 적용하였다. 홍장표(2014a)는 자영업 부문의 노동 집약적 성격을 감안하면 자영업 부문의 임금 몫이 법인 부문의 그것에 비해 상대적으로 높을 것이라고 보고, 자영업자 1인당 소득이 임금 소득자의 평균 임금 소득보다 크면 OECD 자료의 보정 방식을 적용하고 그렇지 않으면 자영업 소득을 임금 소득으로 간주하는 방식을 택하였다.

지금까지 거론된 실증 연구의 결론을 요약하자면, 무엇보다도 먼저 수요 체제와 관련하여 대부분의 연구에서 뚜렷한 임금 주도성이 확인된 사실이 주목된다. 소비는 모든 연구에서 임금 주도적이었고 순수출의 경우 연구마다 결과에 차이가 있었는데, Onaran and Stockhammer(2005), 홍태희(2009), 김진일(2013), Onaran and Galanis(2012, 2013), 정상준(2017)에서는 순수출이 이윤 주도적이었지만, 홍장표(2014a, 2014b), 전수민 · 주상영(2016)에서는 대체로 유의성이 없었다.

순수출이 이윤 주도적인 것으로 분석된 결과 중에서는 홍태희(2009)와 Onaran and Galanis(2012, 2013), 정상준(2017)에서 순수출의 이윤 주도성에 비해 소비(와 투자의 합인 국내 수요)의 임금 주도성이 강해 국내 수요 체제와 전체 수요 체제가 모두 임금 주도적인 것으로 판정되었다. Onaran and Stockhammer(2005)에서도 수출이 미치는 효과가 상대적으로 크지 않아 우리 경제의 수요 체제는 임금 주도적이라는 결론을 얻었다. 다만 김진일(2013)에서는 순수출의 이윤 주도성이 소비의 임금 주도성을 압도해 국내 수요 체제는 임금 주도적이지만 전체 수요 체제는 이윤 주도적이라는 결과가 나왔다. 우리 경제의 수요 체제가 갖는 특성에 대한 체계적인 실증 분석 가운데 이는 유일하게 이윤 주도성을 지지하는 결과라고 할 수 있다.

한편, 우리 경제의 생산성 체제에 대해서도 실증 분석이 이루어졌고 대체로 임금 주도성이 확인되었다. 대표적으로 홍장표(2014b)에 따르면 우리 경제에서는 칼도-버둔 법칙이 성립해 수요 확대가 노동 생산성을 제고하는 것으로 나타났고, 수요 체제에 생산성 체제를 추가해 함께 분석한 결과를 보면 실질 임금 상승률이 노동 생산성 상승률을 증가시키는 효과가 관측되었다. 특히, 홍장표(2014b)는 외환 위기 이후 실질 임금 상승률의 증가가 노동 생산성 상승률을 증가시키는 정도에 비해 경제 성장률을 증가시키는 정도가 더 커서 고용 증가율 역시 상승한다는 결과를 보고하였다. 이는 외환 위기 이후 우리 경제의 수요 체제, 생산성 체제, 고용 체제가 모두 임금 주도적인 특성을 보이고 있다는 종합적인 결론으로 해석될 수 있다.

5. 정책 전략으로서의 소득 주도 성장

5.1. 정책 개입의 두 가지 차원

지금까지 우리는 임금 주도 성장론의 이론적 측면을 포스트 케인지언 경제학의 관점에서 살펴보고 대표적인 실증 분석 결과를 개관하였다. 그렇다면 오늘날 우리는 왜 임금 주도 성장, 소득 주도 성장을 이야기하는가? 그것은 소득 분배가 악화되고 불평등이 심화되면서 발생한 여러 경제 문제들로 인해 미래 성장 비전에 대한 새로운 고민이 필요한 상황이 되었기 때문이다.

세계적인 차원에서 보면 1980년대 이후의 이른바 '신자유주의'는 노동 운동의 무력화, 금융 규제 완화, 공공 서비스의 민영화와 같은 정책 패키지를 제시하면서 19세기 자유주의의 방임적 성격으로부터 벗어나 보다 적극적이고 공격적으로 경쟁 논리와 시장 원리주의를 사회 전반에 확산시켰다.

신자유주의 정책은 노동 시장 유연화, 감세, 사회 보장의 약화 등 친기업적인 분배 정책으로 임금 몫의 하락을 불러왔다. 이는 임금 주도 특성을 가진 경제의 성장 여건에 부정적으로 작용하였다. 이에 대응하는 신자유주의의 성장 전략은 수출 부문과 규제로부터 벗어난 금융 부문을 중심으로 한 것이었다. 다수 시민의 소득 증가를 통한 유효 수요 확대가 아니라, 해외 구매력에 대한 의존이나 신용 팽창에 힘입어 유효 수요가 확대되었다. 이 과정에서 세계화와 '금융화'(financialization)가 진전되었다. 2008년 글로벌 금융 위기는 이와 같은 성장 전략의 한계를 노정한 사건일 수 있다.

Stockhammer(2012)는 이 기간 동안 기능적 소득 분배가 불평등한 방향으로 악화된 원인에 대해 네 가지 가설을 수립하고 각 가설의 적합성을 실증적으로 검정하고자 하였다. 그가 고려한 네 가지 가설은 기술 변화, 생산과 교역의 세계화, 복지 국가의 후퇴를 포함한 사회 · 정치적 요인, 그리고 금융화였다.

분석 결과, 기술 변화의 효과는 예상만큼 강력하지 않아 그 영향이 제한적인 것이었다. 반면에 세계화는 선진국과 개발 도상국 모두에서 임금 몫의 하락을 가져온 것으로 추정되었다. 이는 잘 알려진 스톨퍼-사무엘슨 정리와는 사뭇 다른 결과일 수 있다. 스톨퍼-사무엘슨 정리에 따르면 교역은 국가 간 요소 소득의 균등화를 수반하는데, 실제로는 선진국과 개발 도상국 모두에서 임금 몫이 떨어졌고 선진국에서 더 큰 폭으로 떨어졌다고 보기 어렵기 때문이다. 한편, 복지 국가의 후퇴나 노동 운동의 약화 등 사회 · 정치적 요인은 예상에 부합하게 이 기간의 임금 몫 감소에 의미 있는 영향을 미친 것으로 분석되었다. 마지막으로 금융화 또한 선진국과 개발 도상국 모두에서 매우 유의하게 임금 몫을 하락시킨 요인으로 나타났다.

이상의 분석 결과는 소득 분배의 변화가 전적으로 기술적 요인에 따른 불가피한 결과만은 아니며, 정부 정책이나 제도의 형태로 불평등 문제에 개입할 여지가 있음을 드러내는 것이다. 그렇다면 정부는 어떤 방식으로 개입함으로써 기능적 소득 분배를 보다 평등한 방향으로 개선할 수 있을까?

위의 분석 결과에 기초한다면 서로 층위가 구분되는 두 가지 차원에서 정부 개입이 가능한 것으로 보인다. 첫 번째는 직접적으로 노동 시장 제도를 강화함으로써 사회 · 정치적 요인에 의한 임금 몫 감소 위험을 차단하는 것이다. 노동조합의 법적 지위를 보장하고 조직화를 지원하며 단체 교섭 제도를 확충하는 정책, 비정규 노동과 미조직 노동에 대한 보호를 강화하는 정책은 그런 점에서 임금 주도 성장 정책 패키지의 중요한 부분이 될 수 있다.

이와 같은 친노동 정책의 핵심은 무엇보다도 노동의 교섭력 강화를 도모하는 것이다. 그런데 노동의 교섭력은 실제로는 노동자들의 유보 임금을 높이는 경우에만 강화될 수 있다. 따라서 이를 위한 분배 정책이 반드시 전체 성장 정책 패키지의 한 부분이 되어야 한다. 여기에는 노동자 가구의 소득 증대를 위한 각종의 정책과 제도가 포괄될 수 있다. 구체적으로는 최저 임금과 실업 수당, 소득 재분배, 저소득층 지원 등의 사회 안전망을 확충하는 것이 고려될 수 있다. 언뜻 분배 정책으로만 보이는 이와 같은 개입은 노동의 교섭력을 확충해 실질 임금의 지속적인 상승을 지원하는 제도적 기반이 될 수 있다는 점에서 성장 정책이기도 하다는 점에 유의해야 하겠다.

한편, 임금 격차 해소를 위한 정책적 개입도 필요하다. 우리는 앞에서 임금 주도 성장 개념이 점차 소득 평등이 주도하는 성장(income equality-led growth)이라는 개념으로 나아가고 있음을 지적했다. 임금 불평등이 줄어들수록 임금 주도 성장의 여건 자체가 개선된다는 이론적 · 실증적 연구 결과에 대해서도 앞에서 소개하였다. 임금 불평등 완화를 위한 사회적 합의를 도모하고 이를 통해 임금의 연대성을 강화하는 방향으로 정책적 노력을 기울일 필요가 있다.

정부 개입의 두 번째 차원은 노동 시장과는 직접적인 관련성이 없어 보이는 간접적인 것이다. 세계화, 금융화 경향을 포함해 여러 소득 분배 변동 요인을 관리할 수 있도록 하는 각종의 정책과 제도가 이에 해당한다고 할 수 있다. 무역이나 국제 자본 이동과 관련된 정책, 금융 규제, 산업 규제, 공공 부문 제도 등이 대표적인 예시가 될 수 있다. 포스트 케인지언 경제학자들은 개별 국가의 중상주의적 수출 중심 전략은 지속 가능한 성장 전략이 될 수 없으며 금융 일반과 자본 이동에 대해 시민의 민주적인 통제를 확립해야 한다는 입장을 견지해 왔다.

특히, 산업에 대한 규제와 정책은 임금 주도 성장 정책을 보조하는 데 있어 그 역할이 중요할 수 있다. 예를 들어, 최저 임금 인상의 초기 부담은 영세

기업에 집중될 위험이 큰데, 이 부담을 사회적으로 나누기 위해서는 먼저 산업 구조에서 연유하는 불공정한 거래 관행이나 영세 기업에 대한 부당한 비용 전가와 같은 문제를 통제할 수 있어야 한다. 산업 규제와 공정 거래 확립, 기업 지배 구조 개선 등을 위한 정책적 개입이 필요한 이유이다.

지금까지 우리는 임금 주도 성장을 위한 정부의 정책적 · 제도적 개입을 두 가지 유형으로 구분하여 살펴보았다. 첫 번째 유형은 직접적으로 노동 시장 제도를 강화하고 노동의 교섭력을 확충하려는 것이었고, 두 번째 유형은 이를 간접적으로 광범위하게 지원하기 위한 목적의 무역, 금융, 산업, 공공 정책 등이었다. 이와 같은 정책적 · 제도적 개입은 중장기적 관점에서 일관성을 유지하면서 추진해야 한다.

다만 그 과정에서는 단기적으로 일자리가 줄어들고 고용이 위축될 수 있는 위험을 정부가 거시 경제 총수요 정책으로 관리할 수 있어야 한다. 이를 위해서는 누진성을 강화하고 과세 형평을 추진하는 방향으로 세제를 개편해 재정 부담을 관리하면서 동시에 공공 영역을 확대하고 정부 지출을 늘려 재정 정책을 확장적인 기조로 유지하는 것이 중요할 수 있다.

5.2. 공급 정책

우리는 앞에서 임금 주도 성장의 작동 원리를 수요 체제와 생산성 체제로 나누어 살펴보았다. 수요와 공급의 양 측면을 모두 고려했던 것이다. 이를 통해 우리는 임금 주도 성장을 실현하기 위해서는 소득 분배의 개선과 불평등의 시정에 힘입어 수요와 공급 양 측면 모두에서 성장 효과가 발현되도록 하는 것이 중요함을 알 수 있다.

성장 전략으로서의 소득 주도 성장 정책 역시 마찬가지이다. 보다 평등한 소득 분배가 가져오는 유효 수요 확대 효과와 생산성 향상 효과가 서로 선순환을 이룰 때 정책의 성공을 기대할 수 있는 것이다. 이런 점에서 소득 주도 성장 정책은 거시 경제의 총수요 측면뿐만 아니라 총공급 측면도 함께 고려해야 한다. 성장 여건을 조성하기 위한 공급 측 정책을 적극적으로 고민할 필요가 있다.

포스트 케인지언의 임금 주도 성장론은 지금까지 주로 순수 이론의 영역에서 전통적인 신고전학파의 성장 패러다임을 전복시키면서 유효 수요의 중요성을 부각시켰다. 이는 대안적 이론의 가능성을 제시한 측면에서 그 의의를 찾을 수 있다. 하지만 공정하게 평가하자면, 성장을 목표로 하는 정책 전략이라는 관점에서 보면 지속 가능한 성장을 가능케 하는 성장 동력 자체에 대해서는 여전히 물음표가 남는다고 하지 않을 수 없다. 왜냐하면 유효 수요의 원리 그 자체가 항구적인 성장의 동력이 되려면, 외생적으로 증가하는 독립 수요의 존재가 보장되어야 할 것이기 때문이다. 이런 점을 고려하여 최근에는 칼레츠키언 성장 모형에서 독립 수요의 외생적 증가가 경제 성장 과정에 어떤 영향을 미치는지, 그리고 그 경우 수요 체제와 생산성 체제의 임금 주도성이 유지될 수 있는지에 대한 연구가 이루어지고 있다(Lavoie, 2016; Nah and Lavoie, 2017, 2018; 나원준, 2017). 그러나 지속적인 성장 동력의 확보를 위해 공급 쪽에서 더 적극적인 정책적 보완이 필요할 수 있다는 사실에는 변함이 없다.

소득 주도 성장 정책의 일차적 과제는 물론 친노동적인 노동 시장 정책으로 기능적 소득 분배에 영향을 미치고 다시 사회 보장과 같은 재분배 정책을 활용함으로써 노동자 가구와 빈곤 가구 등에 귀속되는 소득의 몫을 늘려 유효 수요를 증대시키는 데 초점을 맞추는 것이다. 그렇다면 이와 같은 정책의 목적 달성을 위해 구체적으로 어떤 공급 정책이 요구되는가?

무엇보다도 소득 주도 성장의 성공을 위해서는 생산 요소로서의 인적 자본과 성장 잠재력 사이의 직접적인 연관성을 적극적으로 고려할 필요가 있어 보인다. 이를 위해 첫 번째로 노동 생산성 향상을 위한 교육 투자 확대가 중요하다. 급속도로 기술이 진화하는 가운데 우리 경제의 산업 환경은 이미 세계화된 경쟁에 노출되어 있다. 이런 상황에서 노동자 가구의 소득 기반을 근본적으로 강화하기 위해서는 교육 서비스의 질을 높이고 정규 교육 외에도 산업 연계 교육, 직무 교육, 재교육, 평생 교육 등으로 그 내용을 다양화하며 이에 대한 노동자 가구의 접근성을 향상시키는 등의 인적 자본 정책이 요구된다.

성장 잠재력과 인적 자본의 연관성을 고려하는 공급 관련 정책의 또 다른 예로는 '적극적 노동 시장 정책'을 들 수 있다. 이는 경쟁이 심화되고 산업 구조와 기술이 변화하는 환경에서 ① 일자리 매칭의 효율성을 제고하고, ② 실직 상태가 장기화될 위험을 줄여 사회 보장 제도를 보완하며, ③ 인적 자본의 손실을 막는 효과가 있을 것으로 기대된다.

소득 주도 성장을 추구하면서 장기 성장 동력을 확보하려는 공급 정책의 또 다른 과제는 혁신을 위한 공공 투자를 확대하고 혁신 성과의 확산에 친화적인 산업 생태계를 조성하는 것이 될 수 있다. 혁신이 경제 성장의 주된 요인의 하나라는 주장에 대해서는 동의의 기반이 상당히 넓다고 할 수 있다. 하지만 각국 정부가 균형 재정과 긴축을 추구하면서 연구 개발 분야에서 공공 투자의 비중은 추세적으로 감소해 왔다. 민간 부문도 상업화 단계의 응용 분야에 투자를 집중하면서 결과적으로 혁신 역량을 키우기 위한 기초 연구에 대한 투자는 위축되는 실정이다. 이는 미래 성장 잠재력이라는 측면에서 상당히 우려스러운 현상이 아닐 수 없다.

본래 주류 신고전학파 경제학의 시각에서 혁신은 외생적인 확률 기회의 실현으로서 어디까지나 민간 영역에서 일어나는 것으로 인식되었다. 정부는 시장 실패를 바로잡는 차원에서 기초 연구를 지원하거나 민간 투자에 인센티브를 제공하며 기업 간 경쟁을 촉진하는 정도로 자신의 역할을 제한해야 한다는 것이다. 하지만 이탈리아의 경제학자인 마리아나 마주카토(Mariana Mazzucato, 1968~)에 따르면 이는 현실과 동떨어진 관점으로서, 실제로는 역사적으로 정부를 포함한 공공 부문이 기초 연구뿐만 아니라 응용 분야에서도 적극적으로 혁신의 방향과 속도를 결정해 왔다(Mazzucato, 2013, 2016). 특히, 자본 집약적이고 위험이 큰 혁신의 경우에 민간 부문은 위험을 감수하려 하지 않는다는 것이다.

마주카토가 주장하는 '기업가형 국가'(entrepreneurial state)는 혁신에 투자하는 국가이다. 이 공공 투자는 개방된 토론을 통해 그 방향이 정의된 것이어야 한다. 기업가형 국가는 기초 분야에 대한 투자는 공공성과 긍정적인 외부 효과를 근거로 수행하지만, 응용 분야에 대해서는 여러 프로젝트의 수익과 비용을 하나로 묶어 관리하는 포트폴리오 접근을 채택함으로써 투자의 위험뿐만 아니라 그에 대한 보상 또한 사회화할 수 있다. 마주카토는 이와 같은 논의를 통해 정부를 포함한 공공 부문의 역할은, 시장 실패를 바로잡는 데에서 그치는 것이 아니라 적극적으로 시장을 창출하고 형성함으로써 민간 부문의 혁신 투자 참여를 자극하는 기술 기회, 시장 기회를 만들어 내는 것이어야 한다고 주장했다. 이는 케인스가 주창한 '투자의 사회화'와 일정한 연관성을 갖는다고 하겠다. 새 정부에서 소득 주도 성장과 병행 추진하는 이른바 '혁신 성장'은 이와 같은 공급 정책의 방향성을 부분적으로 담고 있는 것으로 보인다.

6. 소결

포스트 케인지언 경제학의 관점에서 임금 주도 성장 정책, 혹은 소득 주도 성장 정책의 목표는 소득 불평등을 시정하며 실질 임금의 지속적인 상승을 통해 노동자 가구와 빈곤층의 생활 수준을 향상시키는 것이라고 할 수 있다. 이 목표를 달성하려면 임금 몫의 더 이상의 하락을 막고 다수 시민의 소득 증대를 도모함으로써 유효 수요 기반을 확대해야 한다. 이 과정에서는 노동 생산성의 향상을 지원하고 성장 동력을 확보하기 위한 공급 정책으로서 공공 부문의 혁신 투자의 역할 또한 중요할 수 있다.

다만 저소득층의 부채 부담이 크고 영세 기업의 수익 구조가 열악한 현실에서 이와 같은 소득 주도 성장 정책으로의 전환은 단기적으로 경제 상황을 오히려 악화시킬 수도 있는 점에 유의해야 할 것이다. 정책 추진 과정에서 발생할 수 있는 부작용을 완화할 수 있는 재정 정책 등 총수요 관리 정책의 지원이 필수적일 수 있는 이유이다.

소득 주도 성장은 그간의 우리 경제의 성장 전략과는 근본적으로 다른 접근법이다. 따라서 이 새로운 성장 전략이 앞으로 우리 현실에 성공적으로 뿌리를 내리는 과정에서는 일정한 사회 · 경제적 변화가 수반될 수 있다. 낙수 효과에 의지해 온 기존 성장 전략의 문제점을 극복하고 보다 민주적이고 지속 가능한 성장을 추구해 가기 위해서는 변화에 따르는 진통을 감내하고 사회의 어느 한 부문에 부담이 집중되지 않도록 이를 국가적으로 공유할 수 있는 정책 비전이 요구된다.

chapter 10

지난 1년간 소득 주도 성장 정책의 성과와 평가

chapter 10

지난 1년간 소득 주도 성장 정책의 성과와 평가[1)]

1. 서론

2017년 7월 하순에 새 정부의 경제 정책 방향이 나왔다. 2018년 6월 말 현재, 채 1년이 되지 않았다. 따라서 아직은 가시적인 정책 성과를 확인하기에 어려운 점이 있다. 이 장에서는 소득 주도 성장이라는 국정 이념, 그리고 이를 근저에서 뒷받침하는 경제 이론에 기초하여 정부 정책의 방향과 접근법이 이에 부합하는지를 중심으로 지난 첫 1년을 돌아보고자 한다. 다만 그에 앞서서 잠시 이론적인 문제에 대해 언급하고자 한다.

1 제10장의 주요 내용은 2018년 6월 29일 한국개발연구원과 경제인문사회연구회가 공동 주최한 '문재인 정부 소득 주도 성장 정책 평가와 과제 국제 컨퍼런스'에서 발표되었다.

2. 임금 주도 성장론을 둘러싼 몇 가지 이론적인 논점

경제 이론의 역사에서 임금 주도 성장이라는 아이디어는 그 뿌리가 깊다. 이미 1970년대에 실증 분석이 있었다. 한편에는 뒤집으면 이윤 주도 성장론이 되는 마르크스 경제학의 이윤 압박설이 있었고 그 맞은편에 포스트 케인지언 경제학이 있었다. 이들 사이에 짧지 않은 논쟁이 있었다. 1970년대 세계 자본주의의 불황을 공급 측면 위기로 볼 것이냐 아니면 유효 수요 부족에 기인하는 것으로 볼 것이냐 하는 쉽지 않은 논쟁을 거치면서 1980년대에 들어 비로소 Bob Rowthorn과 Amitava Dutt에 의해 오늘날 임금 주도 성장론의 초기적 형태가 성장 모형으로 표현되기에 이르렀다. 이는 1950년대와 1960년대에 케인스 『일반이론』의 유효 수요 원리를 장기로 확장해 일반화하려 한 케임브리지 대학 경제학자들의 프로젝트를 계승하는 것이었다. 신고전학파 경제학에서 1950년대에 솔로 모형, 1980년대에 내생적 성장 모형이 등장했던 바로 그 시기에 이와 같이 대안적 성장 모형도 발전해 왔다.

오늘 우리들 사이에서 발견되는 정책 전략으로서의 임금 주도 성장론에 대한 한 가지 오해는 임금 주도 성장이 재분배 정책을 지지하는 1990년대 World Bank의 'Pro-poor growth', 혹은 글로벌 금융 위기 이후 IMF나 OECD가 제안한 포용적 성장과 어떤 점에서 차이가 있는지 불분명해졌다는 것이다. 임금 주도 성장론과 포용적 성장론은 불평등의 시정, 복지 국가의 확대와 같은 비전을 공유한다. 지나친 불평등이 성장에 좋지 않다는 인식 또한 임금 주도 성장론이나 포용적 성장론에 공통적이다. 이 둘 모두 성장 담론이다.

그러나 임금 주도 성장론은 포용적 성장론과는 근본적으로 다른 측면이 있다. 무엇보다도 가장 중요한 차이점은 재분배, 2차적 소득 분배만으로는 안 된다는 인식에 있다. 임금 주도 성장 전략은 1차적, 본원적 소득 분배에 초점을 맞춘다. 본원적 분배에 정책적, 제도적으로 개입함으로써 노동의 협상력을 키우는 데에 임금 주도 전략의 핵심이 있다. 노동 소득 분배율을 끌어올리는 것이 이 전략의 성패를 좌우한다.

이런 점으로 인해 임금 주도 성장론에서는 개인별 · 가구별 소득 분포의 시정 또한 매우 중요하다고 보지만, 이는 보다 근본적으로 노동과 자본 사이의 기능적 소득 분배의 시정을 통해 어느 정도 교정될 수 있다고 본다. 기능적 소득 분배에서 임금 소득의 몫을 늘리는 것이 핵심 과제이다. 노동자 계층이 문제 해결의 중심에 서게 된다. 정부에서 소득 주도 성장을 이론이 본래 제기된 방향성 그대로 추구한다고 하면 정책의 목표는 근본적으로 노동의 협상력을 강화하는 것이 되어야 한다.

우리 사회에는 임금 주도 성장 전략을 성장과는 무관한 분배 정책일 뿐이라고 보는 시각이 있다. 그렇지 않다. 소득 주도 성장은 분배가 성장에 어떤 영향을 미치는가에 주목하는 성장 담론이다. 다만 성장 제일주의의 논리가 아니라 어떤 성장이 우리에게 필요한지를 묻는 대안적 성장 담론인 것이다.

오늘 우리들 사이에서는 임금 주도 성장론의 정책 전략으로서의 측면 외에, 그 경제학적 근거가 되는 포스트 케인지언 성장 모형 자체에 대해서도 몇 가지 오해가 있는 것 같다. 흔한 비판 중 한 가지는, 임금 주도 성장론은 수요만 중요시하며 한 측면만을 본다는 것이다. 그러나 이는 사실이 아니다. 정반대로 주류 성장 담론이야말로 한 측면만을 본다. 주류 거시 경제학에서는 경제 변동을 야기하는 수요 측 요인은 단기에만 영향이 있고 장기 성장에 있어서는 그 영향이 사라진다고 본다. 한 경제의 잠재 성장률은 공급 능력이 결정한다고 본다.

포스트 케인지언 성장 이론에서는 국민 경제의 역사적인 발전 과정이 미래의 경제 상황에 영향을 미치는 이력 효과와 경로 의존성이 중요하다. 잠재 성장 경로도 수요 측 요인에 의해 영향을 받는다고 본다. 장기 균형과 같은 것은 미리 결정된 것도 아니고 독립된 실체가 있는 것도 아니라고 본다.

잠재 성장률이 수요 요인과 무관하다는 가설을 기각하는 실증 연구 결과들이 있다. 한국 경제에 대해서도 그와 같은 결과가 보고되었다. 글로벌 금융위기 이후에는 주류 경제학에서도 Blanchard나 Ball, Summers와 같은 연구자들에 의해 이력 효과의 재발견이 이루어지고 있다. 최근에는 총수요 부족이 생산성 정체를 가져온다는 연구 결과도 제시되었다. 수요 확대가 생산성 상승을 가져온다고 보는 포스트 케인지언 경제학의 칼도-버둔 법칙과 맥이 통한다.

포스트 케인지언 성장 이론에서는 거시 경제의 총수요와 총공급을 소득분배와의 연관성 하에서 각각 수요 체제, 생산성 체제라는 이름으로 분석한다. 그런데 총수요와 총공급이 상호 독립적인 개념이라면, 수요 체제와 생산성 체제는 상호 작용을 하며 동시에 결정되는 특징이 있다.

주류 성장 이론에서는 시장의 자기 조정에 의해 국민 경제가 궁극적으로 완전 고용이 달성되는 잠재 성장 경로를 따라 성장한다고 본다. 하지만 현실은 완전 고용과는 거리가 멀다. 우리가 직면하는 현실은 저임금과 고용 불안이다. 포스트 케인지언 성장 이론에서는 장기에 있어서도 유효 수요 부족에 따른 비자발적 실업의 가능성은 해소되지 않는다고 본다.

최근의 또 다른 비판 중에는 노동 소득 분배율이 실제로는 내생적으로 결정되는 것임에도 불구하고 이를 외생 변수처럼 간주하는 것이 이론적으로 문제가 있다는 주장이 있다. 실제로 성장 체제의 특성을 분석하기 위한 가장 표준적인 형태의 실증 분석 모형에서는 노동 소득 분배율을 외생 변수로 취급한다. 하지만 이론적 관심에 따라서는 노동 소득 분배율을 내생 변수로 다룰 수 있다. 노동과 자본의 상대적 교섭력을 모형에 도입하고 노동 소득 분배율이 이 상대적 교섭력에 의해 결정되도록 하는 모형 설정이 가능하다. 다시 교섭력은 부분적으로 노동 시장 상황 등에 의존하게 할 수 있다. 이와 같은 모형 설정에서도 임금 주도, 이윤 주도를 정의하는 것에 문제가 없다. 이 경우 임금 주도성은 노동의 교섭력 강화가 성장 체제에 미치는 영향을 기준으로 정의될 수 있다. 어디까지나 초점은 재분배가 아니라 본원적 소득의 분배에 있다.

Stockhammer의 2012년 연구에서는 세계적 범위에서 노동 소득 분배율이 하락한 원인을 분석하고 있다. 분석 결과, 노동 소득 분배율의 하락에는 기술 요인으로는 설명되지 않는 부분이 있었다. 기술 요인 외에 Stockhammer는 복지 국가의 후퇴, 노동 운동의 약화, 세계화, 금융화와 같은 변수들이 설명력이 있는 것으로 보고한다. 분배 변동은 기술 요인에 따른 불가피한 결과만은 아니며, 정책과 제도의 형태로 불평등 문제에 개입할 수 있는 여지가 있는 것으로 나타났다. 이와 같은 분석 결과는 노동의 교섭력이나 그것의 함수인 노동 소득 분배율이 정책 변수로서의 성격을 부분적으로 가질 수 있음을 의미한다.

또 한 가지 이론적 쟁점은 기존의 성장 체제 판별 방식과 관련된 것이다. 개별 국민 경제의 성장 체제가 임금 주도적인지 아니면 이윤 주도적인지를 판정하는 표준적인 구조적 접근법에서는 총수요 혹은 성장 지표와 노동 소득 분배율의 상관관계에 주목한다. 이 둘이 같은 방향으로 변동하면 성장 체제는 임금 주도적인 것이 된다. 그런데 자본 설비가 주어진 가운데 성장률이 오르면 기업의 고정 비용은 일정하면서 변동 비용만 늘어난다. 고정 비용의 중요한 부분은 상대적으로 고임금인 관리 노동 비용이다. 따라서 성장률이 오르면 당분간 노동 소득 분배율은 자동적으로 떨어지는 효과가 있다. 경영진에 대한 관리 노동 비용이 피용자 보수로 분류되는 한, 성장률과 지표상의 노동 소득 분배율은 음의 상관관계를 갖기 쉽다. 실제 성장 체제가 임금 주도적이더라도 그렇다. 이런 이유로 기존의 성장 체제 판별 방식에는 실제보다 이윤 주도성을 과장하는 편의가 내포되어 있다고 할 수 있다. 국내외의 여러 실증 분석에서 한국 경제는 임금 주도적인 것으로 분석되었다. 아마도 한국 경제는 그동안의 분석 결과에서 나타난 것보다 실제로는 훨씬 더 임금 주도적일 것이다.

고용 체제에 대한 이야기도 짚고 넘어갈 필요가 있다. 임금 주도 성장론은 소득 분배와 경제 성장의 관계를 세 가지 측면에서 파악한다. 수요 체제와 생산성 체제, 그리고 고용 체제가 그것이다. 앞의 두 가지는 여러 분석에서 논의되었으나 고용 체제에 대한 논의는 그동안 상대적으로 부족했다. 일찍이 케인스는 고용을 회복하려면 임금을 인하해야 한다는 당대의 지배적 견해를 비판하면서 오히려 임금 인하가 고용을 줄일 수 있다고 주장했다. 그와 같은 아이디어가 '임금 주도 고용 체제' 개념이 되었다. 그런데 고용 증가율은 경제 성장률에서 노동 생산성 상승률을 차감한 것이므로 경제 성장률이 높을수록, 그리고 노동 생산성 상승률이 낮을수록 고용 체제의 임금 주도성이 강화된다고 할 수 있다. 즉, 수요 체제의 임금 주도성이 강하고 생산성 체제의 임금 주도성이 약할 때 고용 체제의 임금 주도성이 확보된다.

제9장에서 이미 살펴보았지만, 이에 대한 실증 분석 결과는 엇갈린다. Storm과 Naastepad의 2013년 연구에서는 고용 체제가 대체로 이윤 주도적이라고 본 반면에 Stockhammer와 Onaran의 2013년 연구에서는 실질 임금 변동이 고용에 미치는 영향이 중립적이라고 보았다. 한국 경제에 대해서는 홍장표의 2014년 연구에서 외환 위기 이후 고용 체제가 임금 주도적이라는 보고가 있었다.

소득 주도 성장을 위해서는 고용 증가가 전제되어야 한다는 세간의 인식은 이런 점에서 이론적 오해이다. 최근 회자되는 최저 임금 인상 속도 조절론은 최저 임금 인상이 고용을 악화시키지 않는 범위 내에서 이루어져야 한다는 주장으로 이어지면서 힘을 얻고 있다. 임금 주도 성장 전략에서 고용 변동은 반드시 잘 관리되어야 하는 요소이다. 그렇지만 정책적 목표로서 노동 소득 분배율의 상승을 도모함에 있어 고용 확대가 그 일차적 방편이 되지는 않는다. 일자리 정책은 중요하다. 하지만 소득 주도 성장 전략의 입장에서는 일자리 확대가 노동 소득 분배율의 상승으로 연결되는 지점이 보다 더 중요하다. 정책 전략은 구성 요소 간의 일치성이 중요하며 일치성이 보장되지 않는 복수의 목표를 동시에 추구해서는 안 된다. 그와 같은 맥락에서 고용 자체는 임금 주도 정책의 목표 변수나 운용 수단이 아니다. 고용 체제의 특성 때문에 임금 주도 성장이 고용에 잠재적으로 부정적인 영향을 미칠 수 있다면, 이에 대해서는 보완적인 정책 수단이 필요한 것이다.

임금 주도 성장은 기능적 소득 분배 측면에서 노동 소득 분배율의 상승과 임금 불평등의 해소, 이 두 가지를 전략적 과제로 한다. 임금 소득이 보다 균등할수록 노동 소득 분배율 상승의 성장 효과가 강화된다는 연구 결과가 있다. 왜냐하면 임금 노동자들 사이에서도 소비 성향은 소득 수준의 감소 함수이기 때문이다.

3. 소득 주도 성장을 위한 정책의 체계와 배열

그렇다면 실천적인 문제로서 임금 주도 성장 전략은 어떤 정책 체계로 구현될 수 있을까? 임금 주도 성장 담론의 본래 취지를 고려하고 포스트 케인지언 성장 모형의 형태로 이론적으로 표현된 아이디어에서 출발하면, 정책의 일차적 개입 방식은 무엇보다도 본원적 분배 자체를 타기팅하는 것으로서 궁극적으로 노동의 협상력을 지원하는 것이 되어야 한다. 노동 기본권을 강화하고 교섭 구조를 제도화하는 노동 정책, 그리고 최저 임금과 같은 임금 정책을 장기적인 관점에서 성장 정책의 한 부분으로 이해하려는 것이야말로 전통적인 성장 담론과 구분되는 임금 주도 성장론만의 시각이라고 할 수 있다.

그런데 정책적 개입은 직접적인 노동 정책과 임금 정책 외에 노동 소득에 변동을 유발하는 다양한 요인을 관리하려는 노력으로 보완되어야 한다. 이는 소득 변동 요인의 다양성을 반영하여 단기와 장기의 서로 다른 시계에 걸쳐 다양한 방식으로 구성되는 것이 바람직하다. 2차적 재분배로 고용 보험을 비롯한 사회 안전망을 확충하는 것, 원청 대기업의 영세 하청 기업에 대한 부당한 비용 전가와 불공정 거래 관행을 근절하는 경제 민주화 정책, 일자리 정책,

노동자 가구의 생계비 부담과 관련된 주택 정책과 부동산 정책 등이 그 예가 될 수 있다.

경제 안정화를 위한 총수요 관리 정책에도 노동 정책과 임금 정책을 보완하는 역할이 부여된다. 단기적인 부작용과 경제의 체질이 변해 가는 과정에 수반될 수 있는 경제 변동의 위험을 최소화하는 것이 총수요 관리 정책의 역할이 되어야 한다. 임금 주도 성장 전략은 성장 전략이다. 중기를 넘어서는 시계에 대한 것이다. 실질 임금 인상의 유효 수요 확대 효과가 경제 전반으로 퍼져 가기까지는 시간이 필요할 수 있다. 고용 체제의 특성으로 인해서도 일자리에 부정적인 영향이 있을 수 있다. 경기 부진은 임금 주도 성장의 초기 안착에 상당한 부담 요인이 될 수 있다. 재정 정책의 기조를 확장적으로 유지하는 것은 그런 점에서 절대적으로 필요하다.

소득 주도 성장 전략에서는 전통적인 성장 정책을 전체 정책 패키지 안에 어떻게 배열할 것인지에 대해서도 청사진이 필요하다. 공급 정책이 빠져서는 안 된다. 이것이 정책적 개입의 세 번째 차원이다. 경제 성장론에서 인적 자본 투자의 성장 효과에 대해서는 경제학자들 사이에 이견이 크지 않다. 노동자 가구의 소득 기반을 근본적으로 강화하기 위한 공급 측면 정책으로서 교육 투자를 확대하며 교육 기회에 대한 접근성을 향상시킬 필요가 있다. 일자리 미스매치의 완화를 위한 적극적 노동 시장 정책이나 중소기업 지원 정책, 연구 개발과 사회 기반 시설 확충 중심의 공공 부문 투자 확대도 요구된다. 이상의 내용을 [표 10-1]로 요약한다.

이 정책 배열은 포스트 케인지언 성장 이론의 원론적 입장에 입각하여 저자가 제안하는 것으로서 현 정부에서 제시한 소득 주도 성장 3대 세부 과제와

[표 10-1] **정책 배열**

[1] 노동 정책, 임금 정책 [기본 정책 수단]

- 노동기본권 강화
- 교섭 구조의 제도화
- 최저 임금 인상 및 임금 격차 축소
- 비정규 미조직 노동 보호 및 정규직 전환

[2] 노동 소득 변동 요인의 관리를 위한 제도적 보완책 [보완 정책 수단]

- 복지 정책
- 경제 민주화와 재벌 개혁
- 고용 안전망(실업 보험, 적극적 노동 시장 정책)
- 일자리 정책: 공공 서비스 확대
- 통상 정책: 내수 기반 확대 지향
- 금융 정책: 국제 자본 이동과 금융 활동에 대해 시민의 민주적인 통제 확립
- 총수요 관리 정책: 확장적 재정 정책

[3] 공급 정책 ([1]과 [2]를 보완, 전통적인 성장 정책 과제의 흡수)

- 교육 투자 확대 및 공교육, 직업 교육 강화
- 중소기업 지원(혁신 역량 강화)
- 산업 정책 및 연구 개발 분야에 대한 공공 투자 확대

는 공통점도 있으나 적지 않은 차이점도 있다. 정부의 3대 세부 과제는 가계 소득 증가, 사회 안전망 확대, 인적 자본 투자로 요약된다. 여기에서는 기본적으로 노동 중심성을 강조하는 대신에 일반 가계의 소득 기반 확보에 보다 초점을 맞추고 있다. 이는 '소득 주도 성장'이라는 이름에서도 드러나듯이 한국 경제의 현실을 감안하여 노동자 외에 또 다른 경제적 약자인 저소득 자영업자의 소득 확충을 통해서도 성장을 도모하겠다는 정부 정책의 특성을 반영하는 것으로 보인다. 3대 세부 과제의 내용은 [표 10-2]와 같다.

이 세부 과제 자체는 수출 대기업 중심의 불균형적 성장이라는 과거의 패

[표 10-2] 소득 주도 성장 3대 세부 과제(정부 발표)

1. 가계의 실질 가처분소득 증대 유도
- 최저 임금 인상 - 주거비, 의료비, 교통비, 통신비, 교육비 등 핵심 생계비 경감
2. 사회 안전망 확충으로 취약 가구의 적정 소득 보장
- 기초생활보장제도 부양 의무자 기준 단계적 완화, 근로장려세제(EITC) 확대 - 실업 급여 보장성 개선: 지급액을 50%에서 60%로 상향, 지급 기간 1개월 연장 - 생애 주기별 소득 지원: 아동수당, 청년 구직촉진수당, 어르신 기초연금 인상
3. 인적 자본 투자 확대로 가계 소득의 근원적 기반 강화
- 맞춤형 교육, 저소득층 교육비 지원 강화, 직업 교육, 산학 협력 클러스터

러다임을 벗어나 대안적 성장의 비전을 제시하는 점에서 그 의의가 매우 크다. 다만 이 새 패러다임이 자리를 잡아가는 과정에서는 이를 뒷받침하는 제도와 기존 제도들 사이에서, 그리고 새롭게 도입되는 제도들 사이에서도 충돌과 마찰이 있을 수 있다. 우리 사회의 체질이 바뀌고 새로운 구조화를 통해 제도적 친화성이 확보되기까지는 적지 않은 시간이 소요될 수 있다. 그 과정에서 사회적 갈등이 문제가 될 수도 있다. 그런 점에서 두 가지가 중요하다. 하나는 소득 주도 성장이라는 비전 자체에 모호함이 없어야 한다. 다른 하나는 제도적 보완을 서둘러야 한다는 것이다.

그런데 위의 세부 과제에는 적어도 세 가지 중요한 이슈에 대한 모호한 관점이 드러나 있다. 첫 번째는 재벌 개혁을 비롯한 경제 민주화 조치가 소득 주도 성장 전략의 큰 틀 안에서 어떻게 배치될 수 있는가에 대한 모호함이다. 재벌 대기업은 한편으로는 국민 경제에 크게 기여하고 있지만 다른 한편으로는 원하청 구조를 통해 사용자로서의 책임을 회피하면서 노동 조건을 침해하고 있다. 다수 노동자의 열악한 삶의 여건을 개선하기 위해서는 재벌 개혁과 경제 민주화가 소득 주도 성장이라는 국정 이념을 구현하기 위한 정책 패키지의 하나의 요소로서 추진될 필요가 있다.

또 다른 모호함은 노동 중심성을 둘러싼 것이다. 포스트 케인지언의 임금 주도 성장론은 임금 몫이 커지면 이윤 몫은 줄겠지만 이윤율이 상승하는 비용의 역설(paradox of costs) 현상을 근거로 한다. 따라서 궁극적으로는 노자 대립의 협력적인 해소가 가능하다고 본다. 그렇지만 이러한 논의는 어디까지나 노동과 자본의 분배 갈등과 이에 대한 개입을 전제로 하는 것이다. 어떻게 개입할 것인가가 문제인 것이다.

세 번째 모호함은 혁신 성장과 소득 주도 성장의 관계이다. 혁신 성장은 어디까지나 소득 주도 성장 전략을 뒷받침하고 보완하기 위한 공급 정책의 일환으로 자리매김하는 것이 바람직하다.

4. 지난 1년의 성과와 평가: 노동 정책

이제 우리는 앞에 제시한 몇 가지 이론적 논의와 이상적인 정책 배열에 기초하여 노동 정책과 임금 정책을 중심으로 지난 1년간의 소득 주도 성장 정책에 대한 평가를 시도한다. 평가를 위해 저자는 정부 정책을 [표 10-1]에 기초하여 재분류하였다. 먼저 노동 정책부터 시작한다.

노동 기본권 관련 정책으로 정부는 ILO 핵심 협약 비준과 이를 위한 법제도 정비를 천명했다. 그러나 구체적인 진척은 미진했다. 이 문제는 노동권 및 노동의 협상력 강화라는 임금 주도 성장의 대원칙에 해당하는 것으로서 빠른 시일 내에 관철을 위한 노력이 요구된다.

교섭의 제도화 측면에서 정부는 역대 정부에서 볼 수 없었던 개혁적 색채를 분명히 드러낸 바 있다. 하지만 산별 교섭, 공공 부문 노정 교섭과 같은 초기업 단위 교섭의 제도화는 시도되지 않고 있다. 교섭 구조 개선을 위한 노력이 부족하다고 평가되는 대목이다. 우리 사회의 저임금 노동자들 가운데 적지 않은 부분이 영세 사업장에 분산된 미조직 노동자들이다. 그 지위가 매우 취약하다. 사업장이라는 경계 내에서 이들에게는 기본적인 노동권조차 보장되기 어려울 수 있다. 사업장을 넘어서는 범위에서 노동조합을 조직하고 단체 교섭을 요구할 수 있는 권리가 보장되어야 한다. 독일 등에서 시행되는 제도로서 단체 교섭 결정 사항이 동일 업종 내에 적용되도록 하는 단체 협약 확장 제도도 노동조합 결성이나 참여가 어려운 미조직 노동자들에게 도움이 될 수 있다.

노동 참여의 제도화 문제에서도 그간에 실질적인 진전은 없었다. 2018년 2월 근로기준법 개정이나 2018년 6월 최저임금법 개정 과정에서 노동자 계층의 입장이 배제된 것은 임금 주도 성장 정책의 기본 원칙과 관련된 것으로서 문제가 경미하지 않다. 관련 정책을 결정하고 추진하는 과정이 관료와 정치인, 사용자, 전문가 집단 중심으로 진행되어서는 안 된다. 노동자 계층이 배제되지 않도록 해야 한다.

정부는 공공 부문 비정규직 노동자의 정규직 전환에 나섰다. 한국 경제에서 비정규직 비율은 감소세이다. 2000년대 초반 55%에서 현재 40% 선까지 하락했다. 하지만 여전히 OECD 평균과는 비교가 안 되는 수준이다. 특히, 20대청년층과 60대 이상에서 비정규직 비율이 높으며 여성의 비정규직 비율이 남성보다 월등히 높다. 비정규직 노동자에 대한 임금은 최근 몇 년간 최저 임금 인상에 힘입어 격차가 줄었다고는 하나 여전히 시간당 임금을 기준으로 정규직의 60% 수준에 그치고 있다.

이번 공공 부문 비정규직의 정규직 전환에 있어서는 공공 기관에서 상시 지속 업무를 수행하는 기간제 및 파견 용역 노동자가 전환 대상이 되었다. 2020년까지 상시 지속 업무 비정규직 노동자 31만 6,000명 가운데 교강사 등은 제외하고 20만 5,000명을 무기 계약의 정규직으로 전환하였다.

이와 같은 공공 부문 정규직 전환은 과거 정부에 비해 크게 진일보한 것으로서 긍정적인 요소가 많다. 이른바 비정규직 사용 사유 제한 제도와 정규직 직접 고용 원칙을 정부가 도입한 것이 주목된다. 업무의 상시 지속성 판단 기준을 변경한 것도, 그리고 기간제 외에 간접 고용에 대해서도 정규직 전환을 추진한 것 또한 긍정적이다. 전환 규모가 역대 최대였고 정부의 적극성이 돋보인 부분도 있었다.

하지만 부정적인 평가도 있었다. 전환 예외 대상의 범위가 넓고 무기 계약직으로의 전환이 주된 흐름이어서 임금 격차 축소 효과가 제한적일 수 있다는 우려가 있다. 무기 계약직의 처우는 비정규직과 크게 다르지 않다. 전환 후 차별의 문제가 해소되지 않는다. 비정규직을 남용하고 차별하는 문제는 민간 부문에서 더 심각하다. 정부가 제시한 공공 부문 20만 5,000명은 전체 비정규직 가운데 3%에 미치지 못한다.

가장 문제가 되는 것은 정규직 전환 방식으로 자회사 설립 채용 방식을 인정한 것이다. 이는 사실상 간접 고용을 지속시키면서 공공 부문 노동 시장의 이중 구조 문제를 방치하는 효과가 있는 것으로 보인다. 공공 부문 노동 이사 제도로 이 문제를 완화할 수 있을지에 대해서도 의문이 남는다. 정부는 향후 민간 부문의 정규직 전환을 세제 지원 등으로 유도할 계획으로 보인다. 그런데 민간 부문은 정부의 선례를 따라 자회사 설립 방식을 선호할 것이다. 이는 직접 고용을 회피하고 인건비를 절감하려는 것으로서 비정규직의 정규직 전환이 이런 방식으로 이루어지는 것은 바람직하다고 보기 어렵다. 민간 부문 비정규직 대책 전반을 가다듬고 비정규직을 남용할 수 있는 기회를 축소하는 방향으로 규제를 설계해야 한다. 차별 시정 제도가 실효를 거둘 수 있도록 주의를 기울여야 한다.

정부는 2018년 2월 말에 근로기준법을 개정하였다. 주요 개정 내용은 최대 근로 시간을 주당 68시간에서 52시간으로 변경한 것이었다. 이는 장시간 노동을 지양하고 일과 삶의 균형을 회복한다는 취지로 추진되었다. 다만 이에 대해서도 논란이 있었다.

먼저 노동 소득이 감소할 우려가 제기되었다. 휴일에 근무하는 경우 기존에는 휴일 연장 근로로 인정받아 통상 임금을 기준으로 중복 할증이 이루어졌으나, 개정된 근로기준법에서는 휴일이라도 8시간 초과 근무 시간에 대해서만 휴일 연장 근로로 인정받게 되었다. 이는 사업주에 유리한 것이면서 그만큼 노동자 가구의 소득이 줄어드는 효과가 있다.

또 다른 우려는 제도 자체의 후퇴 가능성이다. 사업주로서는 중복 할증과 같은 비용 부담이 사라지고 나면 현재의 근로 감독 실태, 적발 확률, 적발 시 벌금 등을 감안할 때 주당 52시간 기준을 준수하지 않을 유인이 크다. 협상력이 약한 노동자들은 이와 같은 불이익에 대해 신고하기 어려울 것이다.

제도 안착이 쉽지 않을 것이다. 근로 감독이 어느 정도 강화되더라도 한계가 있을 것이다. 하지만 근로시간 단축은 장시간 노동으로 잃어버린 개인과 가정의 삶의 균형을 회복하려는 사회적 전환의 노력이라는 점에서 노동자들을 포함한 전체 사회가 적응해 가야 한다. 정부는 제도의 준수를 강제할 수 있어야 하며 근로 감독 제도를 강화해야 한다. 제도의 안착을 위해서는 노동의 교섭력 강화를 통해 미준수 및 연장 근로에 대한 사용자 부담을 확대할 필요가 있다.

5. 지난 1년의 성과와 평가: 임금 정책

정부가 추진하는 소득 주도 성장 정책의 핵심 열쇠는 누가 뭐라 해도 임금 정책에 있다. 최저 임금 인상이 바로 그것이다. 정부는 2018년 시간당 최저 임금을 전년 대비 16.4% 상승시켜 7,530원으로 책정했고 2020년까지 만 원으로 인상할 계획이다. 우리는 먼저 최저 임금 인상의 배경을 되짚어볼 필요가 있다.

통계청 가계 동향 조사에 따르면 노동자 가구의 가구원 중 소득자 수가 대체로 1인 60%, 2인 35%인 것으로 파악된다. 노동연구원의 2014년 연구는 최저 임금 노동자인 세대주의 60% 이상이 단독으로 가구의 생계를 책임지고 있는 것으로 보고하고 있다. 다수의 최저 임금 노동자가 가구 내에서 핵심 소득원이라는 뜻이다.

최저임금위원회의 2016년 6월 노동자 가구의 실태 생계비 분석 결과에서

[그림 10-1]

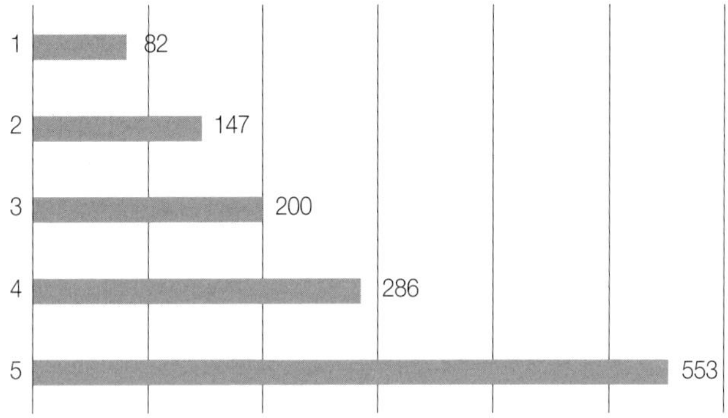

는, 노동자 가구의 월평균 생계비가 2인 가구 270만 원, 3인 가구 340만 원, 4인 가구 400만 원으로 조사되었다. 이에 비해 2018년에 오른 최저 임금을 월 단위로 환산하면 157만 원이다. 이와 관련하여 임금 소득 분포도 고려되어야 한다. 고용노동부의 5월 29일 설명 자료에 따르면 1,535만 노동자의 평균 임금은 월 253만 원이며 이를 5분위로 나누어 각 분위별 평균 월 임금을 구하면 [그림 10-1]과 같다. 단위는 만 원이다.

4분위까지는 외벌이로 3인 가구의 생계비를 부담하기 쉽지 않다. 임금 노동자의 대략 50% 정도는 외벌이로 2인 가구의 생계도 책임지기 쉽지 않다. 저임금 노동자의 비중이 크다. [그림 10-1]의 특징을 임금 구간별 히스토그램으로 나타낸다면 오른쪽으로 꼬리가 긴(right-skewed), 즉 왼쪽으로 기울어진(left-leaning) 그래프가 그려질 것이다.

이런 경우 중위 임금은 평균 임금보다 작다. 이와 같이 치우친 임금 분포의 가능성을 고려한다면 중위 임금의 몇 퍼센트인지를 기준으로 최저 임금 인상 폭의 적정성을 논의하는 것에 편의(bias)가 개입될 여지가 있어 보인다. 시간당 만 원은 중위 임금의 2/3에 가까울 것이고 이는 세계적으로 선례가 없는 일이라는 비판이 있으나, 국제 비교를 위해서는 여러 나라의 임금 체계에서 최저 임금 산입 범위와 임금 분포의 왜도(skewness) 특성, 생계비 부담 정도 등을 종합적으로 검토하는 작업이 선행되어야 한다. 하지만 최저 임금 수준의 적정성과 관련하여 가장 중요한 기준은 어디까지나 저임금 노동자들의 실제 삶의 조건이라는 점은 분명하다.

정부의 소득 주도 성장 세부 과제 가운데 최저 임금 인상은 다른 어떤 정책보다 신속하게 이루어졌으며 중장기적으로 성장 전략에 부합하는 조치로 긍정적으로 평가할 수 있다. 최저 임금 인상은 임금 분포가 치우치면 치우쳐 있을수록 더욱더 강력한 임금 주도 성장 정책이 된다. 왜냐하면 최저 임금 인상의 영향이 파급되는 범위가 크기 때문이다. 한국 경제에서도 최저 임금 인상의 효과는 그런 이유로 작지 않을 것이다. 실제로 최저 임금 제도가 전 사업장으로 확대 적용된 2001년 이후 노동 소득 분배율과 최저 임금 인상률 사이에는 밀접한 연관성이 포착된다([그림 10-2] 참조).

우리 경제는 원청, 하청의 수직적 분업 구조에서 개별 기업이 어떤 위치를 차지하는가에 따라 해당 기업의 지불 능력뿐만 아니라 그에 소속된 노동자들이 받는 임금 또한 차이가 있다. 정점에 있는 재벌 대기업이나 공기업, 이에 대한 1차 하청, 그 밑에 2차 하청, 또 3차 하청 이런 방식의 수직 구조에서 하위에 위치할수록 임금이 적다. 이 수직 구조는 위계적이기도 해서 이를테면 2차 하청 업체 노동자에 대한 처우가 3차 하청 업체 노동자에 대한 처우보

[그림 10-2]

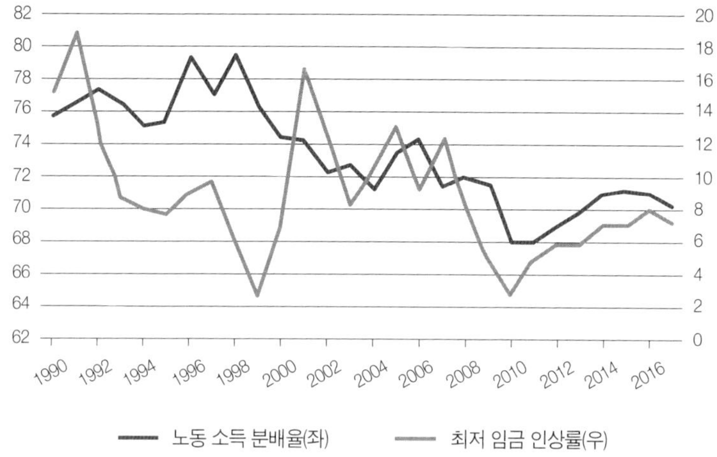

다 못해서는 안 된다는 불문율이 있다. 민주노총 자료에 따르면 사내 하도급을 포함해 300인 이상 기업체와 공공 부문이 책임지는 고용 비중은 최소 60% 이상이다.

최저 임금 인상은 이와 같은 수직적 원청, 하청 구조 하에서 그 효과가 더욱 커진다. 최저 임금 인상의 영향을 3차 하청 업체 노동자들이 직접 받게 되면 그로 인해 2차 하청 업체 노동자들의 임금도 오를 수밖에 없다. 수직적인 위계질서가 분업 구조의 상층에 속한 기업 노동자들의 임금 또한 함께 끌어올리는 요인이 되는 것이다. 노동 소득 분배율과 최저 임금 인상률 사이의 밀접한 연관의 배후에는 이와 같이 원청, 하청의 수직적인 위계질서와 치우친 임금 분포라는 두 가지 구조적 원인이 자리하고 있다.

임금 주도 성장 전략은 노동 소득 분배율의 상승을 목표로 한다. 수직적인 원청, 하청 구조와 치우친 임금 분포라는 우리 경제의 특징을 감안할 때 최저 임금 인상은 현실적으로 강력한 정책 수단이 될 수 있다. 최저 임금 인상은 노동 소득 분배율을 끌어올릴 수 있다. 최저 임금 인상에 대해 재계와 보수층의 비판이 집중되는 것도 어쩌면 이와 같은 효과 때문일 수 있다.

정부가 말 그대로 소득 주도 성장을 추진하려면, 최저 임금 인상은 앞으로 계획대로 이루어지는 것이 바람직하다. 최저 임금 인상에 수반되는 문제에 대한 대책도 필요하다. 최저 임금 인상 속도의 조절이 필요하다면 조절할 수 있다. 하지만 그 근거가 분명해야 한다. 하지만 속도 조절론을 뒷받침할 만한, 명확하게 사실에 입각한 근거는 뚜렷하지 않아 보인다. 새 정부 들어 겨우 한 해가 지난 시점에서 벌써부터 선부른 속도 조절론에 쉽게 흔들리는 상황이 우려스럽다.

6. 최근 고용 상황에 대한 점검

최저 임금 인상이 고용 위기의 주범이라는 인식이 대두되면서 정말 그런가에 대해 많은 논의가 이루어지고 있다. 보다 일반적인 주제로서 최저 임금 제도의 고용 효과에 대해서도 적지 않은 논의가 있었다. 연구자 다수가 동의할 수 있는 결론은 한마디로 중립적이거나 미약하게 부정적이라는 것이다. 그리고 구체적으로 최근의 최저 임금 인상이 일자리를 줄였는가 하는 문제는 앞으로 면밀한 실태 조사가 요구되는 실증적인 과제라는 점에 대해서도 어느

[그림 10-3] 취업자 수 증가(전년 동월 대비)

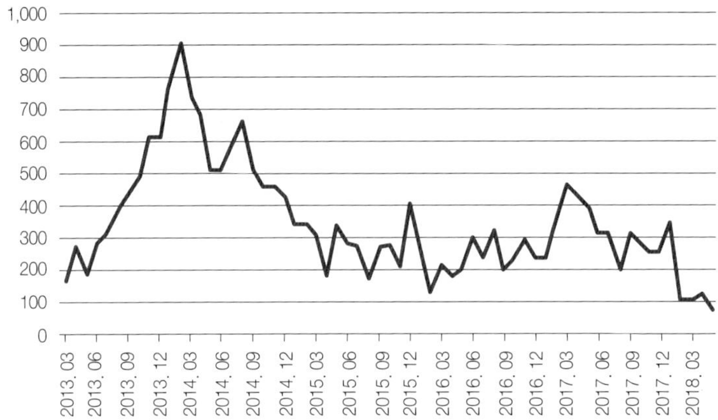

정도 동의가 형성된 것으로 보인다. 노동연구원의 최근 분석에서 적어도 2018년 3월까지는 최저 임금 인상이 일자리 수를 줄였다는 증거가 없었다는 점이 확인된 바는 있다.

[그림 10-3]은 2018년 5월까지의 취업자 수 증가 데이터를 그린 것이다. 단위는 천 명이다. 전년 동월 대비 취업자 수 증가는 2017년 내내 20만 명을 넘어섰다가 2018년 2월 들어 10만 명대로 떨어졌다. 급기야 5월 들어서는 7만 8,000명까지 떨어졌다.

여러 가지 원인이 있다는 분석이 우세하다. 가장 큰 원인으로 인구 요인이 지목된다. 15세 이상 인구 증가 폭이 2018년 들어 크게 줄었다. 최근 고용 상황 변화에 대한 인구 요인의 설명력을 살펴보고자 취업자 수를 15세 이상 인구와 고용률의 곱으로 보면, 취업자 수 증감은 인구 요인에 의한 부분과 고

[그림 10-4]

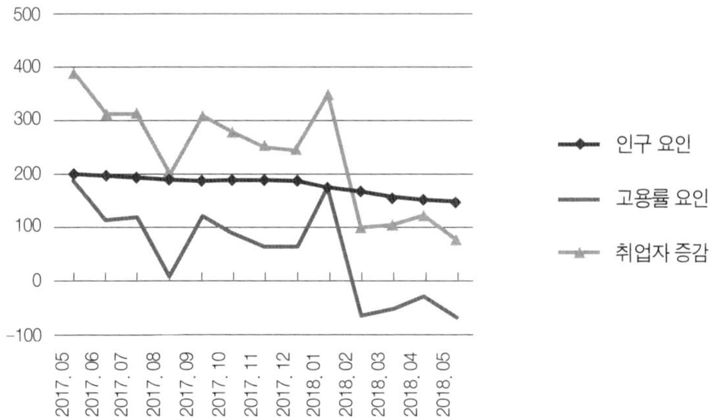

용률 요인에 의한 부분으로 분해될 수 있다.

$$\Delta\text{취업자 수} = \text{인구 요인} + \text{고용률 요인} + \text{오차},$$
$$\text{인구 요인} = \text{고용률} \times \Delta\text{15세 이상 인구},$$
$$\text{고용률 요인} = \text{15세 이상 인구} \times \Delta\text{고용률},$$
$$\text{오차} = \Delta\text{15세 이상 인구} \times \Delta\text{고용률}.$$

분해 결과는 [그림 10-4]와 같다. 오차는 크지 않아 생략한다. [그림 10-4]는 대선이 있었던 2017년 5월부터 2018년 5월까지의 분해 결과이다. 인구 요인만으로는 2018년 들어 나타난 취업자 수 변화를 설명하기 힘들어 보인다. 2018년 5월의 경우 인구 요인으로는 취업자 수가 14만 5,000명 증가해야 하는데 고

[그림 10-5]

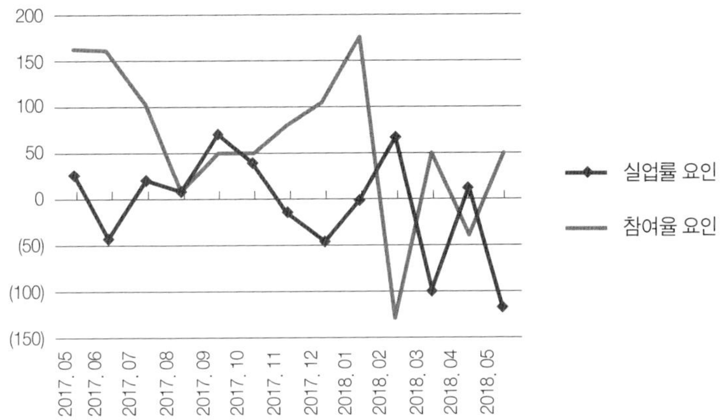

용률 요인이 6만 7,000명을 감소시켰다. 고용률 요인이 마이너스로 계산된 것은 2월부터이다. 2월부터 5월까지 넉 달 동안 고용률 요인에 따른 취업자 수 감소는 약 21만 명으로 계산된다.

고용률은 다시 경제 활동 참여율과 (1 − 실업률)의 곱으로 볼 수 있으므로 고용률 요인은 다음과 같이 참여율 요인과 실업률 요인으로 분해될 수 있다.

고용률 요인 = 참여율 요인 + 실업률 요인 + 오차,

참여율 요인 = 15세 이상 인구 × Δ경제 활동 참여율 × (1 − 실업률),

실업률 요인 = 15세 이상 인구 × 경제 활동 참여율 × (1 − Δ실업률),

오차 = 15세 이상 인구 × Δ경제 활동 참여율 × (1 − Δ실업률).

2017년 5월 이후에 대한 분해 결과는 [그림 10-5]와 같다. 오차는 미미하여 생략한다. 다소 자의적일 수 있지만 참여율 요인을 노동 공급 측 요인으로, 그리고 실업률 요인을 노동 수요 측 요인으로 기계적으로 해석할 수 있다면, 이 분해 결과는 2018년 2월부터 5월까지 기간 중에 3월과 5월에는 업황 부진에 따른 노동 수요 감소가 고용 부진을 가져온 원인이 될 수 있음을 시사한다. 실업률 요인은 2017년 12월, 2018년 3월, 2018년 5월에 마이너스 요인이었는데, 그 영향이 점점 확대되고 있다. 반면에 2018년 2월과 4월에는 플러스 요인이었지만 그 영향은 점점 축소되고 있다. 4월에는 플러스 효과가 거의 없었다. 추세를 보면 실업률 요인은 꾸준히 부정적이다.

2018년 2월부터 5월까지 넉 달 동안 참여율 요인은 총 7만 5,000개의 일자리를 줄였다. 반면에 같은 기간 실업률 요인은 13만 5,000명의 취업자 수를 줄였다. 이 기간 동안 일자리 감소 21만 개 가운데 36%는 노동 공급의 감소에 따른 것이고 나머지 64%는 노동 수요의 감소에 따른 것으로 추정된다.

만약 최저 임금 인상이 고용 악화의 원인이었다면 전형적인 내수 업종이면서 영세 자영업의 비중이 큰 도소매업과 숙박음식점업에서 2018년을 기준으로 일자리 수 감소가 뚜렷해졌을 것으로 예상되지만, 실제 자료는 다른 모습이었다. 도소매업과 숙박음식점업을 더해서 보면 취업자 수 증가세가 2017년 초에 둔화되기 시작했고 2017년 하반기부터는 취업자 수가 본격적으로 감소하기 시작했다. 이와 같은 추세는 2018년에도 이어졌다. 다음 [그림 10-6]은 도소매·숙박음식점업 취업자 수의 전년 동월 대비 증감이다. 단위는 천 명이다.

등락은 있겠지만 자영업 비중은 앞으로도 장기적으로 하락해 갈 가능성

[그림 10-6]

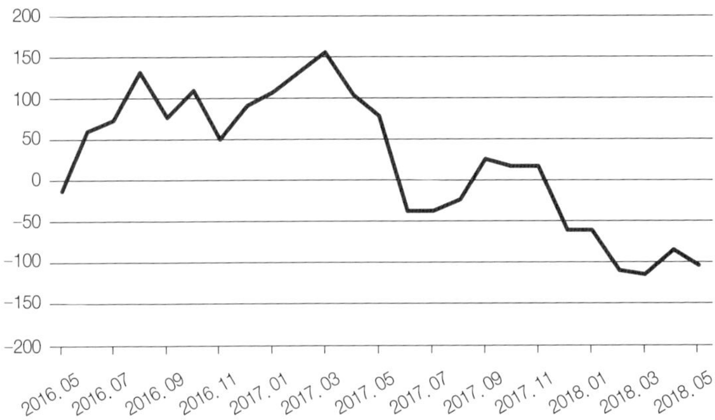

이 크다. 도소매업과 음식숙박업의 일자리 감소는 꾸준히 이어질 수 있다. 추세 요인을 고려하면 최근 고용 상황 악화의 원인을 최저 임금 인상에 따른 도소매 · 숙박음식점업에서의 일자리 감소에서 찾기는 어려운 것이다.

최저 임금 인상으로 인해 임시직, 일용직이 크게 줄어들면서 고용이 악화되었을 가능성도 크지 않아 보인다. [그림 10-7]의 좌측 그림은 임시 · 일용 노동자 수와 상용 노동자 수의 전년 동월 대비 증가를 보여 준다. 임시 · 일용 노동자 수는 추세적으로 감소세가 확대되는 반면에 상용 노동자 수는 추세적으로 증가세가 확대되고 있다. 최저 임금 인상이 2018년 상반기 고용 상황 악화의 직접적인 원인이 아닐 수 있는 또 다른 근거는 고용원 있는 자영업자 수의 증가세가 이어졌다는 사실이다. 반면에 고용원 없는 자영업자와 무급 가족 종사자의 수는 4월과 5월 들어 오히려 감소 폭이 줄었다. 이는 [그림 10-7]의 우

[그림 10-7]

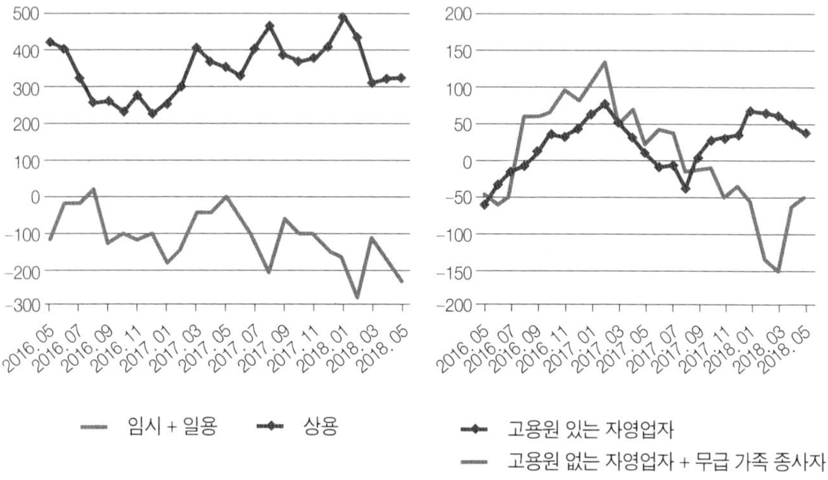

측 그림에서 확인된다.

최근의 업황 부진에 따른 고용 악화는 대체로 여러 산업에 걸쳐 나타난 것으로 보인다. 조선, 자동차 등 주력 산업에서의 구조 조정이 고용 상황 악화의 원인으로 주목받고 있다. 실제로 4월과 5월에 제조업에서는 취업자 수가 14만 7,000명 감소했다. 제조업에서의 고용 창출 부진은 2018년 2월에 본격화되었다. 2월은 고용률 요인이 취업자 수 증가에 마이너스 요인으로 작용하기 시작한 시기이기도 하다.

추세적으로 보면 제조업의 고용 감소는 보건 및 사회 복지 서비스 분야의 고용 증가로 흡수되는 경향이 있다. 그런데 2018년 상반기 들어 여러 산업에서 고용 상황이 동시에 악화되면서 보건 및 사회 복지 서비스 분야의 고용이

[그림 10-8]

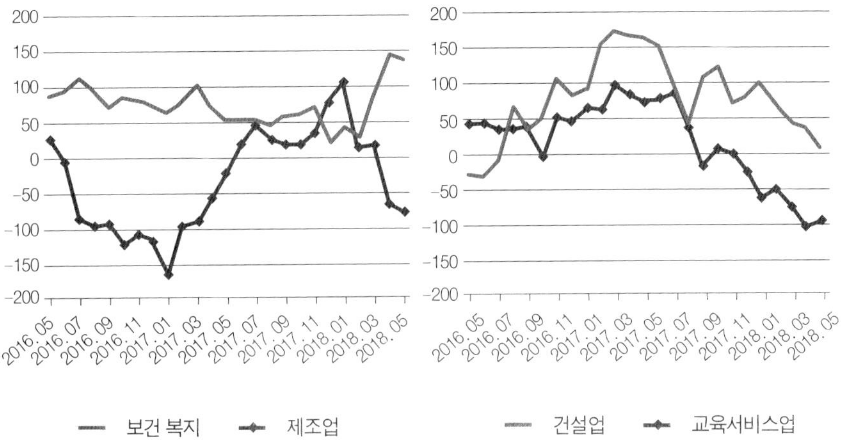

이를 상쇄할 만큼 충분한 크기로 늘어나지 못한 것으로 보인다. 여러 산업에 걸쳐 고용 창출의 여력이 떨어지고 있다. 그중에서도 건설업과 교육서비스업에서의 취업자 수 증가 폭 감소가 비교적 큰 편이다.

여러 산업에서 공통된 고용 부진이 이어지고 있어 경기 국면을 확인할 필요가 있다. 지표에 따라 결과가 다를 수 있지만, 경기 동행 지수 순환 변동치만 놓고 보면 우리 경제는 2017년 12월부터 하강 국면에 진입한 것으로 보인다([그림 10-9] 참조).

2018년 1분기의 경기 국면에 대한 정확한 판단이 필요하다. 전년 동기와 비교해 1분기에는 민간 소비가 견조한 신장세를 이어갔고 수출도 지난 분기의 부진을 회복하는 모습이었다. 하지만 2017년에 성장의 견인차였던 투자는

[그림 10-9]

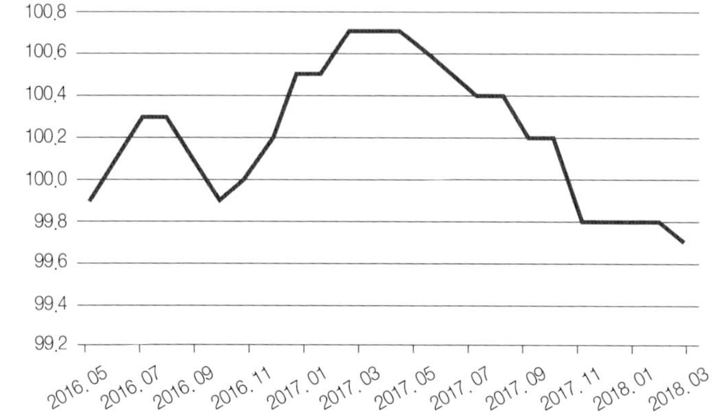

[그림 10-10]

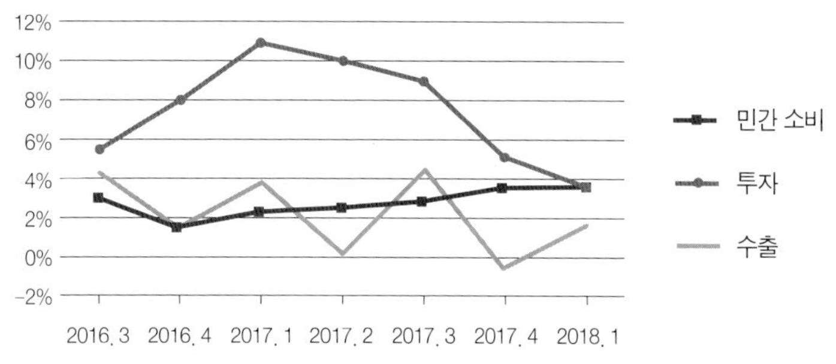

부진했다([그림 10-10] 참조).

설비 투자 지수의 전년 동월 대비 증가율을 보면 2018년 3월에 이어 4월에

[그림 10-11]

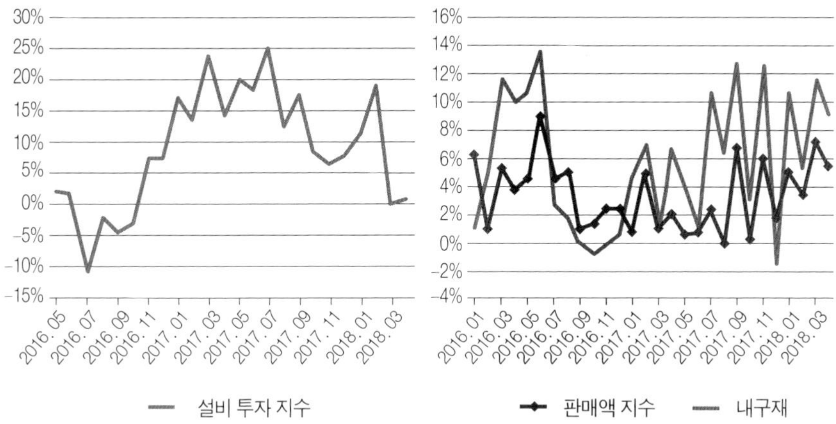

[그림 10-12]

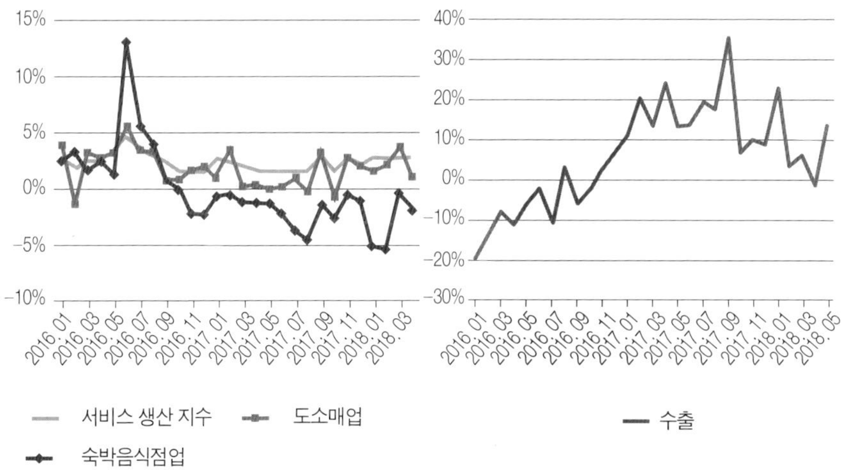

들어서도 설비 투자는 부진한 양상이다. 하지만 서비스 생산 지수는 4월에도 전년 동월 대비 2.6% 상승해 꾸준한 편이고, 판매액 지수도 4월 들어 5.5% 상승해 민간 소비는 여전히 양호한 증가세인 것으로 판단된다. 특히, 내구재 판매액 지수는 4월에 전년 동월 대비 9%까지 상승하였다([그림 10-11], [그림 10-12] 참조).

한편, 관세청 수출입 통계에 따르면 수출은 4월에 부진했으나 5월 들어 전년 동월 대비 13.2% 증가했다. 호조를 보이고는 있지만 2017년 9월 이후 수출 실적이 추세적으로 하락하는 모습이 나타나고 있다([그림 10-12] 참조).

이상 2018년 상반기의 경기 지표의 흐름을 종합하면 소비는 안정적이지만 투자가 부진함에 따라 해외 경기 흐름에 민감하게 반응하는 수출 실적이 성장세를 결정하는 데 중요할 것으로 보인다. 다만 세계 경제 상황의 불확실성이 커 전망이 밝다고 보기는 힘들다. 소득 주도 성장 정책의 긍정적 효과도 고려해야 하겠지만 이는 중장기 시계에서 기조적으로 실현될 가능성이 크며 단기적으로는 예단이 어렵다.

최근 최저 임금 인상의 고용 효과를 정확하게 판단하기 위해서는 상세한 실태 조사와 함께 엄밀한 실증 분석이 필요하다. 다만 기초적인 자료를 살펴본 결과로는 2018년 상반기의 고용 상황 악화는, 최저 임금 인상보다는 인구 요인과 경기 하강 등이 결합된 효과일 가능성이 커 보인다. 고용 문제의 해결을 위해 최저 임금 인상부터 미루고 볼 이유는 없는 것이다.

7. 산입 범위 개편을 둘러싼 논란

2018년 6월 최저임금법이 개정되었다. 개정의 주된 내용은 최저 임금 산입 범위에 기본급의 25%를 초과하는 월할 정기 상여금과 7%를 초과하는 복리 후생 비용을 포함하는 것이었다. 정부와 여당은 최저 임금 인상의 혜택이 중위 임금 소득자에게 돌아가는 것은 제도의 취지에 부합하지 않으며 이로 인해 사업주의 부담이 가중된다는 이유로 노동계의 반발에도 불구하고 법률 개정을 단행했다.

하지만 이와 같은 논리는 자가당착이다. 최저 임금 인상은 그 효과가 가장 가난한 노동 계층의 임금 소득을 올리는 데 그치지 않기 때문에 비로소 소득 주도 성장의 핵심 정책이 된다고 할 수 있다. 최저 임금 인상은 그 영향이 보다 광범위할수록 보다 확실하게 노동 소득 분배율을 상승시킬 것이었다. 치우친 임금 분포와 원청, 하청의 위계적 수직 구조는 한국 경제에서 최저 임금 인상의 중위 임금 노동자에 대한 영향을 강화시키는 요인이다. 한 가지 분명한 사실은 고용주의 부담을 늘리지 않고는, 기업의 양보 없이는 노동 소득 분배율의 상승도, 소득 주도 성장도 불가능하다는 것이다.

기존에는 사업주가 기본급으로 지급할 것을 통상 임금에 포함시키지 않으려고 몇 개월에 한 번씩 상여금을 지급해 왔다. 이제 개정된 최저임금법 하에서 사업주는 이 상여금을 월 단위로 나누어 지급하려고 할 것이다. 왜냐하면 최저 임금에 산입시킬 수 있기 때문이다. 개정된 최저임금법에서는 상여금 지급 주기의 변경이 취업 규칙 불이익 변경에 해당하지 않기 때문에 사업주의 그와 같은 선택은 자연스럽다.

[표 10-3] 최저임금법 개정의 영향

구분	노동자	영향(현행)	영향(개편)	감소
전 규모	1,535만 명	332만 명	302만 명	30만 명
300인 이상 사업장	195만 명	9만 명	6만 명	3만 명
4인 이하 사업장	408만 명	159만 명	149만 명	10만 명

개정된 최저임금법 하에서 사업주가 기존에 영업 비용으로 부담해 온 복리 후생 비용을 노동자에게 수당의 형태로 지급하면 이 역시 기본급처럼 최저 임금에 산입된다. 새로운 수당이 신설된 것이고 노동자로서는 명목상의 급여가 늘어나지만 회사로서는 비용의 이름만 바뀌었을 뿐이다. 그런데 이렇게 영업 비용이 급여로 바뀌면서 노동자는 최저 임금 인상의 혜택을 받지 못하게 된다.

산입 범위 확대로 인해 최저 임금 수준에 있는 노동자들이 최저 임금 인상의 혜택으로부터 배제되는 부작용이 예상된다. 고용노동부의 2018년 5월 29일 설명 자료에 제시된 영향률을 그대로 적용하더라도 300인 이상 사업장에서 수혜 인원을 3만 명 줄이는 대가로 저임금 노동자가 많은 최소 규모 사업장에서 수혜 인원이 10만 명 줄어든다.

최저 임금을 산정하는 기준이 복잡해지면서 위반 여부에 대한 감시와 단속이 어려워져 최저 임금이 실제 현장에서는 준수되지 않을 수 있다는 우려도 일부 존재하는 듯하다. 실제로 그런 문제가 발생하고 즉각 강제 집행이 되지 않으면 최저 임금 제도 자체가 형해화될 수 있다.

보다 근본적으로 최저 임금 산입 범위의 확대가 우려스러운 이유는 이로 인해 최저 임금 상승이 노동 소득 분배율 상승으로 이어지는 연결 고리가 약화될 수 있기 때문이다. 상여금과 복리 후생 비용이 사업주에 의해 자의적으로 조정되면 최저 임금을 올리더라도 그 효과가 반감될 수 있다. 개정된 최저임금법 하에서는 앞으로 최저 임금 인상률과 노동 소득 분배율 사이의 기존에 밀접했던 연관성이 약화될 것으로 보인다. 소득 주도 성장의 핵심 정책 수단이 위력을 잃게 되는 것이다.

노동자 계층의 저항을 무릅쓰고 법률 개정이 이루어진 점은 아쉬운 대목이다. 이는 적어도 원칙적인 관점에서는 노동의 교섭력을 지원하는 임금 주도 성장 전략에 합치하는 방향이 아니다. 성장 전략의 지지 기반을 스스로 무너뜨리는 나쁜 결정이었을 수 있다. 산입 범위가 확대되면서 최저 임금 인상의 속도는 저절로 조절될 것으로 보인다. 개정된 최저임금법은 2019년부터 적용된다. 그 전에 노동계의 의견을 수렴하는 과정을 거쳐 재개정이 이루어지는 것이 바람직하겠지만, 그럴 가능성은 요원해 보인다.

8. 지난 1년의 성과와 평가: 보완 정책 수단

최저 임금 인상이 고용에 잠재적으로 부정적인 영향을 미칠 수 있다 하더라도 그 효과가 실제로 확인되지 않는다면 인상 속도부터 늦추고 볼 일이 아니다. 제도적 · 정책적 보완책을 마련하는 것이 합당한 순서이다. 이는 [표 10-1]에 제시한 정책 배열에서 '보완 정책 수단'에 해당한다.

현 시점에서 임금 정책에 대한 제도적 보완으로서 정부는 경기 대응에 적극적으로 나서야 한다. 통화 정책은 중앙은행의 책임이고 대외 여건으로 인해 제약이 따를 수 있으므로 재정 정책이 그 역할을 맡아야 한다.

정부는 자영업자와 중소기업의 임금 지불 능력을 개선시키기 위한 지원 대책을 수립해야 한다. 하청 업체, 납품 업체, 가맹점 등에 대한 지원에는 이들의 원청 대기업과 프랜차이즈 본사에 대한 교섭력을 높이고 원청 기업 등의 책임성을 제고하는 방향으로 접근하는 것이 바람직하다. 경제 민주화와 공정 거래 확립이 최저 임금 인상에 대한 보완책인 것이다.

주지하다시피 중소 사업장은 많은 부분 재벌 대기업을 정점으로 하는 하청 도급 관계에 있으며 중소 사업장의 임금 지불 능력은 실제로는 대기업에 의해 결정되는 측면이 있다. 이러한 현실을 감안한다면 원청 대기업과 하도급 관계에 있는 중소기업의 경우 최저 임금 인상에 따른 하도급 대금 조정 신청을 할 수 있도록 함으로써 원청과의 분담을 의무화할 필요가 있다. 이와 관련하여 최저임금법 제6조는 "도급 계약 체결 당시 인건비 단가를 최저 임금액에 미치지 못하는 금액으로 결정하는" 경우 원청 기업이 연대 책임을 지는 것으로 명시하고 있다. 향후 최저임금법과 하도급법 및 관련 법률의 제정과 개정을 통해 이 방향으로 하청 관계에 있는 중소 사업장의 최저 임금 지급에 대한 원청 대기업의 책임성을 강화할 필요가 있다. 적극적인 경제 민주화 정책으로 최저 임금 인상의 부담을 보완해야 한다.

단, 최저 임금 노동자에 대한 원청 대기업의 사용자로서의 책임성을 제고하는 과정에서는 대기업 노동조합의 협조 또한 필수적이다. 대기업 노동조합은 자신을 위한 임금 인상 요구는 자제하고 대신에 사용자에게 하청 기업 노동자들에 대한 임금 지급 의무의 이행을 요구해야 한다. 정부와 대기업 노동조합은 적극적인 연대 임금 정책으로 최저 임금 인상의 부담이 사회적으로 공유될 수 있도록 해야 한다.

노동 중심성을 강조하는 시각에서는 원청, 하청 구조라는 여건 하에서 문제를 노동자 계층과 원청 대기업 사이의 분배 갈등에서 찾게 된다. 원청 기업이 사용자로서 하청 기업 노동자의 최저 임금에 대해 책임을 분담하게 하는 사회적 해결책이 고민되는 것이다. 하지만 노동 중심성을 분명히 하지 않으면 최저 임금의 지급 부담을 둘러싸고 영세 사업주와 노동자라는 두 경제적 약자 사이의 갈등이 중심에 놓이게 된다. 최저 임금이 오를 때 하청 영세 기업만 부담을 떠안아 그 소득 기반이 취약해진다면, 소득 주도 성장 전략은 자기 모순적이게 되며 반대 논리를 극복하기 어려울 수 있다.

정부는 최저 임금 인상의 잠재적인 고용 효과를 관리하기 위해서도, 그리고 2018년 1분기 5분위 배율의 급등([그림 10-13] 참조)에서 확인되는 가계 소득 불평등을 시정하기 위해서도, 노인 빈곤 문제의 해결에 적극성을 발휘해야 한다. 2018년 1분기 들어 소득 하위 가계의 소득이 특히 크게 줄어든 것은 노인 빈곤 문제와 관련이 커 보인다.

소득 하위 가계의 소득 감소에는 경기 부진으로 일자리가 줄어든 것이 작용했다. 1분위 가구주 가운데 임시 · 일용 노동자의 비율은 40%가 넘는데 임시 · 일용 노동자 수는 추세적으로 감소하고 있다. 2018년 1분기에 그 효과가 더 크게 나타난 것에 대해 그 원인을 1분위 가구주의 연령이 63세로 작년의 61세보다 높아진 것에서 찾는 시각이 있다.

우리나라는 노인 고용률이 세계적으로 매우 높은 수준이며 노인의 실질 은퇴 연령도 OECD 국가 중에 가장 높다고 한다. 노인 세대는 저임금의 노동 공급원이 되고 있다. 최저 임금의 사각지대에서 이들은 삶의 기반이 무너지

[그림 10-13]

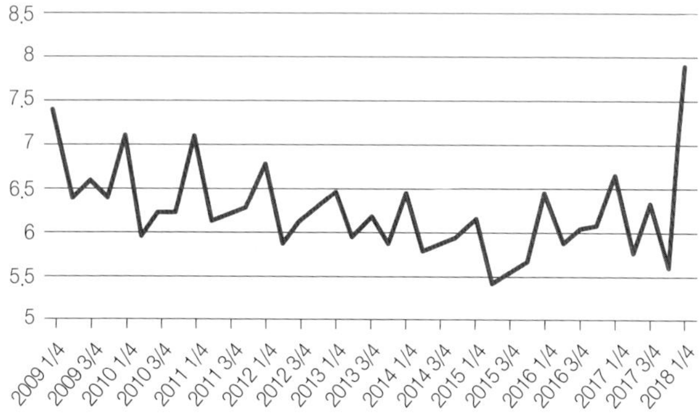

는 경험을 하고 있다. 가난한 노인은 노동을 통해 소득을 얻지 못하더라도 국가가 책임을 져야 한다. 주거와 보육, 의료 등 필수 영역에 공공 체계를 확충해야 한다.

최근의 최저 임금 인상 속도 조절론에는 한편으로는 정부의 재정 부담에 대한 고려가 작용하는 것으로 보인다. 자영업 대책, 중소기업 지원책에 복지 제도까지 확충하려면 재정 투입을 늘려야 하기 때문이다.

정부는 집권 초기에 소득세 최고 세율을 인상했다. 법인세 과표 구간을 신설하고 그 최고 세율을 인상했다. 그러나 이로 인한 세수 증대 효과는 비교적 크지 않았다. 충분한 폭으로 인상이 이루어지지 않았기 때문이다. 한국 경제의 조세 부담률은 20%에도 미치지 못해 OECD 평균인 26%와 차이가 크다. 사회 보장 기여금을 가산한 국민 부담률은 그 격차가 더 크다.

정부는 이와 같이 증세에 소극적이면서 재정 지출 확대도 기피하는 인상

[그림 10-14] 구조적 재정 수지 / 잠재 산출

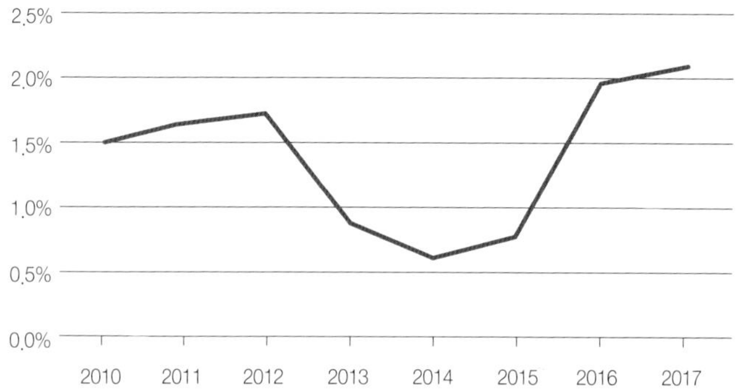

자료: IMF, World Economic Outlook Database, 2018년 4월.

을 주고 있다. 우리 정부의 2017년 재정 수지는 통합 재정 수지 기준 24조 원 흑자로 전년도에 비해 7조 원 이상 개선되었다. 관리 재정 수지로 보더라도 전년에 비해 4조 원 이상 적자의 감소가 있었다. 정부의 재정 지출에 대한 소극성은 IMF가 추산한 구조적 재정 수지(structural balance) 비율에서도 확인된다. 재정 정책의 기조적인 스탠스를 보여 주는 구조적 재정 수지는 새 정부 첫 해인 2017년에 전년에 비해 더욱 긴축적인 것으로 나타났다.

2018년 예산은 2017년 예산보다 증액되었으나 증가율이 약 7%로 명목 경제 성장률을 감안하면 그다지 확장적이라고 보기 어렵다. 게다가 실제로는 수입이 지출보다 많은 흑자 예산이다. 2021년까지의 국가 재정 운용 계획에서는 재정 지출 증가율을 7%보다도 낮은 연평균 5.8%로 잡고 있다. 재정 지출 확대가 절실한 상황에서 정부는 국가 부채의 GDP 대비 비율을 2017년보다

2018년에 낮추겠다고 약속했다.

소극적인 재정 운용은 소득 주도 성장 정책의 성공적인 초기 안착을 더욱 어렵게 하고 있다. 재정 투입이 부족하다보니 정책의 목표 달성을 기대하기 어렵다. 아동 수당 10만 원은 주겠다는 것인지 주지 않겠다는 것인지 알 도리가 없다. 가정 양육 수당은 동결되었다. 정책이 수립되는 데 시차가 소요되는 점 때문이기도 하지만 기초 연금 인상은 더디게 시행된다. 보장성 강화를 위한 건강 보험 제도 개편도 건강 보험 재정 흑자분으로 재원을 충당한다고 한다.

균형 재정에 대한 한국 정부의 집착은 소규모 개방 경제로서 대외 리스크에 취약한 현실에 기인하는 측면도 있다. 문제는 얼마만큼의 우선순위를 둘 것인가이다. 재정 지출은 일자리 문제와도 관련된다. 고용 위기가 엄중하다면서도 재정 투입을 부담스러워하며 소극적이어서는 안 된다. 혁신 성장도 중요하고 신산업 육성도 중요하다. 하지만 공공 부문 일자리를 늘리는 것이 일차적이고 직접적이다. 우리 사회에서 공공 서비스의 확대 필요성은 크다. 이에 대한 시민의 요구도 크다. 그런데 공공 부문은 예산 절감을 이유로 인력 충원을 하지 않는다. 다른 OECD 국가에 비해 우리는 공공 부문 비중이 낮은 편이다. 민간 부문에서 일자리가 창출된다면 좋겠지만 기다리고 있을 수만은 없다. 공공 부문 일자리를 지금보다 더 과감하게 늘려가야 한다.

정부에서 운영하는 일자리 안정 자금은 애초부터 장기간 유지될 성격의 것이 아니었다. 그 대안으로 정부는 근로 장려 세제, 즉 EITC를 확대 시행하기로 하였다. 하지만 EITC도 결국 재정 투입의 확대를 전제로 하는 것이다. 무엇보다도 정부의 의지가 중요한 대목이다.

한 가지 짚고 넘어갈 점은 EITC가 만병통치약은 아니라는 사실이다. 노동 시장에서 소외된 비취업 빈곤 가구나 자영업자는 이 제도의 혜택으로부터 배제된다. 이로 인해 저소득 가구 사이의 소득 불평등이 확대될 우려도 있다. 1분위 가구의 소득을 늘리는 데 있어서는 비취업 노인의 빈곤 문제가 중요하다. 따라서 EITC로는 1분위 가구의 소득을 늘리는 데에 한계가 있을 것이다.

최저 임금이 EITC와 연계되면 사용자로서는 일정 금액 이상을 지급해야 하는 정규직 노동자의 고용을 줄이고 대신에 이를 최저 임금 노동자로 대체할 유인이 있다. 결국 이 과정에는 최저 임금 노동자의 증가와 노동자의 고용상의 지위 악화가 뒤따를 수 있다.

흑자 재정의 긴축 효과는 정부 이외의 민간 부문 자금 수지와의 관련성 측면에서도 이해될 필요가 있다. 기능적 재정의 이론에 의하면, 모든 경제 부문의 자금 수지를 합하면 영(0)이 될 것이므로 흑자 재정은 민간 부문의 적자와 함께 나타난다. 가계 수지 적자와 이에 따른 가계 부채 증가는 오늘 우리 경제에 또 다른 위험 요인이다. 정부는 재정 수지를 민간의 자금 수지 변동에 대응하는 수단으로서도 적극적으로 활용할 필요성이 있다.

최근의 포스트 케인지언 성장 이론에서는 정책적으로 결정된, 중장기에 걸친 재정 지출의 증가율이 곧 장기 성장 경로에 영향을 미친다는 이른바 정부 지출의 초승수 효과에 대한 논의가 이루어지고 있다. 초승수 효과까지는 아니더라도, 재정 건전성에 대한 지나친 강박을 벗고 적극적인 재정 투입으로 소득 주도 성장 전략을 실질적으로 뒷받침해야 할 때이다.

9. 소결

첫 해 소득 주도 성장 정책은 최저 임금 인상을 통해 노동 소득 분배율의 하락을 저지하는 데 주력하였다. 다만 노동 입법과 소득 변동 요인에 대한 다양한 제도적 보완 노력이 미흡했다. 정책의 원칙과 배열의 문제에서 약점을 드러내기도 했다.

집권 2년차 소득 주도 성장 정책은 최저 임금 인상의 기조를 유지하는 가운데 노동권 강화와 재정 투입 확대로 제도적 보완에 주력해야 한다. 노동의 교섭력 강화를 중심에 놓고 경제 민주화와 사회 안전망 확충을 위한 제반 정책을 실행에 옮겨야 할 때이다. 최저 임금 인상의 부담은 경제 민주화 입법과 연대 임금 정책을 통해 우리 사회 전체가 공유해야 한다. 적극적인 재정 정책이 요구되는 시점이다.

만만치 않은 반대가 기다리고 있다. 소득 주도 성장의 담론은 시험대 앞에 서 있다. 정책 추진 주체의 의지와 역량이 무엇보다도 중요한 시기이다. 어떤 성장이 우리에게 필요한가에 대한 사회적 논의의 장을 열고 불평등 문제에 대한 공감대를 확보하는 노력이 절실하다.

chapter 11

소득 주도 성장과 노동 시장 도전 과제

1. 서론
2. 노동 정책
3. 임금 정책
4. 2018년 7월 고용과 가계 소득 동향을 둘러싼 논란
5. 소득 주도 성장과 완전 고용의 과제
6. 재정 정책과 일자리 대책

chapter 11

소득 주도 성장과 노동 시장 도전 과제[1)]

1. 서론

문재인 정부는 2017년 7월 새 정부의 경제 정책 방향을 발표하였다. 그 부제는 '경제 패러다임의 전환'이었다. 이는 기존의 추격형 성장 전략이 한계를 보이면서 1990년대 중반 이후 저성장이 고착화하고 양극화가 심화되어 가는 현실에 직면하여 성장 정책의 기조를 전환하려는 것이었다. 그 중심 내용이 '소득 주도 성장'이라는 이름으로 제시되었다. 형벌과도 같은 가난과 장시간 노동의 굴레에 갇힌 저임금 노동자들의 힘든 삶, 그리고 기득권 질서에 의존하는 지대 추구 행위가 사회 곳곳에 만연해 있는 현실을 배경으로 소득 주도 성장의 비전은 촛불 시민들의 선택을 받았다. 그리고 1년 하고도 3개월이 흘

1 이 장의 내용 중 일부는 2018년 9월 3일에 AMRO(ASEAN+3 Macroeconomic Research Office)가 주최한 토론회(Roundtable), 'Pressing Issue on the Korean Economy and Challenges for Sustainable and Inclusive Growth' 를 통해 발표되었다. AMRO는 싱가포르에 소재한 국제기구로서 아시아 역내 거시 경제 조사 기구이다.

렸다.

소득 주도 성장은 포스트 케인지언 경제학자들에 의해 개발되어 국제 노동 기구(ILO)에서 세계 경제 회복 전략으로 제시된 '임금 주도 성장'의 한국 버전에 해당한다. 우리는 임금 주도 성장이라는 계획 자체가 중장기적으로 경제의 체질을 바꾸려는 성장 전략이라는 점에서, 문재인 정부가 추구하는 소득 주도 성장 정책 역시 그 효과가 확인되고 검증되기까지는 최소한 수년의 시간이 걸릴 수 있는 점을 유념해야 한다. 이 장에서는 2018년 8월 말 시점을 기준으로 정책을 둘러싼 몇 가지 이슈를 간략히 재검토한다.

2. 노동 정책

먼저 노동 정책을 둘러싼 이슈이다. 문재인 정부는 2017년 5월 '공공 부문 비정규직 제로 시대'를 선언한 데 이어 2017년 7월 상시 지속 업무에 종사하는 20만 5천 명의 비정규직을 정규직으로 전환하는 내용이 담긴 공공 부문 비정규직 대책을 발표했다. 비슷한 시기 모 민간 회사의 불법 파견 노동자 5,300여 명에 대해 회사가 직접 고용할 것을 지시해 불법 파견 근절 의지를 천명하기도 했다.

하지만 공공 부문 비정규직의 정규직 전환 과정에서는 전환 예외 대상이 적지 않았고 전환 대상으로 선정된 경우에도 처우가 나아지지 않거나, 자회사에 고용되거나, 비정규직 경력을 인정받지 못하는 경우가 많았다. 공공 기관으로서는 운영 방식이나 경영 평가 방식에 변화가 없는 가운데 비정규직을 정규직으로 전환하면 고정성 비용이 늘어나므로 결국 이들을 무기 계약직이라는 이름으로 기존 정규직과는 구별하는 실정에 있다. 새로운 제도가 도입되는 과정에서 기존 제도와 충돌하는 부분에 대해 정부가 입법이나 시행 단계에서 세심하게 대응하여 정책의 취지를 적극적으로 살려 나가려는 노력이 부족했던 사례라고 하겠다.

현재의 공공 부문 비정규직 대책의 직접적인 연장선상에서 민간 부문에 대한 비정규직 대책이 수립된다면 그로 인한 긍정적 효과를 크게 기대하기는 어려워 보인다. 집권 2년차에 들어선 문재인 정부는 대선 당시의 비정규직 공약을 이행할 더 이상의 적극적인 의지를 보이지 않고 있다. 파견법, 기간제법 등 비정규직법 개정을 위한 논의도 아직까지 없었다.

문재인 정부는 취임 후 산업안전보건법 개정을 통해 원청 기업에 산재 책임을 부과하고 산재 입증 책임을 개선하는 방향으로 노력하였다. 일부 대기업의 부당 노동 행위에 대한 엄단 의지를 보여 주었고 일반 해고와 취업 규칙 변경에 대한 박근혜 정권 노동부의 2대 지침을 폐기하기도 했다. 긍정적인 변화였다. 하지만 대선 공약으로 제시했던 노조 가입률과 단체 협약 적용률의 제고, 그리고 초기업 단위의 교섭을 제도화하기 위한 법적, 제도적 노력은 실제로는 이루어진 바가 없다. 국정 과제에 담겼고 국제적으로도 약속한 ILO 핵심 협약 비준을 위한 가시적인 시도도 없었다.

소득 주도 성장을 꾸준히 추진하기 위해서는 정책의 핵심 지지 기반을 확보하고 이를 넓혀 가야 한다. 임금 주도 성장이 포용적 성장과 다른 핵심은 재분배에 그치지 않고 노동의 협상력을 지원함으로써 본원적 소득 분배의 시정에 초점을 맞추는 데에 있다. 그런 점에서 노동 기본권의 보장을 위한 제도 개선은 소득 주도 정책에서 근간을 형성하는 것임에도 불구하고 정부의 노력은 기대에 미치지 못했다.

3. 임금 정책

최저 임금은 2018년 7,530원, 2019년 8,350원으로 전년 대비 각각 16.4%, 10.9%가 인상되었다. 급격한 인상이었지만 2020년 1만 원이라는 대선 공약은 이행이 불가능해졌다. 다만 1만 원이라는 숫자 자체를 절대적인 기준이라고 할 수는 없을 것이다.

최저 임금 인상은 임금 주도 성장 전략의 핵심 요소이다. 인상된 최저 임금은 최저 임금 노동자를 주로 고용하는 영세 사업자뿐만 아니라 경제 전반에 걸쳐 생산 비용을 증가시킨다. 특히, 원하청의 수직적 분업 구조로 특징되는 한국 경제에서는 더욱 그러하다. 최저 임금 인상의 효과로 하위 벤더에서 임금이 인상되면 거의 자동적으로 상위 벤더에서도 임금 인상이 이루어지기 때문이다. 최저 임금 인상은 이와 같은 방식으로 노동 소득 분배율을 효과적으로 끌어올리는 정책 수단이 될 수 있다. 실증 분석 결과에 따르면 이는 중장기 시계에서 내수 확대와 생산성 개선의 성장 효과가 있을 것으로 기대된다.

문제는 두 가지 방향에서 제기되었다. 첫 번째는 2019년 최저 임금은 전체 노동자 가구의 평균 실태 생계비 대비 60%에 미치지 못하며, 특히 비혼 단신 노동자의 실태 생계비보다도 적다는 것이었다. 저임금 노동자 가구의 70% 이상이 3인 이상이며, 최저 임금 노동자인 세대주 가운데 60% 이상이 단독으로 가계의 생계를 책임지고 있는 현실에서 이 정도의 인상분으로는 저임금 노동자의 생활 안정을 도모하기에 부족하다는 지적이다.

반대 방향에서는 수익 구조가 열악한 영세 자영업과 하청 중소기업의 경우 최저 임금 인상에 따른 비용 압박이 당장 곤란을 초래한다는 비판이 터져 나왔다. 소득 감소에 직면한 영세 사업자들의 반발에 대해 정책 당국으로서는 이들에게 유효 수요 확대로 경제 전반에 온기가 돌 때까지 기다리라고 할 수는 없는 일이다.

문재인 정부는 이론적으로 제안된 임금 주도 성장 개념을 한국 경제 현실을 반영하는 '소득 주도 성장'이라는 정책 개념으로 구체화하였다. 이 새로운 개념은 노동자 가구뿐만 아니라 영세 사업자들의 소득도 중요하게 함께 키우겠다는 비전이었다. 그렇다면 더더구나 정부는 적어도 사회 안전망이나 영세 사업자 지원 대책이 미비한 가운데 시행되는 최저 임금 인상이 영세 사업자들에게 어떤 영향을 미칠 수 있는지 면밀히 점검했어야 했다.

최저 임금 인상이 영세 사업자들에게 단기적으로 부정적인 영향을 미칠 수 있다는 사실은 이미 인상 전부터 충분히 예상할 수 있는 것이었다. 따라서 정부는 영세 부문에 대한 대책을 제때에 수립했어야 했다. 실업 보험과 같은 고용 안전망이나 기초 생활 보장 제도와 같은 복지 제도를 강화하고 그 사각지대를 최소화하는 것이 필수적이었다. 특히, 원청 대기업과 하청 중소기업 간에, 그리고 프랜차이즈 본부와 가맹점주 간에 불공정 거래 관행을 혁파하려는 적극적인 노력이 필요했다. 최저 임금 노동자에 대해 원청 대기업 등이 사용자로서의 책임을 분담하도록 법과 제도를 보완했어야 했다. 건물주의 과도한 임대료 인상과 같은, 소유에 기초한 권리의 남용은 입법을 통해 규제할 필요가 있었다. 확장적 재정 정책은 두 말할 것도 없었다.

그러나 이와 같은 정책적 노력은 없었거나 대체로 매우 부족했다. 정부는 소득 주도 성장 정책을 일련의 정책 패키지로 이해하고 여러 정책의 효과가 상호 작용할 수 있도록 정책 수단들을 배치하고 구조화했어야 했다. 하지만 최저 임금 인상 외에는 지금까지 시민들에게 체감된 다른 정책이 사실상 없었다. 최저 임금 인상이 저임금 노동자와 영세 자영업자 간의 갈등으로 부각되면서 준비되지 않은 정책이라는 비판을 자초하기도 했다. 후속 대책으로 나온 일자리 안정 자금은 그 지속 가능성이 의심되었다. 정부의 정책 대응에 문제가 있었다.

최근 들어 정부는 세수 추계에 있어 그동안의 긴축 편향을 인정하고 재정 투입을 본격적으로 확대할 계획이다. 뒤늦은 감이 있고 어떤 내용으로 재정을 쓸 것인지의 문제는 여전히 남아 있지만 바람직한 정책 전환이다. 재정 투입과 함께 정부는 지금이라도 최저임금법 제6조에 규정된 최저 임금 지급에 대한 원청 기업의 연대 책임을 근거로, 하청 중소기업이 하도급 대금 조정 신청을 할 수 있도록 하도급법 등을 개정해야 한다. 프랜차이즈 가맹점주협의회에 단체교섭권을 부여하는 방안도 본격적으로 논의해야 한다. 상가임대차보호법도 영세한 세입자에 대한 보호를 강화하는 방향으로 개정해야 한다.

보다 근본적으로 '소득 주도 성장 3대 세부 과제'를 비롯해 정부가 당초 제시한 경제 정책 방향을 돌아보면, 다양한 정책 과제들이 충분히 구조화되지 않은 상태로 나열되어 있는 것으로 보이는 부분이 없지 않다. 비전 자체에도, 정책의 운영 체계에도 모호함이 없도록 했어야 했다. 이를테면 정부가 소득 주도 성장을 위해 구체적으로 어떤 경제 변수를 목표 변수로 설정하며, 이를 위해 어떤 정책 수단을 활용하겠다는 것인지 하는 부분은 아직까지 분명해 보이지 않는다.

포스트 케인지언 경제학의 원론적 입장에서 임금 주도 성장 정책의 운영 체계는 노동 소득 분배율을 일종의 중간 목표 변수로 설정하며, 이를 위해 노동의 협상력을 지지하기 위한 다양한 입법 및 제도화와 함께 임금 정책(임금률의 상한과 하한)을 정책 수단으로 활용하는 것이라고 할 수 있다. 이를 기본 정책 수단이라고 본다면, 사회 안전망이 취약하고 재벌 대기업이 지배하는 한국적인 상황을 고려하여 복지 정책과 공정 경제의 진전이 핵심적인 보완 정책 수단으로서 강조되어야 했다. 그러나 이와 같은 정책 배열의 고민은 뚜렷이 드러나지 않았다.

4. 2018년 7월 고용과 가계 소득 동향을 둘러싼 논란

통계청이 발표한 7월 고용 동향에서 전년 동월 대비 취업자 증가 수가 5천 명에 그친 것은 충격적이었다. 다만 최저 임금의 부담이 있는 고용원 있는 자영업자는 오히려 7만 2천 명 늘었고 고용원 없는 자영업자는 10만 2천 명 줄었다. 최저 임금 인상이 있기 전인 2016년 7월에는 반대로 고용원 있는 자영업자는 2만 명 줄었고 고용원 없는 자영업자는 2만 8천 명 늘어난 바 있다. 이런 사실을 보면 전체 취업자 증가 수가 적다고 하여 최근의 최저 임금 인상이 자영업 부문을 중심으로 고용을 악화시키고 있다고 판단하기는 어려워 보인다.

과거 5개년을 돌아보면 자영업의 고용 비중은 추세적으로 줄었지만 그 중에서도 고용원 있는 자영업자의 비중은 6%를 약간 넘는 수준으로 거의 일정했던 반면에 고용원이 없는 보다 영세한 자영업자의 비중은 줄어든 것을 알 수 있다. 최근의 자영업 고용 동향은 이와 같은 추세에서 벗어난다고 보기 어렵다.

업종별로 가장 고용 부진이 뚜렷한 부문은 고용 파급 효과가 큰 제조업이었다. 최근의 고용 부진은 생산 가능 인구의 감소, 자영업 부문의 비중 축소, 설비 투자 위축, 제조업 구조 조정의 여파와 같은 다양한 요인들이 복합적으로 작용한 결과로 보는 것이 합당하다. 최저 임금 인상이나 노동 시간 단축이 영향을 주었더라도 그 영향이 크다고 보기는 어렵다. 소득 주도 성장이 최근의 제조업 고용 부진에 책임이 있다는 신뢰할 만한 통계적 근거는 확인되지 않는다. 노동연구원이 8월 초에 발표한 2018년 상반기 노동 시장에 대한 보다 체계적인 분석에서도 최저 임금 인상의 부정적 영향을 유의한 것으로 확인하지 못했다.

최저임금법 개정에 따른 산입 범위 확대로 인해 2019년 최저 임금 인상이 고용이나 사업자 소득에 미칠 수 있는 영향은 실제로는 2018년 최저 임금 인상의 경우보다 제한될 수 있다. 일자리 안정 자금과 확대된 근로 장려 세제도 부작용 완화에 당장은 기여할 것이다. 물론 임금 인상이 가져올 수 있는 중장기적인 소득 주도 성장 효과 또한 이와 함께 줄어들 것이다.

다만 전년 동월과 비교해 2018년 7월에 상용직은 27만 2천 명 늘었지만 임시직, 일용직은 합계 23만 2천 명이 줄어든 점에는 유의할 필요가 있다. 전체 취업자에서 임금 노동자 비중이 전반적으로 늘어나는 가운데 상용직 비중이 함께 커지고 있어 노동자 계층의 처지는 평균적으로는 개선되고 있지만, 구조 조정으로 비정규직 노동자들의 곤란함은 커지고 있는 것이다.

제조업의 고용 부진은 한편으로는 불확실한 경기 전망에 따른 기업들의 투자 부진이 그 원인이다. 2017년 경기 상승을 견인했던 설비 투자가 2018년 들어 두드러지게 줄었다. 경기적 원인 외에 보다 구조적인 원인에도 주목이 필요하다. 최근의 제조업 고용 부진은 중장기적인 처방을 필요로 하는 산업 구조적인 문제에 기인하는 측면이 있다. 재정 투입과 같은 총수요 관리만으로는 안 되는 이유이다. 주력 산업이 무너지고 있는 현실의 구조적 문제를 직시해야 한다. 한국 경제의 성장을 이끌어 온 자동차, 조선과 같은 주력 산업이 국제 분업 구조 속에서 경쟁력이 한계에 다다른 가운데 과잉 설비로 근본적인 수익성이 저하한 것이 그것이다.

인건비로 경쟁하는 단계는 이미 아니다. 우리 사회는 더는 사람값이 싼 것에 의존하는 방식으로는 성장할 수 없는 현실을 받아들여야 한다. 그런데 이제는 설비 능력을 확장하는 방식의 경쟁에서도 경쟁국에 밀리고 있다. 그렇다고 해서 선도적인 기술력을 확보한 것도 아니다. 그런 점에서 최근 들어 정부가 추진하는 규제 완화는 한편으로는 장기적인 관점에서 산업 정책이라는 보다 큰 밑그림을 먼저 잡고 이에 기초하는 것이어야 한다. 그리고 다른 한편으로는 중소기업의 혁신 역량을 강화하는 방향이 되어야 한다.

최근 통계청의 2018년 2분기 가계 동향 조사 결과를 보면, 소득 하위 20%에 해당하는 1분위 가구의 명목 소득이 7.6% 감소하였고 2분위와 3분위까지도 명목 소득이 줄어든 것으로 나타난다. 하지만 가구별 소득 분배 상황을 파악함에 있어서는 가구원 수의 영향을 통제한 균등화 처분 가능 소득을 기준으로 하는 것이 적합하며, 이를 기준으로 할 때에는 동일한 조사에서 1분위 가구의 소득 감소폭이 0.4%로 줄어들었고 2분위 이상 가구에서는 모두 소득이 늘어난 것으로 확인되었다. 상위 20%에 해당하는 5분위 가구에서는 10.2% 증가가 있었다.

균등화 소득을 기준으로 1분위 가구와 5분위 가구의 소득을 비교하면 5분위 배율이 2018년 2분기 들어 5.23배이다. 이는 전년 동기에 비해 상승한 것이다. 동 비율은 2018년 1분기에는 5.95배로 이 역시 전년 동기에 비해 상승했다. 가구 소득의 격차 확대는 분배 악화를 의미하지만, 1분위 가구의 소득 감소보다는 5분위 가구의 소득 증가가 격차를 키운 측면이 있다. 지난 2018년 1분기에도 전년 동기와 비교해 1분위 소득은 변화가 없었고 5분위 소득은 11.2% 증가했다.

가구별 소득 분배를 보면, 명목 소득 하위 60% 가구에서 사업 소득이 감소했다. 가구주가 노동자가 아닌 경우에는 명목 소득 하위 80%에서 사업 소득이 줄어든 것으로 나타났다. 특히, 저소득 가구에서 감소 폭이 상대적으로 컸다. 반면에 가구주가 노동자인 경우 명목 소득이 8% 가까이 상승했다. 7월 고용 동향에 대한 진단과 결합해 보면, 임금 상승으로 가계 소득이 평균적으로 늘어났고 고용의 질 또한 개선된 것으로 보인다. 자영업 부문의 경우에는 최저 임금 인상으로 인해 사업 소득이 영향을 받고 있지만 이와 같은 어려움이 고용 감소로 이어지지는 않은 상태로 보인다.

5. 소득 주도 성장과 완전 고용의 과제

한국 경제에서 자영업은 꾸준히 줄어들고 있지만 2018년 7월 현재 전체 고용의 21.1%를 차지한다. 이는 OECD 기준으로 매우 높은 비중이다. 역대 정부는 소규모 상공업에 대한 진입 규제를 완화해 왔다. 낮은 진입 장벽으로 포화 상태에 이른 가운데 대형 유통 업체의 출점, 가격 경쟁의 부담, 높은 임대료와 프랜차이즈 본사에 대한 가맹 수수료 등으로 자영업 부문의 이윤율과 생산성은 전반적으로 낮은 상태이다. 고용에서 자영업이 차지하는 비중이 줄어들고 있는 사실에서도 확인되듯이 이 부문의 구조 조정은 문재인 정부 이전부터 이미 진행 중이었다.

한국 경제에서 자영업 부문은 경기 변동에 따라 산업에서 일자리가 줄어들거나 늘어날 때 이탈되는 인력에 일터를 제공해 오면서 일종의 고용 완충 장치로서의 역할을 해왔다. 정부가 발표한 다양한 지원 대책에도 불구하고, 최근의 최저 임금 인상으로 인해 자영업 구조 조정의 속도는 더욱 가속화될 것으로 보인다. 문재인 정부의 소득 주도 성장이 본래 임금 노동자와 더불어 영세 사업자의 소득 증가를 도모하려는 계획이었음을 상기한다면 이는 아이러니에 가깝다고 하겠다.

다만 제조업 구조 조정에 따른 고용 충격을 맞이하는 우리로서는 자영업 부문이 소득 감소에 직면해 위축되는 가운데 향후 이를 대신하면서 제도적으로 일자리를 창출할 수 있는 고용 완충 장치의 도입 필요성에 대해서도 고민할 필요가 있다. 소득 주도 성장이 지향하는 성장 패러다임의 변화는 중장기적으로 한국 경제에 바람직하지만, 그것이 우리 사회에 안착되는 과정에서는

[그림 11-1] 임금 주도 성장과 생산 가능 영역

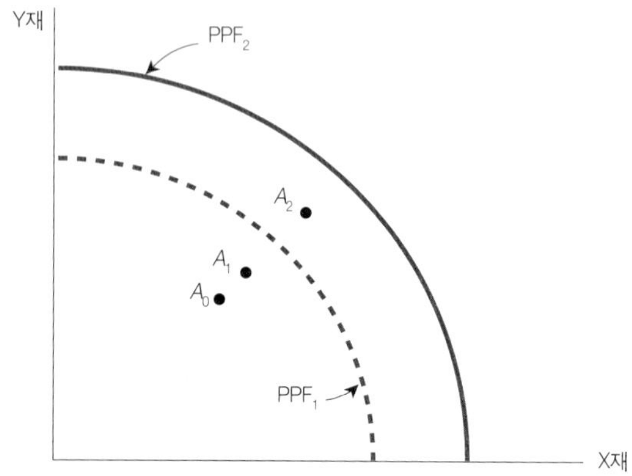

제도적 친화성을 확보하기까지 어려움이 있을 수 있다. 따라서 만약 일자리가 문제라면 새로운 성장 패러다임에 부합하는 일자리 정책을 고민해야 한다. 완전 고용의 책임을 부담하려는 국가라면 이윤 극대화와는 다른 논리로 노동을 수요할 수 있는 점에 대해서도 주목해야 한다.

포스트 케인지언 경제학에서는 만성적인 불완전 고용과 초과 설비로 인해 자본주의 경제의 자원 배분은 대개 생산 가능 영역의 경계가 아닌 내부에서 이루어진다고 본다. 이런 가운데 만약 수요 체제가 임금 주도적이라면, 노동 소득 분배율이 상승할 때 유효 수요가 확대되고 이로 인한 성장 효과에 힘입어 생산 가능 경계에 보다 근접하게 된다고 본다. 예를 들어, 생산 요소와 부존자원의 양이 일정하다고 전제하는 [그림 11-1]에서는 경제의 상태가 점 A_0에서 A_1으로 이동해 간다는 것이다.

그런데 수요 체제가 임금 주도적인 경우 생산성 체제도 임금 주도적이 되며 따라서 노동 소득 분배율의 상승은 생산성의 향상을 통해 생산 가능 영역 자체를 확장시키는 효과가 있다. 이 효과는 [그림 11-1]에서 생산 가능 경계가 PPF_1에서 PPF_2로 바뀌는 것으로 표현되어 있다. 생산 요소의 생산성이 상승하면 이로 인해 투자가 다시 자극되는 효과가 있으므로 경제의 자원 배분 상태는 점 A_1에서 이를테면 새로운 점 A_2로 이동할 수 있다. 그림에서 경제의 위치는 어디까지나 유효 수요의 크기가 결정한다. 임금 주도 성장론은 기능적 소득 분배의 변화가 가져오는 성장 효과를 이와 같은 과정으로 이해한다.

그렇다면 이상의 성장 과정에서 고용에는 어떤 변화가 있겠는가? 수요 체제의 효과만 고려하면 생산 가능 영역에 변화가 없는 가운데 점 A_0에서 A_1으로 이동하므로, 임금 주도 성장은 고용 확대를 낳는다. 하지만 생산 가능 영역이 확장되고 나면 점 A_2가 다시 생산 가능 영역의 경계가 아닌 내부에 위치할 수 있는 만큼 생산 요소의 일정 부분은 여전히 불완전 고용될 수 있다. 생산성 체제의 효과까지 고려하면 임금 주도 성장 자체만으로는 오히려 고용이 줄어들 수도 있는 것이다. Storm and Naastepad(2013)은 그와 같은 가능성을 '고용 체제의 이윤 주도성'이라는 개념으로 표현한 바 있다.

이에 따라 임금 주도 성장을 추진함에 있어서는 고용 확대, 더 나아가서는 완전 고용의 달성을 위한 보완적 정책 수단의 적극적 활용이 요구된다. 완전 고용을 달성하기 위한 일차적인 정책 수단은 재정 정책이다. 일손이 부족한데다 복지나 안전과 같은 공공 서비스에 대한 시민의 요구가 큰 우리 현실에서는 공공 부문에서 제대로 된 일자리를 더 늘려야 하겠지만, 일반적으로는 충분한 만큼 고용을 확대하는 데에 재정 정책이 얼마나 효과적인지에 대해서는 논란이 없지 않다.

6. 재정 정책과 일자리 대책

재정 정책은 공공 지출과 조세 수입의 양 측면과 관련된 것으로서, 거시 경제 정책으로서의 재정 정책은 그 둘의 차이에 해당하는 재정 수지를 관리하는 것에 초점이 맞추어져 있다. 공공 지출 규모가 크다고 하여 확장적이라고 하지 않는다. 마찬가지로 세입이 많다고 하여 긴축적이라고 하지 않는다. 그 둘 사이의 차이가 중요하다. 아무리 지출 규모가 커도 세입이 더 크다면, 이는 정책으로 인해 민간 부문으로부터 소득의 일부가 누출되는 것이므로 긴축적인 것이 된다. 반대로 아무리 지출 규모가 작더라도 세입이 더 작다면, 그때의 재정 정책은 확장적이다. 왜냐하면 민간 부문으로 소득이 주입되는 효과가 있기 때문이다.

재정 정책은 국민 경제 내에서 유효 수요의 수준을 변화시키며 이를 통해 생산이나 고용과 같은 경제 활동 수준에 영향을 미칠 수 있는 것으로 알려져 있다. 그러나 재정 정책의 효과에 대해서는 경제학자들 사이에 이견이 있다. 대체로 시장 경제 내에 완전 고용을 회복시키는 보이지 않는 힘이 작용한다고 보는 신고전학파 거시 경제학에 비해, 그와 같은 힘이 작용하지 않는다고 보며 자본주의 경제의 불안정성을 우려하는 포스트 케인지언 경제학에서 재정 정책의 효과를 더욱더 강조하는 경향이 있다.

이 두 생각의 차이점을 살펴보기 위해, 국민 소득은 민간 소비, 민간 투자, 정부 지출의 합과 일치한다는 국민 계정의 항등식으로부터 출발해 보자. 이 항등식은 다음의 식 (1)과 같이 변형할 수 있다. 단, 논의를 간단하게 하기 위해 편의상 해외 부문은 고려하지 않도록 하자. 식 (1)은 민간 부문의 자금 수지와 정부 부문의 자금 수지를 더하면 항상 '0'이 된다는 의미이다. 여기에서 S는 민간 저축, T는 정부의 조세 수입, G는 정부의 지출이다.

$$(S-I)+(T-G)\equiv 0. \tag{1}$$

신고전학파 경제학은 재정 수지의 흑자가 줄거나 적자가 늘어나 두 번째 괄호의 재정 수지가 작아지면, 투자 I의 크기가 줄어든다고 본다. 재정 확장이 구축 효과(crowding-out effect)를 수반한다는 생각이다. 이와 같은 논리는 리카도 대등 정리(Ricardian equivalence theorem)에 의해서도 뒷받침되었다. 이 정리에 따르면 경제 주체들은 미래 조세 부담의 확대를 고려하므로 결과적으로 확장적인 재정 정책은 단기적으로도 국민 소득을 늘리지 못할 수 있다. 이와 같은 견해는 오히려 재정을 긴축하는 것이야말로 경기 확장 효과가 있다는 주장으로 이어졌다. 재정 적자의 감소는 민간의 신뢰 확보에 기여해 투자를 늘린다는 것이다.

하지만 경제 현실이 이런 주장을 뒷받침한다고 보기는 어렵다. 오히려 정반대라고 할 법하다. 글로벌 금융 위기를 맞아 각국 정부는 재정을 큰 규모의 적자로 편성하였다. 구축 효과, 리카도 대등 정리, 긴축의 확장 효과를 강조하는 입장에서는 세계 각국 정부가 완전히 잘못된 정책을 실천한 셈이다. 이런 점을 보면, 아무리 신고전학파 거시 경제학의 지배적인 지위가 확고하더라도, 일단 현실에서 경제 위기를 맞게 되면 시장의 전문가들이나 정책 당국자들은 거의 언제나 케인스의 처방으로 되돌아가는 것 같다.

포스트 케인지언 경제 이론은 이와 정반대라고 할 수 있다. 재정 수지의 적자가 확대되거나 흑자가 줄어들면, 이로 인해 유효 수요가 늘어나면서 국민 소득이 증가하므로 민간 저축 S의 크기가 일정하게 유지될 수 없고 실제로는 늘어나게 된다. 또한 국민 소득의 증가는 가속도 원리에 의해 유발 투자를 늘린다. 투자 I 또한 동시에 늘어나는 것이다.

그런데 조세 수입 T는 국민 소득의 함수이다. 국민 소득이 늘어나면 조세 수입도 함께 늘어나기 쉽다. 반면에 정부 지출 G 가운데 사회 보장 및 복지 관련 지출인 이전 지출은 국민 소득이 늘어나면서 줄어드는 경향이 있다. 이런 점을 고려하면 확장적 재정 정책으로 국민 소득이 늘어나고 민간 투자가 이와 함께 늘어나는 과정에서는, 재정 수지의 적자 폭이 오히려 줄어들 수도 있음을 알 수 있다.

이 경우 구축 효과가 나타나지 않는다. 거꾸로 재정 지출 확대가 민간 투자를 늘리는 일종의 강화 효과(crowding-in effect)가 나타난다. 역설적이게도 재정 지출 확대는 결과적으로 재정 수지의 개선으로 이어질 수 있다. 경제가 활성화되면서 세수가 확대되면 충분히 그럴 수 있다. 반대로 긴축 재정은 생산 활동과 고용에 부정적일 뿐만 아니라 재정 수지의 개선 또한 보장되지 않는다.

포스트 케인지언 경제학자들은 이처럼 확장적 재정 정책이 경제 안정화와 고용 확대에 기여할 수 있다고 보며, 누진성이 강한 조세 체계의 필요성을 강조한다. 소득세율의 구조가 얼마나 누진적인가는 재정 정책의 자동 안정화 장치로서의 역할과 관련이 있다. 이를테면 경기 불황으로 평균 소득이 감소한다고 하자. 이런 상황에서는 조세가 보다 누진적일 때 민간의 조세 부담이 더 크게 경감될 것이다. 불황이 되면 자동적으로 조세가 줄어들기 때문에 자동 안정화 효과가 있는 것인데, 조세의 누진성이 강하면 그와 같은 효과가 커지는 것이다. 이렇게 누진적인 조세는, 즉 보다 평등한 분배를 지향하는 조세 체계는 재정 정책의 경제 안정화 기능을 강화한다.

포스트 케인지언 경제학자들은 누진성이 강한 조세와 함께 재정 지출에 있어서의 재량적 접근을 강조한다. 실제로 과거 수십 년에 걸쳐 주요 선진국의 재정 수지를 살펴보면 일부 연도에 균형을 달성한 것을 제외하면 대체로 재정 수지는 적자였던 것으로 보인다. 신고전학파 경제학에서는 균형 재정을 강조해 왔지만, 각국 정부의 재정 활동은 이론을 따르지 못했다. 사실은, 이론이 현실적이지 않은 것이었는지도 모른다.

우리가 직면하는 노동 시장은 대개 완전 고용 상태로부터 거리가 멀다. 비경제 활동 인구라는 이름으로 숨어 있는 수많은 실망 실업자들과 취업 준비생, 언제든지 일자리만 주어지면 일하려고 하는 사람들을 고려해야 한다. 그들은 임금이 마음에 들지 않아 일하지 않는 것이 아니다. 비자발적 실업과 그로 인한 가난은 우리 곁에서 만성화된 현실이다. 생산 설비 또한 거의 항상 불완전 가동 상태에 놓여 있다. 대개는 과잉 설비가 문제이다. 포스트 케인지언 경제학에서는 경기 순환의 정점에서조차 완전 고용이 달성되지 않는 경우가 적지 않다고 본다. 완전 고용은 일반적인 현상이 아니다. 만성적인 유효 수요 부족 상황에서 정부는 완전 고용에 보다 가까운 상태를 지향하게 된다. 그런 경우 거의 항상 재정 적자를 감수할 수밖에 없다. 어떤 의미에서는 자본주의 경제의 근본 속성상, 재정 불균형은 불가피하게 요구되는 측면이 있는 것이다.

이와 같은 포스트 케인지언 경제학자들의 생각은 '기능적 재정'(functional finance)이라는 아이디어로 연결된다. 기능적 재정 이론의 시초는 러너(Abba P.

Lerner, 1903~1982)로 알려져 있다. 이 기능적 재정의 시각에서는 일정 기간 동안 평균적으로 재정 수지가 균형이 되도록 노력해야 한다는 주장은 설득력이 없다. 사실, 이 문제는 근본적으로 재정 정책의 목적이 어떤 것이어야 하는가를 묻는 것이라고 할 수 있다. 포스트 케인지언 경제학자들은 재정 정책의 목적이 생산과 고용을 가능하면 높은 수준으로, 가능한 한 완전 고용에 가깝게 유지하는 것이 되어야 한다고 본다. 아울러 다양한 채널을 통해 실현되는 경로 의존성으로 인해 재정 정책의 영향은 단지 단기에 그치지 않고 장기 성장 경로에까지 그 효과가 파급될 수 있다고 본다. 그런 점에서 균형 재정에 집착하는 긴축 편향은 경제에 도움이 안 된다고 보는 것이다.

그런데 재정 적자가 가능하려면 정부가 재원을 확보할 수 있어야 하는데, 이는 어떻게 가능할까? 이 문제는 식 (1)이 항등식이라는 점을 떠올리면서 살펴볼 필요가 있다. 재량적인 지출 확대로 재정 적자가 늘어나면서 두 번째 괄호의 재정 수지가 작아지면, 첫 번째 괄호의 민간 부문의 자금 수지가 늘어나야 한다. 앞에서 설명한 원리로 재정 적자가 유효 수요의 확대로 이어지면 국민 소득이 커지므로 민간 저축이 늘어나고 이를 통해 재정 확대의 재원이 마련된다. 이 과정에서는 재량적인 지출 확대로 늘어난 재정 적자가 민간 투자와 국민 소득을 늘림으로써 다시 재정 적자가 (적어도 부분적으로) 줄어드는 효과 또한 고려될 수 있다. 결과적으로는, 이를테면 정부가 국채를 발행해 재정 소요를 충당하는 만큼 국채 투자자의 저축이 동일한 크기로 늘어나는 것이다.

식 (1)을 다시 변형해 다음과 같이 쓸 수 있다.

$$S - T = G - T. \tag{2}$$

식 (2)의 의미는 간단하다. 재정 수지는 민간 부문의 자금 수지에 대해 일종의 거울 이미지와도 같다는 것이다. 재정 수지가 적자라면, 즉 식 (2)의 우변이 양수라면, 같은 크기로 식 (2)의 좌변에서는 저축이 투자를 초과하면서 민간 부문이 흑자가 된다. 재정 적자는 반드시 자신과 같은 크기의 민간 저축 증가로 이어진다. 민간 부문은 국채 인수 등을 통해 저축을 행하게 된다. 민간 부문이 저축을 해서는 안 되는 이유가 없다. 그렇다면 정부가 민간 부문에 저축 수단을 제공하지 말아야 할 이유도, 즉 재정 수지를 반드시 균형 상태에서 유지해야 한다고 집착할 이유도 사실은 뚜렷하지 않은 것이다. 이 주장은 정부가 재정 적자를 무한정 늘릴 수 있다는 의미는 아니다. 정부 부채 또한 무한대로 늘어날 수는 없다. 하지만 보다 정확한 이론적 논의의 결론을 보면, 이자율과 경제 성장률, 정부 부채 비율, 재정 적자 비율의 상대적인 크기에 따라서는 일정 수준의 재정 적자는 장기에도 유지가 가능한 것으로 알려져 있다.

2018년 8월, 문재인 정부는 2019년 예산안을 편성하면서 총지출을 전년 대비 9.7% 늘렸고 그중에서도 일자리, 보건 분야를 포괄하는 복지 예산은 전년 대비 12.1%, 일자리 예산은 전년 대비 22%만큼 늘렸다. 일자리 예산은 2017년 17.1조 원, 2018년 19.2조 원에 이어 2019년에는 23.5조 원으로 늘어날 예정이다. 일자리 예산 가운데 가장 큰 부분은 실업 보험 예산 7.4조 원으로 이는 2018년 대비 1.25조 원이 증액된 것이고, 다음으로 비중이 큰 부분은 사회 서비스 예산으로 여기에는 약 6,300억 원 늘어난 1.1조 원이 배정되었다. 고용 안전망의 확충과 공공 부문 일자리 확대에 집중한 예산 편성이다.

이와 같은 지출 확대는 규모 면에서 글로벌 금융 위기 당시의 수준에 버금가는 것이다. 이는 그만큼 고용과 가계 소득 상황에 대한 정부와 시민 사회의 우려를 반영하는 것이기도 하다. 하지만 이는 다른 한편으로는 소득 주도 성장 정책이 시행되기 시작한 지 1년이 지난 시점에서 정책의 기조를 유지하면서 보완하려는 적극적인 의도를 담고 있는 것으로 보인다.

고용 안전망이 취약한 우리 사회의 현실과 부족한 공공 서비스, 그리고 이에 대한 시민들의 수요를 감안한다면, 이를 확충하려는 재정 활동 계획은 긍정적으로 평가할 수 있다. 다만 정부는 일자리 대책에 재정을 투입하면서도 전반적인 긴축 기조를 유지함에 따라 그 효과가 제한되었던 최근의 경험을 반복해서는 안 될 것이다. 특히, 정부는 사회 서비스 분야의 경우 일자리의 처우 개선에도 적극적으로 나설 필요가 있다. 공공 부문에서 신규로 만들어지는 일자리는 지속성을 가진 것이어야 하고, 그만큼 양질의, 제대로 된 일자리여야 한다. 정부부터 나서서 질 나쁜 일자리, 한시적인 일자리를 양산하는 것은 바람직하지 않다.

물론 경우에 따라서는 정부가 한시적인 최저 임금 수준의 일자리라도 만들어야만 할 수도 있을 것이다. 이와 관련해, 주력 제조업의 구조 조정을 배경으로 하는 최근의 고용 부진 상황에서 소득 주도 성장을 추진하는 우리 정부로서는 자영업 부문이 수행해 오던 고용 완충 역할을 대신할 제도화된 틀에 대해 재정 정책 차원에서 고민할 필요가 있어 보인다. 최근 포스트 케인지언 경제학자들 사이에서는 기능적 재정의 입장에서 국가의 최종 고용자(employer of last resort)로서의 역할, 그리고 일자리 보장(job guarantee) 정책으로서 정부가 운영하는 공공 서비스 고용 프로그램(public service program: PSE)에 대한 검토가 이루어지고 있다(Wray et al., 2018a, 2018b; Tcherneva, 2018).

이 프로그램에서는 최소한의 보상에 해당하는 최저 임금으로 공공 부문에서 일할 의사와 능력이 있는 모든 구직자들을 정부가 자신의 재원으로 고용한다. 재원은 중앙 정부의 지출로 조달하지만 프로그램의 운영과 직무 관리는 주로 참여자가 생활하는 지역의 각급 지방 정부를 통해 이루어진다. 노동의 내용은 대개 지역 공동체가 필요로 하는 공공 서비스이며, 사회 안전망 확충과 연계할 수 있다.

PSE 프로그램은 경기 불황기에 참여자 수가 늘어나고 경기가 회복되면 참여자 수가 줄어드는 경기 역행성이 있어 경제 안정화에 도움이 되며 빈곤층의 소득을 보조하는 수단일 뿐만 아니라 다양한 직무 교육 기회를 통해 실직자의 인적 자본을 증진시키는 데에도 도움이 된다. 실직자는 이 프로그램에 참여해도 되고 아니면 전통적인 실업 보험 제도에 의지할 수도 있다. 단, 기존의 제도는 일정 기간이 지나면 더 이상 지원을 받을 수 없지만, 이 프로그램에는 언제든지 참여할 수 있고 또 원하면 언제든지 떠날 수 있다.

케인스는 정부가 전쟁 중에나 경험하는 1% 이하의 수준으로 실업을 줄이는 것에 최선의 노력을 기울여야 한다고 주장한 바 있다. 오늘 우리 경제가 겪고 있는 어려움을 타개하고 고용 안전망을 확보하기 위해서는 전통적인 시장 배분 방식에 의존하는 것을 넘어서는 적극적이고 도전적인 발상의 전환이 요구된다. 고용 완충을 위한 PSE 프로그램은 당면한 제조업과 자영업의 구조 조정 과정에서 종사자들이 겪는 소득 감소와 일자리 위기에 대해 정부가 재정 지출을 통해 대응할 수 있는 한 가지 대안적 방식이 될 수 있다. 필요하다면 이 프로그램을 우리 경제에 한시적으로 도입하는 것에 대해서도 고민할 수 있어야 한다.

하지만 그 전에 정부는 기존 일자리 대책과 관련해 지금까지 나타난 집행률 등의 성과를 기초로 그 실효성을 검토하고, 필요하다면 이를 보완하는 방안부터 강구해야 할 것이다. 재정 투입 확대가 밑 빠진 독에 물 붓기가 되지 않게 하려면, 그리고 소득 주도 성장에 대한 시민들의 지지와 공감을 지속적으로 확보하려면 그래야 한다.

chapter 12

1990년대 이후 한국 경제에서 파시네티 척도의 측정

1. 서론
2. 케인스 『일반이론』과 이자 생활자 계층을 둘러싼 소득 분배의 문제
3. 파시네티의 공정 이자율과 소득 분배의 노동 원칙
4. 한국 경제에서 파시네티 척도의 추계: 1994~2016년간
5. 소결

chapter 12

1990년대 이후 한국 경제에서 파시네티 척도의 측정

이 장에서는 파시네티가 제안한 소득 분배의 노동 원칙과 케인스의 『일반이론』 제24장의 관점에 입각하여 1994년 이후의 한국 경제를 대상으로 소유권에 기반해 지대를 수취하는 이자 생활자(rentier) 계층과 경제 내 생산 계층 사이의 소득 이전 양상을 분석한다. 이를 위해 채권자와 채무자 사이에 시점 간 소득 재분배가 노동 시간에 대한 구매력 측면에서 공정하게 이루어지도록 하는 이른바 공정 이자율을 구하고 이를 활용하여 파시네티 척도 시계열을 구축한다. 분석 결과를 미리 요약하자면, 노동 생산성을 기준으로 한 척도 I과 임금률을 기준으로 한 척도 II 모두 외환 위기 시점인 1998년과 글로벌 금융 위기 기간 중에 크게 상승해 이 기간 동안 산업 부문으로부터 이자 생활자 계층으로의 소득 이전 가능성을 시사하는 것으로 나타난 점이 주목된다. 아울러 척도값의 변화 양상을 살펴볼 때 기존의 하락세가 2008년 글로벌 금융 위기 이후 반전된 것으로 나타난 점 또한 주목된다.

1. 서론

지금까지 이 책에서 살펴본 성장 모형은 어디까지나 경제의 실물 부문을 중심으로 구성된 것들이었다. 그런 점에서 화폐적 현상이 소득 분배에 잠재적으로 미칠 수 있는 영향은 고려되지 않았다. 마지막 장에서는 간단하게나마 화폐적 현상의 한 측면으로서 이자율의 변동이 소득 분배에 미치는 영향을 살펴보고자 한다.

케인스는 자본주의 경제에서 이자 생활자 계층의 경제적 역할에 대한 논의가 담긴 제24장을 포함하여 『고용, 이자 및 화폐의 일반이론』(2007)의 여러 곳에서 이자율을 소득 분배와 밀접한 관련을 갖는 변수로 인식하고 있다. 이자율 변동이 소득 분배의 변화를 통해 유효 수요에 영향을 미치는 전달 경로가 암시되어 있는 것이다. 우리는 케인스가 『일반이론』에서 강조한 것과 같이 순수하게 소유권에 기초하여 지대를 수취하는 이자 생활자 계층과 경제 내 생산 계층의 구분에 입각하여 한국 경제에서 이들 사이의 소득 분배가 어떻게 변동해 왔는지 살펴보고자 한다. 그리고 이를 위한 방법론으로서 Lavoie and Seccareccia(1988), Lavoie(1999)와 Seccareccia and Lavoie(2016)가 캐나다와 미국 자료를 대상으로 추계한 '파시네티 척도'(Pasinetti index) 시계열을 1994년 이후 2016년까지의 한국 경제 자료를 대상으로 구축하고자 한다. 단, 여기서는 노동 생산성 변동에 근거한 척도 시계열(척도 I) 외에 임금률 변동에 근거한 척도 시계열(척도 II)을 구분하여 추계하고자 한다.

한편, 우리는 본론을 시작하기에 앞서 두 가지 점을 미리 지적해 두고자 한다. 먼저 분배 문제는 다양한 차원에서 접근할 수 있는바, 이 장에서 소득과 부의 분배 문제를 이자 생활자 계층과 경제 내 생산 계층 간의 문제로 보는 것은 우리 경제가 안고 있는 다양한 분배 문제 가운데 다소 주목되지 않아 온 한 측면을 새로운 각도에서 조명하려는 것이다. 분배 문제를 조명하는 연구에서는 노동과 자본 사이의 기능적 소득 분배, 개인별 · 가구별 소득 분포, 임금 불평등을 포함한 다양한 측면들이 논의되어 왔다. 이 장은 케인스 『일반이론』의 문제 설정을 준거 틀로 삼아 분배 문제의 여러 측면 가운데 또 다른 측면인 이자 생활자와 생산 계층 간 관계에 초점을 맞춤으로써 기존에 이루어진 연구를 보완하려는 목적을 가지고 있다.

다음으로 우리가 본론에 개념을 소개하고 추계한 것과 같은 파시네티 척도는 어디까지나 거시 경제 총량 변수에 기초하는 것으로서 이자 생활자 부문과 산업 부문 사이의 소득 분배에 대한 일종의 단서적이고 간접적인 지표라는 점을 미리 강조해 두고자 한다. 이 장에서 추계한 척도 시계열은 이 두 부문 사이에 실제로 이루어진 소득 분배를 일차적이고 보다 미시적인 데이터로부터 직접 추정한 결과가 아니다. 다만 이 척도는 경제 이론에 기초해 있으면서 작성이 어렵지 않고 두 부문 사이의 분배 양상의 변화를 거시 경제 상황과 연관시켜 시계열적으로 파악할 수 있도록 하는 점에서 그 의의를 찾을 수 있다.

이 장의 구성은 다음과 같다. 먼저 제2절에서는 케인스의 『일반이론』을 통해 이자 생활자 부문과 산업 부문 사이의 분배 문제가 중요성을 가질 수 있는 맥락을 확인하고자 한다. 이어지는 제3절에서는 Pasinetti(1980~1981, 1981)의 논의에 기초하여 Lavoie and Seccareccia(1999)가 제안한 '공정 이자율' 개념을 소개한다. 제4절은 이에 기초해 한국 경제를 대상으로 파시네티 척도를 추계한 결과를 제시하고 변동 추이 및 변동에 따른 영향을 살펴본다. 제5절은 결론이다.

2. 케인스 『일반이론』과 이자 생활자 계층을 둘러싼 소득 분배의 문제

『일반이론』을 전체적으로 보면 이 책에 담긴 케인스의 시각은 소득 재분배를 불황 극복을 위한 한 가지 방안으로 적극적으로 이해하려는 것이었다고 할 수 있다. 케인스는 완전 고용과 같은 예외적인 상황이 아니라면 소득 재분배가 경제 활동의 수준을 바꿀 수 있다는 인식을 『일반이론』의 곳곳에서 여러 차례에 걸쳐 드러내고 있다. 먼저 소비 성향에 대해 논하는 제8장에서는 "일정한 실질 소득이 기업자와 이자 소득자 사이에 이루어지는 분배에 변화가 일어"(p. 108, 번역문 그대로)나면 이로 인해 "총소비액에 반작용"(p. 108)이 있게 되는데, 이는 기업자와 이자 소득자의 소비 성향에 차이가 있기 때문이다. 그런데 이런 차이는 궁극적으로 이들 사이의 소득 수준상의 차이를 반영하는 것으로서 "실질 소득이 증가함에 따라서 소득의 더욱 큰 비율이 저축되도록 인도"(p. 114)되어 소비 성향이 줄어든다는 것이다. 이와 같이 소득 계층별로 소비 성향에 차이가 있다는 인식은 제10장에서 "기업자의 한계 소비 성향은 아마도 사회 전체의 평균보다는 낮을 것"(p. 142)이라는 진술 등에서도 확인된다.

한편, 화폐 임금의 변화가 가져오는 귀결 등에 대해 논하는 제19장으로 가면 "화폐 임금의 인하가 사회 전체의 소비 성향에 대한 반작용"을 통해 고용에 영향을 미칠 수 있는데, 이는 "화폐 임금의 인하"가 "임금 수입자로부터" "다른 생산 요소로의 재분배"와 "기업자들로부터" "이자 소득자로의 재분배"와 같은 "실질 소득의 재분배를 수반"(p. 313)하기 때문임을 밝히고 있다. 더 나아가 보다 구체적으로 "이와 같은 재분배가 사회 전체의 소비 성향에 미치는 효과"에 대해 논의하면서, "임금 수입자로부터 다른 생산 요소에게로의 재분배는 소비 성향을 감소시킬 가능성이 있"으며 "기업자로부터 이자 소득자로의 재분배의 효과" 역시 "유리하기보다는 불리하게 될 가능성이 많"은데, 그 이유는 "이자 소득자들이 보편적으로 사회의 부유층이"(p. 314)기 때문이라고 명시하고 있다.

이자 생활자의 안락사를 주창한 것으로 유명한 제24장에서 케인스는 "우리가 살고 있는 경제 사회의 두드러진 결함은 완전 고용을 성취하지 못한다는 점, 그리고 부와 소득의 분배가 자의적이고 불평등하다는 점에 있"(p. 448)음을 지적하면서, "소비 성향을 증가시킬 수 있도록 소득의 재분배를 도모하는 방안들이 자본의 성장에 적극적으로 기여하게 될 것이라"고 진술하고 있다. 이는 임금률의 상승이 오히려 축적률과 이윤율의 상승을 수반하게 되는 비용의 역설을 직관적으로 제시한 것이라고 볼 수 있다. 그 직접적인 예로서 케인스는 "상속세를 중과하는 재정 정책"이 "사회의 소비 성향을 증가시키는 효과"(p. 449)를 가져올 수 있음을 주장하기도 했다.

케인스는 특히 제24장에서 완전 고용의 달성 및 유지를 위해서는 "이자율이 아마도 줄곧 하락해야 할 것"이며, 이는 "자본의 희소가치를 최대한 이용하려는 자본가의 누적적인 압력이 안락사당하는 것을 의미"(p. 452)한다고 진술하고 있다. 그의 설명에 따르면 "자본이 희소하기 때문에 자본의 소유자는 이자를 얻는 것"인데, 사실 "자본이 희소하다는 데 대해서는 그런 본질적인 이유가 없"으며 "이자라는 형태의 보수가 제공될 때 비로소 진정한 희생이 바쳐질 수 있다는 의미에서, 그러한 희소성이 존재해야 할 본질적인 이유는 장기적으로는 아마 존재하지 않"게 된다는 것이다. 그리고 "자본주의의 이자 생활자적인 측면은 그것의 역할이 끝날 때에는 소멸되는 과도적인 단계"로서, "우리는 실제로 자본이 희소하지 않게 될 때까지 자본량을 증가시켜서 기능 없는 투자자가 더 이상 보너스를 받지 않도록 지향해야"(p. 453) 하며 "자본으로부터 그 희소가치를 박탈"하는 것을 "우리의 목표"(p. 454)로 해야 한다는 것이다.

이와 같이 『일반이론』의 여기저기에 흩어져 있지만 반복되고 있는 케인스의 관점을 요약하자면, 임금 소득자보다는 기업가가, 그리고 기업가보다는 지대 수취자, 즉 이자 생활자가 소비 성향이 상대적으로 낮을 것이며, 이로 인해 이들 사이에서 소득의 분배 상태가 변동하면 총량으로서의 고용과 경제활동 수준에 변화가 초래된다는 것이다.

그런데 케인스는 마르크스나 혹은 피케티(2014)와는 달리 노동 계급과 자산 계급 사이의 관계가 아니라 주로 이자 생활자 부문과 비이자 생활자 부문 사이의 관계에서 분배 문제의 중요성을 찾고 있다. 이는 케인스가 "모든 것은 노동에 의해 생산"되지만 "여기서 노동이라고 하는 것은 기업자 및 그의 조수들의 개인적 용역을 포함하는 것"(p. 255)으로 보는 점에서, 그에게 있어서는 임금 소득자와 기업가로 구성된 비이자 생활자들이 경제 내에서 생산적인 산업 부문을 형성하는 반면에, 이자 생활자들은 마치 리카도에 있어 지주 계급과 같이 비생산적 계층으로서 장기에 있어서는 사라질 자본의 희소성에 의지해 생존을 영위하는 부문으로 구분되고 있기 때문이다.[1)]

여기서 케인스가 이자 생활자의 안락사를 촉진하는 일환으로 저금리 정책을 지속적으로 추구해야 한다고 주장한 것은 그가 이자율을 분배와 관련성이 큰 변수로 파악했기 때문이라고 볼 수 있다. 이자율을 낮은 수준에서 유지하는 것이 장기적으로 이자 생활자 부문의 불로 소득을 줄이고 사회 전체의 소비 성향을 증가시켜 불완전 고용의 문제를 완화하는 데에 도움이 된다는 주장은, 일종의 화폐적 현상인 이자율 변동의 효과로 소득 재분배가 이루어지고 이를 통해 실물 경제에 영향이 파급되는 통화 정책의 새로운 전달 경로에 대한 인식이 그 이면에 깔려 있는 것이다.[2)]

케인스가 『일반이론』에서 제시한 이상의 논리에 기초하면, 전체 국민 소득에서 이자 생활자 부문에 귀속되는 소득의 상대적인 비중은 총지출의 규모 및 그 구성에 영향을 미치게 된다. 이에 따라 이자 생활자 계층과 비이자 생활자 계층, 즉 산업 부문 사이의 분배는 경제 변동에 있어 중요한 문제가 될 수 있다. 예를 들어, 중앙은행의 긴축적 통화 정책으로 이자율이 상승하면 이 과

1 칼레츠키(2010)는 "경기 상승기의 가격 상승은 크고 작은 금리 생활자들에게 불리하게 되고 그들을 '호황 피로'에 빠지게 할 것"(p. 212)임을 지적하면서 이자 생활자들이 완전 고용에 저항하는 이유를 제시했다. 인플레이션은 특히 예견되지 않은 경우 이자 생활자들에게 부정적인 재분배 효과를 야기하며 따라서 이자 생활자들은 반고용 정책을 지지하는 입장에 서는 경향이 있다. 아울러 칼레츠키는 기업가들의 이해관계에 이중적인 측면이 있음을 지적한다. 한편으로 "분명히 보다 높은 산출과 고용은 노동자에게만이 아니라 기업에게도 똑같이 유익"하며 그 이유는 "기업들의 이윤이 증가하기 때문이다"(p. 205). 하지만 다른 한편으로 기업가들은 세 가지 이유로 완전 고용에 반대(p. 206)하며 이로 인해 "대기업과 금리 생활자 이익 사이에" 완전 고용에 저항하는 "강력한 블록이 형성"(p. 212)될 수 있다.

2 『일반이론』 제11장의 자본의 한계 효율에 대한 논의에서 이자율은 자금 조달 비용으로서 투자 결정 요인으로 인식되고 있다. 하지만 장기 기대의 역할을 논의하는 제12장 이후부터는 이자 비용 경로(interest cost channel)가 특별히 강조되지 않으며, Seccareccia and Lavoie(2016, p. 208: 15~20)에 따르면 오히려 이자율 변동이 소득 분배를 통해 경제에 영향을 미치게 되는 새로운 전달 경로(income channel 혹은 income distribution transmission mechanism)가 보다 강조된다.

정에서는 산업 부문으로부터 이자 생활자 계층으로의 소득의 재분배가 수반될 수 있는데, 이는 계층 간 소비 성향의 차이에 따른 민간 소비 위축 및 유발 투자 감소를 초래할 수 있기 때문이다.

그렇다면 구체적으로 한국 경제에서 실제로 이자 생활자 부문과 산업 부문 간 소득의 재분배는 지금까지 어떤 양상으로 일어났을까? 이를테면 1990년대 말 아시아 외환 위기나 2000년대 말 글로벌 금융 위기 기간과 같은 우리가 최근에 경험한 가장 큰 폭의 경기 변동 과정에서는 어떠했을까? 케인스가 제시한 이 소득 이전의 측면에서 볼 때 1990년대 혹은 2000년대 이후 최근까지의 전반적인 추세는 어떠할까?

3. 파시네티의 공정 이자율과 소득 분배의 노동 원칙

이와 같은 문제를 살펴보기 위해서는 이자 생활자 부문을 둘러싼 소득 이전을 나타낼 수 있는 적절한 지표가 필요하다. 이 장에서는 Pasinetti(1980~1981, 1981)가 제안한 이른바 '소득 분배의 노동 원칙'(labor principle of income distribution)에 따른 '자연 이자율'(natural rate of interest)을 이를 위한 기준으로 삼는다. 그리고 1990년대 이후의 한국 경제에 대해 계산된 이 파시네티 척도의 변화 양상을 분석하는 것을 과제로 삼고자 한다. 주지하다시피 파시네티의 자연 이자율은 Lavoie and Seccareccia(1988, 1999)와 Seccareccia and Lavoie(2016)에 의해 '공정 이자율'(fair rate of interest) 개념으로 해석되어 캐나다와 미국 경제를 대상으로 1930년대 이후 이자 생활자 부문으로의 소득 이전 양상을 분석하는 데 사용된 바 있다. 여기에서 적용하는 실증적인 방법론은 이상과 같은 선행 연구에 기초한 것이다. 이를 위해 제3절에서는 먼저 파시네티 척도가 기초해 있는 이론적 기반으로서 공정 이자율 개념과 소득 분배의 노동 원칙에 대해 살펴본다.

m개의 생산 부문으로 구성된 가상의 경제를 가정하자. 경제 내 개별 생산 부문은 일련의 수직 통합된 하위 체계로서 각 부문의 평균 노동 생산성3)은 서로 다르며 모두 연속적으로 증가한다고 가정한다. 그리고 부문별 노동 생산성의 증가율을 감소하는 순서로 다음과 같이 나타낼 수 있다고 하자.

$$\lambda_1, \cdots, \lambda_i, \cdots, \lambda_j, \cdots, \lambda_m.$$

만약 상품 j가 뉴메레르(numéraire)로 주어져 있다면 채권이나 채무의 크기는 상품 j의 단위로 고정된다. 그런데 이를 다른 상품 단위로 바꾸면 채권이나 채무의 구매력에 변화가 생긴다. 예를 들어, 뉴메레르가 상품 j에서 상품 i로 바뀐다고 하자. $\lambda_i > \lambda_j$이므로 상품 i는 상품 j보다 노동 생산성이 빠르게 상승한다. 이는 상품 i가 상품 j에 비해 가치가 빠르게 하락하며 전자의 후자에 대한 상대가치가 단위 기간마다 $(\lambda_i - \lambda_j)$만큼 하락함을 의미한다. 따라서 뉴메레르가 바뀐다면 채권이나 채무의 크기를 $(\lambda_i - \lambda_j)$만큼 상향 조정해 주

3 본문에 요약적으로 제시한 파시네티의 논의는 자본재가 존재하지 않는 순수 노동 경제에서뿐만 아니라 각각의 부문이 소비재의 생산에 필요한 자본재의 생산까지를 포괄하는 수직 통합된 생산 체계인 경우에도 특별한 수정 없이 그대로 유효한 점이 알려져 있다(Pasinetti, 1981, pp. 171~173). 이 경우 각 부문의 노동 생산성은 해당 소비재 부문의 생산성과 이 소비재 생산을 위한 자본재 생산 부문의 생산성에 대한 일종의 가중 평균에 해당하며 이와 관련된 상세한 논의로는 Pasinetti(1981)의 제5장을 참고할 수 있다.

어야만 그 구매력이 일정하게 유지된다. 그럴 때에만 동일한 노동 시간을 구매할 수 있다는 의미에서 채권이나 채무의 가치가 변화가 없게 되기 때문이다. 파시네티는 채권과 채무의 구매력이 유지되도록 하는 이러한 가치 조정의 필요성으로부터 이자율이 존재하게 되는 필연적인 근거를 설명하였다.

국민 경제 내에서 채권자가 이자 생활자 계층이라면 주된 채무자는 산업 부문이라고 할 수 있다. 이들 사이의 채권 · 채무 관계는 상황에 따라서는 부의 순이전을 수반할 수 있다. 예를 들어, 이자율이 어떤 기준보다 높다면 이는 상대적으로 채권자에게 유리한 재분배 효과를 가져올 수 있다. 그렇다면 그 기준이란 어떤 것일까? 어떤 이자율 하에서 채권자인 이자 생활자 계층과 채무자인 산업 부문 사이에 부의 순이전이 일어나지 않고 채권과 채무의 구매력이 일정하게 유지될 수 있을까?

파시네티에 따르면 노동 시간 자체가 뉴메레르인 경우 영(0)의 이자율이 곧 소득 분배의 노동 원칙에 논리적으로 부합하는 유일한 이자율이 된다. 여기서 소득 분배의 노동 원칙이란, 국민 소득이 생산 과정에 직접적 혹은 간접적으로 기여한 노동에 비례하여 분배되는 것을 가리킨다. 이자율이 노동 시간을 단위로 하여 영이면 채권의 만기 시점에 대부자는 차입자로부터 애초에 빌려준 것과 동일한 크기의 노동 시간을 회수한다. 이런 경우 차입 시점에 대부자로부터 차입자로 이전되는 구매력과 상환 시점에 차입자로부터 대부자로 이전되는 구매력 사이에는 아무 차이가 없다. 부의 순이전이 발생하지 않는 것이다. 바로 이것이 Lavoie and Seccareccia(1999)가 정의한 이른바 공정 이자율이다. 노동 시간이 뉴메레르인 가운데 만일 이자율이 양(+)이면 이는 대부자가 원래 대부한 것보다 많은 노동 시간을 차입자로부터 회수하는 것이므로 차입자로부터 대부자로 구매력이 순수하게 이전되는 결과를 초래한다.

공정 이자율은 얼마든지 노동 시간이 아닌 다른 상품을 단위로 하여 표현될 수도 있다. 예를 들어, 상품 b가 뉴메레르가 될 수 있다. 앞에서 우리는 뉴메레르가 상품 j로부터 상품 i로 바뀌는 경우, 상품 i를 단위로 하여 공정 이자율이 $(\lambda_i - \lambda_j)$만큼이 됨을 살펴보았다. 동일한 논리로 뉴메레르가 노동 시간에서 상품 b로 바뀌는 경우 공정 이자율은 λ_b에서 영을 뺀 만큼이 된다. 왜 영을 빼는가 하면 각 부문에서 노동 생산성이 변화하더라도 노동 시간 자체는 그것이 지배하는 노동 시간이 일정하기 때문이다.

여기서 λ_b는 상품 b가 지배하는 노동 시간의 단위 기간당 감소율인 점을 유념할 필요가 있다. 상품 b를 단위로 채권과 채무를 표시하면 매 기간이 경과할 때마다 채권과 채무의 구매력이 λ_b의 비율로 줄어든다. 공정 이자율은 이 가치 손실을 정확히 보상하는 역할을 한다. 대부 시점에 상품 b 한 단위로 구매할 수 있는 노동 시간이 $l(0)$이었다고 할 때 임의의 t 시점 경과 후에는 동일한 상품 b 한 단위로 $l(0)e^{-\lambda_b t}$에 해당하는 노동 시간을 구매할 수 있게 된다. 여기에 이자율 λ_b를 적용한 이자를 더해 줄 때에만 비로소 대부 시점에서와 동일하게 $l(0)$의 노동 시간을 구매할 수 있다. 그렇기 때문에 공정 이자율이 λ_b가 되는 것이다.

마지막으로 공정 이자율은 특정 상품이 아닌 화폐를 계산 단위로 하여 나타낼 수도 있다. 이제 뉴메레르가 노동 시간에서 화폐로 바뀐다고 하면 공정 이자율은 화폐가 지배하는 노동 시간의 단위 기간당 감소율과 같게 된다. 즉, 화폐가 뉴메레르인 경우 공정 이자율 i_r^*는 명목 임금률의 상승률 g_w과 동일하다.

$$i_r^* = g_w.$$

이자율이 명목 임금률의 상승률과 일치하면 대부 시점과 회수 시점에 구매할 수 있는 노동 시간에 차이가 없게 되므로 이는 노동 시간을 뉴메레르로 할 때의 영의 이자율이나 상품 b를 뉴메레르로 할 때의 이자율 λ_b와 실질적인 구매력 측면에서, 즉 그것이 지배하는 노동 시간의 크기에서 정확히 일치하게 된다.

예를 들어, 명목 임금률이 시간당 1만 원이었고 차입자가 100만 원을 차입하면 이는 차입 시점 기준으로 100시간의 노동 시간에 해당한다. 이제 1년간 시간당 명목 임금이 10% 상승해 1.1만 원이 되었다고 할 때, 차입에 대한 이자율이 10%였다고 하면 차입자는 차입 후 1년 경과 시점에 110만 원을 상환해야 하는데, 이는 상승한 임금률을 감안하면 다시 100시간의 노동 시간에 해당하게 된다. 결국 명목 임금 상승률과 이자율이 10%로 일치하면, 차입한 것과 동일한 만큼의 노동 시간을 되갚는 셈이다. 차입자와 대부자 사이의 시점 간 소득 분배에 변동이 없는 것이다. 파시네티는 바로 이런 경우에 소득 분배의 노동 원칙이 달성된다고 본다.

이상의 논의에 따르면 실제 이자율이 공정 이자율 수준과 일치하지 않을 때 소득 분배에 왜곡이 일어나게 됨을 알 수 있다. 전자가 후자를 상회하면 대부자는 자신의 실제 기여에 비해 미래 시점에 많은 노동을 지배할 수 있게 된다. 산업 부문으로부터 이자 생활자 부문으로 부의 순이전은 이와 같은 과정을 거쳐 일어나게 된다.

4. 한국 경제에서 파시네티 척도의 추계: 1994~2016년간

채권과 채무의 구매력이 노동 시간을 기준으로 동일하게 유지되는 점에서 공정성이 보장되도록 하는 파시네티의 자연 이자율은 이와 같이 명목 임금의 상승률과 일치하게 된다. 이자율이 명목 임금의 상승률을 웃돌면 산업 부문에서 이자 생활자 부문으로, 반대로 이자율이 명목 임금률의 상승률을 밑돌면 이자 생활자 부문에서 산업 부문으로 부의 순이전이 이루어진다. 이에 따라 이자율 변동에 수반되는 두 부문 사이의 소득 재분배 효과는 다음 척도를 기준으로 측정할 수 있다.

$$i_r = g_w.$$

우리는 이 척도를 Seccareccia and Lavoie(2016)를 따라 '파시네티 척도'라고 부른다. 먼저 척도에 등장하는 명목 이자율 i_r은 재무적 위험에 대한 별도의 보상을 포함하지 않도록 무위험 이자율로 측정해야 한다. Seccareccia and Lavoie(2016)는 캐나다와 미국에 대해 10년 만기 국채의 만기 수익률에서 소비자 물가 지수 기준 인플레이션율의 실현치를 적용하여 무위험 실질 이자율을 측정하였다. 본 연구에서는 가능한 최대한 시계열을 장기화하기 위해 정부 발행 채권 가운데 5년 만기인 제1종 국민 주택 채권의 만기 수익률로 무위험 명목 이자율을 측정하였고, 이에 대해 소비자 물가 지수 기준 인플레이션율의 실현치를 적용하여 무위험 실질 이자율을 측정하였다.

척도의 두 번째 구성 부분인 g_w와 관련하여 Seccareccia and Lavoie(2016)는

실질 국내 총생산을 총노동 시간 혹은 노동자 수로 나누어 노동 생산성을 구한 다음 그 증가율로 실질 임금률의 상승률을 대리 측정하는 방식을 택하였다. 하지만 파시네티가 본래 제시한 자연 이자율, 즉 공정 이자율의 정의를 고려하면 결국 노동 시간에 대한 지배의 측면에서 구매력의 시점 간 차이가 문제가 되는 것이므로, 척도의 실측에 있어 노동 생산성의 증가율을 대리 변수로 사용하기보다는 직접 임금률의 상승률을 사용하는 것이 보다 바람직한 측면이 있는 것으로 보인다. 특히, 한국 경제는 발전 과정에서 노동자의 희생을 기반으로 생산성 향상을 일궈온 점을 감안할 때 임금률의 변동과 노동 생산성의 변동 사이에 작지 않은 괴리가 있는 것이 사실이다.

이와 같은 점을 고려하여 이 장에서는 척도의 g_w 부분을 두 가지 방식으로 산정하였다. 첫 번째 방식은 선행 연구인 Seccareccia and Lavoie(2016)의 방법을 그대로 적용하여 이를 노동 생산성의 증가율로 측정하는 것이다. 단, 본 연구에서 노동 생산성을 측정함에 있어서는 통계청이 발표하는 사업체 노동력 조사(사업체 임금 근로 시간 조사)의 총근로 시간 수를 기준으로 하여 단일한 시계열로 측정하였다. 노동 시간 대신에 노동자 수를 기준으로 노동 생산성을 측정할 수도 있겠으나, 이와 관련해서는 노동 공급 변동의 적지 않은 부분이 노동 시장 참여 여부('extensive margin')가 아닌 노동 시간 조정('intensive margin')으로 이루어지는 점을 감안할 필요가 있어 보인다. 본 연구에서는 이 첫 번째 방식과 함께 파시네티의 본래 정의로 돌아가 척도의 g_w를 시간당 임금의 상승률로 측정하는 두 번째 방식을 고려하였다. 여기서 시간당 임금의 시계열은 사업체 노동력 조사(사업체 임금 근로 시간 조사)의 임금 총액을 총근로 시간 수로 나누어 계산하였다.

[그림 12-1] 파시네티 척도 I

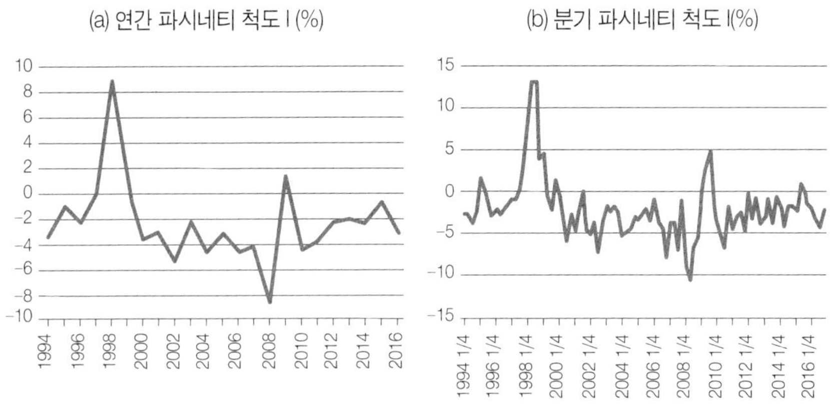

주: 파시네티 척도 I = 실질 금리 − 노동 생산성의 (전년 동기 대비) 증가율.

연간 및 분기 자료를 대상으로 g_w를 노동 생산성의 증가율로 측정하여 계산한 파시네티 척도 I 은 [그림 12-1]과 같다. [그림 12-2]는 연간 척도 I 에 대해 두 구성 부분이 각각 어떻게 변동했는지 그 추이를 보여 준다.

[그림 12-1]에서 1994년 이후 척도 I 의 변화 추이는 역대 정부 재임 기간과 관련시켜 대체로 네 개의 소시기(이하 1~4기)로 구분하여 살펴볼 수 있다. 먼저 1기는 1994년부터 1998년까지의 기간이다. 이 기간 중 1994년부터 1997년까지는 노동 생산성 증가율의 하락 폭이 실질 금리 하락 폭보다 컸고 이로 인해 척도가 완만하게 상승하였다. 그러나 1998년 들어 아시아 외환 위기를 배경으로 노동 생산성 증가율이 큰 폭으로 급락하고 실질 금리도 상승하면서 척도 값이 급등했다. 요컨대 1기 동안 척도는 소폭 상승하다가 외환 위기를 계기로 급상승하는 모습을 보였다.

[그림 12-2] 실질 금리와 노동 생산성 증가율의 추이(연간)

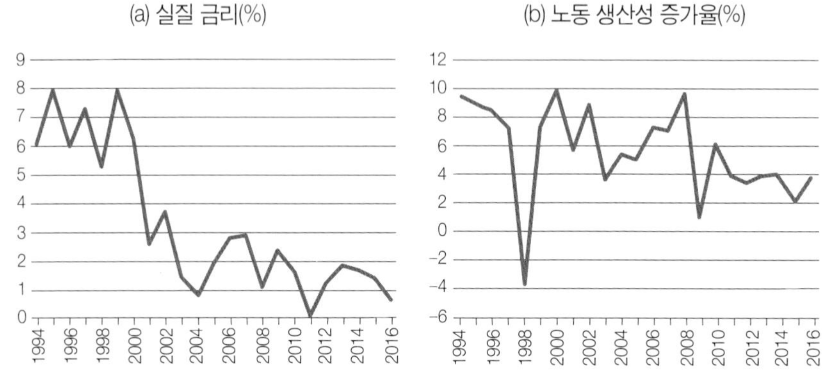

주: 1) 실질 금리 = 국민주택채권 1종(5년) 수익률 − 소비자 물가지수 상승률.
2) 노동 생산성 = 실질국내총생산 ÷ 총근로 시간 수.
자료: 사업체 노동력 조사(사업체 임금 근로 시간 조사) 총근로 시간 수.

2기는 1998년 이후 2002년까지의 하강 국면이다. 이 기간 중에는 외환 위기의 기저 효과로 인해 1999년과 2000년에 걸쳐 실질 금리 하락과 노동 생산성 상승이 두드러지게 나타났다. 이후에도 실질 금리는 하락세를 이어갔으나 그에 비해 노동 생산성 증가율은 특별히 하락하지 않았다. 이로 인해 2기 들어서는 척도가 큰 폭으로 하락하는 추세를 보였다. 2000년부터 3개년간은 척도값이 외환 위기 이전보다 낮은 수준을 유지했다.

3기는 2003년부터 2008년까지의 기간이다. 3기는 2기와 함께 1994년 이후 척도값의 하강 국면을 구성하는 것으로 보인다. 이 기간 중에는 실질 금리는 특별히 상승하거나 하락하지 않은 반면 노동 생산성 증가율의 상승 폭이 상대적으로 컸고 그 결과 척도는 2007년 이후 2기에 비해 수준 자체가 한층 더

[그림 12-3] 기간별 평균: 파시네티 척도 I

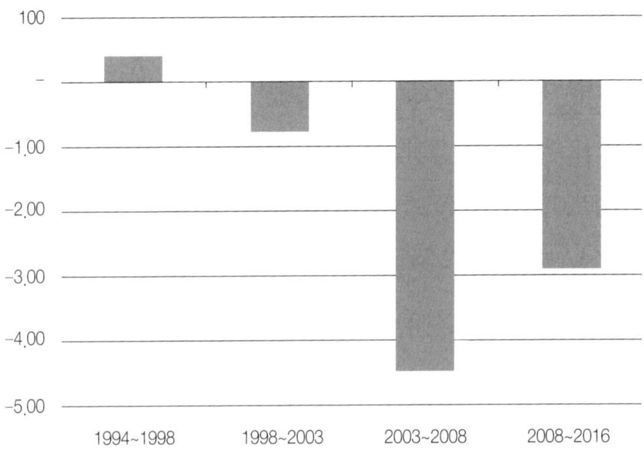

하락하는 모습을 보였다.

마지막으로 4기는 2008년 이후의 재상승 국면에 해당한다. 이 기간 중에는 먼저 2008년 이후, 특히 2009년까지 글로벌 금융 위기의 충격으로 노동 생산성 증가율이 크게 하락함에 따라 척도값이 급등했다. 그리고 금융 위기 이후에는 실질 금리와 노동 생산성 증가율이 모두 하락세를 보였으나, 전자의 효과보다 후자의 효과가 좀 더 컸고 이에 따라 척도는 완만하게 상승하는 모습을 보이고 있다. 다음의 [그림 12-3]은 이상 네 개의 소시기에 대한 연간 척도값의 기간별 평균이다.

파시네티 척도는 산업 부문으로부터 이자 생활자 부문으로 부의 순이전을 측정하기 위한 단서적인 지표이므로 『일반이론』에 제시된 케인스의 유효

[그림 12-4] 파시네티 척도 I 과 수요 변동 및 경제 성장의 관계

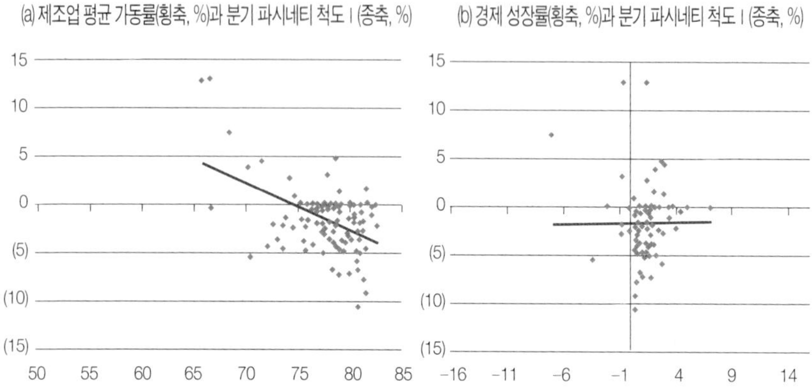

수요 이론에 따르면, 척도값이 상승할 때 거시 경제 총수요가 위축되는 효과가 있을 것으로 이론적으로 예상할 수 있다. 이와 같은 예상이 실제 자료에 어느 정도 부합할 수 있는지 검토하기 위한 한 가지 방법으로 본 연구에서는 척도와 설비 가동률 사이의 관계를 살펴보았다. 이는 자본 설비가 주어져 있는 단기에 수요의 변동은 가동률의 변동으로 반영되는 점을 고려한 것이다. [그림 12-4] ⓐ의 그림은 가동률과 척도의 산포도이다.

1994년 1분기부터 2016년 4분기까지 제조업 평균 가동률과 분기 파시네티 척도 I 사이의 상관계수는 −55.86%으로 이들이 뚜렷한 음의 선형 상관관계에 있음을 알 수 있다. 그리고 종축 변수인 파시네티 척도로 횡축 변수인 가동률을 설명하는 단순 회귀 분석에서도 추정 계수의 t−통계량이 −6.3888로 계산되어 척도의 가동률에 대한 설명력이 유의한 것으로 분석되었다. 이는 이자 생활자 부문과 산업 부문 간 부의 이전이 표본 기간 중 유효 수요의 변동을 반

영하는 가동률 변화를 설명할 수 있음을 시사하는 것이다. 다만 이상의 상관 분석이나 단순 회귀 분석에는 거시 경제 총수요 변동을 설명할 수 있는 여러 다른 요인들의 영향이 통제되지 않은 한계점이 있다. 이 문제를 해소하기 위해서는 총수요 변동을 설명하기 위한 적절한 경제 모형의 선택이 필수적이며 이는 이론적으로 간단한 문제가 아니다. 우리는 이 점을 향후 연구 과제로 남기고자 한다.

한편, [그림 12-4] (b)의 그림은 척도와 경제 성장률의 산포도이다. 이 두 변수 간 상관계수는 -9.08%로 계산되었다. 하지만 종축 변수인 파시네티 척도로 횡축 변수인 성장률 변동을 설명하는 단순 회귀 분석에서 추정 계수의 p 값이 0.3896에 달해 척도는 전반적인 성장률 추이에 대한 설명력은 없는 것으로 분석되었다. 물론 이는 유효 수요 변동 외에 다른 경제 성장 관련 요인들의 영향이 통제되지 않은 가운데 얻어진 결과라는 점은 감안해야 할 것이다.

[그림 12-5]는 노동 생산성이 아닌 임금률 변동에 근거하여 척도 시계열을 추계한 결과이다. 앞에서 밝힌 바와 같이 여기서는 연간 및 분기 자료를 대상으로 g_w를 임금률의 상승률로 측정하였다. [그림 12-6]은 척도값을 결정하는 두 요소가 1994년 이후 어떻게 변동했는지 그 추이를 보여 준다.

척도 I 과 척도II는 g_w의 측정 방법에 따른 구분이다. [그림 12-1]과 [그림 12-5]의 전반적인 추세를 비교해 보면 일견 두 척도값의 변화 양상 사이에는 큰 차이가 없는 것으로 보인다. 하지만 2008년의 경우 척도 I 은 전년 대비 하락한 반면 척도II는 상승하고 있어 대조가 뚜렷하다. 2011년의 경우에도 척도 I 기준으로는 상승세가 이어지는 것으로 보이지만 척도II 기준으로는 그렇지 않다. [그림 12-7]은 두 척도 시계열을 비교하려는 목적으로 하나의 그래프

[그림 12-5] 파시네티 척도 II

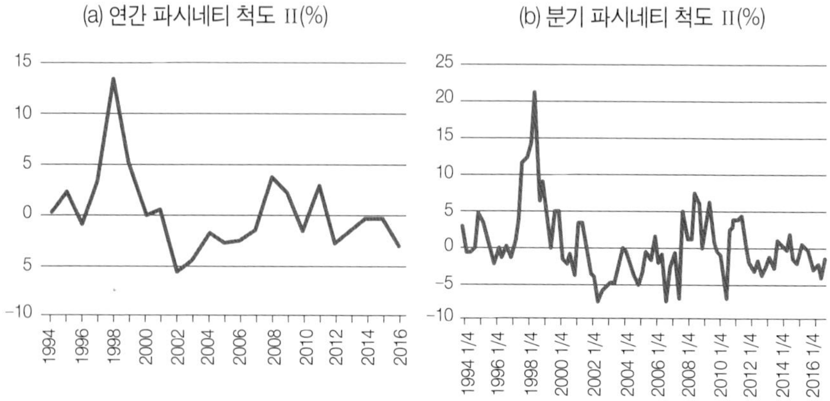

주: 파시네티 척도 II = 명목 금리 - 시간당 임금 상승률.

[그림 12-6] 명목 금리와 시간당 임금의 상승률 추이(연간)

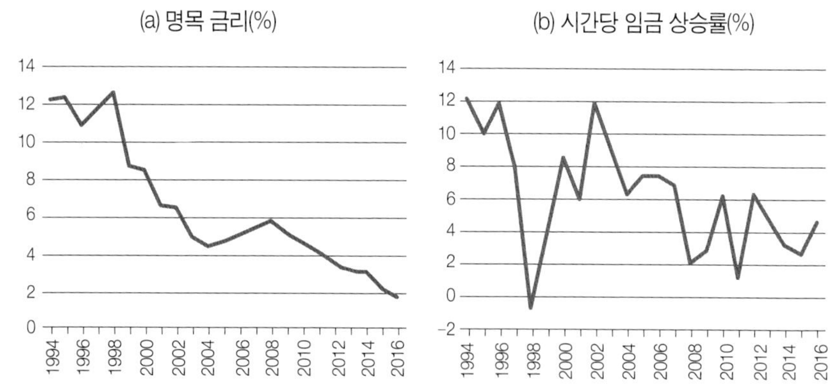

주: 1) 명목 금리 = 국민 주택 채권 1종(5년) 수익률.
2) 시간당 임금 = 임금 총액 ÷ 총근로 시간 수.
자료: 사업체 노동력 조사(사업체 임금 근로 시간 조사) 임금 총액, 총근로 시간 수.

[그림 12-7] 척도 시계열 I 과 척도 시계열 II 의 비교

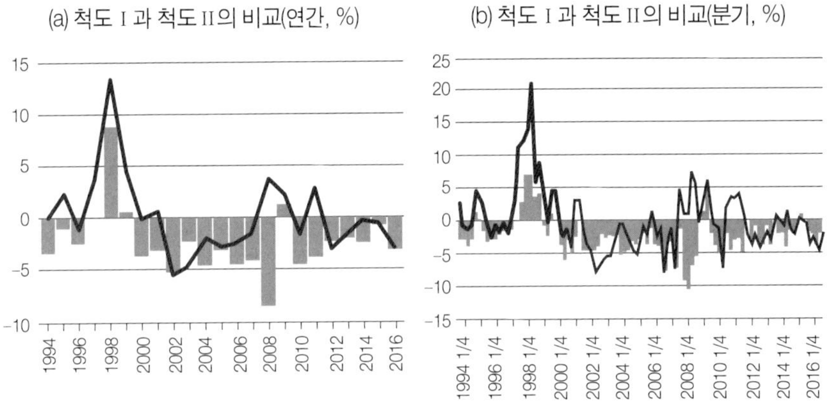

주: 막대 그래프는 척도 I , 실선은 척도 II.

에 포개 놓은 것이다. 여기서 막대 그래프는 척도 I 을, 그리고 실선은 척도 II를 각각 나타낸다.

2008년의 척도값 변화 양상이 서로 다른 원인은 두 가지인데, 그 첫 번째는 이 기간에 명목 금리와 실질 금리가 서로 다른 방향으로 변동한 데에서 찾을 수 있다. [그림 12-2]와 [그림 12-6]을 비교해 보면 2008년에 명목 금리는 글로벌 금융 위기의 영향을 반영하여 상승했지만 실질 금리는 인플레이션율 상승으로 인해 오히려 전년 대비 하락한 것으로 나타난다. 그런데 그보다도 더 중요한 원인은 노동 생산성 증가율과 임금 상승률이 상당히 큰 폭으로 괴리되면서 서로 다른 방향으로 변동한 것이다.

[그림 12-8]을 보면 1994년 이후 최근까지 대개 노동 생산성 증가율이 실질 임금 상승률을 상회했음을 알 수 있다. 이는 척도 I 과 척도 II 의 절대 수준을

[그림 12-8] **노동 생산성 증가율과 실질 임금 상승률 간의 괴리**

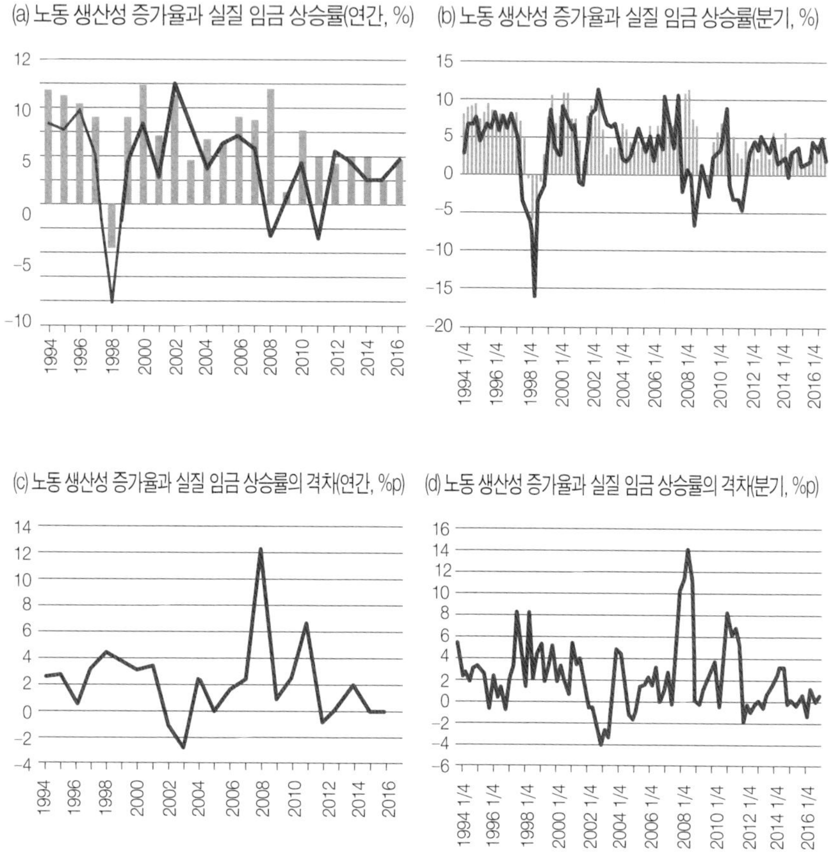

비교해 보면 평균적으로 전자가 후자보다 작은 크기를 갖는 점과 직결되는 것이다. 그런데 좌측의 연간 자료를 중심으로 보면 노동 생산성 증가율과 실질 임금 상승률은, 특히 2008년과 2011년에 6%p 이상 벌어지며 이 둘이 큰 폭

[그림 12-9] 기간별 평균: 파시네티 척도II

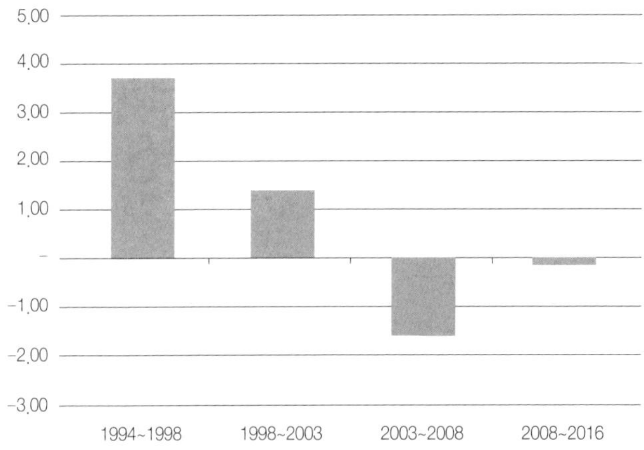

으로 괴리되었음을 알 수 있다. 우리는 바로 이와 같은 실제 자료상의 작지 않은 차이를 감안할 때, 척도 시계열을 구축함에 있어 척도II가 척도I에 비해 바람직한 것일 수 있다고 판단한다.

다만 [그림 12-3]과 [그림 12-9]를 비교해 보면, 1994년 이후 기간을 앞에서와 같이 다시 소시기별로 나누어 볼 때 척도I과 척도II의 기간별 평균의 변화 추세가 크게 다르지 않은 점을 확인할 수 있다.

척도II에 대해서도 유효 수요 변동 및 경제 성장과의 관계 측면에서 척도의 기본적인 성질을 살펴볼 수 있다. [그림 12-10] (a)의 그림은 척도 변동이 수요 변동과 음의 상관관계를 갖는 점을 보여 준다. 척도와 가동률의 상관 계수는 표본 기간에 대해 -40.62%이며 종축 변수인 척도값으로 횡축 변수인 가동

[그림 12-10] 파시네티 척도II와 수요 변동 및 경제 성장의 관계

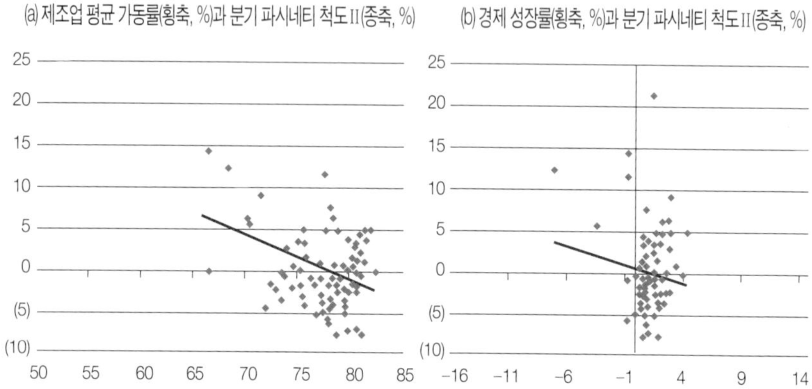

률의 변동을 설명하는 단순 회귀 분석에서 추정 계수의 p값은 0.0001이고 t-통계량은 −4.2175로 계산되었다. 이는 척도값의 상승이 유효 수요에 부정적인 영향을 미칠 수 있다는 이론적 예측에 부합하는 결과라고 할 수 있다.

하지만 [그림 12-10] (b)의 그림에서 척도와 성장률 사이의 관계는 다소 불분명한 측면이 있다. 이 두 시계열 사이의 상관 계수는 −11.92%로 계산되었다. 하지만 종축 변수로 횡축 변수를 설명하는 단순 회귀 분석에서 추정 계수의 p값이 0.2577이고 t-통계량 값이 −1.1390인 점을 고려하면 척도와 성장률 사이에 통계적으로 유의한 관계가 있다고 보기는 어려운 것으로 판단된다. 요컨대 척도II와 척도 I 은 둘 다 가동률, 즉 유효 수요의 변동에 대해서는 일정한 설명력이 있으나 성장률 자체의 변동을 설명하는 데에는 한계가 있어 보인다.

5. 소결

파시네티의 '소득 분배에 대한 노동 이론'은 이자율이 어떤 수준일 때 채권자와 채무자 사이에 시점 간 소득 재분배가 공정하게 이루어지는가 하는 문제에 대한 하나의 가설적 기준을 제시하는 것으로서, 특히 케인스가 『일반이론』에서 제기한 이자 생활자를 둘러싼 소득 분배의 문제와 관련하여 의미있는 시사점을 제공한다. 이론의 결론은 인플레이션이 없고 노동 생산성이 정체되어 있던 전근대 사회에서는 영의 이자율이 공정했다면, 인플레이션과 노동 생산성의 추세적 향상이 특징적인 자본주의 경제에서는 명목 임금률의 상승률에 해당하는 명목 이자율이 곧 공정한 이자율이 된다는 것이다. 본 연구에서 1994년 이후의 한국 경제를 대상으로 추계한 파시네티 척도는 이와 같은 공정 이자율 개념에 입각한 것이다.

이를 위해 우리는 각각 노동 생산성과 임금률을 기준으로 척도 I 과 척도 II의 시계열을 추계하였다. 그 결과, 두드러진 시사점은 다음의 두 가지로 요약할 수 있다. 첫째, 표본 기간 중 특히 1998년 외환 위기와 2008년 글로벌 금융 위기 기간에는 산업 부문으로부터 이자 생활자 계층으로 부의 이전이 크게 일어났을 가능성이 확인되었다. 유효 수요 변동을 대리하는 가동률 변수와 척도의 관계를 감안하면 이는 위기 기간 중에 이자 생활자 계층으로의 재분배가 유효 수요의 위축을 초래했을 수 있음을 시사한다. 둘째, 2008년 이후 척도값의 기존 하락세가 반전되어 재상승하고 있는 것으로 보인다.

참고문헌

김진일(2013), 「소규모 개방 경제에서 소득분배가 경제성장에 미치는 영향: 칼레츠키안 거시모형을 이용한 실증분석」, 『사회경제평론』, 42, 119~136.

나원준(2017), 「네오 칼레츠키언 모형의 장기 동학과 초승수 효과」, 『사회경제평론』, 54, 37~61.

박만섭(2005), 「과거를 향하여 앞으로 – 스라피언 경제학」, 박만섭 엮음, 『경제학, 더 넓은 지평을 향하여』, 서울: 이슈투데이, 279~306.

이강국(2017), 「소득주도 성장: 이론, 실증, 그리고 한국의 논쟁」, 『재정학연구』, 10(4), 1~43.

이상헌(2014), 「소득주도성장: 이론적 가능성과 정책적 함의」, 『사회경제평론』, 43, 67~99.

전수민 · 주상영(2016), 「한국의 기능적 분배와 총수요: 단일방정식 접근」, 『사회경제평론』, 51, 1~25.

정상준(2017), 「임금주도 수요체제와 가계부채: 한국경제의 SVAR 분석」, 『사회경제평론』, 52, 153~186.

주상영(2013), 「노동소득분배율 변동이 내수에 미치는 영향」, 『경제발전연구』, 19(2), 151~182.

홍장표(2014a), 「한국의 노동소득분배율이 총수요에 미치는 영향: 임금주도 성장모델의 적용 가능성」, 『사회경제평론』, 43, 101~138.

______(2014b), 「한국의 기능적 소득분배와 경제성장: 수요체제와 생산성체제 분석을 중심으로」, 『경제발전연구』, 20(2), 67~97.

홍태희(2009), 「한국경제에서 성장과 분배: 바두리 마글린 모형을 중심으로」, 『질서경제저널』, 12(3), 43~61.

Agell, J.(1999), "On the benefits from rigid labour markets: norms, market failures, and social insurance," *Economic Journal*, 109, 143~164.

Aghion, P., E. Caroli, and C. Garcia-Penalosa(1999), "Inequality and economic growth: the perspective of the new growth theories," *Journal of Economic Literature*, 37(4), 1615~1660.

Aghion, P. and P. Howitt(1998), *Endogenous Growth Theory*, Cambridge, MA: MIT Press.

Allen, R. C.(2011), 이강국 역(2017), 『세계경제사』, 교유서가.

Amadeo, E. J.(1986), "The role of capacity utilization in long period analysis," *Political Economy*, 2, 147~160.

Anzoategui, D., D. Comin, M. Gertler, and J. Martinez(2016), "Endogenous technology adoption and R&D as sources of business cycle persistence," NBER Working Paper No. 22005.

Arestis, P. and M. Sawyer(2009), "Path dependency and demand-supply interactions in macroeconomic analysis," in P. Arestis and M. Sawyer(eds.), *Path Dependency and Macroeconomics*, Basingstoke, UK: Palgrave Macmillan, 1~36.

Atkinson, A. B. and T. Piketty(2007), *Top Incomes over the Twentieth Century: A Contrast between Continental European and English-Speaking Countries*, Vol. 1, Oxford: Oxford University Press.

______(2010), *Top Incomes over the Twentieth Century: A Global Perspective*, Vol. 2, Oxford: Oxford University Press.

Atkinson, A. B., T. Piketty, and E. Saez(2011), "Top incomes in the long run of history," *Journal of Economic Literature*, 49, 3~71.

Auer, P., J. Berg, and I. Coulibaly(2005), "Is a stable workforce good for productivity?," *International Labour Review*, 144(3), 319~343.

Ball, L. M.(2014), "Long-term damage from the Great Recession in OECD countries," *European Journal of Economics and Economic Policies: Intervention*, 11(2), 149~160.

Barbosa-Filho, N. H. and L. Taylor(2006), "Distributive and demand cycles in the US economy: a structuralist Goodwin model," *Metroeconomica*, 57(3), 389~411.

Barro, R. J.(2000), "Inequality and growth in a panel of countries," *Journal of Economic Growth*, 5(1), 5~32.

______(2008), "Inequality and growth revisited," Working Paper Series on Regional and Economic Integration No. 11, Manila: Asian Development Bank.

Benabou, R.(1996), "Inequality and growth," in B. Bernanke and J. J. Rotemberg(eds.), *NBER Macroeconomics Annnual*, Vol. 11, Cambridge, MA: MIT Press, 11~74.

Berg, A. G. and J. D. Ostry(2011), "Inequality and unsustainable growth: two sides of the same coin?," IMF Staff Discussion Note SDN/11/08, Washington, DC: IMF.

Berg, A. G., J. D. Ostry, and J. Zettelmeyer(2008), "What makes growth sustained?," IMF Working Paper 08/59, Washington, DC: IMF.

Bhaduri, M. and S. Marglin(1990), "Unemployment and the real wage: the economic basis for contesting political ideologies," *Cambridge Journal of Economics*, 14(4), 375~393.

Blanchard, O. J.(2014), "Where dangers lurks," *Finance and Development*, September, 28~31.

Blanchard, O. J., E. Cerutti, and L. H. Summers(2015), "Inflation and activity - two explanations and their monetary policy implications," IMF Working Paper 15/230, Washington, DC: IMF.

Blanchard, O. J. and D. Quah(1989), "The dynamic effects of aggregate demand and supply disturbances," *American Economic Review*, 79(4), 655~673.

Blanchard, O. J. and L. H. Summers(1986), "Hysteresis and the European unemployment problem," in S. Fischer(ed.), *NBER Macroeconomics Annual 1986*, Vol. 1, Cambridge, MA: MIT Press, 15~78.

____(1987), "Hysteresis in unemployment," *European Economic Review*, 31, 288~295.

Blecker, R.(2016), "Wage-led versus profit-led demand regimes: the long and the short of it," *Review of Keynesian Economics*, 4(4), 373~390.

Boddy, R. and J. Crotty(1975), "Class conflict and macro-policy: the political business cycle," *Review of Radical and Political Economics*, 7(1), 1~19.

Bowles, S. and R. Boyer(1995), "Wages, aggregate demand and employment in an open economy: an empirical investigation," in G. A. Epstein and H. M. Gintis(eds.), *Macroeconomic Policy after the Conservative Era*, Cambridge: Cambridge University Press, 143~171.

Carvalho, L. and A. Rezai(2016), "Personal income inequality and aggregate demand," *Cambridge Journal of Economics*, 40(2), 491~505.

Delong, J. B. and L. H. Summers(2012), "Fiscal policy in a depressed economy," *Brookings Papers in Economic Activity*, March (1), 233~297.

Domar, E. D.(1946), "Capital expansion, rate of growth and employment," *Econometrica*, 14, 137~147.

Dray, M. and A. P. Thirlwall(2011), "The endogeneity of the natural rate of growth for a selection of Asian countries," *Journal of Post Keynesian Economics*, 33(3), 451~468.

Dutt, A. K.(1984), "Stagnation, income distribution and monopoly power," *Cambridge Journal of Economics*, 8, 25~40.

____(1987), "Alternative closures again: a commnet on growth, distribution and inflation," *Cambridge Journal of Economics*, 8(1), 25~40.

____(2006), "Aggregate demand, aggregate supply and economic growth," *International Review of Applied Economics*, 20(3), 319~336.

____(2017), "Income inequality, the wage share, and economic growth," *Review of Keynesian Economics*, 5(2), 170~195.

Ederer, S. and E. Stockhammer(2007), "Wages and aggregate demand in France: an empirical investigation," in E. Hein and A. Truger(eds.), *Money, Distribution, and Economic Policy –*

Alternatives to Orthodox Macroeconomics, Cheltenham, UK and Northampton, MA: Edward Elgar, 138~140.

Felipe, J. and J. McCombie(2010), "On accounting identities, simulation experiments and aggregate production functions: a cautionary tale for (neoclassical) growth theorist," in M. Setterfield(ed.), *Handbook of Alternative Theories of Economic Growth*, Cheltenham, UK and Northampton, MA: Edward Elgar Publishing.

______(2013), *The Aggregate Production Function and the Measurement of Technical Change: 'Not Even Wrong'*, Cheltenham, UK and Northampton, MA: Edward Elgar Publishing.

Foley, D. K. and T. Michl(1999), *Growth and Distribution*, Cambridge, MA: Harvard University Press.

Forbes, K.(2000), "A reassessment of the relationship between inequality and growth," *American Economic Review*, 90, 869~887.

Galbraith, J. K.(2008), *The Predator State: How Conservatives Abandoned the Free Market and Why Liberals should too*, New York: Free Press.

_____(2014), "Kapital for the Twenty-First Century," Dissent, Spring(http://www.dissentmagazine.org/article/kapital-for-the-twenty-first-century/).

Galor, O. and J. Zeira(1993), "Income distribution and macroeconomics," *Review of Economic Studies*, 60(1), 35~52.

Grossman, G. and E. Helpman(1991), *Innovation and Growth in the Global Economy*, Cambridge, MA: MIT Press.

Harrod, R. F.(1939), "An essay in dynamic theory," *Economic Journal*, 49, 14~33.

Hein, E.(2008), *Money, Distribution Conflict and Capital Accumulation*, Basingstoke, UK: Palgrave Macmillan.

_____(2014), *Distribution and Growth after Keynes*, Cheltenham, UK and Northampton, MA: Edward Elgar.

_____(2018), "Autonomous government expenditure growth, deficits, debt, and distribution in a neo-Kaleckian growth model," *Journal of Post Keynesian Economics*, 41(2), 316~338.

Hein, E. and L. Vogel(2008), "Distribution and growth reconsidered: empirical results for six OECD countries," *Cambridge Journal of Economics*, 32(3), 479~511.

Hein, E. and A. Tarassow(2010), "Distribution, aggregate demand and productivity growth: theory and empirical results for six OECD countries based on a post-Kaleckian model," *Cambridge*

Journal of Economics, 34(4), 727~754.

Jeon, Y. and T. H. Yoo(2011), "The endogeneity of the natural rate of growth: evidence from OECD countries," 『산업경제연구』, 24(1), 187~201.

Jones, C. I. and P. M. Romer(2010), "The new Kaldor facts: ideas, institutions, population, and human capital," *American Economic Journal: Macroeconomics*, 2(1), 224~245.

Kaldor, N.(1957), "A model of economic growth," *Economic Journal*, 67, 591~624.

_____(1961), "Capital accumulation and economic growth," in F. A. Lutz and D. C. Hague(eds.), *The Theory of Capital*, New York: St Martin's Press.

Kalecki, M., 조복현 역(2010), 『완전고용의 정치적 측면, 자본주의 경제 동학 에세이 1933~1970』, 지식을만드는지식, 205~213.

Keynes, J. M., 조순 역(2007), 『고용, 이자 및 화폐의 일반이론』, 비봉출판사.

Kravis, I.(1959), "Relative income shares in fact and theory," *American Economic Review*, 49(5), 917~949.

Kruger, A.(1999), "Measuring labor's share," *American Economic Review*, 89(2), 45~51.

Kumhof, M. and R. Ranciere(2010), "Inequality, leverage and crises," IMF Working Paper No. 268, Washington, DC: IMF.

Kumhof, M., C. Lebarz, R. Ranciere, A. W. Richter, and N. A. Throckmorton(2012), "Income inequality and current account imbalances," IMF Working Paper No. 12/08, Washington, DC: IMF.

Kuznets, S.(1955), "Economic growth and income inequality," *American Economic Review*, 45(1), 11~28.

_____(1966), *Modern Economic Growth*, New Haven: Yale University Press.

Lanzafame, M.(2010), "The endogeneity of the natural rate of growth in the regions of Italy," *International Review of Applied Economics*, 24(5), 533~552.

Lavoie, M.(1999), "Fair Rates of Interest and Post-Keynesian Economics: The Canadian Case," mimeo.

_____(2014), *Post-Keynesian Economics: New Foundations*, Cheltenham, UK and Northampton, MA: Edward Elgar.

_____(2016), "Convergence towards the normal rate of capacity utilization in neo-Kaleckian models: the role of non-capacity creating autonomous expenditures," *Metroeconomica*, 67(1), 172~201.

_____(2017), "The origins and evolution of the debate on wage-led and profit-led regime," *European Journal of Economics and Economic Policies: Intervention*, 14(2), 200~221.

_____(2018), "Rethinking macroeconomic theory before the next crisis," *Review of Keynesian Economics*, 6(1), 1~21.

Lavoie, M. and M. Seccareccia(1988), "Money, Interest and Rentiers: The Twilight of Rentier Capitalism in Keynes's General Theory," *Keynes and Public Policy After Fifty Years*, Vol. 2, Aldershot, UK: Edward Elgar, 145~158.

_____(1999), "Interest Rate: Fair," in P. A. O'Hara(ed.), Encyc*lopedia of Political Economy*, Vol. 1, London: Routledge, 543~545

Lavoie, M. and E. Stockhammer(2013), "Wage-led growth: concept, theories and policies," in M. Lavoie and E. Stockhammer(eds.), *Wage-led Growth: An Equitable Strategy for Economic Recovery*, Basingstoke and Geneva: Palgrave Macmillan and ILO, 13~39.

Leon-Ledesma, M. A. and A. P. Thirlwall(2002), "The endogeneity of the natural rate of growth," *Cambridge Journal of Economics*, 26(4), 441~459.

Libanio, G. A.(2009), "Aggregate demand and the endogeneity of the natural rate of growth: evidence from Latin American economies," *Cambridge Journal of Economics*, 33(5), 967~984.

Lucas, R. E., Jr.(1988), "On the mechanics of economic development," *Journal of Monetary Economics*, 22, 3~42.

Maddison, A.(1991), *Dynamic Forces in Capitalist Development*, Oxford, UK: Oxford University Press.

_____(2010), "Historical statistics of the world economy: 1-2008 AD"(http://www.ggdc.net/maddison/oriindex.htm).

Marcuzzo, M. C.(2003), "Joan Robinson and the three cambridge revolutions," *Review of Political Economy*, 15(4), 545~560.

Marglin, S.(1984), "Growth, distribution and inflation: a centennial synthesis," *Cambridge Journal of Economics*, 8(2), 115~144.

Marglin, S. and A. Bhaduri(1990), "Profit squeeze and Keynesian theory," in S. Marglin and J. Schor(eds.), *The Golden Age of Capitalism: Reinterpreting the Postwar Experience*, Oxford: Clarendon Press, 153~186.

Marquetti, A.(2004), "Do rising real wages increase the rate of labour-saving technical change?

some econometric evidence," *Metroeconomica*, 55(4), 432~441.

Martin, R. and P. Sunley(2006), "Path dependence and regional economic evolution," *Journal of Economic Geography*, 6(2), 395~437.

Mason, J. W.(2017), *What Recovery? The Case for Continued Expansionary Policy at the Fed*, The Roosevelt Institute.

Mazzucato, M.(2013), *The Entrepreneurial State: Debunking Public vs. Private Sector Myths*, London, UK: Anthem Press.

_____(2016), "Innovation, the state and patient capital," *The Political Quarterly*, 86(S1), 98~118.

McCombie, J.(2002), "Increasing returns and the Verdoorn law from a Kaldorian perspective," in J. McCombie, M. Pugno, and B. Soro(eds.), *Productivity Growth and Economic Performance: Essasy on Verdoorn's Law*, Basingstoke, Palgrave Macmillan, 64~114.

McCombie, J. and A. P. Thirlwall(1994), *Economic Growth and the Balance-of-Payments Constraint*, New York: St. Martin's Press.

Mitchell, W. and J. Muysken(2008), *Full Employment Abandoned: Shifting Sands and Policy Failures*, Chaltenham, UK and Northampton, MA: Edward Elgar.

Mirrlees, J. A.(1971), "An exploration in the theory of optimum income taxation," *Review of Economic Studies*, 38(2), 175~208.

Moseley, F.(2015), "Piketty and Marginal Productivity Theory: A Superficial Application of an Incoherent Theory," *International Journal of Political Economy*, 43, 105~120.

Naastepad, C. W. M.(2006), "Technology, demand and distribution: a cumulative growth model with an application to the Dutch productivity growth slowdown," *Cambridge Journal of Economics*, 30(3), 403~434.

Nah, W. J. and M. Lavoie(2017), "Long-run convergence in a neo-Kaleckian open-economy model with autonomous export growth," *Journal of Post Keynesian Economics*, 40(2), 223~238.

_____(2018), "Convergence in a neo-Kaleckian model with endogenous technical progress and autonomous demand growth," *Review of Keynesian Economics*, forthcoming.

Nell, E.(1985), "Jean Baptiste Marglin: a comment on growth, distribution and inflation," *Cambridge Journal of Economics*, 9(2), 173~178.

Onaran, O. and G. Galanis(2012), "Is aggregate demand wage-led or profit-led? national and global effects," Working Paper No. 40, Conditions of Work and Employment Series, ILO.

_____(2013), "Is aggregate demand wage-led or profit-led? a global model," in M. Lavoie and E.

Stockhammer(eds.), *Wage-led Growth: An Equitable Strategy for Economic Recovery*, Basingstoke and Geneva: Palgrave Macmillan and ILO, 71~99.

_____(2014), "Income distribution and growth: a global model," *Environment and Planning A*, 46(10), 2489~2513.

Onaran, O. and E. Stockhammer(2005), "Two different export-oriented growth strategies: accumulation and distribution in Turkey and in South Korea," *Emerging Markets Finance and Trade*, 41(1), 65~89.

Ostry, J. D., A. Berg, and C. D. Tsangaridis(2014), "Redistribution, inequality and growth," IMF Staff Discussion Note SDN/14/02, Washington, DC: IMF.

Palley, T. I.(2017), "Wage- vs. profit-led growth: the role of the distribution of wages in determining regime character," *Cambridge Journal of Economics*, 41(1), 49~61.

Pasinetti, L. L.(1980-81), "The Rate of Interest and the Distribution of Income in a Pure Labor Economy," *Journal of Post Keynesian Economics*, 3(2), 170~182.

_____(1981), *Structural Change and Economic Growth*, Cambridge University Press.

Peach, K. E. and T. D. Stanley(2009), "Efficiency wages, productivity and simultaneity: a meta-regression analysis," *Journal of Labor Research*, 30(3), 262~268.

Piketty, T.(2014), 장경덕 외 역, 이강국 감수, 『21세기 자본』, 글항아리.

Pomeranz, K.(2000), *The Great Divergence: China, Europe and the Making of the Modern World Economy*, Princeton: Princeton University Press.

Rajan, R.(2010), 김민주 · 송희령 역(2011), 『폴트라인: 보이지 않는 균열이 어떻게 세계 경제를 위협하는가』, 에코리브르.

Rebelo, S.(1991), "Long-run policy analysis and long-run growth," *Journal of Political Economy*, 99, 500~521.

Reifschneider, D., W. Wascher, and D. Wilcox(2015), "Aggregate supply in the United States," *IMF Economic Review*, 63, 71~109.

Romer, P. M.(1986), "Increasing returns and long-run growth," *Journal of Political Economy*, 94(5), 1002~1037.

_____(1990), "Endogenous technological change," *Journal of Political Economy*, 98(5-2), 71~102.

Rowthorn, R. E.(1981), "Demand, real wages and economic growth," Thames Papers in Political Economy, Autumn, 1~39.

Samuelson, P. A.(1966), "A summing up," *Quarterly Journal of Economics*, 80, 568~583.

Sawyer, M.(2009), "The central core of heterodox macroeconomics," in J. P. Goldstein and M. G. Hillard(eds.), *Heterodox Macroeconomics: Keynes, Marx and Globalization*, Routledge, 24~35.

Seccareccia, M. and M. Lavoie(2016), "Income Distribution, Rentiers, and Their Role in a Capitalist Economy," *International Journal of Political Economy*, 45, 200~223.

Seguino, S.(1999), "The investment function revisited: disciplining capital in South Korea," *Journal of Post Keynesian Economics*, 22(2), 313~338.

Setterfield, M.(2016), "Economic growth and development," in L-P. Rochon and S. Rossi(eds.), *An Introduction to Macroeconomics*, Cheltenham, UK and Northampton, MA: Edward Elgar, 211~232.

Solow, R. M.(1956), "A contribution to the theory of economic growth," *Quarterly Journal of Economics*, 70, 65~94.

_____(2000), "The neoclassical theory of growth and distribution," *Banca Nazionale del Lavoro Quarterly Review*, 53, 349~381.

Stiglitz, J.(2012), 이순희 역(2013), 『불평등의 대가: 분열된 사회는 왜 위험한가』, 열린책들.

_____(2017), Where modern macroeconomics went wrong, NBER Working Paper No. 23795.

Stockhammer, E.(2012), "Rising inequality as a root cause of the present crisis," Working Paper Series No. 282, Political Economy Research Institute, Amherst, University of Massachusetts.

_____(2017), "Wage-led versus profit-led demand: what have we learned? a Kaleckian-Minskyan view," *Review of Keynesian Economics*, 5(1), 25~42.

Stockhammer, E. and S. Ederer(2008), "Demand effects of a falling wage share in Austria," *Empirica*, 35(5), 481~502.

Stockhammer, E. and O. Onaran(2004), "Accumulation, distribution and employment: a structural VAR approach to a Kaleckian macro model," *Structural Change and Economic Dynamics*, 15(4), 421~447.

_____(2013), "Wage-led growth: theory, evidence, policy," *Review of Keynesian Economics*, 1(1), 61~68.

Storm, S. and C. W. M. Naastepad(2007), "It is high time to ditch the NAIRU," *Journal of Post Keynesian Economics*, 29(4), 531~554.

_____(2008), "The NAIRU reconsidered: why labour market deregulation may raise unemployment," *International Review of Applied Economics*, 22(5), 527~544.

_____(2009), "Labor market regulation and productivity growth: evidence from twenty OECD countries (1984-2004)," *Industrial Relations*, 48(4), 629~654.

_____(2012), *Macroeconomics beyond the NAIRU*, Cambridge, MA: Harvard University Press.

_____(2013), "Wage-led or profit-led supply: wages, productivity and investment," in M. Lavoie and E. Stockhammer(eds.), *Wage-Led Growth; An Equitable Strategy for Economic Recovery*, Basingstoke and Geneva: Palgrave Macmillan and ILO, 100~124.

Stuart, E.(2011), "Making Growth Inclusive: Some Lessons from Countries and Literature," Oxfam Research Reports.

Taylor, L.(1991), *Income Distribution, Inflation and Growth: Lectures on Structuralist Macroeconomic Theory*, Cambridge, MA: MIT Press.

Tcherneva, P. R.(2018), "The job guarantee: design, jobs, and implementation," Levy Economics Institute Working Paper No. 902.

Vergeer, R. and A. Klenknecht(2011), "The impact of labor market deregulation on productivity: a panel data analysis of 19 OECD countries (1960-2004)," *Journal of Post Keynesian Economics*, 33(2), 369~405.

Vogel, L.(2009), "The endogeneity of the natural rate of growth: an empirical study for Latin American countries," *International Review of Applied Economics*, 23(1), 41~53.

Webb, S.(1912), "The economic theory of a legal minimum wage," *Journal of Political Economy*, 20, 973~998.

Wray, L. R., S. A. Kelton, P. R. Tcherneva, S. Fullwiler, and F. Dantas(2018a), "Guaranteed jobs through a public service employment program," Levy Economics Institute Policy Note.

Wray, L. R., F. Dantas, S. Fullwiler, P. R. Tcherneva, and S. A. Kelton(2018b), "Public service employment: a path to full employment," Levy Economics Institute Reserch Project Report.

찾아보기

[ㄱ]

[ㄴ]

[ㄷ]

[ㅇ]

[ㅎ]